2023
中国数字营销年度报告

中国商务广告协会数字营销专业委员会 编著

中国出版集团有限公司
研究出版社

图书在版编目(CIP)数据

2023中国数字营销年度报告/中国商务广告协会数字营销专业委员会编著. -- 北京：研究出版社, 2024.5
ISBN 978-7-5199-1665-7

Ⅰ. ①2… Ⅱ. ①中… Ⅲ. ①网络营销 – 研究报告 – 中国 – 2023 Ⅳ. ①F724.6

中国国家版本馆CIP数据核字(2024)第070648号

出 品 人：陈建军
出版统筹：丁　波
责任编辑：谭晓龙

2023中国数字营销年度报告
2023 ZHONGGUO SHUZI YINGXIAO NIANDU BAOGAO
中国商务广告协会数字营销专业委员会　编著
研究出版社 出版发行
（100006　北京市东城区灯市口大街100号华腾商务楼）
北京建宏印刷有限公司印刷　新华书店经销
2024年5月第1版　2024年5月第1次印刷
开本：710毫米×1000毫米　1/16　印张：19.75
字数：364千字
ISBN 978-7-5199-1665-7　定价：98.00元
电话（010）64217619　64217652（发行部）

版权所有·侵权必究
凡购买本社图书，如有印制质量问题，我社负责调换。

《2023中国数字营销年度报告》编辑委员会

主　任
　　中国商务广告协会会长　李西沙
副主任
　　中国商务广告协会副会长、中国传媒大学广告学院教授　丁俊杰
　　中国商务广告协会副会长　陈徐彬
委　员
　　北京贵士信息科技有限公司（QuestMobile）CPO　段林峰
　　北京勾正数据科技有限公司董事长兼CEO　喻亮星
　　北京数字一百信息技术有限公司CMO、数据研究院院长　范长川
　　北京微播易科技股份有限公司创始人&CEO　徐扬
　　北京艺恩世纪数据科技股份有限公司创始人、CEO　郜寿智
　　明略科技副总裁、秒针营销科学院院长　谭北平
　　上海通察网络科技有限公司首席产品官　陈　洋
　　深圳市和讯华谷信息技术有限公司极光行业洞察事业部总经理　娄　洋
　　数字营销市场主编　杨　猛
　　Wavemaker 蔚迈中国 CEO　Jose Campon
　　央视市场研究股份有限公司（CTR）总经理　赵　梅
　　中国传媒大学广告学院院长　赵新利
　　中国传媒大学广告学院讲师　王　潞
　　中国广视索福瑞媒介研究有限责任公司（CSM）副总经理　肖建兵

学术指导单位

中国传媒大学广告学院

编写团队

主　　编　杨　猛
编务统筹　邹惠芸
编写成员　邱真飞　李蔚文　林　旭　刘翠萍　刘会召
　　　　　　刘洁婷　刘　晓　陆林翎　苗晓玮　唐华辉
　　　　　　王　潞　王　云　薛　强　张　慧　赵林娜
　　　　　　赵　昱　周　莹　Andrew Cheng

前　言

党的二十大指出，高质量发展是全面建设社会主义现代化国家的首要任务，发展是党执政兴国的第一要务。在此方针指引下，中国商务广告协会始终坚定不移地以推动高质量发展为目标，为实现经济"质的有效提升"和"量的合理增长"而努力。

创新驱动是实现高质量发展的重要动力。当前，数字经济、数字社会、数字政府正在加快建设，数字化转型整体驱动着生产方式、生活方式和治理方式的变革。在"十四五"规划的设计中，"加快数字化发展，建设数字中国"被列为主要战略目标，到2025年，中国数字经济核心产业增加值占GDP比重将达到10%。在此背景下，中国数字营销行业将在增加品牌价值、推动经济增长中发挥越来越重要的作用。

同时，中国数字营销行业置身于剧变中的数字时代，也迎来了新的局面与挑战。高增长模式一去不复返，持续而稳定的增长成为常态；深层次问题不断出现，行业面临的困惑与日俱增；维护健康的产业生态成为全行业的共识。

为推动行业的进步与发展，中国商务广告协会计划从2023年起推出《中国数字营销年度报告》，由中国商务广告协会数字营销专业委员会牵头，行业各有关机构人员共同撰写。报告总结中国数字营销行业的创新实践、现状与问题，探究数字营销的核心能力，跟踪前沿技术及营销应用实践，寻找行业新的定位及实现高质量发展的路径方法。

为此，中国商务广告协会邀请中国传媒大学广告学院作为学术指导单位，邀请中国数字营销行业内11家知名数据公司、市场研究类机构，以共建共享的合作方式，组建《中国数字营销年度报告》编委会和编撰团队，共同完成《中国数字营销年度报告》。

目 录
Contents

第一章 总 论 1
  一、数字营销的定义 3
    （一）数字营销应用范围的演变 3
    （二）数字营销的多维内涵 3
  二、中国数字营销的总体概况 5
    （一）数字营销的发展历史 5
    （二）数字营销行业环境分析 8
    （三）数字营销发展现状 18
    （四）数字营销行业发展趋势与前景 20
  三、中国数字营销在国际上的位置 23
    （一）正在全线数字化的国际广告市场 23
    （二）中国数字营销的国际地位与思考 25

第二章 数字营销与经济 33
  一、数字营销与中国经济 35
    （一）数字营销带来的经济驱动 35
    （二）中国经济与市场对数字营销的驱动 36
    （三）数字资产与数字营销 36
  二、数字营销与数字经济 39
    （一）数字经济的概述 39
    （二）数字经济与数字营销的相互影响 43

第三章　数字营销行业生态 47

一、渠道篇 49
　　（一）电商 49
　　（二）社交媒体 59
　　（三）短视频 69
　　（四）长视频 79
　　（五）OTT 90
　　（六）融媒体 111
　　（七）智能终端 120

二、服务商篇 131
　　（一）技术 131
　　（二）代理 137

三、用户篇 140
　　（一）移动互联网用户纵览 140
　　（二）移动互联网重点细分用户 143

第四章　数字营销与品牌实践 155

一、营销篇 157
　　（一）电商营销 157
　　（二）内容营销 166
　　（三）互联网广告 174
　　（四）社媒营销 186
　　（五）LBS 营销 201
　　（六）跨屏营销 214
　　（七）创新营销 226

二、实践篇 233
　　（一）品牌实践的思考 233
　　（二）品牌营销的案例 241

第五章　数字营销趋势 253

一、数字营销环境变迁 255
（一）高质量发展与降本增效 255
（二）数字营销价值持续升级 257
（三）数字营销行业秩序规范力度加强 262

二、数字营销生态变化 266
（一）数字营销行业生态多样化趋势加强 266
（二）寡头与长尾机构生存空间拓展 270
（三）共赢诉求下的话语权变动 272
（四）营销业务部门中心化 274

三、数字营销实践风向 277
（一）用户导向下的圈层细分、人群模型研发与体验管理 277
（二）从"品效"到"品心效销" 279
（三）直播电商市场趋向精细化运营 283
（四）内容营销回归本质 285
（五）社媒营销深层次聚焦兴趣 288
（六）私域营销备受重视且工具丰富 291
（七）沉浸体验、虚实交互成为数字营销新风口 293
（八）海外数字营销助力出海企业 294

附　录 303
后　记 306

第一章 总论

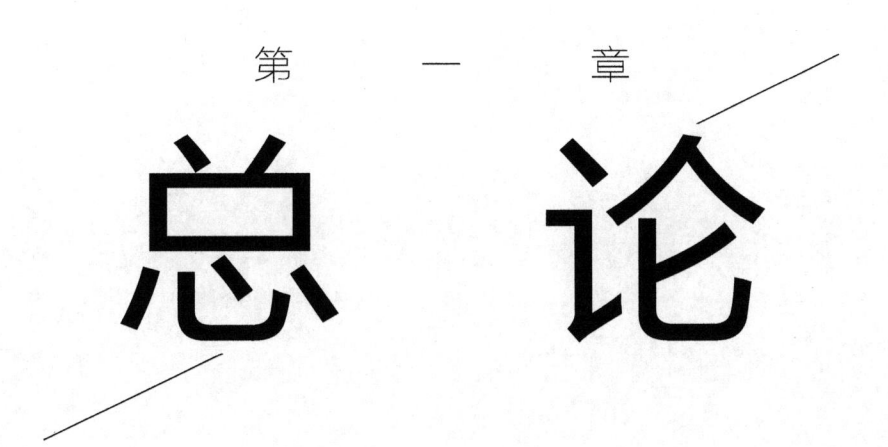

一、数字营销的定义

随着行业实践的不断丰富和理论研究的深入发展,数字营销这一概念也在持续地演进和拓展。《中国数字营销年度报告》旨在通过历史轨迹和多维内涵的系统梳理,为理解数字营销的定义提供更为清晰的视角。

(一)数字营销应用范围的演变

20世纪90年代中期至后期,随着商业互联网的迅速崛起,电子邮件作为一种工具开始被用于营销活动。然而,当时这一阶段的数字营销活动主要被归类为"网络营销"或"电子商务"。

进入21世纪初,数字营销开始呈现出更为复杂和多样的面貌。特别是搜索引擎营销、搜索引擎优化以及社交媒体营销等专门化形式的兴起,使数字营销这一概念更为明确和更易被广泛接受。此后,内容营销、影响者营销、大数据分析和人工智能等领域也纳入其范畴,使数字营销的应用更为广泛和复杂。

随着实践的丰富和发展,数字营销的概念也在一直演进和发展。通过梳理其历史演变、多维内涵,可以更清晰地了解其定义。

(二)数字营销的多维内涵

在实践应用中,数字营销持续地展现出多样性和复杂性,而学界和业界也在不断地深化和丰富其概念。目前,尚未有全面统一的定义,不同国内外学者和营销机构对其都有各自的解读和侧重点(见表1-1)。

表1-1 数字营销的概念

来源	定义
欧洲营销协会	数字营销是通过利用数字技术,将产品和服务的市场推广、销售和交付的过程数字化的营销方式。它与传统营销最大的区别在于,数字营销采用了数字渠道和数字工具,以更为精准的方式进行定位、营销和交付,从而提高效率和效果
加拿大营销协会	数字营销是通过互联网和移动设备等数字媒体,以交互式、个性化和有针对性的方式,推销产品或服务,以达到品牌认知度、产品销售或用户转化的目标

续表1-1

来　源	定　义
美国市场营销协会	数字营销是使用数字技术来营销产品和服务，包括互联网、手机和数字展示广告等各种数字媒介
姚曦和秦雪冰	数字营销是指以数字化技术为基础，通过数字化手段调动企业资源进行营销活动以实现企业产品和服务的价值过程①
Kannan 和 Li	数字营销是企业与顾客及合作伙伴协作，共同为利益相关者创造、沟通、交付和维持价值的适应性技术赋能过程②

① 姚曦、韩文静：《参与的激励：数字营销传播效果的核心机制》《新闻大学》，2015年第3期第134-140页。

② Kannan P, Li H: 《"Digital marketing: a framework, review and research agenda"》《International Journal of Research in Marketing》，2017年第34期，第22-45页。

综合各方定义，可以概括地认为，数字营销主要是通过应用数字技术推广产品和服务，以实现明确的营销目标。其与传统营销的主要差异有两方面：首先，就工具和手段而言，数字营销更侧重于利用互联网、社交媒体、电子邮件和搜索引擎等电子渠道；其次，在营销过程中，数字营销更注重与目标受众的个性化互动和沟通。其渠道包括但不限于社交媒体、搜索引擎、电子邮件、网站和移动应用。其主要载体是互联网电脑、手机、互联网电视等，最新兴起的AR/VR设备也将成为载体之一。

（本节撰写单位为中国传媒大学广告学院）

二、中国数字营销的总体概况

（一）数字营销的发展历史

纵观中国数字营销的演变，可以发现，数字营销产业链上的角色和功能与互联网媒体形态的进化是紧密相连的。数字营销在中国的历史可以追溯到20世纪90年代末，此时，这个产业崭露头角。在接下来的20多年里，中国的数字营销经历了瞬息万变的飞速发展。这段时期里，数字营销从最初的门户网站展示广告和搜索营销，逐渐演化为社交媒体营销、视频营销、内容营销、直播营销等多种形态。随着时间的推进，更多的先进技术，如人工智能和元宇宙，也被纳入其中。技术创新始终是推动数字营销生态持续发展的关键因素，与此同时，数字营销的进程与技术的应用是息息相关的。技术的持续更新和迭代不仅改变了互联网的形态，也引领了数字营销在媒介表现、内容形式和沟通工具等各个方面的创新与变革。

1. 数字营销起步阶段：2000—2008 年 —— 互联网快速发展阶段

随着时代的发展，数字营销在中国经历了一个从萌芽到蓬勃的过程。可以说，宽带的出现和普及为中国的数字营销埋下了关键的种子。

2000年左右，随着科技的进步，中国的宽带开始在全国范围内发展。这标志着一个新的互联网时代的来临。而在这个时代，中国的数字广告也开始了其初步的踏步。与宽带技术的普及同步，中国的第一支展示广告也应运而生，为未来的数字营销打下了坚实的基础。

2005年是一个具有里程碑意义的年份，这一年，中国的宽带接入用户规模达到了3735万户，首次超越了拨号用户规模。这一数据的突破意味着宽带已经成为中国用户接入互联网的主要方式。2008年是中国宽带历史上又一个值得纪念的年份，中国的宽带用户规模不仅超越了美国，更是跃升至世界第一。这不仅显示了中国用户对互联网的巨大需求，也反映了中国在数字技术领域的迅速发展。随着宽带的普及和用户规模的急剧增加，互联网广告也迎来了一个发展的高峰。不再只是简单地展示广告，数字营销的形式也变得多样化，如图片广告、文字链、搜索、富媒体以及广告网络等。

综上所述，可以看出，从 2000—2010 年的 10 年，不仅是宽带在中国家庭中的黄金 10 年，也是数字营销在中国的"快速发展阶段"。宽带的普及不仅带动了互联网的普及，也为数字营销提供了更广阔的发展空间，促进了互联网广告和数字营销手段的多样化发展。

2. 数字营销元年：2009 年——社交媒体平台崛起

2009 年，对于中国的数字营销领域来说，无疑是一个里程碑式的年份。这一年，中国大陆正式发放了 3G 运营牌照，标志着中国进入了真正意义上的移动互联网时代。更为关键的是，手机网民数首次超过了 PC 端，意味着互联网用户行为的中心正发生着深刻的转变，从此，人们开始实现随时随地的在线连接。

在此背景下，以微博为代表的社交媒体平台成为一种全新的社会化媒体形式，强劲地冲击着传统媒体的内容组织方式。社交媒体平台不仅仅是一个信息发布的平台，它更是开启了社会化媒体的大门，带给人们前所未有的信息分享和表达体验。仿佛在一夜之间，大量的用户从传统的新闻网站、门户网站转向社交媒体平台，开始用其来分享动态、表达观点。

这也意味着营销方式和策略的深刻转变。在传统的营销模式中，信息传递大多是单向的——从品牌或商家推送至消费者。但以微博为代表的社交媒体的出现彻底打破了这一模式，商家与消费者之间的互动开始增多，消费者之间的信息交流也变得更为活跃。这样的双向互动模式在移动互联网时代显得尤为重要。尤其是与社会化媒体相关的口碑传播开始在数字营销中扮演重要角色，从而为品牌和产品创造了巨大的价值。

综上所述，2009 年是数字营销在中国的元年。社交媒体的崛起不仅为消费者提供了一个全新的信息消费平台，更是为品牌和商家打开了一扇全新的营销大门，标志着数字营销进入了一个全新、双向互动的时代。

3. 数字营销高速发展阶段：2009 年至今

随着智能手机产业的盛行以及各种社交应用的快速崛起，中国的数字营销已经进入了一个高速发展的黄金时代。这不仅仅体现在技术的进步和用户数量的增加上，更多的是从内容、策略、平台到工具的全方位革新与升级。从 2009 年至今，我们可以将中国的数字营销进程划分为以下几个重要阶段：

（1）移动互联网与社交媒体的数字营销渠道崛起

2009 年，中国发放了 3G 运营牌照，这标志着移动互联网时代的来临。同年，微博的兴起代表了社交媒体的初步发展，随后，微信、抖音等社交应用 APP 相继涌现，为数字营销提供了新的场景与平台。2012年，被称为"程序化元年"，这一年，开启了数字广告新纪元。程序化购买技术的引入，让广告定向投放达到前所未有的精确度。广告主可以基于大数据的深度解析，对受众群体进行细分，从而实现最大化的投资回报。

（2）多元数字营销体系形成

2013年，微信公众账号的亮相为品牌和营销人员提供了一个创新的沟通平台。当微博已经确立其在社交营销领域的地位时，微信的出现进一步丰富了社交媒体生态，为品牌开启了更为多元的与消费者互动的渠道，从图文深度内容到短视频，再到互动小游戏。2014年，随着4G技术的到来，中国迈入了一个全新的高速网络时代。这一技术进步对数字营销，特别是移动端营销，意义重大。考虑到移动设备，特别是智能手机的广泛使用，消费者几乎时刻都在线，这种全时全刻的连接为品牌带来了更为持续且深度的触达机会。2016年之后，短视频和直播接过了数字营销的接力棒，其在这一时期得到了迅速的普及和应用。平台如抖音和快手的兴起，它们不仅为内容创作者提供了一个展现才华的舞台，同时也引领了内容创作的新趋势。电商直播作为一个新兴的营销方式也给整合营销带来了新的机遇。品牌不仅可以利用直播与消费者实时互动，还可以将直播内容与其他营销渠道相结合，如社交媒体和线下活动，以此为消费者创造一种多元且连贯的购物体验。

4. 数字营销转型阶段：2019年至今——人工智能时代

自2019年6月中国跨入5G时代起，数字营销经历了一场蜕变，进入了一个全新的发展阶段。5G的高速和低延迟特点不仅提高了数据传输的效率，也为数字营销创造了全新的可能性，为企业和品牌带来了前所未有的机遇，但同时也带来了种种挑战。

在这个变革之中，尖端技术如AI（人工智能）、大数据、AR（增强现实）和VR（虚拟现实）的引入使数字营销更为精准和高效。尤其是AI技术，它在消费者行为分析、智能推荐和广告精准投放等领域的应用已经达到了一个新的高度。不过，这同时也带来了如何处理海量数据、确保用户隐私以及防止算法偏见等新的挑战。

与此同时，整合营销的策略越发得到了品牌和企业的重视。在这背后，5G的快速数据传输能力起到了关键作用，使品牌能够更为迅速地获取和分析消费者在各个平台上的行为和反馈，进一步优化营销策略。同时，AI和大数据技术的广泛应用使品牌可以更深入地了解消费者的喜好和需求，进而为他们提供更为个性化的内容和服务。AR和VR技术则为品牌提供了全新的互动方式，为消费者带来了更为沉浸式的品牌体验。

根据上述的发展阶段，可见我国数字营销的传播模式大致经历了四个阶段。

初始时期：以传统线上广告为主，重点在于广度的覆盖。在传统数字营销的时代，广播、电视和门户广告作为主导的媒体渠道，确保了营销信息得以在巨大的受众面前得到展现。大众媒体不仅拓宽了营销信息的传播边界，还确保了品牌信息能够迅速并广泛地传递给各类消费者。这种"面向大众"的传播策略，虽然缺乏针对性，但在当时确实有效地提升了品牌的知名度和影响力。

交互时代："互联网＋营销"阶段。因交互时代的到来，"互联网＋营销"的结合为营销领域带来了翻天覆地的变革。这一阶段不再是单纯的信息推送，而是一个动态的、双向的沟通过程。品牌不再是单方面的信息传播者，而是与消费者建立起了真正的对话关系。消费者在这里不再是被动的信息接收者，而是可以主动地发声、反馈和参与。搜索引擎优化和社交媒体广告成为了主导的营销渠道，它们使品牌能够更加精准地定位到目标受众，同时也为消费者提供了一个表达自己意见和需求的平台。这种双向的互动不仅加深了品牌与消费者之间的关系，也使营销更为高效和有针对性。

精准推广时代："大数据＋营销"的结合。在精准推广的新纪元中，"大数据＋营销"的结合不仅改变了营销的策略，更重塑了营销的本质。传统的广泛且笼统的推广方式逐渐让位于基于深度数据洞察的精准定位。借助于 Ad Exchange、信息流广告以及 DSP/DMP 等先进平台，营销人员能够更深入地解读消费者的行为和偏好，从而制定出更加个性化的营销策略。这样的策略不仅大大提高了广告的转化率，也让消费者在浩瀚的信息中获得了真正与自己相关的内容，实现了营销与用户双赢的局面。

智能营销时代：在"AI＋营销"的阶段，效率成为了核心。随着人工智能在营销领域的广泛应用，整个营销流程开始变得更加智能化，从而提高了营销的效率。人工智能技术的深度融合使营销策略、执行和分析都焕发出前所未有的智慧与活力。这不仅仅是通过自动化工具简化过程，更是通过深度学习和数据分析，理解消费者需求，精确推送合适的营销内容。在这个过程中，整合营销与生态营销脱颖而出，成为该时代的标志性趋势。它们强调在各种用户触点中实现连贯性与一致性，收集和利用全链路数据，确保品牌信息在各个渠道都能够精准、高效地触达目标用户，从而实现营销目标的最大化。

（二）数字营销行业环境分析

1. 宏观环境

（1）经济环境

在当前的经济背景下，市场经济展现出了不俗的韧性，其长期基本面依然向好。尽管新冠疫情对GDP（国内生产总值）的增速产生了一定影响，导致增长放缓，但从更宏观角度看，我国的整体经济规模依旧在逐年递增。

自2019年以来，受到新冠疫情的冲击以及国际政治、经济形势的变化，中国的国内生产总值（GDP）增速经历了不少波折。特别是在2020年，GDP增速曾一度触及历史低点。然而，中国经济的韧性和应对策略有效地促使了经济回暖。到2022年，国内生产总值已经成功突破了126万亿元的重要门槛（见图1-1）。进一步从综合采购经理指数（PMI）的数据中可以观察到，到2022年，我国的整体经济环境已经呈现出恢复和上升的势头（见图1-2）。

当前消费市场呈复苏迹象，步调有望加快居民消费意愿的回升，消费市场回暖态势显著，预计将进一步扩容。从宏观层面来看，居民的可支配收入保持增长，增长速度与我国经济增长基本同步，同时，中等收入的群体规模正在稳步扩大，消费复苏的基础坚实（见图1-3）。2022年底，全国疫情防控政策进一步优化后，存量释放促使消费加速回暖，各类线下消费场景逐步恢复，外出就餐、线下购物、旅游娱乐等方面的消费数据均呈现大幅反弹，展现出中国消费市场的韧性与活力。

这些数据均揭示了一个重要事实：在面对诸多外部压力和挑战时，中国的经济结构和管理策略使其能够持续稳健地增长。这为未来的消费市场提供了坚实的基石和扩展的空间。整体而言，我国的经济前景令人乐观，消费市场复苏，并增强了各类投资者和市场参与者的信心。

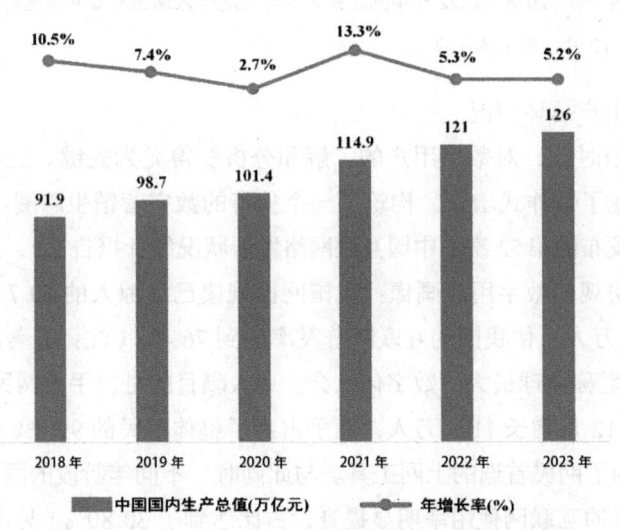

图1-1 2018—2023年中国国内生产总值及年增长率图

数据来源：2023年12月，国家统计局

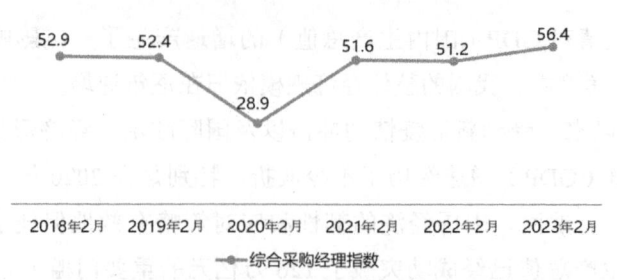

图 1-2　2018—2023 年中国综合采购经理指数（PMI）

数据来源：2023 年 6 月，国家统计局

图 1-3　2018—2022 年中国居民人均可支配收入增速与 GDP 增速对比

数据来源：2023 年 12 月，国家统计局

（2）数字用户总体情况

在数字营销时代，对数字用户的了解和分析变得尤为关键。近年来，中国的数字用户数量呈现了爆炸式增长，构筑了一个独特的数字营销生态圈。

根据最新发布的第 52 次《中国互联网络发展状况统计报告》[①]，2023 年 6 月的数据揭示了一幅宏观的数字用户画像：我国网民规模已达惊人的 10.79 亿，较 2022 年 12 月增长 1109 万人，使我国的互联网普及率达到 76.4%（注：显著超越全球平均水平的 64.4%），堪称全球最大的数字化社会。令人瞩目的是，手机网民规模高达 10.76 亿，较 2022 年 12 月增长 1109 万人，几乎占到了整体网民的 99.8%（见图 1-5），这意味着手机成为了网民首选的上网工具。与此同时，不同年龄段的网民构成也有所变化，中老年群体的互联网使用率明显提升，占比达到了 30.80%（见图 1-6），呈现出

---

① 访问网站：https://www.cnnic.net.cn/.

数字化的普及趋势。

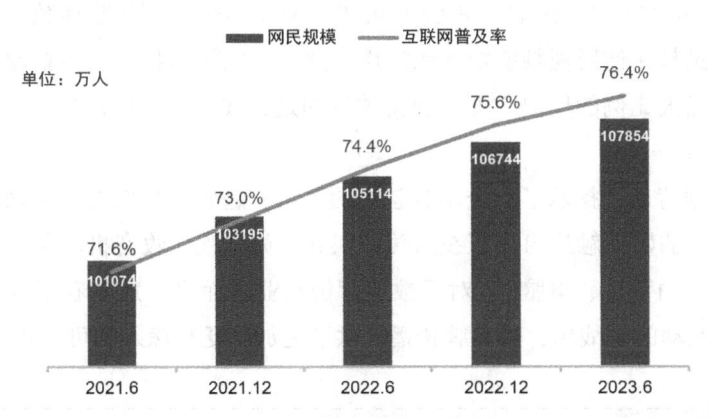

图 1-4　中国网民规模和互联网普及率

数据来源：CNNIC，2023 年 6 月中国互联网络发展状况统计调查

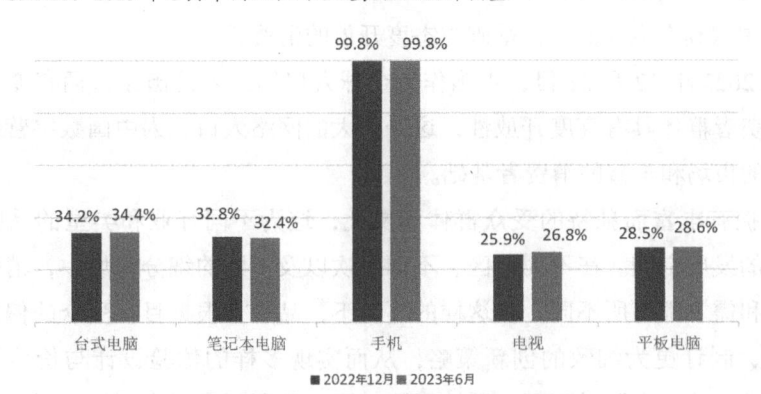

图 1-5　中国互联网接入设备使用情况

数据来源：CNNIC，2023 年 6 月中国互联网络发展状况统计调查

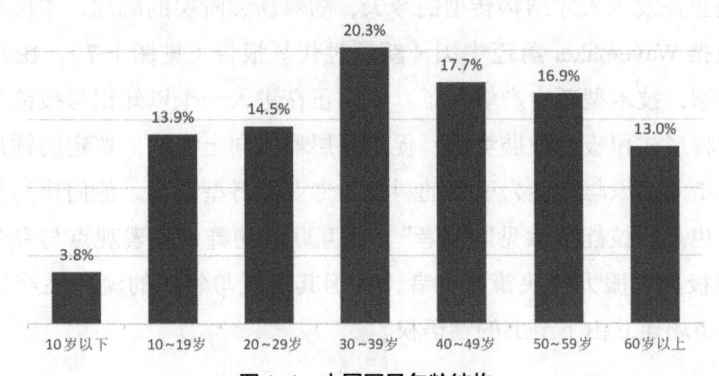

图 1-6　中国网民年龄结构

数据来源：CNNIC，2023 年 6 月中国互联网络发展状况统计调查

当然，数字用户的行为习惯也发生了明显变化。网络视频和短视频用户规模分别达到了 10.44 亿和 10.26 亿，占到了 96.8% 和 95.2% 的网民整体数。这意味着近乎所有的网民都在使用视频或短视频应用。此外，网络购物、网络新闻、网络直播等也都有相当大比例的用户。尤其值得关注的是，线上办公用户规模已达 5.07 亿，占到了 47.1%。

这些数据背后，揭示了一个不容忽视的事实：随着宽带接入和移动互联网的普及，数字用户的媒体触达习惯正在从传统媒介（如电视、收音机、印刷品）迅速转向数字媒体（如手机、电脑）。对于数字营销从业者而言，意味着互联网已经成为品牌与用户互动的主战场，为品牌传播提供了更加广泛和深入的可能性。

2. 消费者环境

数字时代中国的消费者环境不同以往。

（1）中国具有庞大的人口基础与态度开放的消费者

截至 2023 年 12 月 21 日，中国作为全球人口第二多的国家，拥有庞大的消费基础，消费者群体具有高度开放性，这一庞大的网络人口，为中国数字营销行业提供了广阔的市场和丰富的消费者基础。

中国拥有丰富而独特的受众群体和文化，这为不同行业和类型的品牌提供了更为广阔的发展空间。在不同地区、不同层次以及不同的细分市场中，消费者的偏好、行为和需求都有所不同。在这样的环境下，品牌会根据目标受众的偏好、价值观和行为，制订更为细致的创新策略，从而实现多样的体验设计与价值创造。因而，中国数字营销也因时不同、因地不同、因人不同而呈现出更为多样化和分散化的特点。

尤其是正在发生人才结构转型的今天，随着新领阶层的崛起，中国将进入纺锤形社会。根据 Wavemaker 蔚迈中国《新领时代》报告（见图 1-7），由基层奋斗者到生活体验家，技术型新中产崛起了。中国正在进入一个以知识与技能驱动的服务型社会，这将形成积极的发展势能，促进基层群体向上流动，奠定纺锤形社会的新基石，驱动步入知识与技能为引擎的科技与专业服务型社会。他们作为高价值消费者的同时，也是"技能型意见影响者"，在互联网的舞台发表观点与专业意见，成为自身领域极具说服力的决策影响者，并因其地域与领域的流动性产生破圈的影响，在消费市场建立由下至上的话语权。

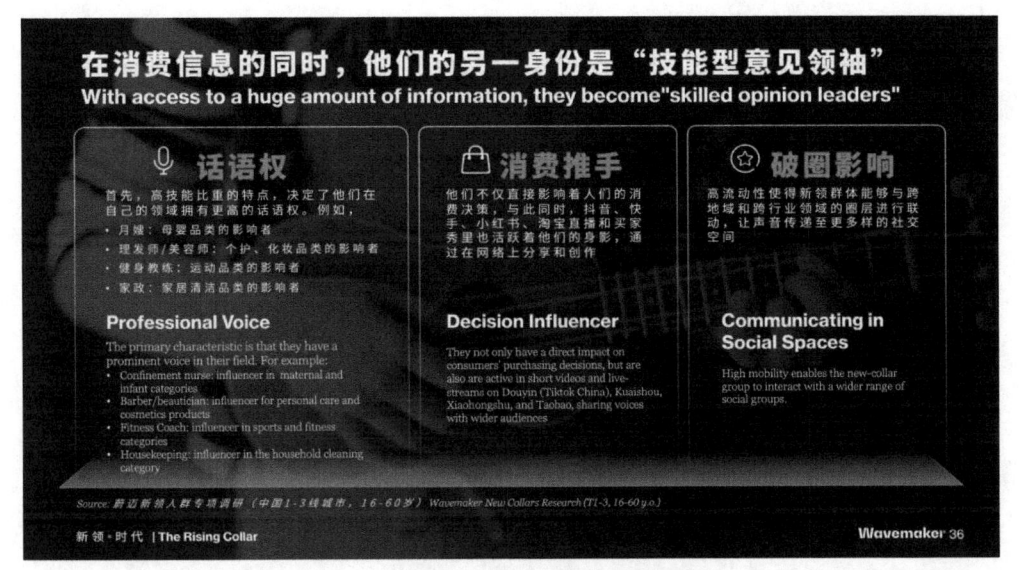

图 1-7 以技能型优势崛起的新领群体的影响力

数据来源：Wavemaker 蔚迈中国：《新领时代》报告

中国在线网民群体对于新事物具有较高的接受度，乐于分享个人观点并参与在线活动。这种开放性和活跃性，为中国数字营销行业带来了无限的创新可能。例如，直播、短视频、社交商业和游戏化等新兴的数字营销趋势，都在中国市场上得到了广泛的应用和推广。未来，随着新技术的迭代升级，办公场景将更加多元，办公体验将更加丰富。

同时，中国在线用户对于体验的要求也在不断提高，他们不断寻求更为优质、更为新颖的体验，为品牌提供了更多的机会。

（2）中国的数字化消费者正在创造海量数据池

中国的数字化消费者正在创造海量数据池，这个数据池包含了他们的购物习惯、社交媒体活动、在线搜索记录以及位置数据等。这些数据不仅数量巨大，而且包含了丰富的个人信息和消费行为信息，对于企业来说具有极高的商业价值。在数字经济的发展推动下，数据也成为了可供投资和消费的资产。

根据 Omnia Network 的预测，2017—2024 年，中国的数据消费或将增长 9 倍，有望成为全球最大的消费数据来源国。

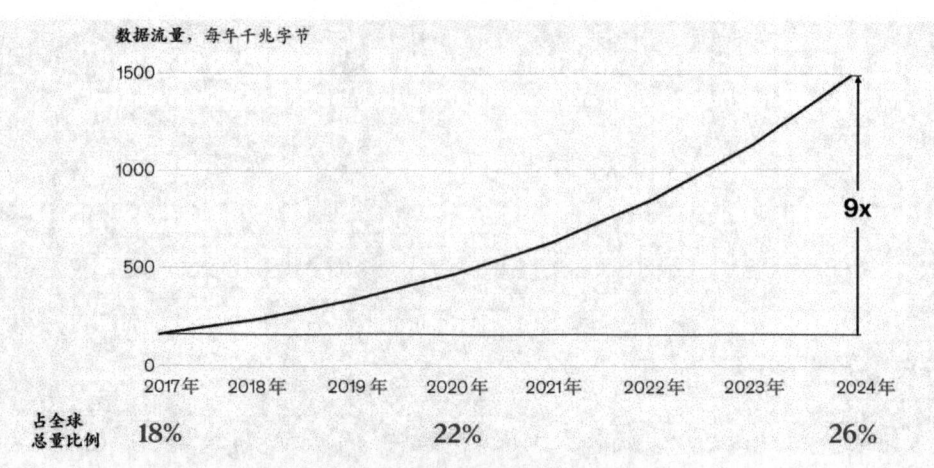

图 1-8　中国的数据流量占全球总流量比例

注：包括手机数据流量和所有消费者固定宽带互联网流量，包括 Wi-Fi。不包括通过固定线路和 VPN 的商业互联网协议（IP）产生的流量。通过托管网络传输的视频流量也不包括在内。

数据来源：麦肯锡

总之，在数字化时代，消费者的行为、习惯和需求都在快速变化。艾瑞咨询的问卷调查数据[①]显示，消费理念和消费决策是变化的主要方面。

（1）消费理念

完整性的追求：在保持科学消费观的基础上，现代消费者更追求完整的消费理念和管理体系，深度探求信息，希望其购物体验具有明确的标准和风格。

自我为中心：现代消费者更加重视全方位洞悉自我需求，更多地考虑满足个人需求，而不是盲目追随流行趋势。

精细化的趋势：新冠疫情之后，消费者更注重"精细化"消费，进行科学的消费决策，优化个人消费结构。

商品价值重估：消费者会更注重商品的真正价值，愿意为高品质产品支付更高的价格。

绿色消费兴起：环保和循环利用的观念在现代消费者中得到了深度认同，更多地反映在日常的消费行为中。

（2）消费决策

消费前：消费者会汇集多元信息渠道以提高自己的判断能力。除了直接访问购物平台，他们还会搜索社交和视频平台上的相关内容。消费者的信息获取途径变得

[①] 艾瑞咨询：《2023 年中国消费者洞察白皮书》。

更为广泛和深入。

购买中：在促销场景下，消费者表现得更为成熟，他们会审慎评估促销的真正优势，使决策周期更长。此外，品质和实际需求对于消费者的决策起到了更大的影响力。

购买后：现代消费者更倾向于与他人分享购物经验，展现了较强的利他主义价值观。他们更注重售后服务的高效和直接性，理性沟通和后续行动是他们处理问题的主流方式。

这些变化揭示了数字营销领域的新机遇和挑战，要求营销者更加了解和适应消费者的新需求和行为模式，以更有针对性的策略满足他们的期望。

3. 投资环境

在这个数字化迅速发展的时代，广告主的投资策略和信心正在经历一场深度调整。尽管对经济的宏观信心相对稳定，但广告主对于公司经营的乐观态度有所减弱（见图1-9）。这种微妙的转变正映射在数字广告市场上：2023年第一季度的广告支出同比下降了4.5%，这说明广告主正在更加聚焦于那些可以为他们带来即时回报的数字营销策略。从媒体投放趋势来看，广告主预算向数字媒体转移的大势没有改变，从2021年和2022年广告主实际费用分配来看，数字媒体占六成，整体基本趋稳（见图1-10）。

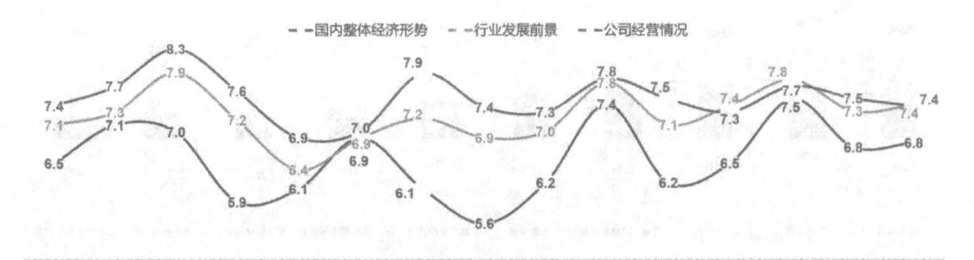

图1-9　广告主对经济形势的打分（1～10分制）

数据来源：2023年6月，CTR：《中国广告主营销趋势调查报告》

■ 非数字媒体　■ 数字媒体

	2021年	2022年	2023年预期
非数字媒体	64	63	67
数字媒体	36	37	33

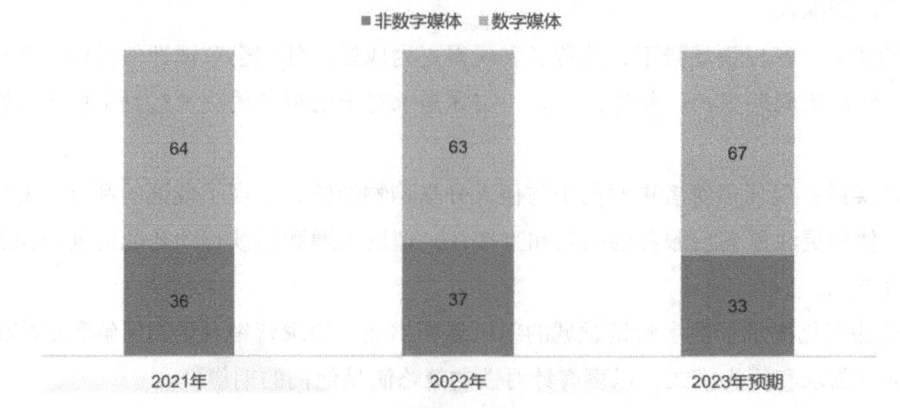

图 1-10　全媒介预算分配历年变化情况（%）

数据来源：2023 年 6 月，CTR：《中国广告主营销趋势调查报告》

在数字化浪潮中，品牌意识仍然是广告主的核心关注点，但如何在不同的数字平台上展现这一品牌成了新的课题。数据进一步揭示了广告主的这一趋势，其中，70%的广告主增加了在移动互联网上的广告投入，尤其偏好于社交、短视频和直播这三大流行渠道，预计这些平台将在未来的数字营销战略中扮演更重要的角色（见图 1-11）。

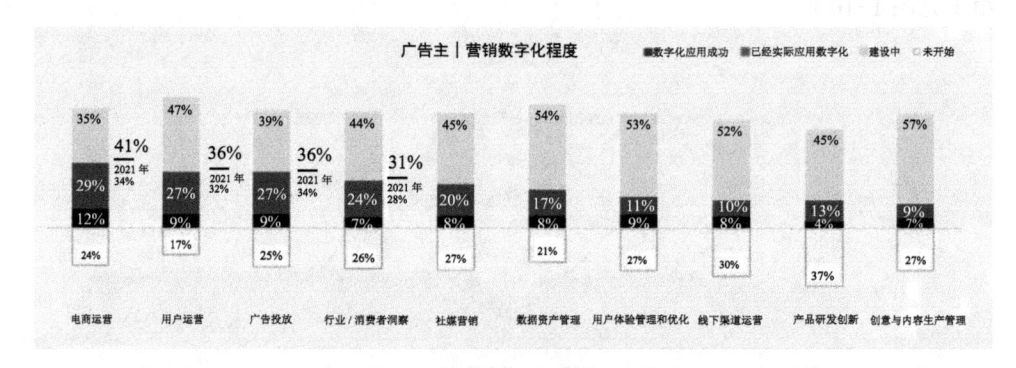

图 1-11　广告主 2023 年份媒介投放趋势

数据来源：2023 年 6 月，秒针营销科学院：《2023 中国数字营销趋势报告》

更为明确的是，直播营销已经成为广告主最倾向于使用的数字营销手段，这一趋势的火热程度可从其占比高达 76% 看出（见图 1-12）。而直播营销、私域流量运营以及社群营销，已逐渐形成了广告主在数字营销中的三大核心渠道选择。

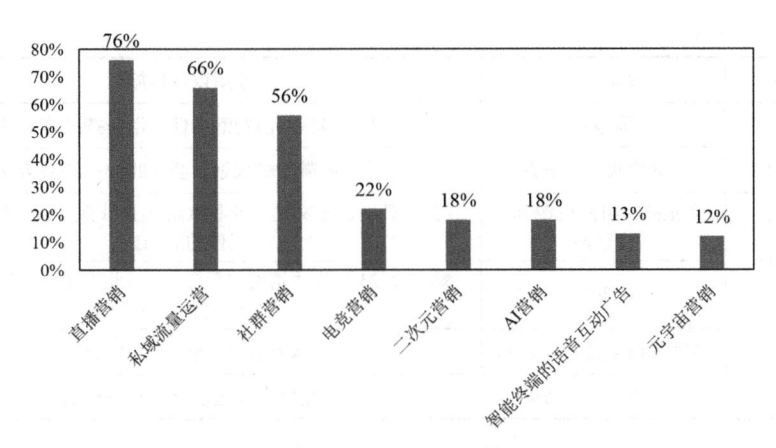

图 1-12　广告主数字营销手段使用占比图

数据来源：秒针营销科学院：《2023 中国数字营销趋势报告》

综上所述，数字营销已经成为广告主战略中的核心，从移动互联网的广告投入到直播、社交和短视频等新型平台的利用，广告主正在加大对数字化的投资和依赖。随着技术的进一步完善和广告主对其价值的深度认知，我们预期数字营销在未来将更加充实和多元化。

4. 政策与法规环境

自 2020 年初，全球新冠疫情暴发期间，各类消费场景均受到了前所未有的冲击。为应对这一局面，国家及时出台了一系列针对性的支持政策和措施，旨在促进消费、扩大内需。各地方政府也积极配合，通过发放消费券、举办消费节等多种方式，有效地推动了线上与线下消费的深度融合，为消费回暖注入了新的活力。

进入 2023 年，随着国内消费的逐渐回升，政府更是将恢复和扩大消费摆上了重要日程。在此背景下，数字经济与数字营销成为了政策重点支持和促进的领域。为此，政府出台了一系列策略和措施，着眼于做强、做优、做大数字经济，特别是在培养核心数字产业、推动数字技术与实体经济的深度融合等方面展开了深入工作。表 1-2 是近些年与数字营销行业相关的主要政策和措施的概要。

表 1-2　数字营销行业相关的主要政策和措施

时　间	发布部门	政策以及措施
2020.2	国家发改委等	《关于促进消费扩容提质加快形成强大国内市场的实施意见》
2020.9 2021.5 2022.3/8	商务部	开展全国消费促进月活动

续表 1-2

时间	发布部门	政策以及措施
2022.4	国务院	《关于进一步释放消费潜力促进消费持续恢复的意见》
2022.12	中共中央、国务院	《扩大内需战略规划纲要（2022—2035 年）》
2022.12	文旅部、自然资源部、住建部	《关于开展国家文化产业和旅游产业融合发展示范区建设工作的通知》
2023.1	商务部	确立 2023 年为"消费提振年"，以此为主线，统筹开展全国性消费促进活动
2023.2	国家市场监督管理总局	《互联网广告管理办法》
2023.2	中共中央、国务院	《数字中国建设整体布局规划》

（三）数字营销发展现状

1. 市场规模

在过去的二十几年间，中国广告市场规模经历了飞速增长。从国家市场监管总局提供的数据中可见，2000 年，中国广告行业市场规模仅为 712 亿，而到了 2021 年，这个数字已经增长至 11608 亿元[①]，增长幅度接近 15 倍。特别值得注意的是，随着互联网的广泛普及和网民用户规模的快速增长，我国的数字营销行业市场规模也持续攀升。从 2016 年的 2752 亿元增加到 2022 年的 5485 亿元，累计增长率达到了 99.3%。更为激动人心的是，预计 2023 年我国的数字营销市场规模将进一步增长，达到 5962 亿元[②]。

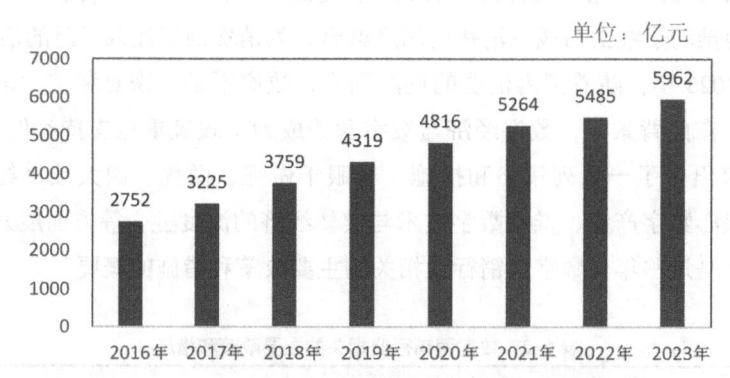

单位：亿元

年份	规模
2016年	2752
2017年	3225
2018年	3759
2019年	4319
2020年	4816
2021年	5264
2022年	5485
2023年	5962

图 1-13　2016—2023 年中国数字营销市场规模预测趋势图

数据来源：中商产业研究院：《中国数字营销市场前景及投资机会研究报告》

---

① 秒针营销协会：《2022 中国互联网广告数据报告》。
② 中商产业研究院：《中国数字营销市场前景及投资机会研究报告》。

2. 不同领域的数字化程度

营销数字化转型非常重要，已经达成共识。调查报告显示，93.2%的广告主认为"数字化转型是公司市场营销工作的必然趋势"[①]。不过，不同领域的数字化程度进程差异较大，电商运营、用户运营、广告投放是营销领域中数字化应用程度最高的，产品创新、内容管理、线下渠道运营的数字化程度相对较差[②]。

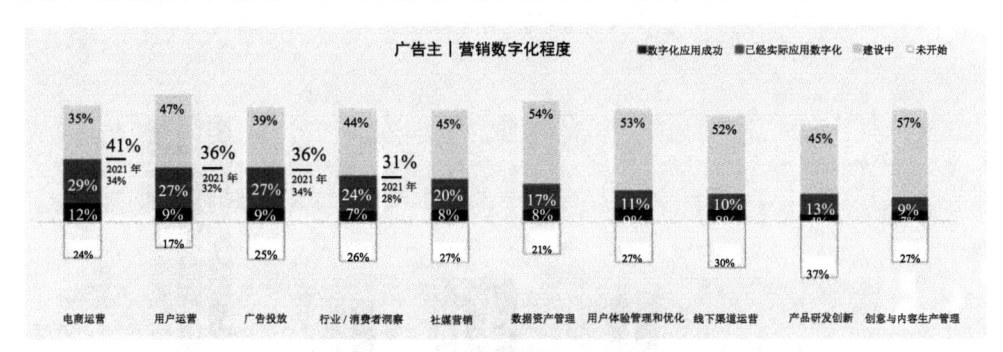

图 1-14 广告主营销数字化程度图

数据来源：秒针营销科学院：《2023 中国数字营销趋势报告》

根据近期统计数据，不同行业的数字化程度不同。首先，消费品领域是我国数字营销的主要需求领域，占比为33.80%；其次是互联网领域，需求占比为30.5%；再次，是地产领域，占比为13.10%；最后，汽车、金融、医药领域需求占比分别为5.50%、4.80%、3.10%（见图1-15）。

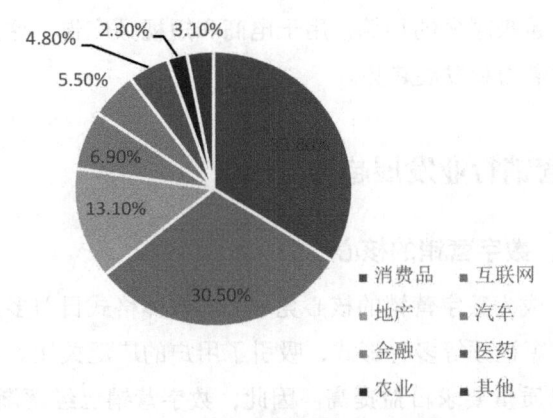

图 1-15 数字营销需求领域占比图

数据来源：秒针营销科学院：《2023 中国数字营销趋势报告》

---

① 《2021 中国互联网广告数据报告》。
② 秒针营销科学院：《2023 中国数字营销趋势报告》。

3. 数字营销渠道占比

在数字营销的广告投放领域，电商广告成为了最受欢迎的选择，其后是社交广告和短视频广告（见图1-16）[①]。过去两年中，为了追求更高的广告效率，广告主将更多的预算投入到了电商和短视频这两个渠道。

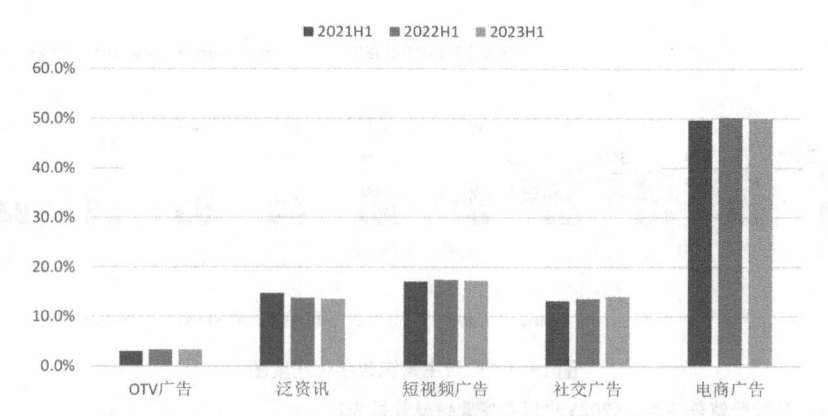

图 1-16　2022—2023 年中国互联网典型媒介类型广告市场份额分布

数据来源：2023 年 6 月，QuestMobile AD INSIGHT 广告洞察数据库

中国的数字营销行业正在经历一个快速增长的时期，不仅市场规模在持续扩大，行业内部的数字化转型意识也日益增强。同时，各个行业对数字营销的需求也在不断上升，特别是在消费品和互联网领域。此外，广告主在广告投放方面的选择也正在发生变化，越来越多的预算被用于电商和短视频广告。这些都显示出中国数字营销行业的巨大潜力和发展趋势。

（四）数字营销行业发展趋势与前景

1. 内容为王，数字营销的核心

优质内容已经成为数字营销的核心竞争力。媒体格式日益多元化，涵盖了文学内容、视频直播和短视频等多种形式，吸引了用户的广泛关注。与此同时，用户对于媒体呈现的信息质量要求日益提高。因此，数字营销已经逐渐演变成内容营销，将广告信息有机融入相关产品中，以提升广告效果和用户参与度。基于高质量内容的数字营销将成为长期成功的重要基石。

---

① QuestMobile AD INSIGHT 广告洞察数据库，2023 年 6 月。

2. 5G 技术和数字化转型

5G 技术为品牌构建更全面的信息生态系统提供支持，将用户置于核心地位，并提供更多互动性。数字化转型将继续引领行业发展，将客户体验提升到新的高度，满足用户需求。大数据和人工智能等技术正日益精密地用于广告投放。数字营销企业不断提升数据挖掘和用户行为分析的能力，以实现更准确的广告投放，提高点击率，从而提升数字营销服务的效率。同时，虚拟现实（VR）、增强现实（AR）等新技术将为用户提供更加沉浸式的广告体验，改善用户体验，增强用户对数字营销的接受度。展望未来，数字营销技术的深度应用将进一步提升市场的广告内容效率和质量，推动行业的可持续和稳定发展。

3. 崭新领域：元宇宙和 Web 3.0

元宇宙和 Web 3.0，这两个概念代表着数字营销领域的未来前沿。元宇宙，作为一个虚拟的多维度世界，将为广告主提供一个独特的创意舞台。在虚拟世界中，广告不再是被动的信息传递，而是变得更具互动性和参与感。广告主正积极探索在元宇宙中与用户互动的无限可能，他们可以打造虚拟品牌体验、主办数字活动，甚至与虚拟用户进行互动对话。这一全新的虚拟互动方式将为数字营销注入更多的创新元素，提供前所未有的品牌推广机会。根据报告显示，53% 的广告主在未来使用元宇宙营销，占比第一。这表明元宇宙的未来应用预期较高（见表 1-3）[①]。

表 1-3　广告主使用数字营销的未来比例

数字营销类型	未来使用比例（%）
元宇宙营销	53
智能终端的语音互动广告	46
二次元营销	45
AI 营销	44
社群营销	29
电竞营销	24
私域流量运营	23
直播营销	15

---

① 秒针营销科学院：《2023 中国数字营销趋势报告》。

新一轮的营销革命是大势所趋，Web 3.0 将成为下一代营销新媒介。Web 3.0 以去中心化、区块链技术和智能合约为特征，将重新定义用户与互联网的互动方式，见图 1-7。广告主可以利用区块链技术来建立透明度更高的广告生态系统，保护用户隐私并确保广告效果可核实。这种数字营销的创新方式将促使品牌更好地满足用户需求，建立更紧密的用户关系，并在 Web 3.0 时代获得竞争优势。

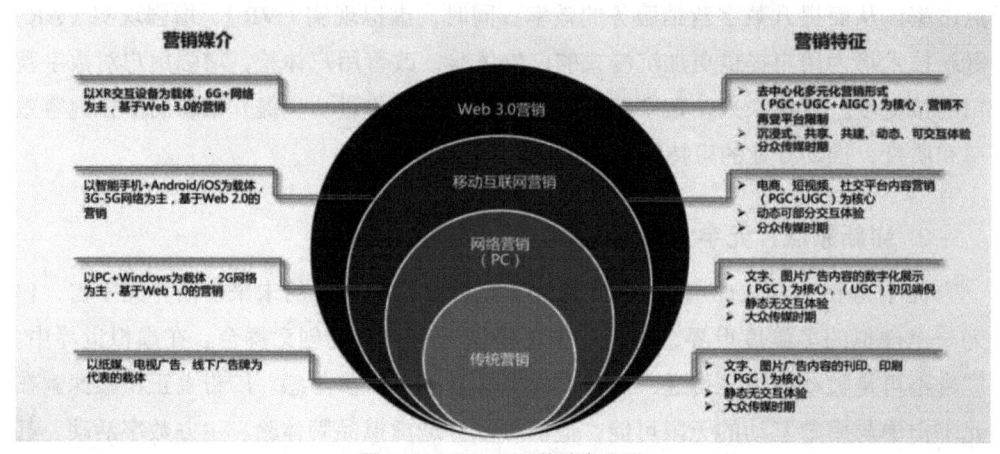

图 1-17　Web 3.0 营销变化图

4. 标准化推动行业发展

数字营销行业正处于向更高标准化发展的阶段。随着一系列法律法规的制定和实施，如《中国移动互联网广告标准》和《中华人民共和国个人信息保护法》，数字营销的使用词汇和技术标准正在变得更加统一，广告展示形式也受到更严格的规管，政府和监管机构对于如何收集和使用用户数据提出了更严格的规定。这一趋势预示着数字营销行业将逐步趋于规范化，有助于提高行业的可预测性和稳定性。

（本节撰写单位为中国传媒大学广告学院，部分观点由 Wavemaker 蔚迈中国提供）

三、中国数字营销在国际上的位置

（一）正在全线数字化的国际广告市场

1. 全球范围内，广告市场的常态化增长态势

虽然全世界范围内仍在经历经济的慢行、物价的上涨，以及消费者信心与行为的改变，然而，国际广告市场却在无声无息中，悄然回暖。

通常情况下，在经济不景气的时候，品牌的价值会变得更加重要，因为消费者会希望选择更有价值感的商品。广告商也更愿意通过广告和促销活动来产生更多的购买意向，保住业务的基础。而在这样的时机中，数字化的深度运用将变得尤为重要，用来提高效率，捕捉机遇。

随着不同行业的数据浮出水面，有理由期待广告收入的增长回归到正常的水平。国际货币基金组织（IMF）的预测数据显示，2023年全球通胀率将降至7.0%，这无疑是一个积极的信号，表明物价正在逐渐稳定。令人鼓舞的是，眼观全球经济，预计2024年，将出现持续的稳定化和正常化态势。

群邑全球《今年，明年：中国媒体行业预测》2023年夏季版（见图1-18）认为："对于全球广告行业，我们预计2023年广告收入将增长5.9%（不包括美国政治广告），总额达到8745亿美元。这一增长趋势将在2024年继续，预计广告收入将增长6.0%。"

因此，需要以更加积极的心态去迎接趋于稳健增长的广告市场。

而当下，中国也正处于一个数字广告发展的爆发点，在数字化的纵深上继续深化得益于移动互联网的普及、社交媒体的兴起、大数据赋能广告精准化和全链路化的运用，以及人工智能技术对营销行业的助力，数字媒体和数字广告已经发展到了一个新的阶段。

市场可以感受到数字化转型的加速，看到越来越多的传统媒体和广告公司推出更多的数字媒体和数字广告产品和服务，以满足市场的需求；广告技术日益成熟，通过人工智能、大数据等技术进行更加精准的广告投放和宣传，从而提高广告的转化率和回报率；以及更大范围的跨界融合与创新来实现更加有效和高回报的投资模式。

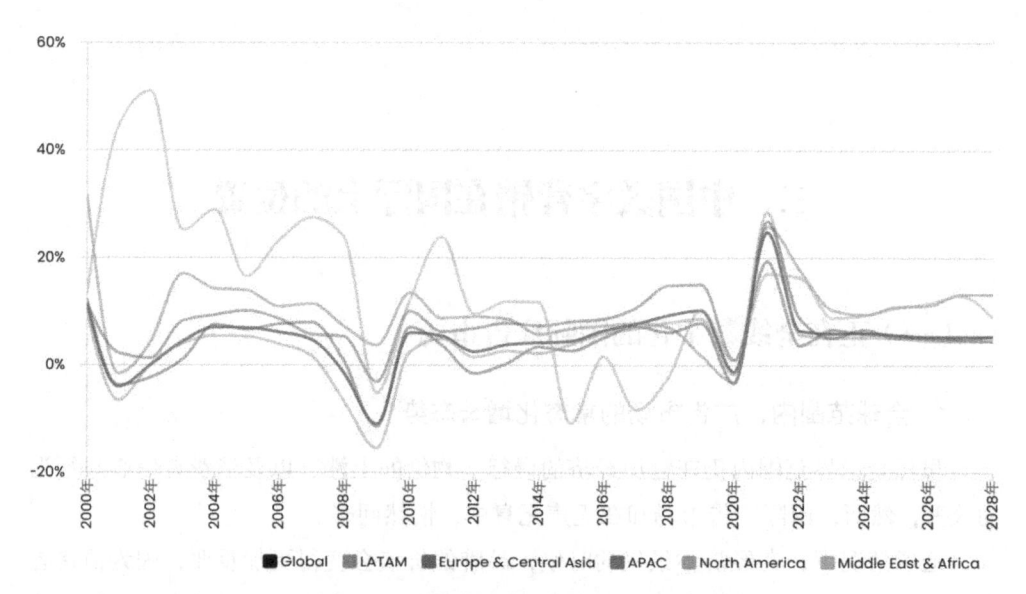

图 1-18　全球整体与区域市场的广告增长率

数据来源：群邑全球：《今年，明年：中国媒体行业预测》2023 年夏季版

虽然当下数字广告的动态增长仍旧放缓，但值得注意的是，广告增长率仍显现出超过 GDP 增长的态势。

未来，人工智能和数据分析模型的运用也将对广告产业产生规模性的影响。广告商将需要通过制订积极的指导方针和模式创新来驾驭这些变化，从而在预算分配和人工智能的使用方面作出更明智的选择。

长期来看，随着经济的复苏、技术的不断发展，以及广告参与方角色与价值的重塑，未来的广告市场仍然具有巨大的增长潜力。

2. 数字广告的发展继续深化，推动全面数字化的发展

正如所有人所预期的，在全球范围内，数字广告仍将继续引领广告产业的增长。

在许多较为发达的国家，数字广告在整体广告业务中的占比已经显著提升，甚至已经占据了一半以上的份额。

从数字广告占整体广告业务的比例数据可以看到，中国、美国、印度、加拿大和英国的数字广告比例在过去都得到了显著的发展。

群邑全球在《今年，明年》（2022 年版）给出以下数据：

中国：2021 年为 76.4%，高于 2020 年的 72.9% 和 2019 年的 69.5%。中国的广告业是由互联网主导的，2022 年，数字媒介已占总收入的近 90%。

美国：2021 年为 60.9%，高于 2020 年的 55.8% 和 2019 年的 51.7%。

印度：2021 年为 29.8%，高于 2020 年的 26.2% 和 2019 年的 23.3%。

加拿大：2022 年为 72.8%，2021 年为 64.6%，高于 2020 年的 60.4% 和 2019 年的 56.2%。纯播放数字广告在 2022 年占最大份额（72.8%）。

英国：纯数字播放平台在 2022 年占广告总收入的 80%。2021 年为 78.4%，高于 2020 年的 74.7% 和 2019 年的 69.5%。

注：这些百分比基于每个国家的数字广告支出占媒体广告总支出的份额，不包括美国政治广告。数字广告包括所有形式的纯字媒体，如搜索、显示、社交媒体、视频等。

在数字广告的深化和成熟化发展之余，媒介市场的集中度也进一步加深。全球前 25 名广告销售商占 2023 年广告总收入的 75.3%，高于 2021 年的 74.0%。数字化转型加速、广告技术日益成熟、规模经济效应和跨界融合创新等多方面的因素，也促进了媒介市场的集中化趋势。

随着数字技术的不断发展和应用，传统媒体和广告公司开始加速数字化转型，推出更多的数字媒体和数字广告产品和服务，以满足市场的需求。这种数字化转型的趋势使媒介市场的洗牌程度与集中度越来越高，更少的公司掌握了更多的市场份额和资源。在这样的背景下，最直接的影响就是市场竞争格局的改变与竞争的加剧，但同时，积极的效应也在发生。更大型的媒介组织拥有了更多的数据和技术资源，研发如何运用营销科技提供更加精准的广告服务；另一方面，资源的集中和规模效应也带来了更好的效率与跨界融合创新。

（二）中国数字营销的国际地位与思考

作为世界第二大经济体，中国有望在短期的未来赶超美国，成为第一大经济体。这一趋势将对中国的数字营销产业产生重大意义。

首先，中国经济的发展将为数字营销产业提供更加广阔的市场和机遇。随着中国消费者的消费意识和习惯不断升级，中国市场的数字营销技术和服务也在不断升级和创新。在中国市场的企业，也在不断的竞争和协作中推动中国数字营销产业的全球影响力不断提升。

与此同时，中国的数字营销行业也在不断发展，新的营销方式与技术创新层出不穷，为行业带来了前所未有的发展机遇。这些创新不仅推动了中国数字营销产业的发展，也在全球市场上展现了强大的竞争力。中国的数字营销产业将展现出其独特的商业智慧和创新能力，为全球的数字营销行业树立新的标杆。

1. 中国在国际数字广告市场的领先位置

群邑全球《聚焦中国》报告显示，即便在经济仍然承压的当下，超过 80% 的在华品牌表示，将增加或保持 2023 年的广告营销预算。同时，群邑全球预测 2024 年中国广告市场将增长 6.3%。见图 1-19。

如果说去年的战略思路是生存与防守，那今年的战略应当是拥抱复苏和抢占市场份额。Wavemaker 蔚迈中国 CEO Jose Campon 认为："当下，中国进入了更加乐观和拥有机遇的新阶段。为了抓住复苏的机遇，品牌必须抓紧升级其目前在效果营销、电商和社交电商方面的能力，以适应市场的进阶速度。"

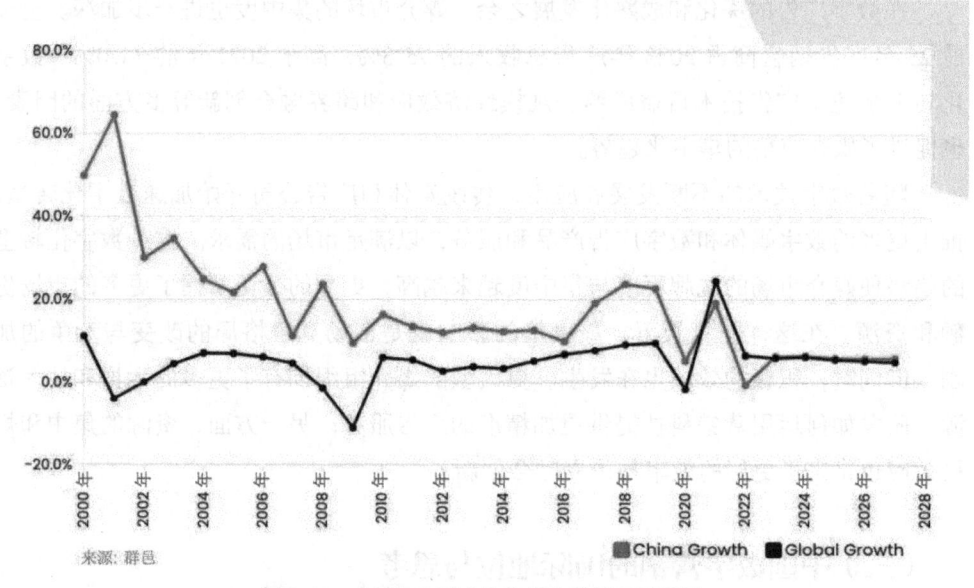

图 1-19　中国与全球广告市场的增长率及预测

数据来源：群邑全球《聚焦中国》报告

在广告总量方面，中国广告市场仅次于美国，稳居全球第二。并预期在 2024 年创造 1506 亿美金的广告营收总额。

图 1-20　全球十大广告市场的增长率

数据来源：群邑全球：《今年，明年：中国媒体行业预测》2023 年夏季版

然而，引人注目的是，中国数字广告在总广告中的占比已达到近 90%，显示出在数字营销领域已处于全球领先地位。这一数据揭示了中国广告业的快速发展和数字化转型的显著成果。

媒介花费份额 %	2015	2016	2017	2018	2019	2020	2021	2022	2023f	2024f
互联网	50.0%	58.2%	64.8%	71.4%	78.4%	86.7%	87.1%	90.4%	90.0%	89.3%
户外	10.7%	11.5%	12.1%	11.3%	8.2%	6.4%	6.8%	4.1%	5.3%	6.2%
电视	28.4%	23.3%	17.9%	13.6%	10.6%	5.5%	4.9%	4.5%	3.9%	3.7%
广播	4.2%	3.4%	3.0%	2.2%	1.7%	0.6%	0.5%	0.5%	0.4%	0.4%
报纸	5.0%	2.5%	1.5%	1.0%	0.7%	0.5%	0.4%	0.3%	0.3%	0.3%
杂志	1.7%	1.0%	0.7%	0.5%	0.4%	0.3%	0.2%	0.2%	0.2%	0.2%
媒介花费份额总计	100.0%	100.0%	100.0%	100.0%	100.0%	100.0%	100.0%	100.0%	100.0%	100.0%

图 1-21　媒介类型在中国市场的总额与增长率

数据来源：群邑全球：《今年，明年：中国媒体行业预测》2023 年夏季版

注：2023F、2024F 是群邑全球于 2023 年 5 月底整理、预估的数据。参考数据来源：互联网和户外数据参考各大上市公司财报；电视、纸媒和广播数据参考广播电视总局和国家市场监督管理总局；汇率参考中国外汇交易中心 2023 年上半年公布的人民币对美元平均汇率。

在全球范围内，中国在数字广告市场的占比已经超越了许多数字化程度成熟的

国家。这一成就反映出中国在互联网和数字技术领域的快速发展，以及在广告行业的技术创新和实战应用。这得益于整体的中国经济与数字经济的发展。

中国在国际市场的战略地位，不仅体现在数字层面上，中国的数字广告支出总量已经超过美国，成为全球最大的数字广告支出国家，也体现在地域层级与文化的覆盖上，中国互联网经济已经渗透到各级城市和村镇。

中国的数字广告市场更具创新力，从抖音、快手等短视频软件在中国的诞生和迅速发展可见一斑。此外，中国在媒介和硬件上有着极高的创新性，例如，智能电视机的价格优势背后就是硬件的普及以及营销和广告市场的带动。产业链已经比较完善，从广告平台建设、广告投放、数据分析到效果评估等环节都比较成熟。作为人口规模和消费力强劲的市场，中国拥有独特的文化特色和多元的创意，使中国的广告市场具有独特的吸引力。

这对全球广告市场的价值和战略意义是多方面的。规模效应可以促进数字广告产业链的发展和创新，为全球广告市场提供更多的机遇和选择。丰富而迅捷的创新可以为全球广告市场提供更多的创意和技术支持，为全球广告市场探索和实践新的模式。事实上，国际的数字平台也在不断借鉴中国的数字营销实践，发展适合不同市场的策略与解决方案。

2. 发展双刃剑，蓬勃背后所需面对的挑战

任何事物都有其两面性。在享受中国数字化发展繁荣的同时，也需要关注其中所涉及的挑战。

（1）应对成熟和变化中的消费者行为与偏好

中国消费者规模庞大，且需求日益升级。他们精通各大数字平台，对产品品质和服务以及创新有着更严格的要求和对响应速度的追求。他们不仅对产品和服务有高期望，还依赖社交媒体、用户评价等网络信息来做购买决策。他们受到明星、网红、直播带货和社交电商等传统与新兴渠道的多重影响，对新的产品和服务有着越来越高的认识和期待。尤其是在后疫情时代，中国消费者正呈现出更加成熟、多样化和挑剔的购买行为。他们渴望获得个性化、便捷、高质量的产品与服务，同时也希望品牌能够承担起对社会和环境的责任。

（2）地域、文化、人口多样性的挑战

因为中国的文化、地域和群体多样性，不同地区的消费者有着不同的需求、偏好和消费习惯，使营销策略需要因地制宜地深入了解各地市场，制订适应性的策略。数字营销者需要了解并尊重各种文化背景，关注中国人口结构的复杂程度，去理解不同年龄、性别、教育程度和收入水平人群不同的需求和偏好。这就意味着，每一年都产生大量的冗余内容和营销活动。而技术的发展让内容表达和制作的门槛降低，素人的表达自我变得更为容易，普通人的内容产出效率也得到了空前的提升，内容工业化水平程度也在不断提升。与之相对的是整体的内容产出量也急剧增多，在数字领域产生了更多无意义且无序的内容和碎片化的信息。

同时，因为区域发展仍不均衡，中国数字化转型存在着差距和挑战。如地区、行业和群体发展不均衡、数据安全和隐私保护不均衡、数字素养和技能不均衡，以及监管的不确定性和不一致性。

（3）应对大平台的规则变化与竞争

中国同样有着超级平台(Super APP)与围墙花园。

中国数字生态系统的核心四大玩家——BATB（百度、阿里巴巴、腾讯、字节跳动），每个平台都是一个独立的生态，都拥有一系列的数字平台与资产，囊括社交、电子商务、娱乐、支付等。每个生态都积极地构建"超级应用程序 Super APP"这一宏伟蓝图，以尽可能多地吸引消费者的注意力以及品牌的资源。这样的集中度水平也为 BATB 争取了传播的定价权，并让广告市场的份额仍然高度集中在头部平台上。但是，虽然集中度在增加，其他平台，如小红书、哔哩哔哩、拼多多等也在取得更大的发展。

互联网生态巨头有自己的规则、标准和生态系统，在不断频繁升级的激烈竞争中，需要从业者去不断理解和遵循。也因此，品牌需要同时在多个平台上建立阵地和保持大量的投资。这样的竞争态势和结果使企业需要去作出选择和平衡，增加了内部决策的成本和风险。

当然，其也产生了更多积极的市场监管。例如，政府和监管机构会对市场垄断、价格垄断等行为进行调查和限制，以保护消费者权益和市场的公平竞争。

（4）仍然割裂的流量和数字路径

在 Super APP 与围墙花园的影响下，跨生态的数字链路设计仍然是一个挑战。有实力的品牌往往在一个营销活动中同时覆盖多个生态，为不同的生态设计营销链路。相较之下，国外市场的链路会更加融合。不同的数字媒体平台都服务于一个整体的营销链路，最终导向核心的购买平台，而不是在有限的营销预算下，实现多个销售闭环。

Wavemaker 蔚迈中国欧洲有一个观点："因为割裂的现实，误读仍然存在。当消费者购买旅程被拆开看待，由不同团队为不同的环节负责，这个过程看似合理，但也往往妨碍了人们看到全局的解决方案。如果我们过度关注于互不关联的互动、点击、转换这些常见的 KPI 是非常危险的。对此，我们在深入解析消费者购买旅程的方方面面时，需要避免信息的割裂，更全盘地考量业务问题，需要进行全盘分析的营销组合模型 MMM，以揭示不同渠道在整个消费者购买旅程中对销售的真正贡献。这就避免了之前所讨论的信息茧房问题，和对有效性的误读。"

（5）应对不断调整和优化的政策体系

为了适应变化中的市场，避免垄断、信息安全问题以及监管迷雾，中国数字经济的政策法规呈现出一种频繁变动的状态。企业必须密切关注这些最新动态，并遵守相关法律和标准。不断变化和发展的法规与政策体系，也为中外品牌的传播和媒介融合提出了更高的要求和挑战。

（6）应对新兴机遇与人才的缺口

毫无疑问，中国依然是数字经济和数字营销的激烈战场。互联网红利的消失和存量时代早已是所有从业者接受的事实。在这样白热化的竞争下，考验的是捕捉新机遇的嗅觉、立足更长远的眼光以及敏捷的反应系统和团队。这鼓励着竞争者们不断需要迎头赶上新的趋势，吸引和留住最优秀的创新人才。虽然就业市场不如以往繁荣，但仍然存在巨大的人才缺口。企业希望寻找比以往标准更高的人才，而人才也希望找到更具竞争力的平台和发挥能力之地。

这些现状既是挑战，也是推动更多价值产生的机遇。身在中国的数字营销人员，已经具备了适应这些复杂挑战的能力，也以更敏锐的状态去适应快速变化的数字环境。在中国，数字领域所发生变革的速度是无可比拟的。这也是为什么很多跨国企业的 CEO 需要在中国进行历练，再升任以推动更大范围的变革。

3. 理想化又现实主义的未来

坦白讲，中国的土壤并不需要刻意去憧憬过于理想化的未来。因为在充满可能性的市场中，已经有着大量推动进步的企业和人才在勾勒更理想化的蓝图。

从数据的应用来看，就有很多常被"标榜"的数据使用"理想"场景，例如，建立一个漂亮的 DMP 或 CDP 解决数据整合的问题，在那里获得并且整合所有的数据。同时，这样的工具可以统一不同平台的不同类型的数据，把所有不同的平台与受众连在一起。最后，还有优化的问题，通过理想的归因模型来了解每个平台的价值……这一切非常理想化，不仅需要去搭建一个完美无瑕的系统，而且要在数据不断变化的环境中去尝试解决所有的数据问题。这种理想化的憧憬是难以实现的。

而事实上是，即便搭建了一个"完美"的系统，容纳海量的数据，也会存在大量的数据冗余和浪费，不同部门的人才不需要去使用所有的数据和分析维度。还有一个原因就是，很多的数据系统是从执行层面开始设计和搭建的，没有充分考虑到决策需要以及需要回答的关键问题。

Wavemaker 蔚迈中国 CEO Jose Campon 何塞说过："最重要的是思考那些重要的问题：我们需要去解决怎样的问题？是否真的需要去解决所有的数据问题？要解决关键问题需要什么数据？在现实中，我们对于可用的数据又能做什么？

首先要定义问题。先看有什么问题需要解决？看看有没有这些数据，可以获得什么数据？然后可以帮助品牌收集和整合什么数据［这样，才会知道什么是真正需要的数据方案，无论是一个复杂的 DMP（数据管理平台）或 CDP（客户数据平台），或是更简单的东西］。

然后是洞察和决策。需要真正去理解这些数据，并确保能够回答重要的问题来帮助客户获得洞察，并作出对的决定。这些决定可以让触达和连接变得更为有效，可以更好地帮助聚焦目标受众，帮助设计更好的内容和体验。而之后，还有不断优化和调整的过程。从实际和重要的问题出发，会让数据运用的过程变得简单。"

例如，对于传统的食品饮料行业而言，零售渠道非常分散。整个行业，从生产端—分销端—零售端都得进行数字化转型，才有可能把数据连接起来。但换个角度去看这个问题，其实企业是不需要所有数据的，更重要的是按需索取重要的数据。企业需要从自身行业的特性出发，不盲目去复制别人的尝试。在数据融合的层面，做好品牌应该做好的事情，例如，搭建更好的会员体系、打破"孤岛效应"，把不同子品牌的数据进行联通；而在营销和沟通层面，很多时候并不需要去搭建自有的平台。活用好中国数字生态中的产品，整个世界就联通了，可以更好地实现有意义的连接，联通"人、货、场"。

因而，不少的企业在探索后，放弃过度"理想化"的数字化蓝图，重新回归更精简和精益的架构与布局。

数字营销所解决的根本问题，仍旧是那些经典的营销问题。例如，如何可以更好地了解消费者？需求和痛点是什么？媒介习惯是怎样的？他们喜欢怎样的内容？购买目的和使用习惯是什么？影响源在哪里？等等。

当然，虽然数据能够解决不少的问题，但有一些问题无法完全用数据来解决。因为在数据背后真正重要的是"人"，有很多不同的动机和场景。透过数据理解"人"，是一个漫长的旅程。例如，以饮酒为例，人的情绪、喝酒的意义、态度、在什么地方跟谁喝酒等，有太多大数据无法捕捉到的情绪。很多时候需要回归传统的品牌价值建设来促进品牌认知、价值感知、与场景关联。并且，越是经济慢行的时候，品牌力的价值会越发凸显。这也是为什么可以看到对经营品牌力的回归，无论是在营销战略层面，还是在实际的投资方面。目标不应该只是点击或互动的数字，重要的是与人的沟通。数据可以做得更好，但数据本身并不是最终的目标。

此外，关于未来，营销科技的革新将对数字营销产业产生更具颠覆性的影响力。例如，虽然元宇宙的概念已经被人们所熟知，但元宇宙正处于早期的发展阶段，在营销领域的实践亦处于探索阶段，所使用的方式与传统的数字媒介与空间基本无异。随着虚拟社区和社会关系的改变，元宇宙在未来会成为更具真实感的现实空间的一部分。另外，区块链技术将愈加成为推动行业生态系统创新和组织协作的关键支持技术。但是，在中国，Web3.0、（有币）区块链、NFT等还处于初级发展阶段，未来仍需有较长的研究、探索和应用的过程。

生成式人工智能（AIGC）将在未来引发内容生产力革命，改变生产和消费的关系。虽然当下AIGC的内容生产是基于模仿、模型和概念的创作，仍是模仿式创新，无法替代人类创造力。但在未来，随着AI的发展，可以预见的是，数字营销产业的从业者也将不断地学习新的知识和技能，更好地将新技术运用到工作中。这将使部分工种被重新定义或转型，新专业和知识体系会被创造出来。

自动化与机器人解决方案对企业和行业生态的发展越来越重要，其价值远不止于提高生产力和效率。如今自动化开发工具已发展到低代码或无代码的程度，使更多的组织更容易、更快地开发应用程序。对此，由GroupM集团Choreoraph团队支持提供的RPA解决方案，已经显著提升了营销人员的操作流程和工作体验，让团队更专注于创造力和变革。

在数字主权和隐私保护的法规与标准驱动下，将进一步推动跨国家、跨平台/公司的数据融合和运用，进而提升行业生态各参与者的价值。在这样的背景下，"拆除"围墙花园来实现更流畅的用户旅程，也是众望所归。

最后，全球范围内被逐渐关注的ESG也在影响着数字领域的发展，促进可持续的数字营销实践。为此，群邑全球率先推出了一个可在全球规模化使用的碳测量框架，并发布升级版碳计算器，以更准确地测量广告活动的碳足迹。充分整合了群邑全球最先进的广告碳测量方法论，应用了最新的环境效果数据分析和环境数据资源标准，将碳计量扩大到了所有的数字渠道，让品牌能够准确掌握数字供应链的碳排放情况。在中国，开始为更多的品牌进行碳计算，在数字营销领域为可持续愿景作贡献。

营销是用来解决问题的，数字营销也是如此。

（本节撰写单位为Wavemaker蔚迈中国）

第二章

数字营销与经济

一、数字营销与中国经济

数字营销已成为市场经济增长的重要驱动力之一,是现代商业世界中至关重要的一环,其深刻影响延伸到了经济体系的方方面面。通过数字渠道,企业能够触及广泛的目标受众,推广他们的产品和服务,增加销售额和利润。根据 Statista 数据,2019 年,全球数字广告支出达到了 3250 亿美元,在随后几年中也继续增长。这表明数字营销在全球经济中的重要性不断上升。

(一)数字营销带来的经济驱动

1. 就业机会和产业生态

数字营销行业的崛起创造了大量工作机会,包括数字广告、社交媒体管理、数据分析和内容创作等领域。根据 Digital Marketing Institute 的数据,全球数字营销领域的就业需求逐年增加,这意味着数字营销不仅对企业增长有益,也丰富了劳动力市场。数字营销的不断发展还激发了相关产业的创新,如广告技术和分析工具的进步。

2. 提高市场效率

数字营销通过数据分析和精准广告帮助企业更好地了解客户需求,优化广告策略,从而提高市场效率。根据 Forrester Research 的报告,数据驱动的企业取得了更大的市场份额,而不运用数据驱动的企业则面临竞争的压力。数字营销降低了广告成本,提高了广告回报率,有助于企业在市场中获得竞争优势。

3. 创新和竞争力

数字营销的快速演进激发了市场的创新竞争。企业必须不断适应新技术和趋势,提供更好的产品和服务,以吸引更多客户。这种竞争和创新有助于提高市场的质量和效率,进一步推动经济增长。根据 McKinsey & Company 的研究,数据驱动的企业比其他企业更有可能取得市场份额领先地位。

（二）中国经济与市场对数字营销的驱动

1. 中国市场的快速增长

中国已成为全球最大的数字广告市场之一。随着中国互联网用户数量的不断增加，中国数字广告市场呈现出快速增长的趋势。中国数字广告市场受益于社交媒体和移动应用的广泛使用，以及数字支付的普及。

2. 移动互联网优势

中国是全球最大的移动用户市场之一，移动设备的普及率非常高。因此，移动广告在中国市场的份额很大。移动应用和社交媒体在中国非常受欢迎，这使移动广告投放成为企业的首选。

3. 电子商务的增长

中国的电子商务市场在过去几年中迅猛增长。数字营销对于在线零售商、电子商务平台和跨境电商来说是吸引客户和推动销售的关键工具。中国品牌越来越多地使用 Martech 营销技术来推广其产品和服务。

4. 社交媒体的崛起

中国的社交媒体平台，如微信和微博等在国内外都取得了成功。广告商发现社交媒体是与受众互动的重要平台，因此，社交媒体广告在中国市场占有重要地位。

5. 创新和技术发展

中国数字广告市场不断创新，采用新技术和工具，如虚拟现实、增强现实和人工智能，以提高广告效果。这种技术驱动的创新有助于吸引受众并提高用户参与度。

在数字时代，数字营销与经济之间的关系不再是简单的相互关联，它已经深刻地塑造了商业世界。数字营销不再仅仅是一种推广技术手段，而是已经成为了企业成功的不可或缺的一部分。与此同时，Martech 营销技术（Marketing Technology）也逐渐崭露头角，为数字营销提供了更多工具和资源，使其变得更智能和高效。

（三）数字资产与数字营销

1. 数字资产释放营销价值

数字营销正处于快速发展期，产业数字化的规模占比已高达 81.7%，中国企业营销数字化渗透系数在近 5 年内不断上升，这意味着有超过八成的企业已走上数字化转型的道路。从数字赋能到数字经济的跃迁，从数据分析到用户资产沉淀，营销数字化进入一个全面数据赋能时代。

（1）营销自动化

企业整个营销业务串联起来，转变此前依赖人的认知驱动市场营销的思维，转化成数据科技驱动的产品和服务形成生态，并且保持查漏补缺，完成投放的全生命周期管理。

（2）数据资产沉淀

从数据策略到客户流程管理的整个营销流程，实现全程自动化，并整合多个渠道内容，对各类营销效果进行监测分析、安全计算和可视化呈现，使营销人员能够高效地了解其广告活动、内容营销和社交媒体效果。数字技术为广告主带来的不仅仅是降本增效，更创造了企业自身的数字资产。

（3）数字经济引领科技创新新趋势

数字技术促进创新体系的数字化重构，使科技创新研究过程更加开放包容。数字技术有效消除了高校知识创新、科研机构技术创新和企业产品创新之间的壁垒，弱化科技交流障碍，促进产学研协同，有效降低技术创新的成本与风险，提升创新绩效。数字技术缩短创新周期，数据成为企业实施产品开发、研判市场趋势、优化生产布局、及时调整方向的新工具，企业发布的新产品能快速获得用户的测试与反馈，激励企业从事更多的创新活动，推动高校和科研机构的知识、技术向企业溢出，强化企业的创新主体地位。创新要素的数字化渗透为创新活动由地理空间集聚向数字空间集聚提供契机，数字化有效降低创新要素流动过程中的交易成本，发挥高效联通、溢出扩散等驱动作用，推动创新要素高效流动与协同，引发更大范围创新要素和创新主体在数字空间的整合和重构，进一步扩大科技开放合作，有力推进科技创新资源的合理化配置，提升协同创新水平和区域创新效率。

（4）平台经济"再定位"

过去几十年，平台经济的快速崛起，为中国经济的发展提供了巨大的推动力。尤其在降低成本、促进经济循环、提高经济增长，降低信息不对称、促进交易的控制性和组织形态的优化，以及治理体系的革命性变化，通过数字融合全面促进实体经济的数字化，数字技术的创新推动新模式和新体系的升级，平台经济都发挥了较大作用。这些对于平台经济的再定位、再调整的表述，使平台经济进入深化、提升、发展的新阶段。

2. 数字资产和数字身份的绑定营销与运营

数字资产和数字身份的绑定是一种将数字身份与数字资产（如虚拟货币、加密资产等）相关联的技术手段，可以为客户运营和营销宣传带来以下几个方面的优势：

（1）提高客户忠诚度

通过数字资产和数字身份的绑定，可以更好地记录客户的购买历史、偏好等信息，并为客户提供个性化的服务和定制化的产品，从而提高客户忠诚度。

（2）激励客户参与营销活动

数字资产和数字身份的绑定可以为客户提供更多的参与和奖励机会。例如，通过参与社交媒体活动、推广活动等获得虚拟货币或加密资产的奖励，从而激励客户参与营销活动。

（3）建立品牌形象

通过数字资产和数字身份的绑定，可以为品牌建立更为个性化和多样化的形象，增强品牌的吸引力和亲和力。

（4）提高客户参与度和用户黏性

数字资产和数字身份的绑定可以为客户提供更多的互动机会。例如，通过社交媒体等渠道与品牌进行互动、参与品牌社群等，从而提高客户的参与度和用户黏性。

（5）增加品牌营销效果

通过数字资产和数字身份的绑定，可以将品牌形象、产品信息等以更为生动、互动的方式呈现给客户，增加品牌营销效果。

（本节撰写单位为北京数字一百信息技术有限公司）

二、数字营销与数字经济

（一）数字经济的概述

数字经济是继农业经济、工业经济之后的主要经济形态。《G20数字经济发展与合作倡议》将其定义为："以使用数字化的知识和信息作为关键生产要素、以现代信息网络作为重要载体、以信息通信技术的有效使用作为效率提升和经济结构优化的重要推动力的一系列经济活动。"

1. 数字经济的发展现状

我国数字经济规模近年来稳步增长，随着互联网、大数据、云计算、人工智能和区块链等技术的加速创新，数字经济在GDP中的占比日益提升。在整体经济环境受疫情冲击的情况下，数字经济规模仍然保持了积极良好的增长势态。

（1）总体增速

根据中国信通院的数据，2022年，数字经济规模高达50.2万亿元，同比名义增长10.3%，已连续11年显著高于同期GDP名义增速，数字经济占GDP比重相当于第二产业占国民经济的比重，达到41.50%。

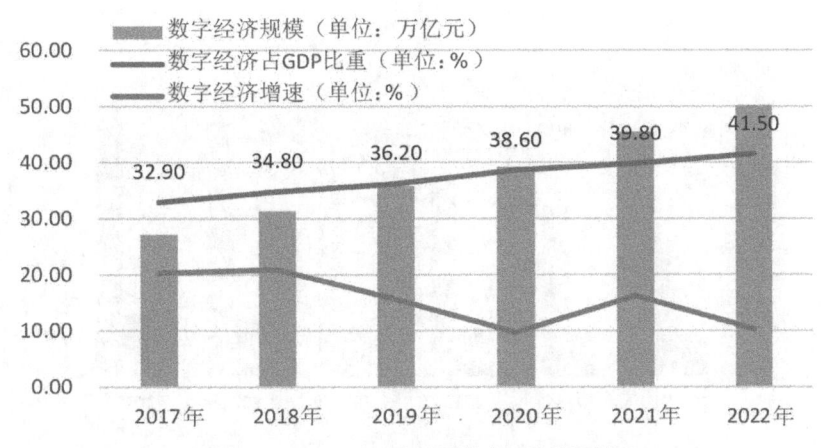

图 2-1 2017—2022年中国数字经济发展情况

数据来源：中国信通院

（2）产业数字化

同时，数字经济与实体经济加速融合，数字化渗透进社会生活的各个角落，促进经济转型升级和增长方式转变。数字经济也推动了企业数字化转型，为企业发展提供新的动能与升级路径。2022年，我国数字产业化规模与产业数字化规模分别达到9.2万亿元和41万亿元，占数字经济比重分别为18.3%和81.7%，数字经济的二八比例结构较为稳定。其中，三、二、一产数字经济渗透率分别为44.7%、24.0%和10.5%，同比分别提升1.6个百分点、1.2个百分点和0.4个百分点，第二产业渗透率增幅与第三产业渗透率增幅差距进一步缩小，形成服务业和工业数字化共同驱动发展的格局。

从整体看，2022年，我国数字经济全要素生产率为1.75%，相较2012年提升了0.09%，数字经济生产率水平和同比增幅都显著高于整体国民经济生产效率，对国民经济生产效率提升起到支撑、拉动作用。

分产业看，第一产业数字经济全要素生产率小幅上升，第二产业数字经济全要素生产率10年间整体呈现先升后降态势，第三产业数字经济全要素生产率大幅提升，成为驱动数字经济全要素生产率增长的关键力量。

（3）数字经济结构

产业数字化占数字经济比重在82%左右波动。2022年，我国数字产业化规模达到9.2万亿元，同比名义增长10.3%，占GDP比重为7.6%，占数字经济比重为18.3%，数字产业化向强基础、重创新、筑优势方向转变。同时，互联网、大数据、人工智能等数字技术更加突出赋能作用，与实体经济融合走深向实，产业数字化探

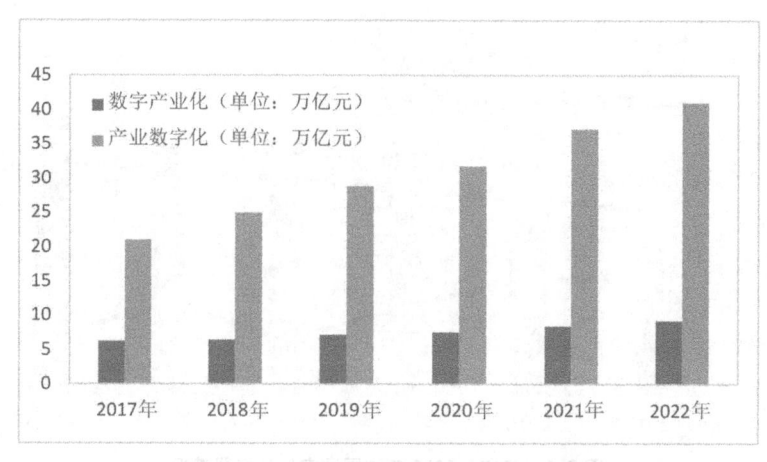

图2-2 中国数字产业化与产业数字化发展

数据来源：中国信通院

索更加丰富多样，产业数字化对数字经济增长的主引擎作用更加凸显。2022年，产业数字化规模为41万亿元，同比名义增长10.3%，占GDP比重为33.9%，占数字经济比重为81.7%。

（4）数字经济的基础设施

截至2022年底，我国累计建成开通5G基站231.2万个，5G用户达5.61亿户，全球占比均超过60%。全国110个城市达到千兆城市建设标准，千兆光网具备覆盖超过5亿户家庭能力。移动物联网终端用户数达到18.45亿户，成为全球主要经济体中首个实现"物超人"的国家。IPv6规模部署应用深入推进，活跃用户数超7亿，移动网络IPv6流量占比近50%。同时，我国数据中心机架总规模超过650万标准机架，近5年年均增速超过30%，在用数据中心算力总规模超180EFLOPS，位居世界第二。工业互联网已覆盖工业大类的85%以上，标识解析体系全面建成，重点平台连接设备超过8000万台。车联网由单条道路测试拓展到区域示范，已完成智能化道路改造超过5000千米。

2. 数字经济的重要性

在我国经济从高速发展转向高质量发展的关键阶段，数字经济被寄予厚望，成为推动转型升级、促进经济增长的"新引擎"。数字经济已经达到高度的战略地位，而且助推经济发展。

（1）高度的战略地位

①最高决策层的密切关切

《求是》杂志发表习近平总书记的署名文章《不断做强做优做大我国数字经济》，系统全面地论述了数字经济的发展方向。不仅如此，文章还回顾了2000年以来习近平总书记关切数字经济的全过程，这种表述是罕见的。而在每年的政府工作报告中，数字经济也是习近平总书记必谈的内容，从中可见数字经济分量之重。

②相关政策的充足保障

近年来，从中央到地方，数字经济相关领域政策频出，足以凸显其重要性。2021年3月，《中华人民共和国国民经济和社会发展第十四个五年（2021—2025年）规划》（以下简称"十四五"规划）中以单独一篇的内容对"数字中国"进行了部署，将数字经济作为重点任务。2022年1月，国务院印发《"十四五"数字经济发展规划的通知》。2023年，中共中央、国务院印发的《数字中国建设整体布局规划》（以下简称《规划》），将数字经济的重要性进一步提升。近年来，工业和信息化部、发展和改革委和全国重点省市均出台数字经济相关文件，政策数量爆发式上涨（见图 2-3）[①]。

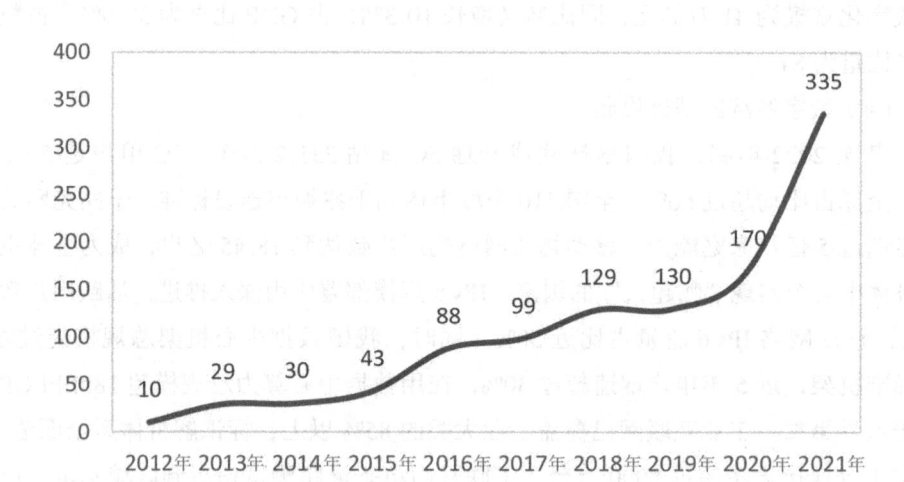

图 2-3　2012—2021 年数字经济政策颁布数量

数据来源：《中国上市公司数字经济白皮书 (2022 年)》

③详尽的具体规划

"十四五"规划以"加快数字化发展，建设数字中国"为题单篇论述数字经济的发展，文中分四章十三节明确了数字经济的十三个方面。在《国务院关于印发"十四五"数字经济发展规划的通知》中，数字经济目标扩展为八项任务二十个方面。文中具体制定了数字指标："到 2025 年，数字经济迈向全面扩展期，数字经济核心产业增加值占 GDP 比重达到 10%"，并提出了"软件和信息技术服务业规模达到 14 万亿元，工业互联网平台应用普及率达到 45%"等具体指标。这就意味着数字经济正式纳入政府考核体系，2025 年，10% 的增长目标一定会实现。

（2）数据要素成为生产要素

2020 年起，数据被正式写入文件，成为土地、劳动力、资本和技术进步以外的第五大生产要素，而数据要素正是数字经济的核心资源。通俗地说，数据要素指的是那些可以用来创造价值、产生经济效益的数据资源，属于一种基础资产。数据要素市场指的就是这一类有价值的数据资源，在交换或流通中形成的市场，包括数据交易行为以及数据交易场所两重含义。从产业链的角度出发，数据要素市场可分为数据采集、数据存储、数据加工、数据流通、数据分析、数据应用、生态保障七

[①] 中国上市公司协会：《中国上市公司数字经济白皮书 (2022 年)》，长江证券研究所。

大模块，覆盖数据要素从产生到发生作用的全过程。

（二）数字经济与数字营销的相互影响

数字营销和数字经济是紧密相关的概念，它们之间存在着密切的联系。数字营销是数字经济的一个重要组成部分，它利用数字技术和互联网平台在数字经济环境中开展营销活动。数字营销充分利用了数字经济所提供的各种资源和工具，如在线广告、社交媒体平台、电子商务、数据分析等，来达到品牌宣传、客户互动、销售增长等营销目标。总的来说，数字营销和数字经济之间的关系是相互促进的。数字经济为数字营销提供了广阔的舞台和丰富的资源，而数字营销则是数字经济中的一种重要应用，通过有效的营销策略和技术，推动了数字经济的发展和创新。

1. 数字经济对数字营销的影响

（1）对营销渠道的影响

数字经济推动了移动互联网的普及。随着智能手机的广泛普及，消费者已经成为随时随地与互联网互动的移动族群。品牌可以通过开发移动应用、优化响应式网站和使用短信营销等方式，实现在移动设备上的广告投放。移动互联网的特点意味着品牌必须优化用户体验，确保网站和应用在各种移动设备上都能顺畅运行。同时，地理位置数据也可用于本地化广告，吸引附近的消费者。

数字经济推动了社交媒体平台的崛起，这些平台成为了品牌与消费者互动的关键场所。品牌可以通过发布有吸引力的内容、与用户互动和购买广告来建立强大的社交媒体存在感。社交媒体的分享功能也为品牌提供了传播口碑的机会，因为用户可以轻松分享他们对产品和服务的积极体验。此外，社交媒体的实时性使品牌能够迅速响应消费者的反馈，建立更亲近的关系。

数字经济的兴起推动了电子商务的迅速发展。品牌不仅可以在传统实体店铺销售产品，还可以通过在线渠道扩展销售。数字营销策略需要考虑如何在电子商务平台上推广产品，以吸引在线购物者。这可能包括优化产品页面、提供详细的产品信息、使用电子商务广告和合作伙伴营销等策略。

（2）对营销手段的影响

数字经济促进了个性化营销的发展。数字经济通过数字化渠道和技术，为企业提供了前所未有的机会来获取和分析消费者的个人信息。通过跟踪消费者的浏览历史、购买记录、社交媒体行为和搜索习惯等数据，企业能够创建详尽的用户画像。这些用户画像可以用于精准的个性化广告定位，将广告内容和产品推荐与每个消费者的兴趣和需求相匹配。例如，当一个用户在购物网站上浏览一些特定的商品时，后续他们可能会在社交媒体上看到这些商品的广告，从而提高了购买的可能性。这种精准的个性化营销不仅提高了广告的效果，还提升了用户体验。

数字经济推动了数据分析和人工智能。数字经济的崛起意味着海量数据的产生和收集。数据分析和人工智能技术通过自动化和智能化的方式，帮助企业更好地理解市场趋势和消费者行为。通过机器学习和深度学习，企业可以分析大规模数据集，识别潜在的市场机会，发现新的客户群体，并预测消费者的购买行为。这使数字营销变得更加精准和高效，品牌可以更好地优化广告预算，确保资源的最佳利用。

总的来说，数字经济通过个性化营销、社交媒体的崛起、数据分析和人工智能、移动互联网的普及、电子商务的崛起等因素，深刻地改变了数字营销的方式。这些因素使品牌能够更精准地定位目标受众，提高广告效果，增强用户参与，并保持合规性，从而在竞争激烈的市场中取得成功。随着数字经济的不断发展，数字营销将继续演进，为企业提供更多机遇和挑战。

2. 数字营销对数字经济的影响

数字营销的发展不仅影响着营销环节，也在反向改变着不同产业的商业模式，从而形成了互联网驱动的数字经济形态。数据显示，截至 2018 年，中国数字经济规模达 31 万亿，占整个 GDP 的 1/3。数字经济成为了中国经济的"新引擎"，2018 年，全国实物商品网上零售额增长 25.4%，增速比社会消费品零售总额高 16.4 个百分点，数字经济推动了创新，促进了资本的流动，扩大了消费需求，也创造了就业，互联网已经成为社会经济发展的基础设施，而在数字经济下，新模式、新业态孕育而生，从争夺人口红利到争夺新消费红利，各个产业也都因此而发生着改变。具体来说，数字营销从以下几个方面影响数字经济的发展。

（1）改变市场环境

数字营销为企业提供了更广泛、更直接的市场覆盖能力。通过互联网和数字媒体，企业能够迅速触达全球范围内的潜在客户，不再受限于地理位置。这促使了数字经济中的全球市场扩张和国际贸易增长。而且，数字营销的崛起创造了广泛的就业机会，包括数字营销专家、数据分析师、社交媒体管理人员等。这有助于降低数字经济中的失业率，并为人们提供了新的职业发展机会。

（2）影响成本和收益

相对于传统广告方式，数字营销通常更经济实惠。数字营销通过数据收集和分析，为企业提供了有关消费者行为和市场趋势的宝贵见解。这使企业能够更好地了解其目标受众，了解他们的需求和偏好，并根据这些洞察制订战略决策。企业可以更精确地投放广告，将预算用于具有最高回报潜力的渠道和目标受众。这意味着即使在有限预算下，小型企业和新兴企业也能够通过数字营销进入市场，促进了数字经济的多样性和竞争。

（3）提高数字经济的消费体验

数字营销通过个性化推荐和广告、快速响应用户查询、在线客户支持等方式，提高了消费者的购物和互动体验。这有助于增强消费者对数字经济的信任感，促使他们更频繁地参与在线交易。

综上所述，数字营销对数字经济的影响是深刻且多维的。它不仅改变了企业的市场策略和竞争方式，还推动了数字经济的增长和创新。数字营销为企业提供了更多机会来扩展市场、提高效率和与消费者建立更紧密的联系，进一步推动了数字经济的蓬勃发展。在数字经济时代，数字营销已经成为成功的关键要素，将继续塑造未来的商业格局。

（本节撰写单位为中国传媒大学广告学院）

第三章
数字营销
行业生态

一、渠道篇

(一) 电商

1. 电商发展历程及内容电商崛起之路

电商的起源最早可以追溯到20世纪70年代，彼时电商是基于数据交换（EDI）进行的，主要应用于企业间的数据交流和订单处理。随着互联网的普及和技术底层的不断进步，电商产业在每一个不同的里程碑里，均具备新发展阶段特征。

1995年，亚马逊和eBay等电商巨头相继崛起，开始在互联网上开展商品销售。这标志着电子商务进入了商业化阶段，并引发了一场电商革命。而在互联网技术的推动下，以传统货架为代表的电商平台登上历史舞台，电商行业完整地实现了从传统的线下零售到线上交易的转变。电商通过网络的全球化、无边界化、包罗万象、无限陈列等特性，打破了地域和时间的限制，为消费者提供了更便捷的购物方式。

2012年起，内容电商雏形初现，平台通过不断创新，引入了社交、直播电商、共享经济、私域交易等新模式，在该阶段内，电商已经进入高速发展阶段，社交平台与电商平台不断融合，"内容+直播+电商"的产业链持续优化完善。

（1）电商发展中，用户需求始终为第一驱动力

①用户需求变化，要求购物环境与销货模式更贴近人性需求

随着用户从普遍化需求递进至个性化需求，用户开始呈现"多层级""多角色""多个性""多购买动力"的个性化乃至个人化特征，这就意味着电商需要满足不同用户的体验需要，同时探索更多同类用户的消费潜力。

个性化需求：根据自己的兴趣、偏好和需求来定制商品和服务。购物环境和销货模式需要提供个性化的推荐、定制化的产品选择和服务，以满足用户多样的、独立的、独特的需求。

移动化需求：购物环境需要提供响应式设计的移动应用和网页，以适应不同的设备和屏幕尺寸，确保在移动设备上也能提供良好的用户体验。销货模式需要支持移动支付和移动订单管理，使用户能够方便地在移动设备上完成购物流程。

社交互动需求：与其他用户进行交流和分享购物体验。购物环境需要提供社交功能，如用户评论和评分、社交分享、用户生成的内容等，鼓励用户之间的互动和参与。销货模式可以引入社交电商和社交媒体营销，通过社交渠道来推广产品和促进销售。

安全和信任需求：希望购物环境能够保护他们的个人信息和支付安全，避免欺诈和数据泄露。购物环境和销货模式需要加强数据安全措施，提供安全的支付方式和信任机制，如用户评价和商品评级，增加用户对平台和商品的信任感。

便捷和高效需求：过程简单、快捷、高效，从营销到转化的链路更短，跳转流程中不造成耐心消耗，同时减少下单购物的冗余步骤和烦琐操作。销售模式需要提供快速的下单、配送和售后服务，以满足用户的便捷和高效需求。

②货架电商、内容电商、私域电商匹配用户差异性需求，兼容并包或是常态

用户的需求实际上导向不同类的电商场景，即货架电商、内容电商、私域电商，它们代表了不同的电商模式和经营策略。

货架电商（Shelf E-commerce）：货架电商是指在类似于传统的实体零售店铺的货架陈列，将各个品牌和商品放置在同一个平台上，用户通过"搜索""寻找""对比"等一系列操作进行购买。这是典型的"人找货"模式。特点为多品牌、多商品的集中销售，消费者将通过产品的实际描述和过往品牌认知、评论等因素，选择适合自己的商品。

内容电商（Content E-commerce）：内容电商是指以消费者为中心，围绕IP、KOL、直播、热点事件等进行内容创造，利用销售转化机制实现内容和商品的转化，达到商品随内容的同步流通与转换的目标，从而提升电商营销效果的一种电商模式。通过内容的传播和推荐，内容电商将用户引导到相关的商品或服务，并促使用户进行购买，以兴趣推荐的方式，触达到核心人群。这是典型的"货找人"方式，特点是通过内容营销和用户参与来推动销售，提供更加个性化和有趣的购物体验。

私域电商（Private Domain E-commerce）：私域电商是指品牌或商家在自己拥有的渠道和平台上进行电商销售的模式。注重建立和维护自己的用户群体和品牌形象，通过直接与用户进行互动和沟通，建立用户关系和忠诚度，更偏向于"货匹配人"的方式，特点是拥有独立的销售渠道和用户数据，可以更好地控制用户体验和营销策略，提供更加个性化和定制化的服务，更易拉动同一群体标签用户的多次转化。

这三种电商模式在电商行业中都有重要的地位和影响力。货架电商适合多品

牌、多商品的集中销售；内容电商注重通过内容营销来吸引用户并推动销售；私域电商强调品牌建设和用户关系的管理。企业可以通过"有纵、有横"的方式，即纵深于单平台、横向覆盖多类平台的模式，整合自身的电商布局，根据企业的定位和战略，选择适合自身的经营方式，以满足不同的市场需求和用户需求。

（2）兴趣消费的兴起，让电商向内容靠拢，形成"更有力量、更强价值、精准促需"的新电商体系

兴趣消费在近几年逐渐成为电商行业发展的重要趋势。它强调根据用户的兴趣和偏好提供相关的产品和服务，以满足用户的个性化需求。这种趋势促使电商向内容靠拢，并形成了一个新的电商体系，具有更强的力量、更高的价值和更精准的促需能力。

在这个新的电商体系中，内容起到了关键的作用。通过图文、短视频、直播、社交媒体帖子等形式，提供有价值的内容，来吸引用户的关注和兴趣，通过内容的传播和推荐，电商平台可以将用户引导到相关的产品或服务，并促使用户进行购买。内容不仅可以增加用户的参与度和黏性，还可以提供更加个性化和有趣的购物体验，从而增进用户的购买意愿和忠诚度。

①数字营销催化兴趣电商发展，促进内容电商产业力量

数字营销利用数字技术和社交媒体等平台，通过精准的定位、推荐机制和数据分析等手段，将产品或服务与感兴趣的用户精准匹配，从而推动兴趣电商的发展和壮大。

首先，需要对用户进行精准地定位和分类，了解用户的兴趣、需求和行为特征，以更贴近用户真实需求的内容，撬动目标用户的底层需求，通过有效的归类、标签推广模式，快速聚拢相关特征的人群，达成双向增长的底层目标。

其次，要针对"千人千面"挖掘共性数据，从而更好地通过用户数据分析，更早一步了解同类标签用户的购买习惯和喜好，向用户精准推送符合预期或调动新需求的产品，增加用户的购买意愿和忠诚度。

再次，动态调整营销策略以达成更好的转化，利用数据分析和监测工具去实时监测和评估营销活动的效果。在过程中根据变化的、动态的用户反馈，及时调整营销策略，提升推广效果和转化成效。

最后，以数据为驱动的营销动作，将渗透到电商环节的"前调营销""中段发酵""后尾互动"的各个环节中，让内容更充盈、转化更顺畅。增加用户在转化和口碑循环中的参与度，提高品牌的知名度和口碑效应。

在整体过程中，技术迭代、营销升级、思维重塑将是内容电商强力发展的重要

驱动力。例如，5G 高速网络实现低延时直播、云技术实现升级、智能创作广泛应用；跨平台人群包解析、爆款模型、投放模型；品效销流转路径及自上而下的销路转型，及包括导购、运营、营销、市场、客服等多部门的通力配合；等等。整合经营与数字营销的双线提升，让电商产业更有力量地发展。

②基于兴趣而生的内容电商，构建用户"价值消费体系"

内容电商以兴趣内容占领用户心智，借助多样化内容形式构建沉浸式消费场景，基于消费者兴趣实现商品信息的精准推荐，最终促成购买转化。

在该体系下，"用户为什么而买单"变得十分关键，用户的消费不再仅仅依赖于"刚需"这个单一的元素，更多转向"颜值""好奇""从众""风潮"等多元衍生需求，可探索的"价值消费"空间巨大。对于平台、品牌等供给方而言，需要从三个方向思考如何构建用户的价值消费体系。

以兴趣内容占领用户心智。品牌或内容创作者会将商品情景化，为商品建构使用多元场景。消费者在浏览内容电商的时候，先消费的是内容，继而产生冲动式消费行为。

以多样化内容形式，构建沉浸式消费场景。内容电商平台通过多样化种草图文、短视频、直播等形式呈现商品。优质的内容、风格化的叙述方式、具有号召力的主播等更容易让消费者沉浸其中。

基于消费者兴趣推荐，以内容流带动商品流。内容电商的商品展示方式与推荐方式有别于传统货架电商，传统货架电商以货品为中心形成推荐，而内容电商则以消费者兴趣内容为核心，做基于内容的商品推荐。

③依托技术、策略、玩法，让用户每一次选择更贴近需求场景

对于兴趣电商而言，确实存在一些显性问题，实现理想中的"内容即广告"形态对平台和品牌来说并不容易。为了解决这些问题，需要多方合作，共同努力产出更易被大众接受、更易转化用户、更易展现内容效果的新营销素材。

首先，作为平台方，应该更加注重标签化需求和个性化推荐机制。通过从用户的浏览、交互、购买、对话、搜索等多个维度综合评估用户的兴趣点和各类兴趣标签，让用户能够观赏到更适合他们需求的内容和产品。这样可以优化用户获取内容的深度体验，提高用户的参与度和满意度。

其次，作为品牌方，应该与优质内容创作者（如 KOL、机构）深入合作。一方面，通过共创的方式，将用户感兴趣的内容进行提炼和优化，使其更符合用户的需求。另一方面，可以利用红人的影响力来测试内容的反馈。通过内容、运营和渠道的共同努力，可以共同构建新的内容体系。

通过平台方和品牌方的合作，可以在不断调整、调优的过程中，逐步瓦解兴趣电商中存在的问题，实现更好的营销效果。让用户创造和反馈消费场景，提升用户的参与度和满意度，增加转化率，并展现出更好的内容效果。同时，平台方和品牌方也可以共同探索创新的营销方式，为用户提供更有吸引力的内容和产品，进一步拓展兴趣电商的市场空间。

2. 2023年电商环境与生态系统变化

随着电商环境与生态系统的变化，内容电商作为一种新兴的商业模式，逐渐崭露头角。本节将探讨内容电商在兴趣电商领域中的养成之路，包括内容创作、用户参与和平台支持等方面的重要因素。

（1）平台的演变与创新，生态系统逐渐健全、平台"边界感"模糊但核心定位清晰

当下的电商平台和内容平台之间的"边界感"变得愈发模糊。传统的电商平台逐渐开始注重内容化，通过提供有趣、有价值的内容来吸引用户，并将产品巧妙地融入其中。同时，内容平台也在逐渐电商化，通过与品牌方的合作和推广，将内容与商品进行关联，实现变现和商业化的目标。

当下电商正呈现出"三个大类别，无限小类别"的重要趋势。例如，直播电商平台又有导购型电商、种草型电商；私域电商平台又分为会员私域商城、用户私域商城、城市私域商城等；传统货架电商又有国际淘品平台、奢侈品电商平台、大众平台；等等。

对于用户来说，他们可以在一个平台上既获取有趣的内容，又进行购物和消费，通过浏览内容了解产品，同时，也可以通过购物获得与内容相关的优惠和奖励。这种综合性的平台可以提供更丰富的用户体验，满足用户的多重需求。

①电商平台向社交互动、反馈型电商等机制转型

向社交互动型电商转型可以提升用户参与度和互动性。兴趣电商平台基于社交媒体进行舆论发酵、内容种草、产品测评，通过社交化的方式增加用户的参与度和互动性。例如，当下的传统电商平台，可以提供社交分享功能、用户评论、好物种草和评分系统，鼓励用户在购物过程中互相交流和分享经验。例如，淘宝、京东等头部电商借直播、图文等构筑内容营销新场景；垂类平台凭内容精准吸引目标客群；品牌自建电商以IP内容吸流量。

图 3-1　点淘内容化战略整合直播、短视频、图文种草等内容资源

过往反馈型电商机制可以提升用户体验感和满意度，而当下的反馈不仅仅代表了收集用户的反馈和意见，了解用户的需求和偏好，而是通过用户的实际反馈来反哺产品的迭代和进步。例如，通过会员机制将用户拉入到品牌私域池，进行长线的营销和服务；建立用户反馈渠道，在线调查、用户评价等，更及时回应用户的问题和需求，并积极整合信息反馈到产研部门，更好地产出用户所需的产品。

②电商平台逐渐成为内容分享的重要场所

传统的电商平台主要关注商品的交易和销售，但随着用户需求的变化和社交媒体的兴起，越来越多的电商平台开始注重内容分享，以提供更丰富的用户体验和增加用户参与度。从重视在商品之外实现与消费者实时互动，丰富商品的展现形式到通过视频、图文等来提升电商营销效果，借优质内容，降低消费者决策成本。

首先，通过直播电商方式更立体地将货架式电商空间展示出来，用更专业的内容增进展示到转化的概率、缩短转化路径。其次，通过更直接的产品种草信息，如效果展示、空间展示、能力展示及使用评测等多样化的种草形态，拉动有直接购买需求的用户，从"定品类""选品牌"到"定品牌""匹配需求品类"。最后，用户晒单种草秀以更真实的体验内容，让已有购买需求的用户坚定购买信心，完善产品展示闭环，推动转化能力的大幅提升。

③注重整合生态系统中的各种资源和服务，贯穿用户转化相关的全生命周期

在电商平台的生态系统中，有许多不同的参与者，包括品牌商家、内容创作者、物流服务提供商、支付服务提供商等。电商行业需要更深度地整合该类友商资

源，通过 SOP、系统对接等方式，为用户提供更全面、便捷和高效的购物体验，从而不断助推电商行业发展。

与品牌商紧密携手，建立密切的合作伙伴关系，共同推动产品的研发、宣传和销售。平台能够为品牌商提供全方位的技术支持、深入的数据分析和精准的市场推广等综合服务，旨在增进合作伙伴之间的互动和协作，共同实现业务目标。

与富有创造力的内容创作者紧密合作，为其提供创作工具、丰富资源支持和公平的收益分享机制，激励他们在平台上创作出独具匠心的内容。共创内容不仅能为品牌形象和产品营销提供支持，同时也在吸引用户的关注进而激发购买的欲望。

此外，优化物流网络和配送服务，提供快速、可靠和灵活的物流解决方案；整合支付和金融服务，提供安全、便捷和多样化的支付方式；通过数据分析和人工智能技术，对用户的行为和偏好进行分析，为用户提供个性化的推荐和购物体验；建立完善的售后服务体系，及时回应用户的问题和需求，提供优质的客户服务。

为用户提供更综合、一体化的购物体验，是电商后尾长续、长存发展的关键，结合营销手段、个性需求，提升用户的转化率和忠诚度，实现平台和用户的共赢。

（2）用户行为与消费习惯的变化趋势，所见皆可得成转化基本点

随着移动设备的普及和社交媒体的影响力增强，用户行为和消费习惯正在发生深刻的变化。移动优先、社交媒体影响力、个性化需求、用户生成内容和跨渠道购物体验等趋势，将其转化为品牌的基本点。一般而言，用户的趋势变化，对品牌提出了三类典型性要求，即迎合兴趣、信任加码及提升体验。

①兴趣消费的崛起与个性化需求：兴趣集群、个性化推荐、定制化体验

兴趣集群代表了内容圈层化趋势，从圈层分类来看，向基于生活兴趣的美食圈、宠物圈与基于文化共鸣价值认同的如饭圈、国风圈等聚集，越小众的圈层凝聚力越强，同时人群也越少，品牌在对标圈层时可选范围极广。

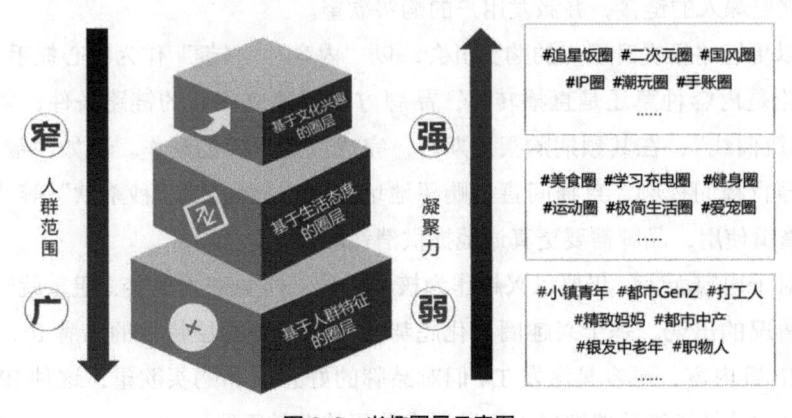

图 3-2 兴趣圈层示意图

不同分层所提供的圈层凝合度不同。例如，小众圈层的破圈能力极强，围绕兴趣内容的圈层受众快速聚集并蓬勃生长，国风、JK、娃圈等圈层为品牌带来巨大的商业价值；品牌借助基于消费者兴趣的垂类内容，助力品牌和产品的破圈；再如，基于生活场景的内容创作更真实、更容易激发用户代入感，在特定生活场景和剧情下出现的品牌和商品，推广发生得更为自然，更容易引发消费者关注和好感。

②用户对品牌有品牌信任、透明度新要求

品牌信任建立在用户对品牌的可靠性、诚信和品质的信任基础上。为了赢得用户的信任，品牌需要建立良好的声誉，提供优质的产品和服务，并与用户进行积极的沟通和互动。品牌应该遵守承诺、履行承诺，并及时解决用户的问题和投诉，以增强用户对品牌的信任感。例如，通过 KOL 及核心媒体的专业能力背书提升外部形象。

透明度是构建信任的重要基础，内容中可以突出产品质量、定价、促销、活动详情等信息。同时，在营销内容板块，可以降低"智商税"比例，部分展示有价值的产品信息，包括成分、生产过程和环保指标等，让用户能够作出明智的购买决策。

③优化线上转化体验路径，增强用户的场景、服务、便捷能力

内容电商主要消费渠道向直播快销转型，通过短视频、图文的种草能力先做认知培育，再通过"氛围感＋优惠价"多重组合的直播方式，让用户由"有需找货"主动消费模式转变为"有货促需"的品牌主动销售模式。

（3）品牌转化要求不断升级，倒逼内容更具转化力、转化更具长线性

随着市场竞争的加剧和用户需求的变化，品牌在实现转化时需要更多的创新和差异化。传统的广告宣传已经不能满足用户的期望，因此，品牌需要通过内容来与用户建立更深入的链接，并激发用户的购买欲望。

①以更短路径提升用户的购买机会，以"内容""兴趣"作为核心抓手

无论是内容种草还是直播转化，品牌方需要建立相应的链路条件，紧抓用户"黄金决策曲线"，在其预期购买周期内，完成快速下单的动作。例如，带货视频、带链引导直播间视频、直播间直接购买地址，对"福利款""秒杀款"等"套路性策略"谨慎使用，品牌需要更真诚地提供消费环境。

而对于内容而言，仍要以兴趣作为核心引导，避免夸大事实、避重就轻、过度包装等情况的出现。基于兴趣圈层化趋势，创作所处圈层特性的品牌 IP、内容 IP 或明星 IP 等内容，更容易激发 TA 们对品牌的好感度和购买欲望，这种 IP 联名的方式也成为品牌渗透消费圈层、激发用户购买的有效手段。

②以引流能力构建自身私域、会员池，提升单次流量的多次价值

对用户消费全生命周期做严密划分，从陌生用户到粉丝用户再到购买用户、高净值用户，需要有更强有力的流转模式。

引流策略：直播间拉粉、自营账号涨粉、关键意见消费者（KOL）投放营销引流，在与用户的初次触点中，提升内容展示能力。同时，可以与相关的合作伙伴进行联合营销，共同吸引用户流量。

会员体系：建立完善的会员体系，鼓励用户注册、付费，成为会员。当然，要让会员享受独特的福利和优惠，如专属折扣、积分奖励、生日礼品等，预付定金享受多重小样礼等，通过有吸引力的会员权益，增加用户对成为会员的动力。

用户分层管理：对其不同层级阶段进行划分，同时制定相应的营销策略，如注册转化首购、首购转化复购、低频复购转高频复购等。根据不同用户群体的特点和需求，提供个性化的服务和推荐，提高用户的忠诚度和购买频次。

线下能力拓展：为专属会员提供更精准的用户服务，提升用户对不同层级的身份认同感。例如，美妆产品会员的线下奢护、手办盲盒等潮玩产品的线下聚会等，拓展电商线下能力的用户包容性，通过地域性标签将品牌自由兴趣圈建立起来。

③以优质服务与口碑循环机制，持续释放转化后尾能力，塑造品牌长期价值

营销的根本是经营，品牌方在经营角度需要更多地考虑用户需要什么、如何更好地服务。

深入了解用户需求：通过舆论复盘、市场调研结合数据分析等手段，深入了解用户的购买动机、喜好、痛点和期望，为用户提供更符合其需求的产品和服务。

优化高频反馈问题：这些问题可能是产品或服务中存在的痛点或不足之处，解决后也是可以打出同类品差异化的优势，建立快速响应机制，进行产品和服务的改进。

放大高频优势痛点：品牌对产品的把控及优势点需要经历市场的验证，随着用户对某一特点特性的多次提及，该类优势可能具备市场共性特征，以此为基点放大信息内容，为 KOL 投放、直播、自营内容提供源源不断的素材。

3. 电商发展趋势及面向参与者的新要求

电商行业仍然处于快速发展的阶段，伴随着技术的不断进步和消费者需求的变化，出现了一系列新的趋势和对参与者的新要求。

首先，移动化和社交化已经成为电商的主要趋势，与朋友分享购物体验将进入第二阶段，从一起分享种草内容，到一起"逛买"。其次，个性化和定制化需求日

益增长，电商平台需要通过数据分析和智能推荐算法，为用户提供个性化的产品推荐和购物体验。最后，全球化和跨境贸易的发展使跨境电商成为电商行业的热点，相应的海外营销、出海营销也成为电商行业必备的技能点，等等。

综上所述，电商行业正朝着移动化、社交化、智能化、科技化、个性化、定制化、跨境化、绿色化和数据安全化等多个方向发展，并对参与者提出了新的要求。

（1）新兴技术的应用与推动：人工智能、虚拟现实、区块链

AI 技术在电商中的应用已经成为一种常态。通过大数据分析和机器学习算法，人工智能可以实现对用户行为和偏好的深入理解，从而在产品展示内容、优化视觉搭配、客服对话交互、用户反馈分析等多领域贡献价值。

而虚拟现实技术将为电商带来全新的购物体验，"VR+ 内容电商"的体验式消费极大刺激了消费者的购买欲望，VR 购物的方式可满足消费者立体化、个性化等购物需求，开启全新的体验式消费时代。消费者可以在虚拟环境中进行商品试穿、产品展示和虚拟体验，提前感受购买的效果和体验，用于创建虚拟商店和展览，增加购买的信心和满意度，为消费者提供沉浸式的购物体验。

此外，伴随虚拟偶像、虚拟主播、虚拟员工、虚拟客服等虚拟人 IP 的不断涌现，虚拟人在品牌营销领域的应用场景持续拓宽，虚拟人的话题性帮助品牌在线上直播带货、年轻化等方面重点发力。

最后，区块链技术在电商领域的应用也逐渐增多。其一，可以提供去中心化的交易和数据存储，增加交易的透明度和安全性。其二，电商平台可以建立可追溯的供应链体系，确保商品的真实性和质量。同时，还可以用于构建信任机制和奖励系统，激励用户参与和贡献。

（2）创造核心优势点与独立体系的商业价值

电商业态在整个消费生态系统中起着关键性作用，它不仅帮助用户解决了跨域购买、兴趣消费的核心场景问题，更是助推了关联产业的前进发展，在未来用户的需求将向更极致的方向发展。同时，在电商不断发展的阶段也出现了如数据虚假、唯流量论、隐私安全等需要优化改进的负面信息，在机遇并存的态势下，倒逼更多参与者凸显出新的核心优势及独立的商业价值体系。

平台方：找寻出核心的模式价值，优化电商完整链路。尤其对以社交为主导的新电商平台而言，需要完善自身的监管体系及优化购买流程，让更多消费者能够参与到多元购物形式之中，通过自身优势去贴近消费者在购物过程中的多样化需求。

供应商：物流、支付、安全技术等领域的供应商，需加快数字化转型及数据加密对接环境，如物流跟踪系统、无人机和机器人配送等。平台方需对供应商把控准

入机制、加强商品质量抽检和监测。

品牌方：需要更细致地研究平台打法及平台优势，通过整合营销、整合渠道等手段，帮助自己的产品在不同平台打造出差异化的售卖优势。同时，品牌方需要将不同平台的库存、价格体系、服务系统、引流规则制定出相对清晰一致的标准，在过程中面对不同平台的用户特性，进行差异化的产品展示。

（本小节撰写单位为北京艺恩世纪数据科技股份有限公司）

（二）社交媒体

自20世纪90年代末，移动社交就开始萌芽，经历了论坛化—移动化—现象化—多元化四个发展历程。到2015年，移动社交已经进入成熟发展期，代表平台如微信、QQ、微博、陌陌、小红书等。

2023年，移动社交图谱见图3-3。

图3-3 2023年移动社交图谱

1. 2023年移动社交渠道概览

从行业流量上来看，社交流量渗透常年居互联网前三，对互联网的流量贡献度长期处于93%以上。

单位：亿　　　　　　　　月活跃用户数　　　活跃渗透率

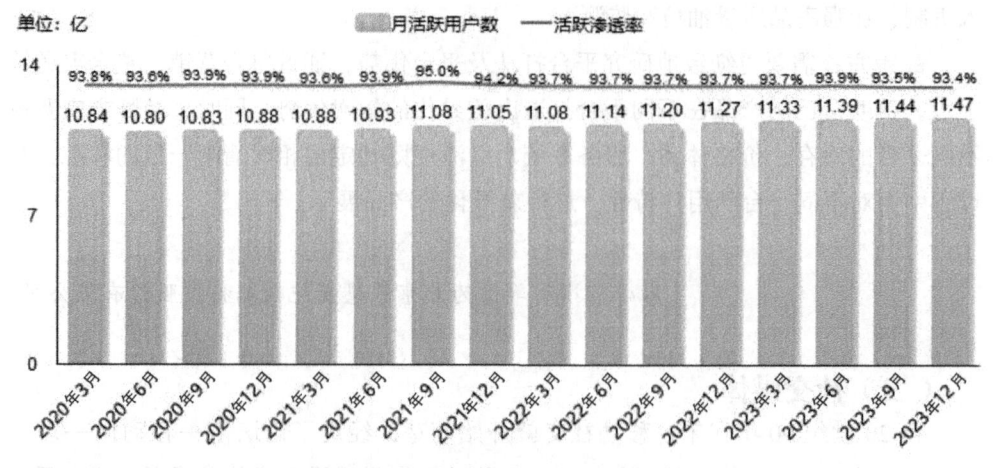

图 3-4　移动社交行业月活跃用户规模

数据来源：Quest Mobile TRUTH 中国移动互联网数据库，2023 年 12 月

从行业黏性来看，自 2020 年以来，移动社交行业受到长短视频的冲击，用户部分注意力转移，用户黏性有所下降。

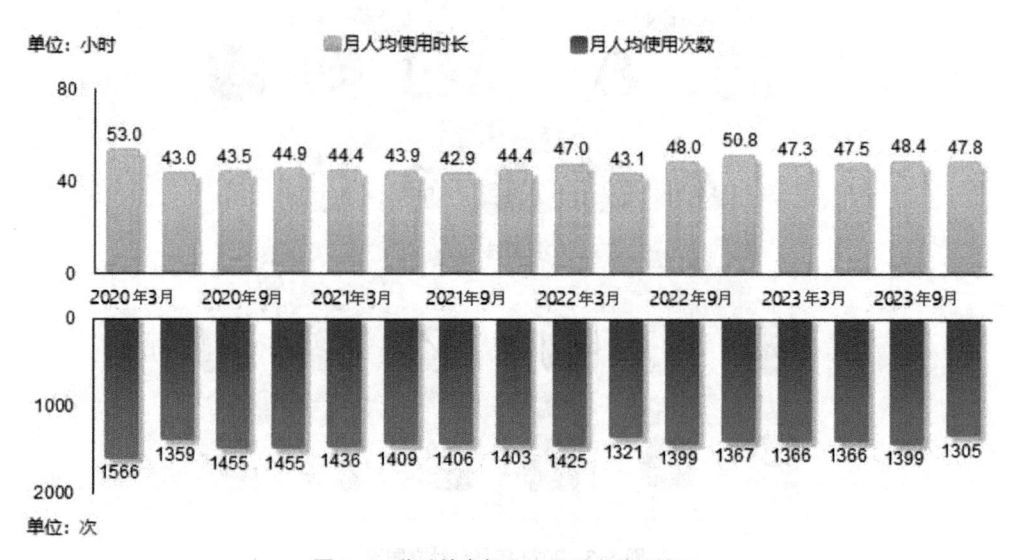

单位：小时　　　　　　月人均使用时长　　　月人均使用次数

单位：次

图 3-5　移动社交行业活跃用户黏性情况

数据来源：Quest Mobile TRUTH 中国移动互联网数据库，2023 年 12 月

强关系社交的用户互动链条短，并形成闭环，用户之间的互动频率高，保证强关系社交的黏性高于其他社交类型。用户社交关系数量存在上限，随着亲疏层级的提升，

需要更高的互动频率来增加和维持信任，进而造成不同类型社交形成差异化黏性。

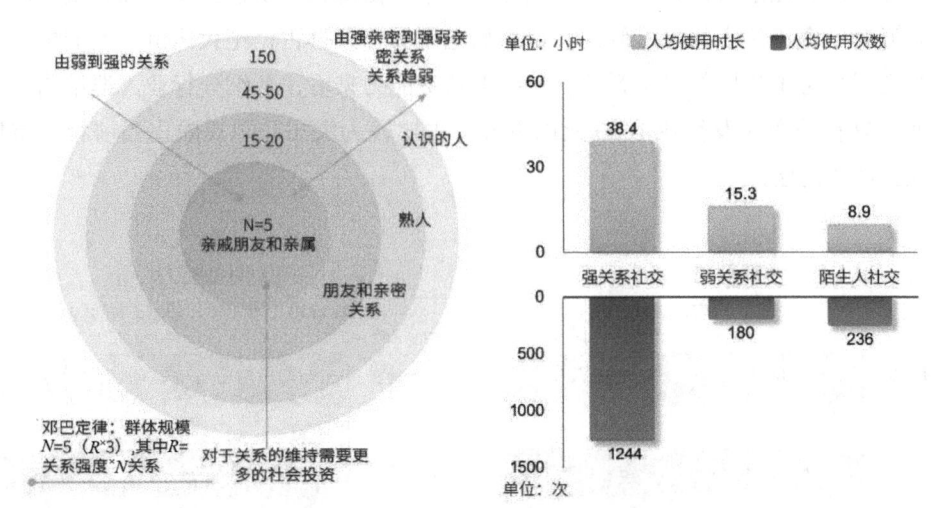

图 3-6　2023 年 6 月各社交 APP 用户黏性

数据来源：Quest Mobile TRUTH 中国移动互联网数据库，2023 年 6 月；研究院，2023 年 6 月；根据公开资料整理

QuestMobile 数据显示，移动社交 APP 行业用户城际分布偏向一线 & 新一线城市，年龄分布偏向 30 岁以下用户。但同时需要关注下沉市场和年长用户群体占据更大的市场比例，具有更强的市场开发潜力。

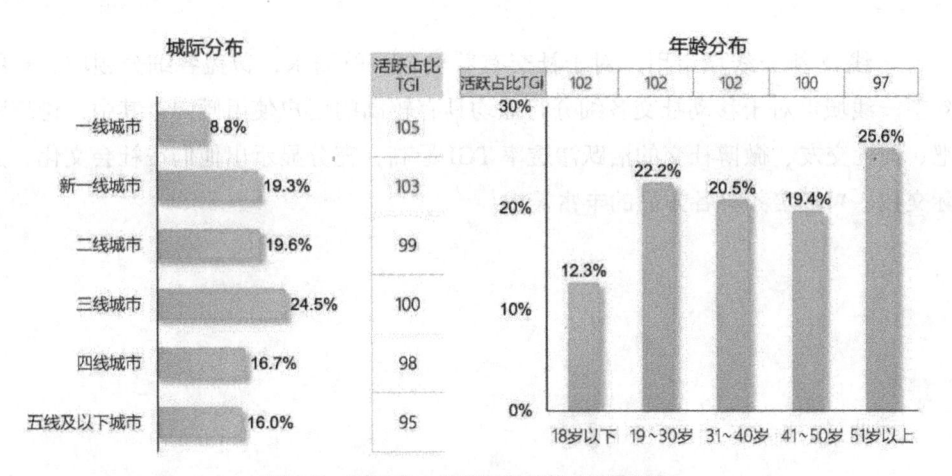

图 3-7　2023 年 6 月移动行业用户画像特征

数据来源：Quest Mobile GROWTH 用户画像标签数据库，2023 年 6 月

女性倾向通过社交平台了解资讯热点，男性倾向兴趣讨论，婚恋交友低收人群占比突出。从性别看，移动社交各细分行业中，微博社交女性占比略高，反映出女性人群对于资讯热点的接触倾向；论坛贴吧中男性人群占据绝大比例，他们更多通过社交平台讨论相同的兴趣爱好。从线上消费能力来看，各细分行业人群结构较为相似，只有婚恋交友行业1000元以下人群占比较为突出，也反映出当前相亲市场的社会现实问题。

性别分布
（■男 ■女）

	男	女
微博社交	44.8%	55.2%
社区交友	44.7%	55.3%
论坛贴吧	80.9%	19.1%
婚恋交友	73.6%	26.4%

线上消费能力分布
（■1000元以下 ■1000~1999元 ■2000元以上）

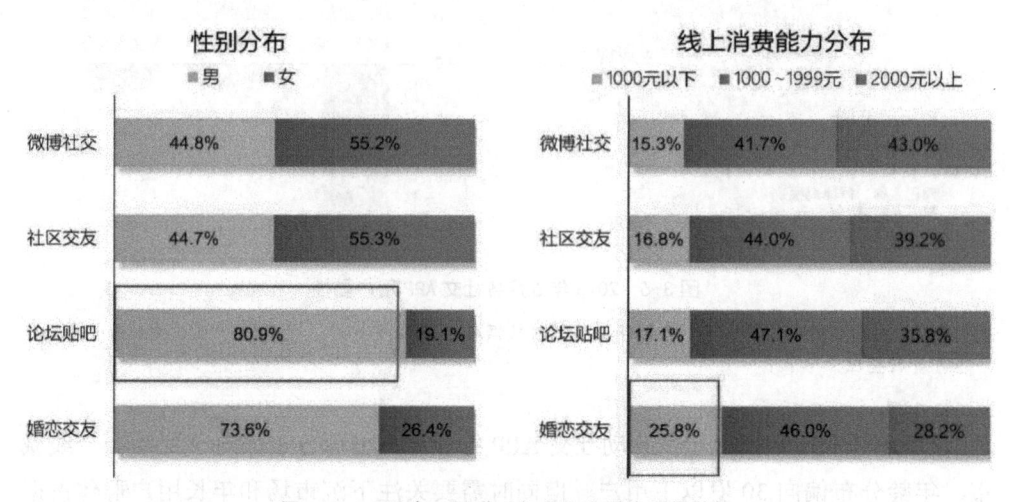

	1000元以下	1000~1999元	2000元以上
微博社交	15.3%	41.7%	43.0%
社区交友	16.8%	44.0%	39.2%
论坛贴吧	17.1%	47.1%	35.8%
婚恋交友	25.8%	46.0%	28.2%

图 3-8　2023 年 6 月移动行业细分用户画像特征

数据来源：Quest Mobile GROWTH 用户画像标签数据库，2023 年 6 月

一线 & 新一线城市用户对于社交有着较全面的需求，覆盖各细分领域。一线 & 新一线城市对于移动社交各细分行业均具有较高的用户使用倾向，其中，论坛贴吧、同性交友、微博社交的活跃渗透率 TGI 最高，充分显示出他们在社会文化、人际交往、兴趣培养等各方面的丰富需求。

第三章　数字营销行业生态

活跃渗透率　　活跃渗透率TGI

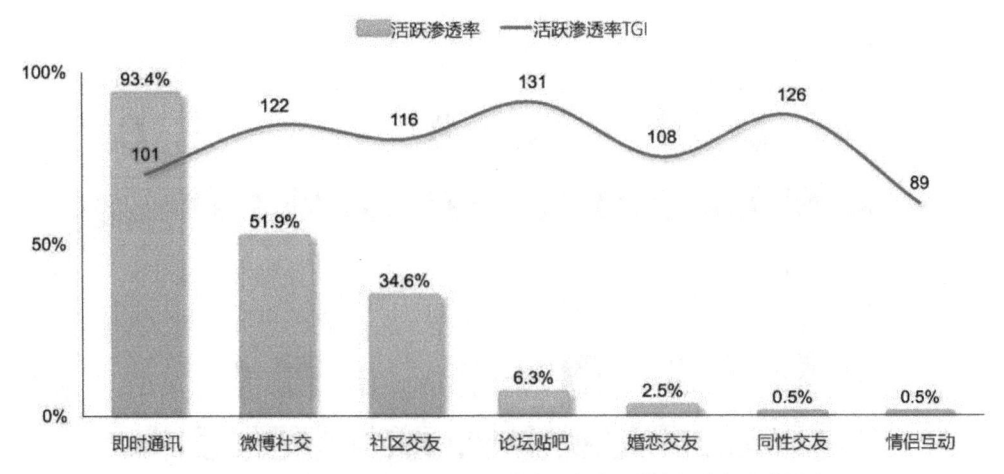

类别	活跃渗透率	TGI
即时通讯	93.4%	101
微博社交	51.9%	122
社区交友	34.6%	116
论坛贴吧	6.3%	131
婚恋交友	2.5%	108
同性交友	0.5%	126
情侣互动	0.5%	89

图 3-9　2023 年 6 月一线 & 新一线城市用户移动社交细分行业渗透率

数据来源：Quest Mobile GROWTH 用户画像标签数据库，2023 年 6 月

市场、用户、社会、资源等诸多因素为移动社交平台聚焦高线城市提供优势。一线 & 新一线城市庞大的用户市场、较强的消费能力可以带给平台更高的收益性价比和运营效率；同时，因为社会现实原因，一线 & 新一线城市用户对于社交平台具有更高的使用需求；许多社交平台存在服务落地需要，一线 & 新一线城市的诸多资源为相关服务的展开、活动形式的多样性提供了更加有利的条件。

市场规模优势	用户价值优势	社会驱动优势	城市资源优势
一线 & 新一线城市用户群体密度大，以有限的平台传播可以覆盖到更多的用户群体	一线、新一线城市用户消费水平、学历水平相对更高，用户对于社交、兴趣等消费需求相对也更高	人们在一线、新一线城市中往往面对快速的生活节奏、高度的社会生活压力，对于排解孤独、脱离单身、开发兴趣具有更高诉求	一线 & 新一线城市汇集国内最优质的社会资源，且资源面更丰富全面，进行同城活动时形式可以更多样

图 3-10　2023 年 6 月移动社交平台在一线 & 新一线城市发展的优势体现

数据来源：Quest Mobile 研究院，2023 年 6 月

各类社交平台全面覆盖年轻人群一天的生活，充分满足各方面的需求。

图 3-11　年轻人群全天移动社交行为分布特征

数据来源：Quest Mobile 研究院，2023 年 6 月

用户规模和互动分享的特征赋予了社交平台高营销价值，广告主在营销投放上整体以电商类广告为主的同时，逐渐从新闻资讯向视频媒介迁移，从曝光向交互迁移。

2022 年中国互联网典型媒介类型广告市场份额分布

- 电商类广告 52.2%
- 非电商类广告 47.8%

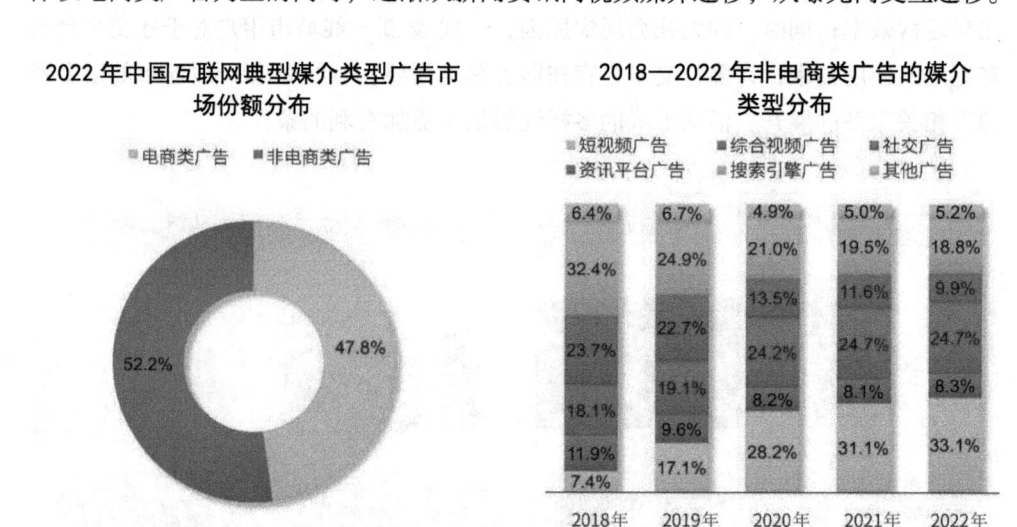

2018—2022 年非电商类广告的媒介类型分布

类型	2018年	2019年	2020年	2021年	2022年
短视频广告	7.4%	17.1%	28.2%	31.1%	33.1%
综合视频广告	11.9%	9.6%	8.2%	8.1%	8.3%
社交广告	18.1%	19.1%	24.2%	24.7%	24.7%
资讯平台广告	23.7%	22.7%	13.5%	11.6%	9.9%
搜索引擎广告	32.4%	24.9%	21.0%	19.5%	18.8%
其他广告	6.4%	6.7%	4.9%	5.0%	5.2%

图 3-12　中国互联网广告电商与非电商广告媒体情况

注：1. 广告形式为互联网媒介投放广告，不包括直播、软植、综艺节目冠名、赞助等广告形式。2. 互联网媒介渠道分类以 Quest Mobile TRUTH 分类为基础，部分渠道依据广告形式进行了合并，具体为：①社交广告、综合视频、短视频广告包含 APP 与 Quest Mobile TRUTH 一致。②资讯平台广告包括综合资讯行业、垂直资讯行业，如汽车、财经、体育等浏览器平台。③电商类广告包括电商平台、生活服务平台行业。④搜索引擎广告包含搜索引擎平台信息流广告。3. 参照公开财报数据，结合 Quest Mobile、AD INSIGHT 广告洞察数据库进行估算。

数据来源：Quest Mobile 研究院，2011 年 10 月；AD INSIGHT 广告洞察数据库，2022 年 9 月

2. 移动社交 APP

从综合社交平台来看，熟人社交平台 APP 流量高于泛兴趣社交平台。

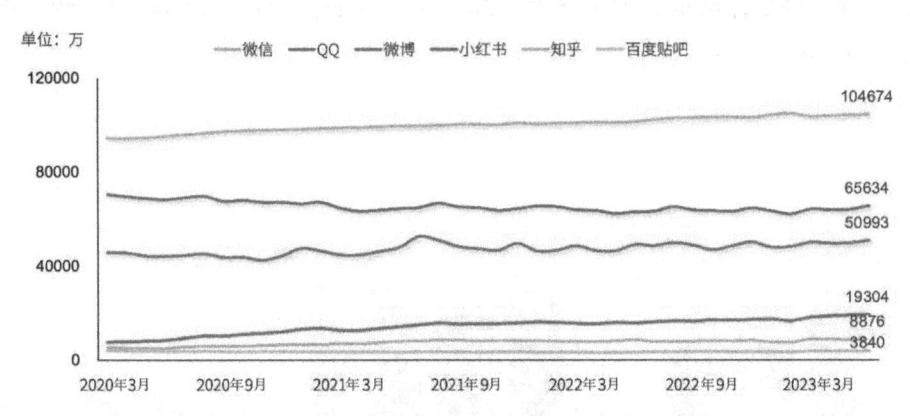

图 3-13　综合社交典型 APP 月活跃用户规模

数据来源：Quest Mobile TRUTH 中国移动互联网数据库，2023 年 6 月

（1）微信

微信以三大生态为核心，"内部生态循环＋外部行业垂直服务联动"构成微信完整的生态服务体系。以小程序为核心应用服务，结合公众号、订阅号为主的内容服务和微信朋友圈广告等各类广告形式，打造开放式服务生态。

图 3-14　微信生态图谱

数据来源：Quest Mobile 研究院，2023 年 6 月

上线已 10 年之久的"微信"APP，在不断渗透的同时，也面临着用户结构逐渐老化，年轻群体吸引力降低的风险。根据 QuestMobile 数据，"微信"APP 年轻用户占比逐年降低，截至 2023 年 6 月，30 岁以下年轻用户占比为 34.4%，较 3 年前已跌落 4.0%。

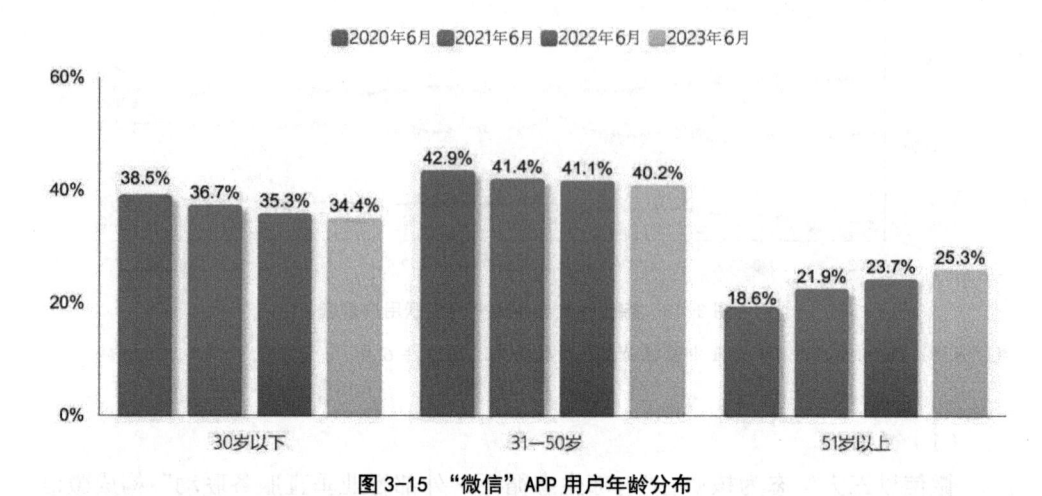

图 3-15 "微信"APP 用户年龄分布

数据来源：Quest Mobile TRUTH 中国移动互联网数据库，2023 年 6 月

（2）QQ

作为区别于微信的第二大社交 APP，QQ 始终是年轻用户的重要选择。根据 QuestMobile 数据，"QQ"APP 月活跃用户规模稳定在 6 亿以上，00 后用户占比逐渐提升。截至 2023 年 6 月，00 后用户占比已达 16.0%，QQ 仍保持着对于年轻一代用户的吸引力。

第三章　数字营销行业生态

单位：亿　　　　■月活跃用户规模　■00后用户占比

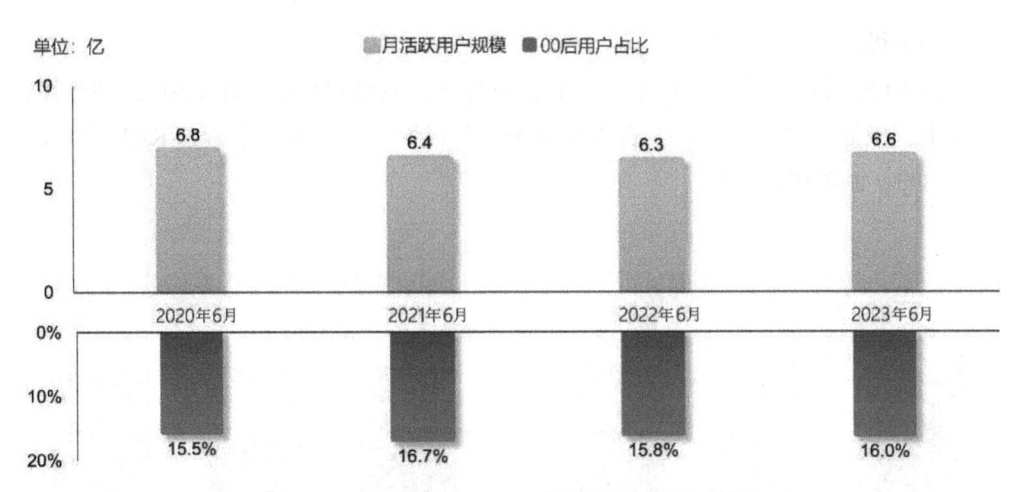

图 3-16　"QQ" APP 月活跃用户规模及 00 后用户占比

数据来源：Quest Mobile TRUTH 中国移动互联网数据库，2023 年 6 月

　　QQ 用户体量已遭遇增长瓶颈，面对社交市场稳固格局，发展动力不足，用户黏性下滑显著。

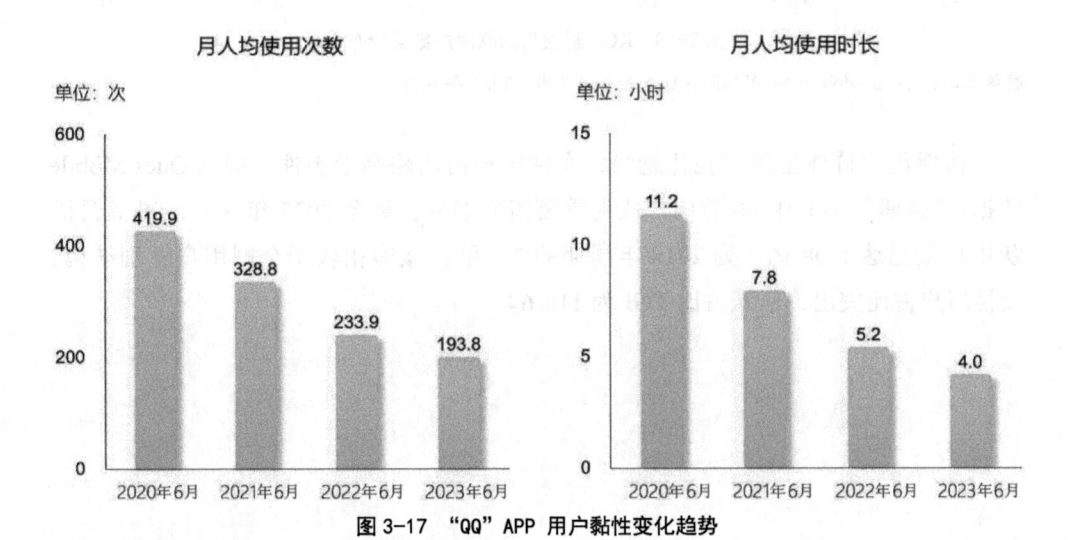

月人均使用次数　　　　　　　　　　月人均使用时长

图 3-17　"QQ" APP 用户黏性变化趋势

数据来源：Quest Mobile TRUTH 中国移动互联网数据库，2023 年 6 月

（3）微博

从 KOL 对比来看，相较于小红书、公众号，微博的粉丝更加集中化，但活跃不集中，微博自身的"热点、资讯聚集平台"属性，能够保证中腰部 KOL 也可以触达用户，刺激用户活跃。

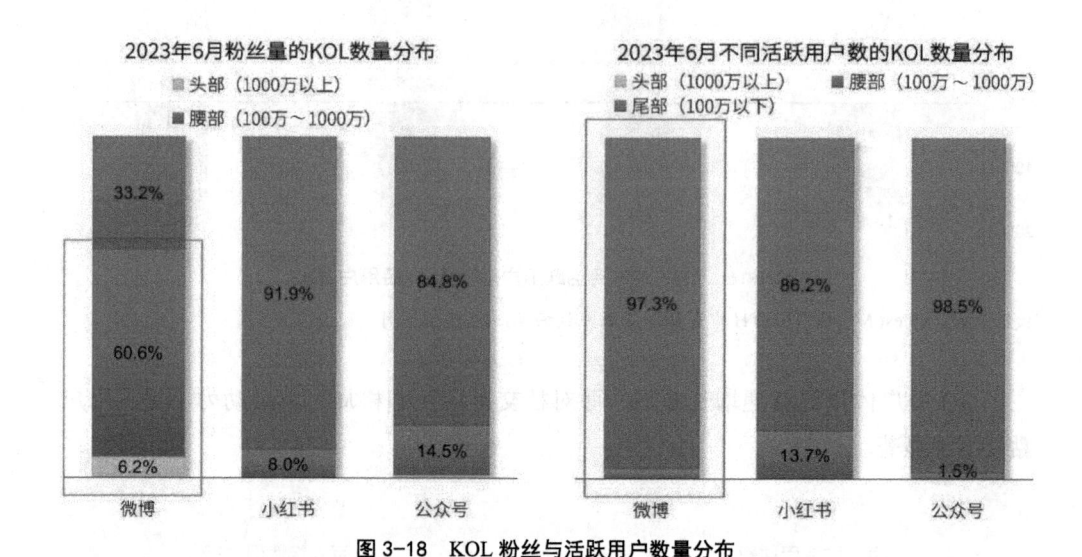

图 3-18　KOL 粉丝与活跃用户数量分布

数据来源：Quest Mobile NEW MEDIA 新媒体数据库，2023 年 6 月

微博用户群体呈现年轻化趋势，女性用户占比略高于男性。根据 QuestMobile 数据，"微博"APP 中 00 后用户成为重要组成部分，截至 2023 年 9 月，00 后月活跃用户数已达 1.08 亿，为 2018 年同期的 2.1 倍；微博相较于全网用户性别结构，女性用户占比突出，活跃占比 TGI 为 116.6。

第三章　数字营销行业生态　　69

"微博" APP 00后 月活跃用户规模变化　　　　2023年6月"微博" APP 用户性别分布

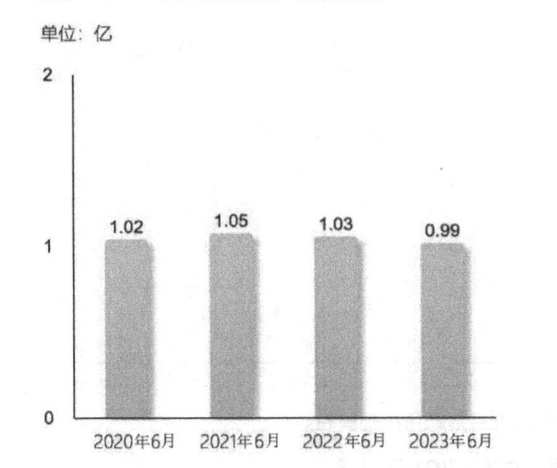

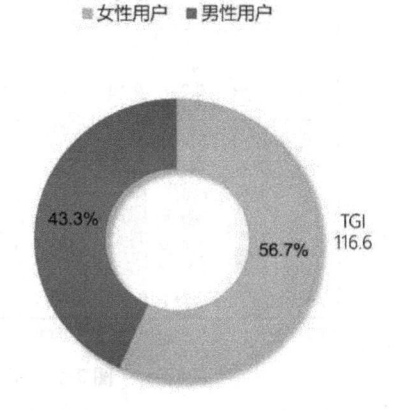

单位：亿

2020年6月	2021年6月	2022年6月	2023年6月
1.02	1.05	1.03	0.99

女性用户 43.3%　男性用户 56.7%　TGI 116.6

图 3-19　"微博" APP 00后用户与用户性别

数据来源：Quest Mobile TRUTH 中国移动互联网数据库，2023 年 6 月

[本小节撰写单位为北京贵士信息科技有限公司（QuestMobile）]

（三）短视频

从 2020 年开始，短视频平台已具有规模效应，吸引巨量用户的同时在内容供给端聚集各行业 KOL，与直播形态的深度结合向直播带货、娱乐及游戏直播行业渗透，海量内容及推荐分发优势向资讯、电商、音乐及本地生活服务等多行业渗透。

1. 2023 年短视频行业概览

短视频行业用户规模趋向平稳增长，2023 年 12 月用户规模达到 9.79 亿。

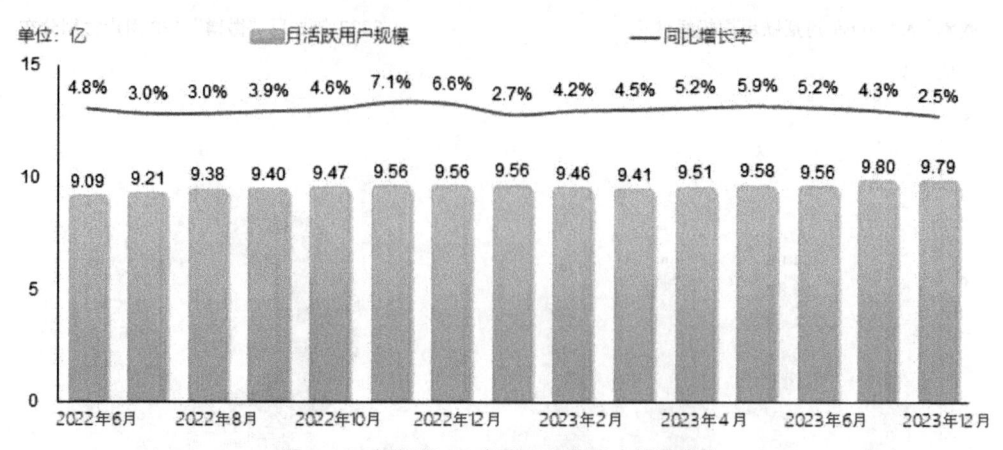

图 3-20 短视频 APP 行业月活跃用户规模趋势

数据来源：Quest Mobile TRUTH 中国移动互联网数据库，2023 年 12 月

短视频平台在兴趣电商、本地生活等赛道的布局效果显著，持续吸引用户的注意力，用户活跃度与使用时长整体保持增长态势。

图 3-21 短视频 APP 行业月人均使用时长趋势

数据来源：Quest Mobile TRUTH 中国移动互联网数据库，2023 年 12 月

2023 年，短视频行业在 70 后及 60 后，新一线及二、三线城市有一定增长空间。QuestMobile 数据显示，短视频行业在 70 后及 60 后活跃用户与全网活跃用户仍有 1.37 亿的增长空间，新一线及二、三线城市有 1.65 亿的增长空间。

第三章　数字营销行业生态

	全网活跃用户数 单位：亿	短视频APP行业活跃用户数 单位：亿	差值 单位：亿
男	6.13	4.75	1.38
女	6.01	4.81	1.19
00后	1.49	1.39	0.11
90后	2.25	1.82	0.43
80后	2.49	2.07	0.42
70后	2.36	1.65	0.71
60后	2.29	1.63	0.66
一线城市	1.01	0.69	0.32
新一线城市	2.26	1.71	0.56
二线城市	2.40	1.93	0.48
三线城市	2.99	2.38	0.61
四线城市	2.06	1.67	0.38
五线及以下	1.41	1.18	0.23

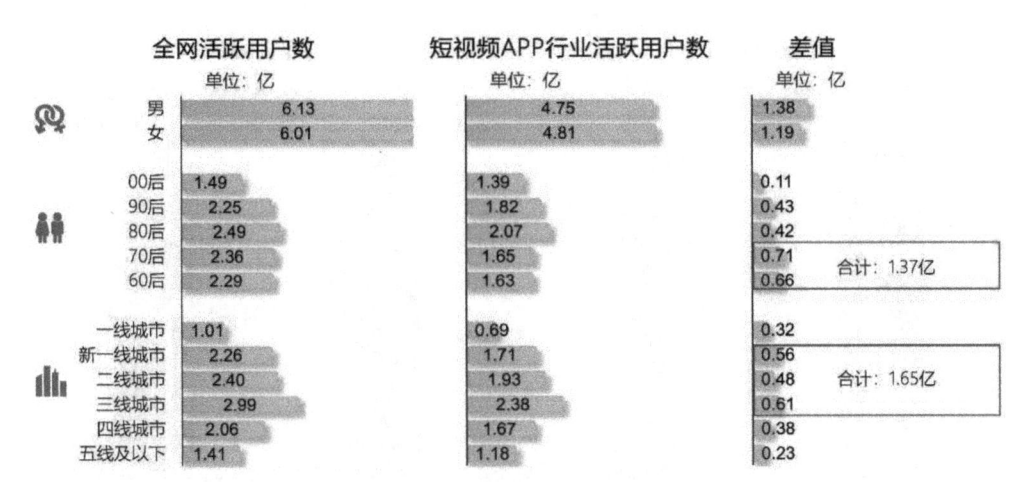

70后、60后合计：1.37亿
新一线、二线、三线城市合计：1.65亿

图 3-22　2023 年短视频的增长空间

注：差值＝全网活跃用户数—短视频行业活跃用户数。
数据来源：Quest Mobile GROWTH 用户画像标签数据库，2023 年 6 月

　　短视频行业现阶段，女性与男性占比基本持平。QuestMobile 数据显示，短视频用户男性占比 49.7%，与女性占比 50.4% 基本持平。

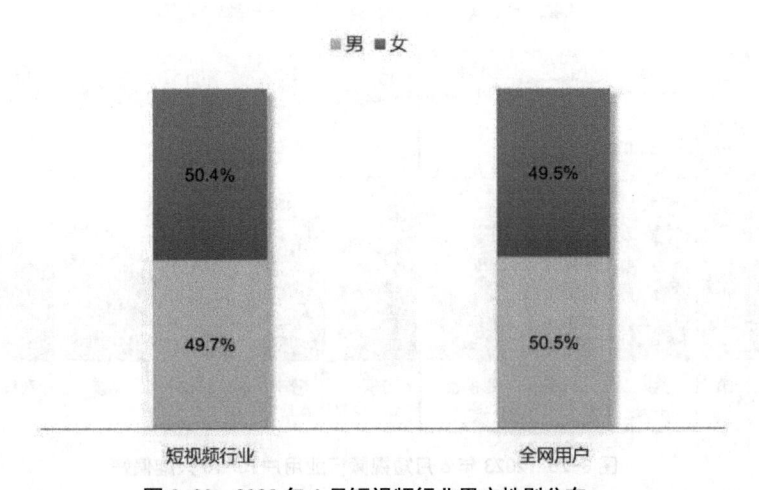

	短视频行业	全网用户
女	50.4%	49.5%
男	49.7%	50.5%

图 3-23　2023 年 6 月短视频行业用户性别分布

数据来源：Quest Mobile GROWTH 用户画像标签数据库，2023 年 6 月

　　全民短视频的时代，短视频用户在 24 岁及以下占比略高于全网用户；而短视频用户城际分布与全网基本一致。

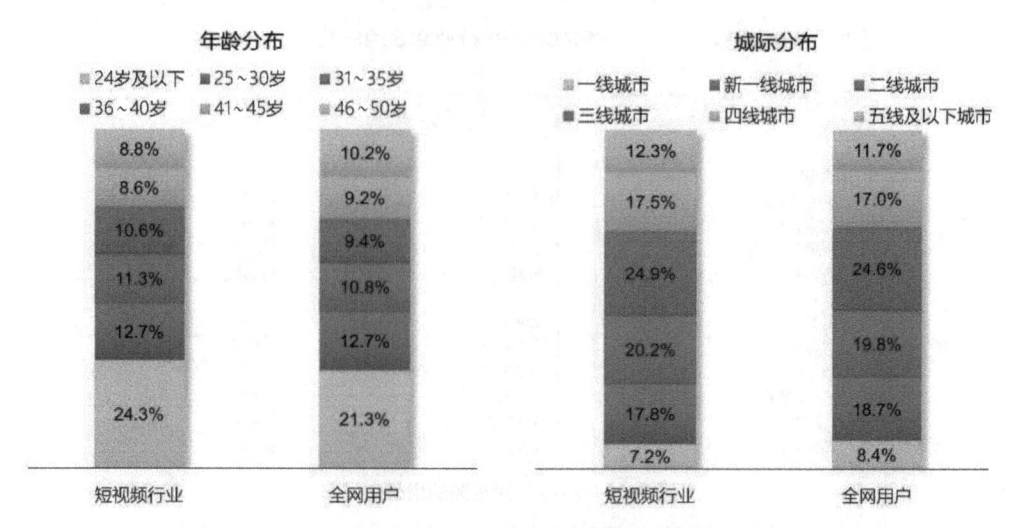

图 3-24　2023 年 6 月短视频行业用户画像

数据来源：Quest Mobile GROWTH 用户画像标签数据库，2023 年 6 月

短视频用户兴趣偏好除了短视频之外，更偏好达人内容、时尚、影视剧综艺。

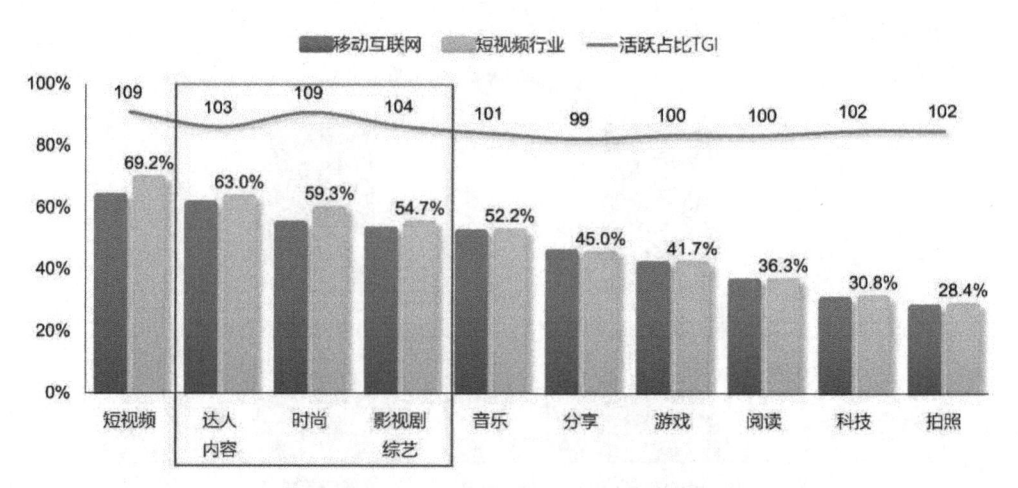

图 3-25　2023 年 6 月短视频行业用户TOP 10 兴趣偏好

数据来源：Quest Mobile GROWTH 用户画像标签数据库，2023 年 6 月

男女差异明显，从 TGI 偏好角度看，女性热衷于 APP 中打卡赚积分的活动，对于快手极速版、抖音极速版更为偏爱。

第三章 数字营销行业生态

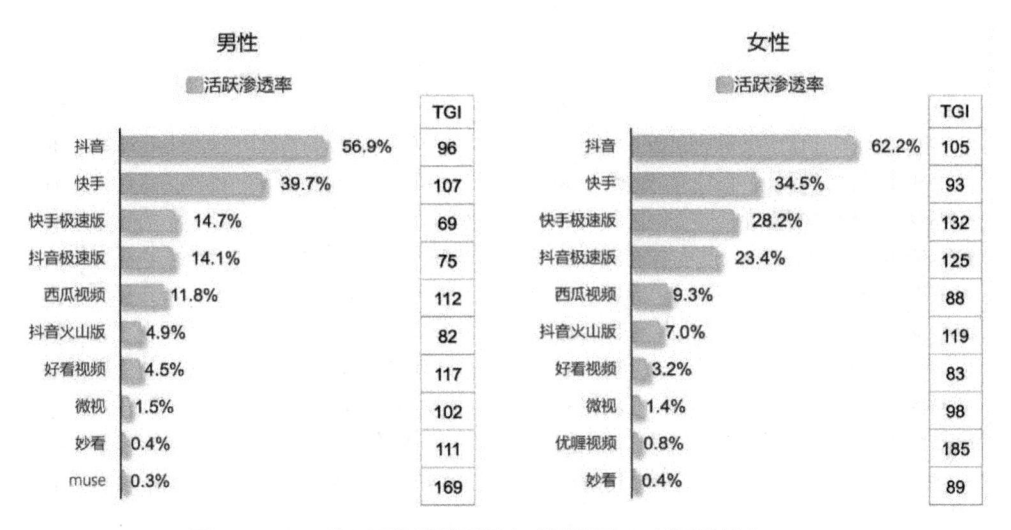

男性 活跃渗透率

APP	活跃渗透率	TGI
抖音	56.9%	96
快手	39.7%	107
快手极速版	14.7%	69
抖音极速版	14.1%	75
西瓜视频	11.8%	112
抖音火山版	4.9%	82
好看视频	4.5%	117
微视	1.5%	102
妙看	0.4%	111
muse	0.3%	169

女性 活跃渗透率

APP	活跃渗透率	TGI
抖音	62.2%	105
快手	34.5%	93
快手极速版	28.2%	132
抖音极速版	23.4%	125
西瓜视频	9.3%	88
抖音火山版	7.0%	119
好看视频	3.2%	83
微视	1.4%	98
优喱视频	0.8%	185
妙看	0.4%	89

图 3-26　2023 年 6 月不同性别用户对短视频 APP 活跃渗透率 TOP 10

数据来源：Quest Mobile GROWTH 用户画像标签数据库，2023 年 6 月

　　从不同城市等级用户看，低线级用户普遍空闲时间较多，更愿意花费时间在抖音、快手等短视频应用上。

高线级（一线、新一线、二线） 活跃渗透率

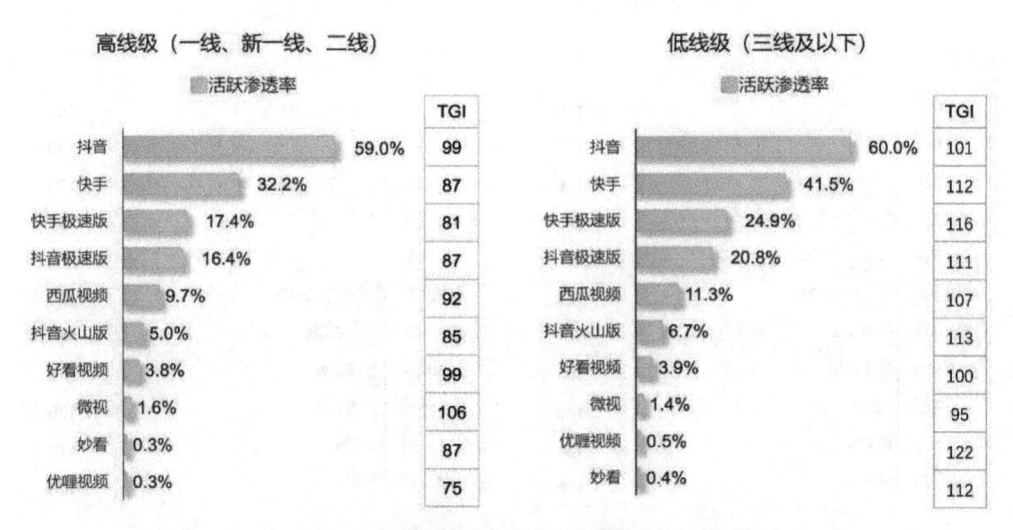

APP	活跃渗透率	TGI
抖音	59.0%	99
快手	32.2%	87
快手极速版	17.4%	81
抖音极速版	16.4%	87
西瓜视频	9.7%	92
抖音火山版	5.0%	85
好看视频	3.8%	99
微视	1.6%	106
妙看	0.3%	87
优喱视频	0.3%	75

低线级（三线及以下） 活跃渗透率

APP	活跃渗透率	TGI
抖音	60.0%	101
快手	41.5%	112
快手极速版	24.9%	116
抖音极速版	20.8%	111
西瓜视频	11.3%	107
抖音火山版	6.7%	113
好看视频	3.9%	100
微视	1.4%	95
优喱视频	0.5%	122
妙看	0.4%	112

图 3-27　2023 年 6 月不同城市等级用户对短视频 APP 活跃渗透率 TOP 10

数据来源：Quest Mobile GROWTH 用户画像标签数据库，2023 年 6 月

　　00 后与 90 后对各大短视频平台使用存在明显差异，00 后较 90 后更偏好使用快手。

00后

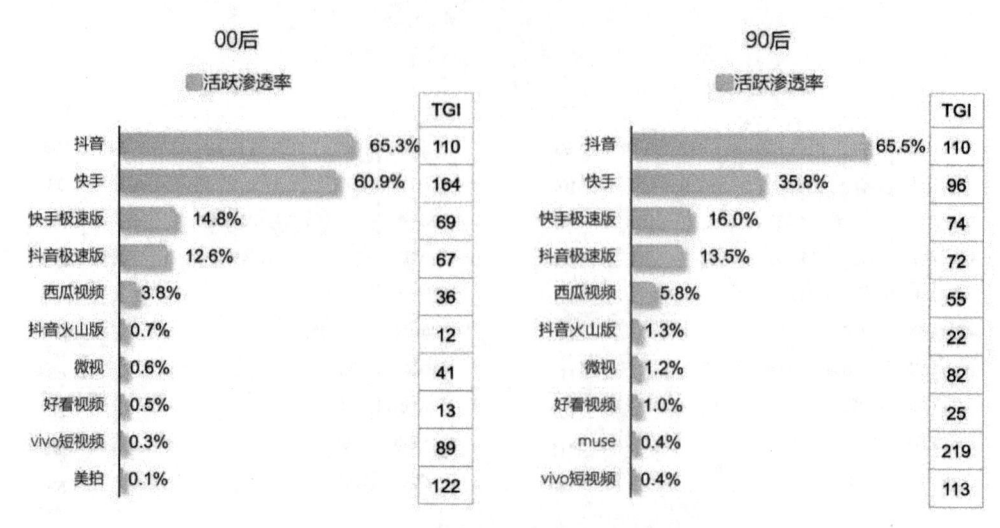

APP	活跃渗透率	TGI
抖音	65.3%	110
快手	60.9%	164
快手极速版	14.8%	69
抖音极速版	12.6%	67
西瓜视频	3.8%	36
抖音火山版	0.7%	12
微视	0.6%	41
好看视频	0.5%	13
vivo短视频	0.3%	89
美拍	0.1%	122

90后

APP	活跃渗透率	TGI
抖音	65.5%	110
快手	35.8%	96
快手极速版	16.0%	74
抖音极速版	13.5%	72
西瓜视频	5.8%	55
抖音火山版	1.3%	22
微视	1.2%	82
好看视频	1.0%	25
muse	0.4%	219
vivo短视频	0.4%	113

图 3-28　2023 年 6 月不同代际用户对短视频 APP 活跃渗透率 TOP 10（一）

数据来源：Quest Mobile GROWTH 用户画像标签数据库，2023 年 6 月

80 后与 70 后在各大平台使用偏好差异明显；相较而言，80 后更喜欢使用快手，70 后更喜欢使用功能简便的快手极速版。

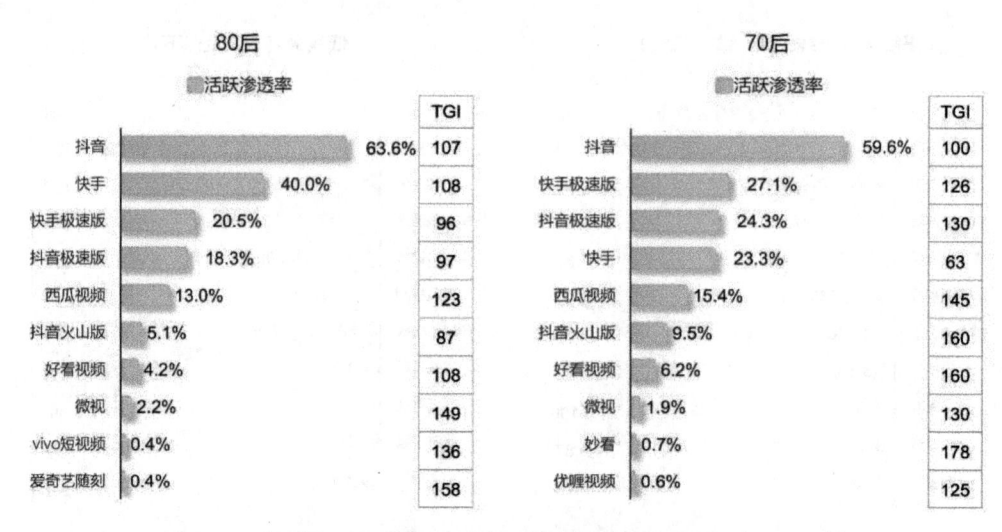

80后

APP	活跃渗透率	TGI
抖音	63.6%	107
快手	40.0%	108
快手极速版	20.5%	96
抖音极速版	18.3%	97
西瓜视频	13.0%	123
抖音火山版	5.1%	87
好看视频	4.2%	108
微视	2.2%	149
vivo短视频	0.4%	136
爱奇艺随刻	0.4%	158

70后

APP	活跃渗透率	TGI
抖音	59.6%	100
快手极速版	27.1%	126
抖音极速版	24.3%	130
快手	23.3%	63
西瓜视频	15.4%	145
抖音火山版	9.5%	160
好看视频	6.2%	160
微视	1.9%	130
妙看	0.7%	178
优喱视频	0.6%	125

图 3-29　2023 年 6 月不同代际用户对短视频 APP 活跃渗透率 TOP 10（二）

数据来源：Quest Mobile GROWTH 用户画像标签数据库，2023 年 6 月

2. 短视频 APP

抖音系、快手系应用在流量与黏性方面均占据头部地位，行业竞争格局基本稳定。

单位：亿

APP	月活跃用户规模	同比增长率	月人均使用时长（小时）
抖音	7.23	6.2%	35.9
快手	4.51	15.4%	24.5
快手极速版	2.60	23.0%	24.7
抖音极速版	2.27	3.9%	33.9
西瓜视频	1.28	4.7%	12.5
抖音火山版	0.72	13.7%	15.7
好看视频	0.47	1.6%	9.6
微视	0.18	-19.8%	4.2
优哩视频	0.05	-35.5%	0.9
vivo短视频	0.04	18.6%	0.5

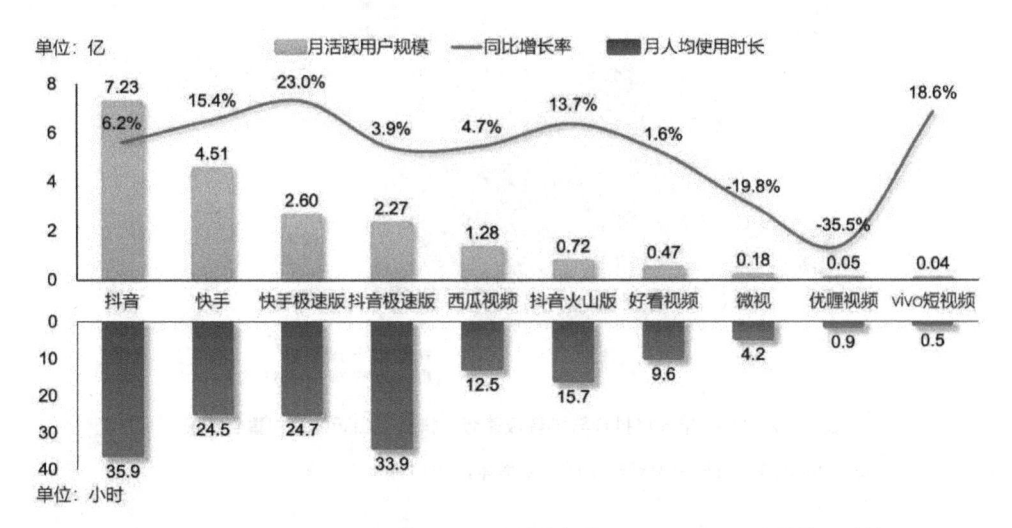

图 3-30　2023 年 6 月短视频行业月活跃用户规模 TOP 10 APP 及月人均使用时长

数据来源：Quest Mobile TRUTH 中国移动互联网数据库，2023 年 6 月

覆盖各年龄段内容创作者，让不同层级用户从短视频中找到共鸣，而兴趣电商的发展促进用户的活跃，抖音流量平稳提升。

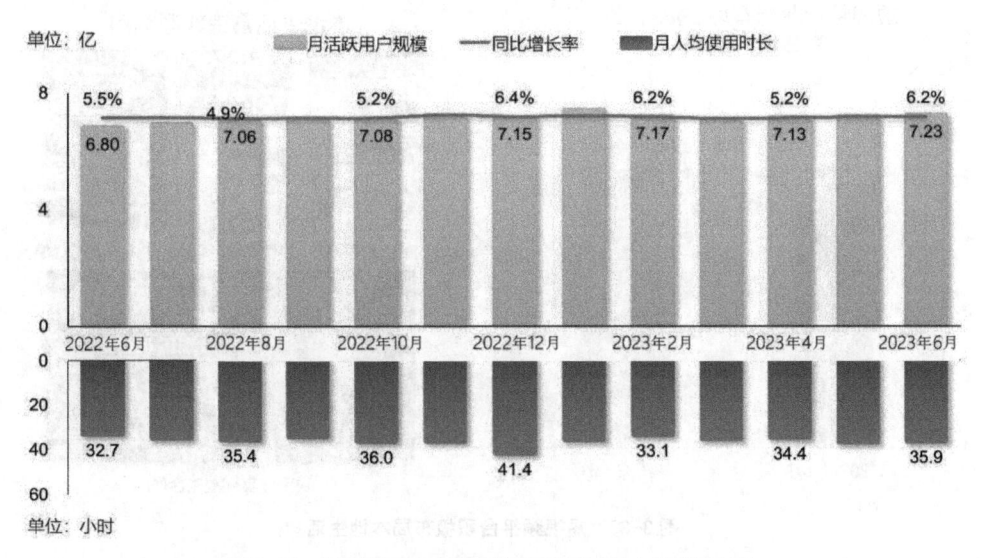

单位：亿

时间	月活跃用户规模	同比增长率	月人均使用时长（小时）
2022年6月	6.80	5.5%	32.7
2022年8月	7.06	4.9%	35.4
2022年10月	7.08	5.2%	36.0
2022年12月	7.15	6.4%	41.5
2023年2月	7.17	6.2%	33.1
2023年4月	7.13	5.2%	34.4
2023年6月	7.23	6.2%	35.9

图 3-31　"抖音" APP 月活跃用户规模及月人均使用时长

数据来源：Quest Mobile TRUTH 中国移动互联网数据库，2023 年 6 月

抖音、抖音极速版、抖音火山版共同发力构建优质兴趣社区。

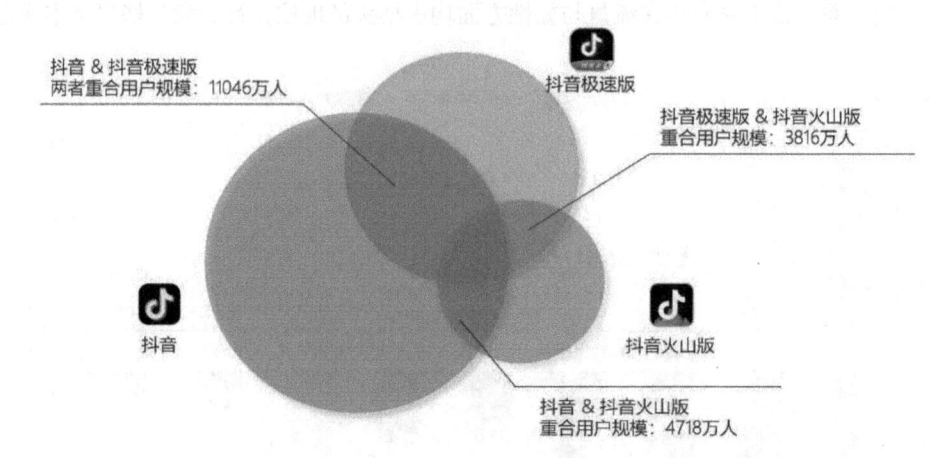

图 3-32　2023 年 6 月抖音与抖音极速版、抖音火山版的用户重合情况

数据来源：Quest Mobile TRUTH 中国移动互联网数据库，2023 年 6 月

短视频平台积极布局本地生活，培养用户在线搜索吃、喝、玩、乐信息并下单的消费行为习惯。QuestMobile 数据显示，短视频行业与本地生活行业重合用户规模已达 4.43 亿，同比提升 15.7%，短视频平台打造"线上内容种草＋线下实体消费"的模式探索。

图 3-33　短视频平台积极布局本地生活

数据来源：Quest Mobile TRUTH 中国移动互联网数据库，2023 年 6 月；Quest Mobile TRUTH 研究院，2023 年 6 月

快手不断丰富"短视频＋直播＋垂类"的形式，打造优质内容吸引流量。Quest Mobile 数据显示，2023 年 6 月，快手用户月人均使用时长较去年同期有所下降。

单位：亿
月活跃用户规模　同比增长率　月人均使用时长

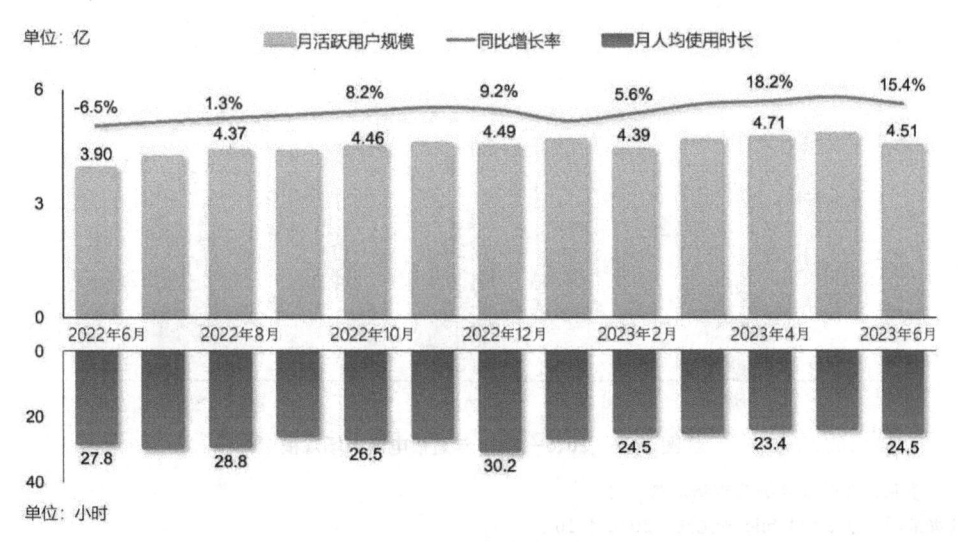

时间	月活跃用户规模（亿）	同比增长率	月人均使用时长（小时）
2022年6月	3.90	-6.5%	27.8
2022年8月	4.37	1.3%	28.8
2022年10月	4.46	8.2%	26.5
2022年12月	4.49	9.2%	30.2
2023年2月	4.39	5.6%	24.5
2023年4月	4.71	18.2%	23.4
2023年6月	4.51	15.4%	24.5

单位：小时

图 3-34　"快手" APP 月活跃用户规模及月人均使用时长

数据来源：Quest Mobile TRUTH 中国移动互联网数据库，2023 年 6 月

快手恢复外链合作助力双方打造更丰富的线上消费新场景，提升快手用户的购物体验，同时，拓宽电商平台获客渠道，实现快手和电商平台的营销价值。

2022年10月28日，快手与淘宝、京东重新恢复外链合作，商家可以通过淘宝联盟、京东联盟在快手直播间、购物车等模块发布商品及服务链接。此前，快手宣布自2022年3月1日起，暂停与淘宝、京东商家的外链合作

	淘宝	京东	快手
2022年12月三者重合用户数	13250万		
2022年12月重合率	14.9%	27.5%	29.5%
2023年6月三者重合用户数	15206万		
2023年6月重合率	16.9%	29.5%	33.8%
重合率变化	+2.0%	+2.0%	+4.3%

图 3-35　"淘宝" &"京东" &"快手" APP 用户重合情况

注：1.重合用户数：在统计周期（月）内，同时使用过三个 APP 的用户。2.重合率：在统计周期（月）内，三个 APP 的重合用户数与某个 APP 活跃用户数的比值。以 A 与 B 与 C 的重合为例，A 的重合率 =A 与 B 与 C 的重合用户数 /A 的活跃用户，即 AnBnC/A。

数据来源：Quest Mobile TRUTH 中国移动互联网数据库，2023 年 6 月

直播电商成为新的交易模式，越来越多的品牌通过直播电商出圈或找到新的销售渠道。

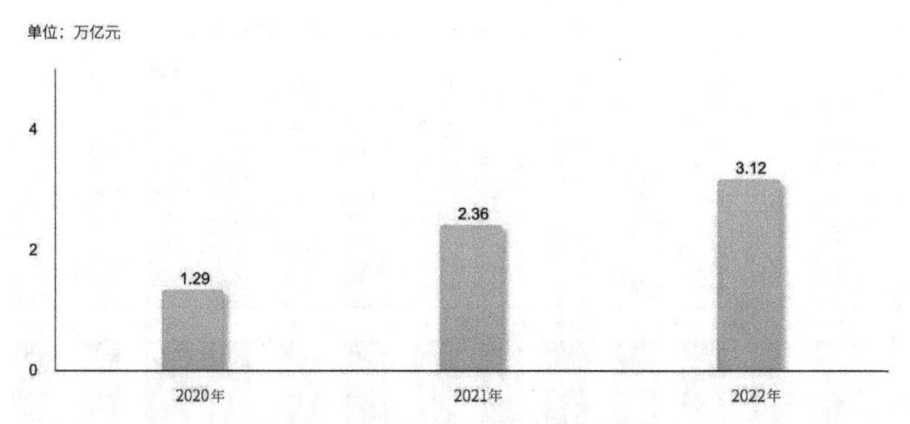

单位：万亿元

年份	市场规模
2020年	1.29
2021年	2.36
2022年	3.12

图 3-36　2020—2022 年直播电商市场规模

注：参照公开财报数据及市场规模估算。
数据来源：Quest Mobile 研究院，2022 年 10 月

"抖音"和"快手极速版"APP 配合主版进行引流导流、吸引新用户、开拓下沉市场，凭借差异化玩法，持续覆盖多元用户，提高用户规模和拉新效率。

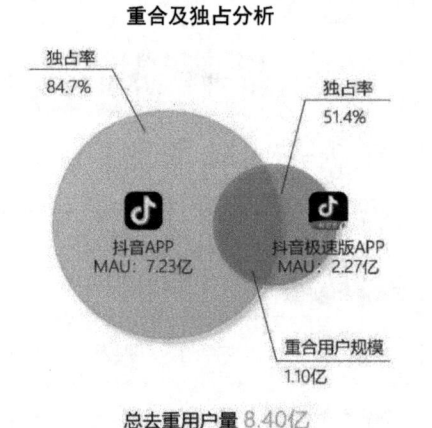

2023 年 6 月"抖音"与"抖音极速版"APP 重合及独占分析
- 抖音APP 独占率 84.7%　MAU：7.23亿
- 抖音极速版APP 独占率 51.4%　MAU：2.27亿
- 重合用户规模 1.10亿
- 总去重用户量 8.40亿

2023 年 6 月"快手"与"快手极速版"APP 重合及独占分析
- 快手APP 独占率 71.1%　MAU：4.51亿
- 快手极速版APP 独占率 49.9%　MAU：2.60亿
- 重合用户规模 1.30亿
- 总去重用户量 5.80亿

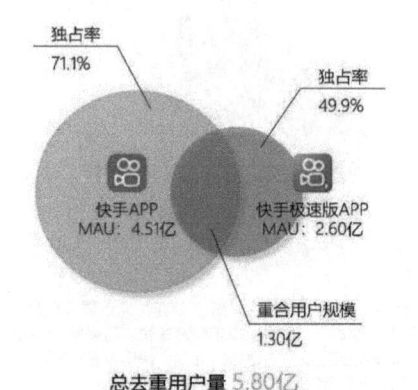

图 3-37　"抖音"&"快手极速版"APP 分析

注：1. 重合用户数：在统计周期（月）内，同时使用过两个 APP 的用户数。2. 独占率：在统计周期（月）内，该 APP 的独占用户数与其活跃用户数的比值，即 A 独占 /A。
数据来源：Quest Mobile 研究院，2022 年 10 月

［本小节撰写单位为北京贵士信息科技有限公司（QuestMobile）］

（四）长视频

1. 长视频定义

长视频定义主要区别于短视频，通常指可以在线观看如电视剧、综艺、电影等视频的网站或应用。观看渠道可以涵盖所有互联网平台，如电脑、移动端、电视端或平板等。长视频观看渠道有时也包含直播或短视频内容，本报告中内容主要以使用媒体渠道作为区分，不针对具体观看内容再进行分类。由于网络视频行业发展迅速，各种视频形态同时存在，对于长视频概念描述会存在一定差异，通常称为在线视频、综合视频；在营销领域一般会以视频网站代指。

2. 长视频发展趋势和阶段，历经18年，中国长视频进入稳定发展阶段

2005年，土豆网的诞生，标志着中国长视频行业的启蒙，伴随互联网普及和智能设备更新迭代，长视频渠道整体发展也经历了几个阶段。

第一阶段：探索期（2005—2008年），主要在PC互联网时代，以用户生成内容（UGC）为主，萌生许多视频网站，百家争鸣，但大部分网站还是在形式探索的初期，商业化模式尚未成熟。

第二阶段：启动期（2008—2010年），由于金融危机和版权纠纷影响，UGC模式的长视频网站发展不顺利，长视频网站开启专业生产内容（PGC）时代，从商业模式和市场规范上都更进一步，视频网站也经历了一次洗牌，从300多家锐减到十几家，但整体行业规范和商业模式已逐渐成熟。

第三阶段：快速增长期（2010—2015年），随着移动互联网普及，视频网站的主要阵地也随之转移，同时，视频网站也开启了内容自制的潮流，行业玩家积极扩展内容范围，抢占用户市场。

第四阶段：危机和机遇并存（2016年至今），随着短视频崛起，移动端媒体碎片化加重，对长视频产生了不小的冲击。同时，也伴随着其他智能屏设备，如智能电视、平板、车载屏等的发展，也为长视频提供了新的用户场景，长视频平台开始审视和改革自身盈利模式，开启包含广告、内容会员付费、IP周边等多元化盈利模式，2022—2023年初，更多的视频网站实现盈利目标。

3. 长视频用户变迁，从单端到多端，用户结构与网民高度重合，分平台特点明显

从整体网络用户发展规模来看，截至2023年6月，网络视频用户规模为10.4

亿人，较 2022 年 12 月增长 1380 万人，占网民整体的 96.8%。

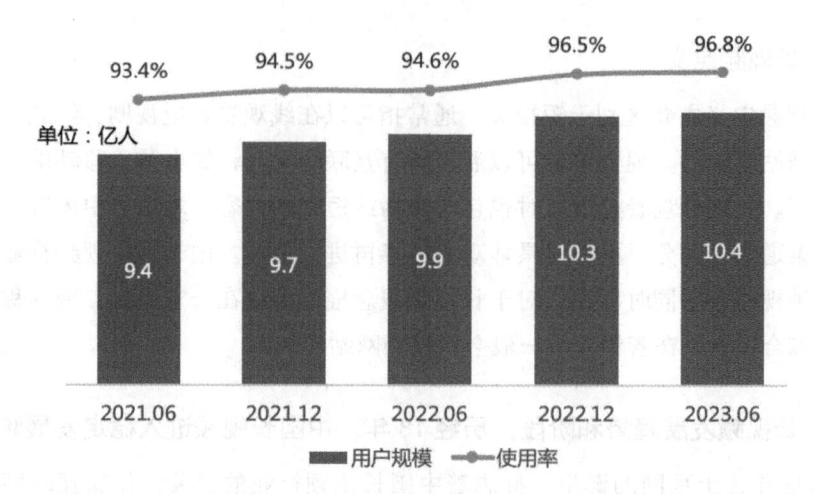

图 3-38　2021 年 6 月—2023 年 6 月网络视频（含短视频）用户规模及使用率

数据来源：2023 年 6 月，CNNIC 第 52 次《中国互联网络发展状况统计报告》

截至 2023 年上半年，长视频用户（综合移动端 & 电视端）总量约占网络视频用户占比例约 91.92%，移动端长视频用户占比网络视频用户占比约 69.51%，电视端长视频用户占网络视频用户比例约 50.96%，其中有近半数的大屏用户仅在电视端观看长视频。

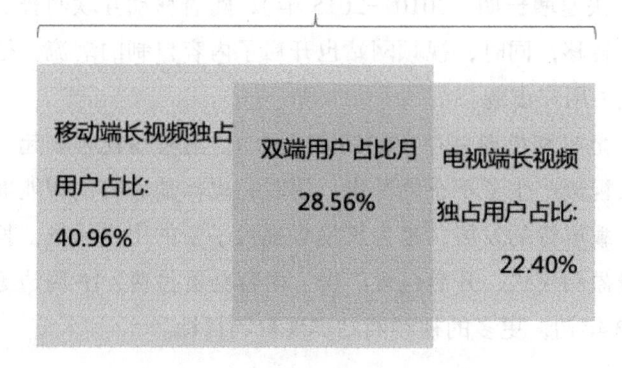

图 3-39　长视频分端月度用户规模数

数据来源：2023 年 6 月，勾正科技 URS 跨屏同源媒介行为研究数据库

从用户规模来看，长视频用户整体呈增长状态，移动端受媒体碎片化影响，增长速度放缓。大屏端，由于智能电视的快速普及，大屏长视频用户规模增长迅速。

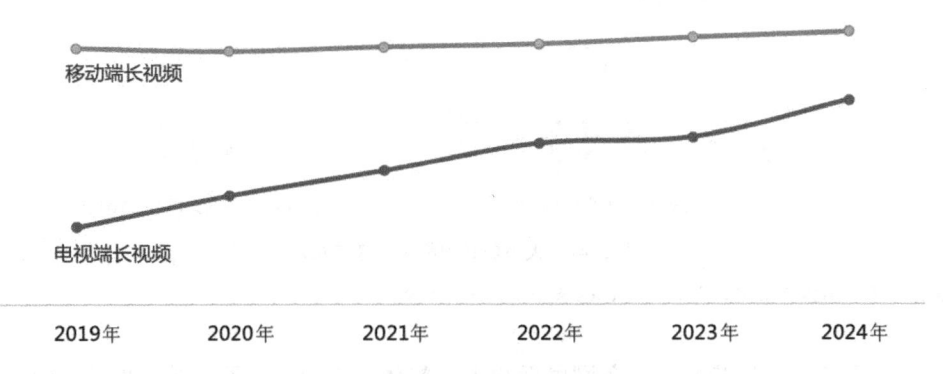

图 3-40　长视频用户到达率趋势

数据来源：2023 年 6 月，勾正科技 URS 跨屏同源媒介行为研究数据库

从日均时长角度观察，长视频用户对于长视频黏性相对较高，移动端长视频用户日均使用时长可达 105 分钟，电视端黏性更强，可达 222 分钟。

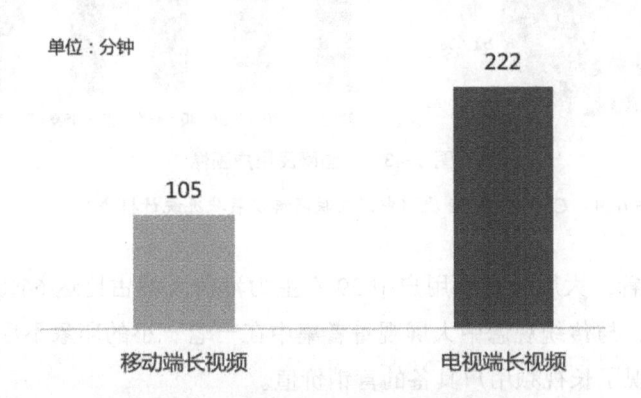

图 3-41　长视频用户人均单日使用时长

数据来源：2023 年 12 月，勾正科技 URS 跨屏同源媒介行为研究数据库

随着智能设备的不断发展和普及，长视频多端观看习惯已经养成，通过勾正科技 URS 跨屏同源媒介行为研究数据库，大屏长视频用户中 56% 的用户会同时在手机端和大屏端观看长视频内容，有 44% 的用户只在大屏观看长视频。渠道独占性也造就了不同设备端，根据不同端设备特性和使用场景，形成用户的差异。

电视端 长视频　月活：5.3亿人

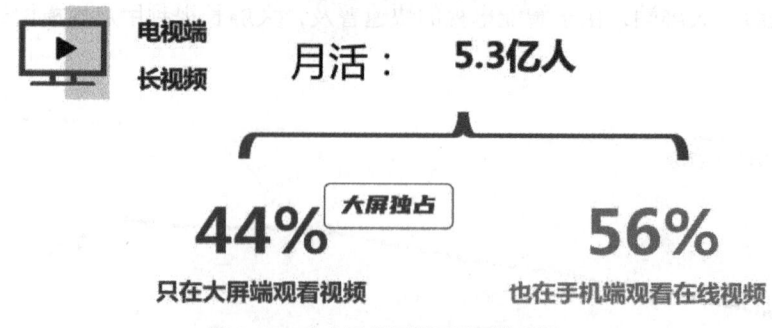

44% 大屏独占　只在大屏端观看视频

56% 也在手机端观看在线视频

图 3-42　大小屏长视频重叠覆盖情况

数据来源：2023 年 6 月，勾正科技 URS 大小屏同源样本库

由于长视频用户整体覆盖网民近 90%，整体用户分布与网民基本保持一致。其中，男性比例略高于女性，占比 51.4%；39 岁及以下用户占比为 52.5%。

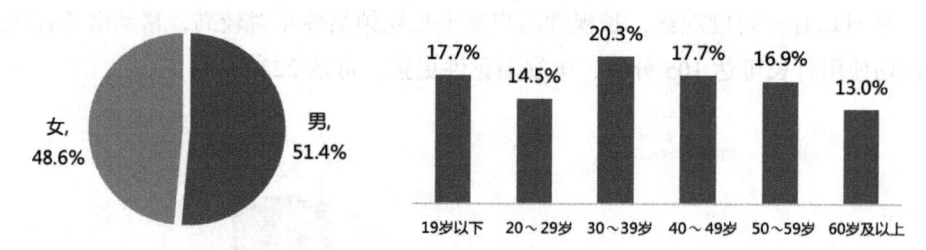

女，48.6%　男，51.4%

19岁以下	20～29岁	30～39岁	40～49岁	50～59岁	60岁及以上
17.7%	14.5%	20.3%	17.7%	16.9%	13.0%

图 3-43　中国网民用户画像

数据来源：2023 年 6 月，CNNIC 第 52 次《中国互联网络发展状况统计报告》

从大屏端看，大屏长视频用户中 39 岁主力消费人群占比达 66%，体现了大屏年轻化的趋势，与传统观念中大屏观看者集中在一老一小的印象不尽相同。从用户分布来看也体现了长视频用户具备的营销价值。

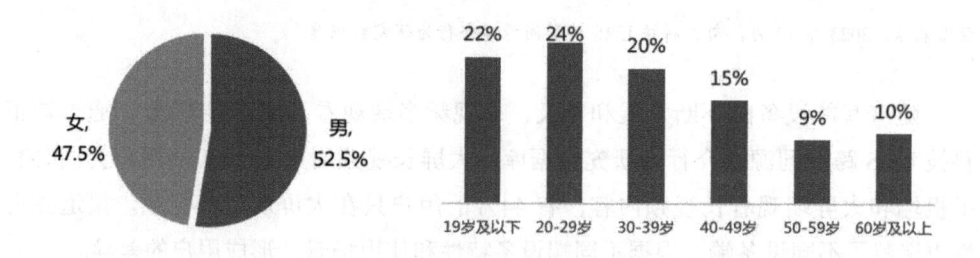

女，47.5%　男，52.5%

19岁及以下	20-29岁	30-39岁	40-49岁	50-59岁	60岁及以上
22%	24%	20%	15%	9%	10%

图 3-44　电视长视频用户画像

数据来源：2023 年 12 月，勾正科技 URS（Uni Reach System），Uni-insight

另外，由于电视大屏端家庭属性的特点，可以从家庭户的角度观察长视频用户人群特点，多口之家占比较大，也是大屏长视频会存在多人同时观看的特点，从营销角度会伴随家庭决策场景。其中，有孩家庭占比达 11.3%。

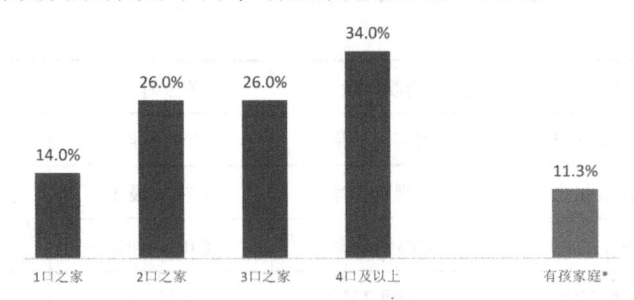

图 3-45　电视端长视频用户家庭结构画像

数据来源：2023 年 12 月，勾正科技 URS（Uni Reach System），Uni-insight。有孩家庭 *：家庭中有 14 岁以下儿童家庭

目前，主流长视频网站包括爱奇艺、腾讯视频、优酷视频、芒果 TV、哔哩哔哩、咪咕视频、搜狐视频等媒体，在大屏端因为牌照商管控的原因分别对应名称为银河奇异果（爱奇艺）、云视听极光（腾讯视频）、CIBN 酷喵（优酷视频）、芒果 TV、云视听小电视（哔哩哔哩）。从平台集中度来看，移动端 TOP 5 长视频平台包含爱奇艺、腾讯视频、芒果 TV、优酷视频和哔哩哔哩，综合渗透率达 89.5%，其他平台如多多视频、韩剧 TV 和风行视频等占比为 10.5%。在大屏端，TOP 平台渗透率更高，占比达 90.3%，TOP 5 的平台包含银河奇异果、云视听极光、CIBN 酷喵、芒果 TV、云视听小电视；其他视频平台占比 9.7%，包含华数鲜时光、CIBN 高清影视、BesTV 橙子视频、云视听快 TV 和云视听 MoreTV 等。

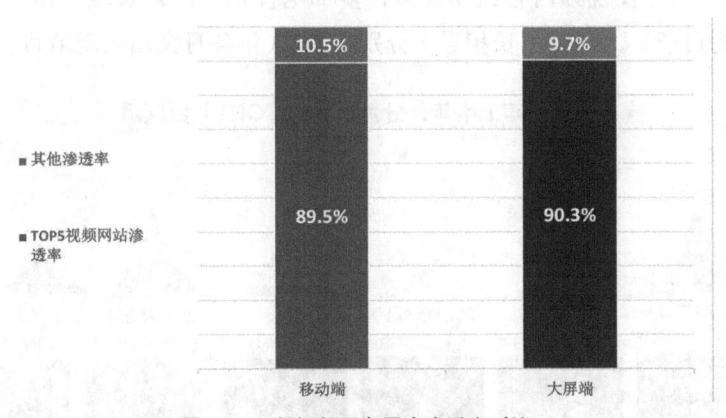

图 3-46　长视频平台用户渗透率对比

数据来源：2022 年 12 月，移动端，《中国网络视听发展研究报告（2023）》；大屏端，勾正科技 URS（Uni Reach System），Uni-insight

分平台看，活跃度差异可以从分时段数据显示，以大屏平台表现为例，分时段平台排名相对稳定，从 2023 年 12 月数据看，CIBN 酷喵在次黄时段优势有所提升，云视听小电视在白天和次黄时段排名提升。

排序	白天时段	傍晚时段	黄金时段	次黄时段
1	银河奇异果	银河奇异果	银河奇异果	云视听极光
2	云视听极光	云视听极光	云视听极光	CIBN 酷喵
3	CIBN 酷喵	CIBN 酷喵	CIBN 酷喵	银河奇异果
4	芒果 TV	芒果 TV	芒果 TV	芒果 TV
5	云视听小电视	华数鲜时光	华数鲜时光	云视听小电视
6	华数鲜时光	云视听小电视	云视听小电视	华数鲜时光
7	BesTV 橙子视频	BesTV 橙子视频	BesTV 橙子视频	BesTV 橙子视频
8	云视听 MoreTV	云视听 MoreTV	云视听 MoreTV	云视听 MoreTV
9	CIBN 高清影视	云视听快 TV	云视听快 TV	CIBN 微视听
10	云视听快 TV	CIBN 微视听	CIBN 高清影视	云视听快 TV

图 3-47　长视频平台用户渗透率对比

数据来源：2023 年 12 月，勾正科技 URS（Uni Reach System），Uni-insight

4. 内容为王，高品质内容维持用户增长和稳固的商业模式

2023 年起，长视频内容蓬勃发展，多部电视剧，综艺表现突出，勾正数据显示《我们的日子》《狂飙》《长相思》分别在 2023 年各月突出表现节目。

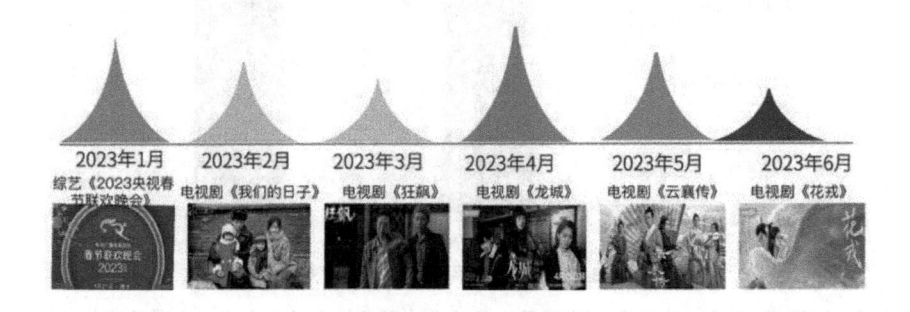

2023年上半年，分月日活VVTOP1节目展示

2023年1月　综艺《2023央视春节联欢晚会》
2023年2月　电视剧《我们的日子》
2023年3月　电视剧《狂飙》
2023年4月　电视剧《龙城》
2023年5月　电视剧《云襄传》
2023年6月　电视剧《花戎》

2023年下半年，分月日活VVTOP1节目展示

2023年7月	2023年8月	2023年9月	2023年10月	2023年11月	2023年12月
电视剧《长相思》	电视剧《长相思》	电视剧《他从火光中走来》	电视剧《梅花红桃》	电视剧《安宁如梦》	电视剧《一念关山》

图 3-48　2023 年上半年大屏长视频内容 TOP 节目

数据来源：2023 年 1—6 月，勾正科技 URS（Uni Reach System），Uni-insight

整体而言，电视剧占比最高，其次是综艺类和少儿类节目。各大平台也会根据资源在各类内容上有所侧重，从月活 TOP 500 节目分类来看，除芒果 TV 外，其他平台主要以电视剧为主，占比均超过 40%；其次是电影节目，占比超过 30%；芒果 TV 综艺占比较高，超 60%。

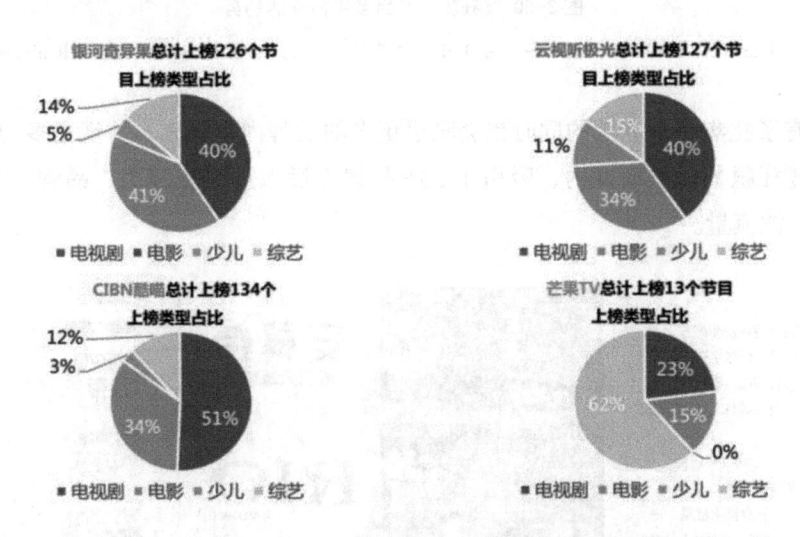

银河奇异果 总计上榜226个节目上榜类型占比
- 电视剧 40%
- 电影 41%
- 少儿 5%
- 综艺 14%

云视听极光 总计上榜127个节目上榜类型占比
- 电视剧 40%
- 电影 34%
- 少儿 11%
- 综艺 15%

CIBN酷喵 总计上榜134个上榜类型占比
- 电视剧 51%
- 电影 34%
- 少儿 3%
- 综艺 12%

芒果TV 总计上榜13个节目上榜类型占比
- 电视剧 23%
- 电影 15%
- 少儿 0%
- 综艺 62%

图 3-49　2023 年长视频大屏 TOP 500 节目，分平台月活跃占比

数据来源：2023 年 1—12 月，勾正科技 URS（Uni Reach System），Uni-insight

"大 IP+ 大流量"的组合策略成为视频媒体内容策略之一。由于渠道泛化，媒体碎片化的趋势越来越影响受众的行为，面对极其丰富的内容资源，给受众更多的选择空间，而长视频网站自主选择节目形式也赋予了受众更大的节目选择权。受众

从被动接受者转变为主动决策者，对于内容的质量和吸引度要求也越来越高。

例如，2023年初的爆款剧集《狂飙》就符合这种模式，播放平台包含央视电视台和爱奇艺大小屏两端，节目播出时收视情况稳步上涨。从大屏端，整合电视台和视频网站播放数据，除除夕夜外，整体触达家户超3000万户，而且受众观看时长也在逐步提升，说明受众的黏性也在不断提升。

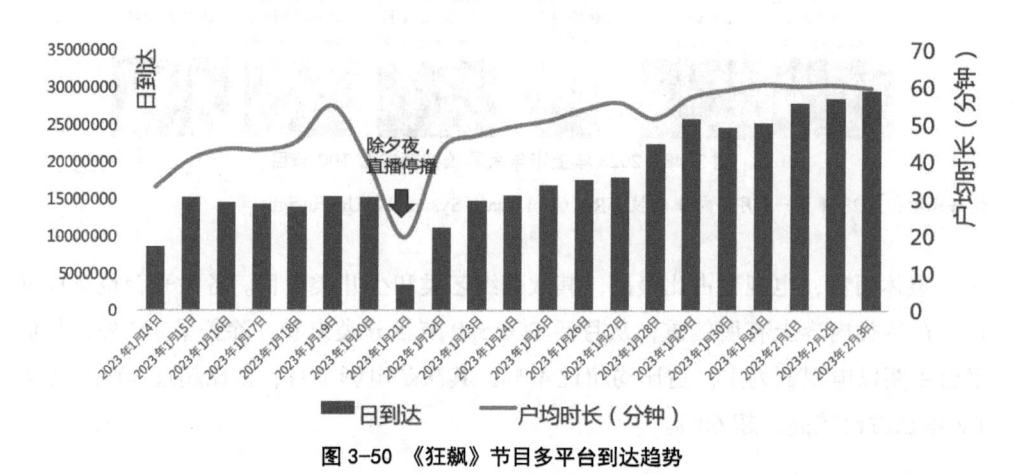

图 3-50 《狂飙》节目多平台到达趋势

数据来源：2023年1月14日—2023年2月3日，勾正科技 URS（Uni Reach System），Uni-insight

在有了扎实受众基础的同时也会吸引更多的品牌内容植入，体现更多的营销价值。在《狂飙》播放周期内，吸引了20+品牌先后入局广告露出，品牌伴随IP也收割了一波流量。

图 3-51 《狂飙》节目品牌方信息

数据来源：2023年1月14日—2023年2月3日，网络公开信息聚焦用户圈层，视频网站打造差异化优势。随着长视频用户的不断增多，也会自发地发展成多个圈层，大流量的策略可能不适合所有媒体，但注重在独特圈层的媒体，也可以突出媒体优势，例如，关于哔哩哔哩（大屏端名称为云视听小电视）《2022最美的夜》引导平台日到达率增长38.2%。

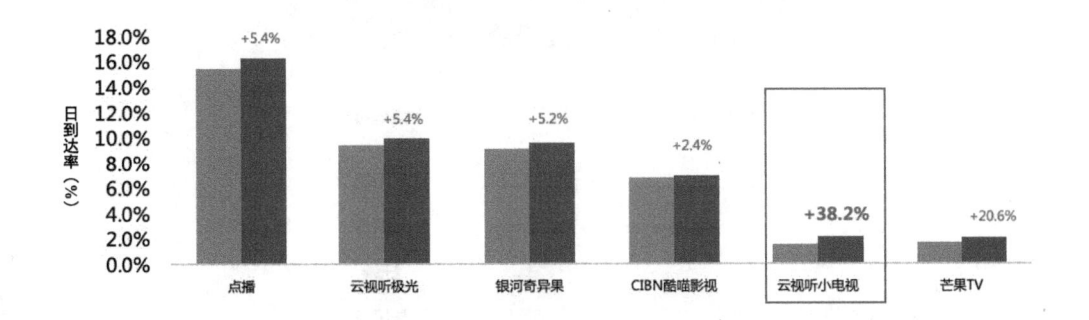

图3-52　大屏长视频平台媒体到达率

数据来源：2022年12月31日，对比前一周数据，勾正科技URS（Uni Reach System），Uni-insight

同时，对于圈层人群的吸引力程度也是相当显著的。晚会播放当日，对于20～24岁人群的突出到达增长，增长幅度高达43.6%，远超其他年龄段用户增长幅度。

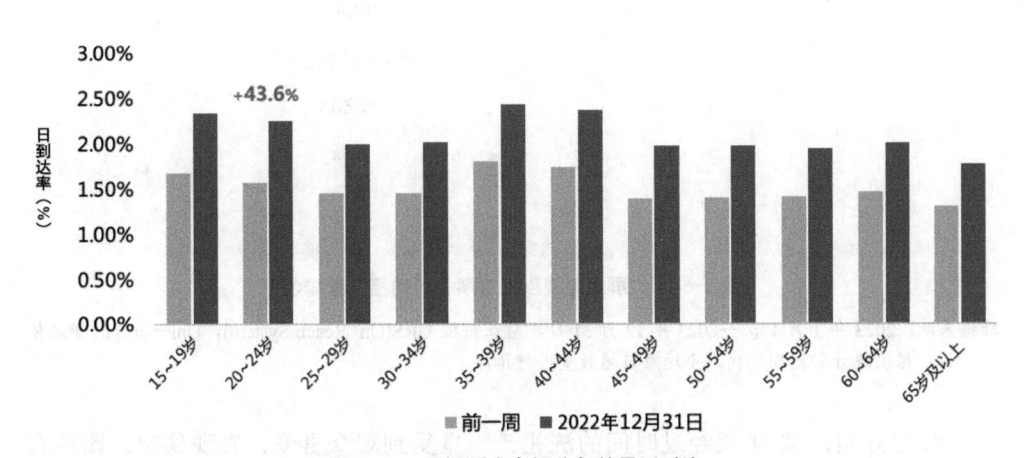

图3-53　云视听小电视分年龄日活对比

数据来源：2022年12月31日，对比前一周数据，勾正科技URS（Uni Reach System），Uni-insight

大屏长视频主力内容主要聚焦在电视剧和综艺上，从 2023 年全年节目趋势来看，电视剧内容题材十分丰富，武侠、纪实、刑侦剧等都有不俗表现。其中，《长相思》《云襄传》《狂飙》为 2023 全年表现突出的电视剧。

点播电视剧日均播放量（首播）

序号	点播电视剧
1	长相思
2	云襄传
3	狂飙
4	长风渡
5	三大队
6	一念关山
7	人生之路
8	无所畏惧
9	归路
10	莲花楼
11	宁安如梦
12	田耕纪
13	他从火光中走来
14	云之羽
15	龙城

图 3-54　大屏端电视剧（首播）日均播放量排名

数据来源：2023 年 1 月 1 日—2023 年 12 月 31 日，勾正科技 URS(Uni Reach System)，Uni—insight 排名依据：根据统计首播周期内，平均每日播放量进行排序

综艺方面，综 N 代经过时间的洗礼，一直受到观众喜爱，表现稳定，比较有代表性的有《奔跑吧第 7 季》和《王牌对王牌第 8 季》系列，新综艺如《现在就出发》《种地吧》也以独特的题材和方向，吸引了观众关注，榜上有名。

点播综艺日均播放量情况（首播期）

序号	点播综艺
1	奔跑吧第7季
2	王牌对王牌第8季
3	奔跑吧生态篇
4	哈哈哈哈哈第3季
5	现在就出发
6	我们的客栈
7	萌探探探案第3季
8	中国说唱巅峰对决2023
9	密室大逃脱第5季
10	乐队的夏天第3季
11	乘风2023
12	大侦探第8季
13	极限挑战第9季
14	你好星期六
15	种地吧

图 3-55　大屏端综艺（首播）日均播放量排名

数据来源：2023年1月1日—2023年12月31日，勾正科技 URS(Uni Reach System)，Uni—insight 排名依据：根据统计首播周期内，平均每日播放量进行排序

正因为长视频内容的不断丰富和提升，会员运营也在稳步提升，很多媒体会员收入已经超过广告收入，从公开信息来看，长视频用户付费习惯已经养成。超四成用户为网络视频付费，其中，20～29岁、大学本科及以上学历、一线和新一线用户付费比例超过50%。

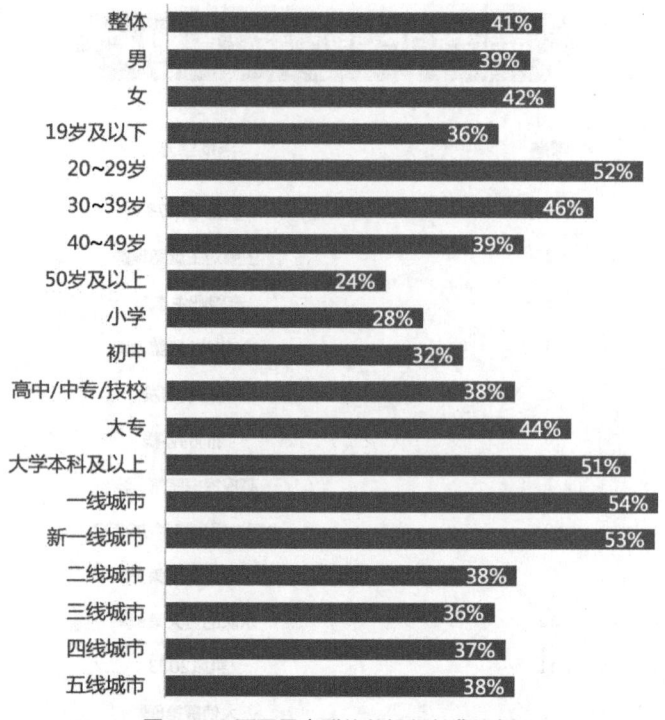

用户群体	比例
整体	41%
男	39%
女	42%
19岁及以下	36%
20~29岁	52%
30~39岁	46%
40~49岁	39%
50岁及以上	24%
小学	28%
初中	32%
高中/中专/技校	38%
大专	44%
大学本科及以上	51%
一线城市	54%
新一线城市	53%
二线城市	38%
三线城市	36%
四线城市	37%
五线城市	38%

图 3-56　不同用户群体长视频付费比例

数据来源：2022 年，《中国网络视听发展研究报告（2023）》

（本小节撰写单位为北京勾正数据科技有限公司）

（五）OTT

1. OTT 是收视设备

OTT 是指通过开放互联网获得各类资源，基于公共互联网传送，包含视频、音频、图形、文字和数据等，以电视机、机顶盒等终端形态向观众提供多媒体视听业务的设备。OTT 有别于传统的数字电视通过卫星或电缆传输以及 IPTV 通过电信运营商的专网传输，采用开放的互联网传输数据，具有资源丰富、可交互性强等优点。

（1）OTT 是大屏收视设备

OTT 和数字有线电视 (后文简写为 DVB）、IPTV 是我国电视家庭中最主要的三种收视信号接入方式。DVB 是依赖有线信号光缆传输数据，通过将运营商的机顶盒接入电视机，服务用户直播频道的收视设备。经过数字化升级的双向机顶盒可以提供点播功能和互动服务。IPTV 是电信运营商通过宽带专用网络，将专属机顶盒接入电视机，服务用户进行直播、点播收视和互动使用的设备。OTT 是通过开放互联网向用户提供各种互动服务，利用运营商的网络，内容由广电总局认可的集成牌照方负责提供。不同于 DVB 和 IPTV 作为信号源接入电视机实现服务，OTT 的智能电视本身即可接入网络独立提供互动收视。脱离了专线专网和连接线，OTT 是更开放、更融合的大屏收视设备。

近年来，随着我国网民规模和互联网普及率的提升，我国互联网电视用户数逐年增长。CSM 基础研究数据显示，2022 年，OTT 设备覆盖全国 56.8% 的电视家庭，较 2021 年提升了 2.4 个百分点，设备的家庭覆盖率进一步提升。与之相较，IPTV 在全国的家庭覆盖率为 55.7%，在电视大屏收视中与 OTT 形成竞争格局。而 DVB 设备的家庭覆盖率则继续呈下行态势，数字化转型推进道阻且长。

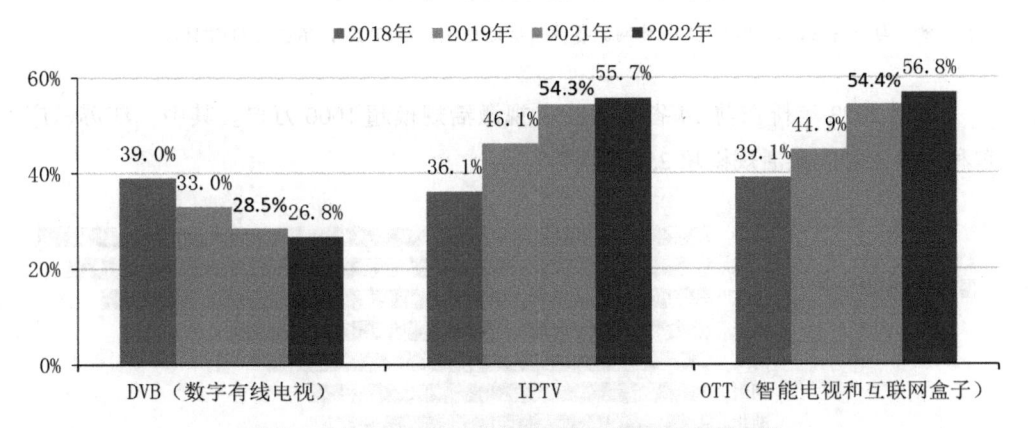

图 3-57　2018—2022 年中国家庭电视收视设备覆盖情况

数据来源：CSM 2018—2022 年全国基础研究

另据勾正科技研究数据显示，截至 2023 年智能电视（不包含 OTTbox）累计激活覆盖 3.26 亿户，同比增长 3.5%，家庭覆盖超 65%。

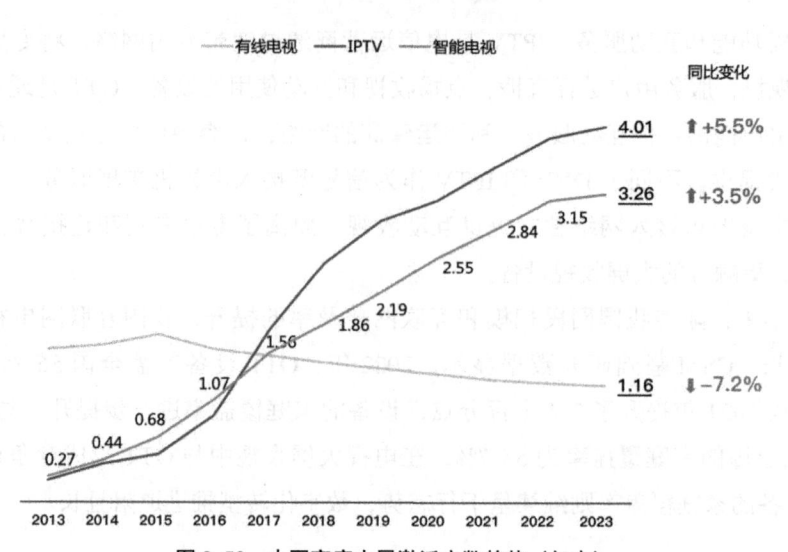

图 3-58　中国家庭大屏激活户数趋势（亿户）

数据来源：勾正科技，工信部，流媒体网。备注：智能电视指 OTT TV，不包括 OTT Box

截至 2023 年排在前 14 省份智能电视激活规模超 1000 万户。其中，江苏、广东和山东三省的激活规模超 2500 万户。

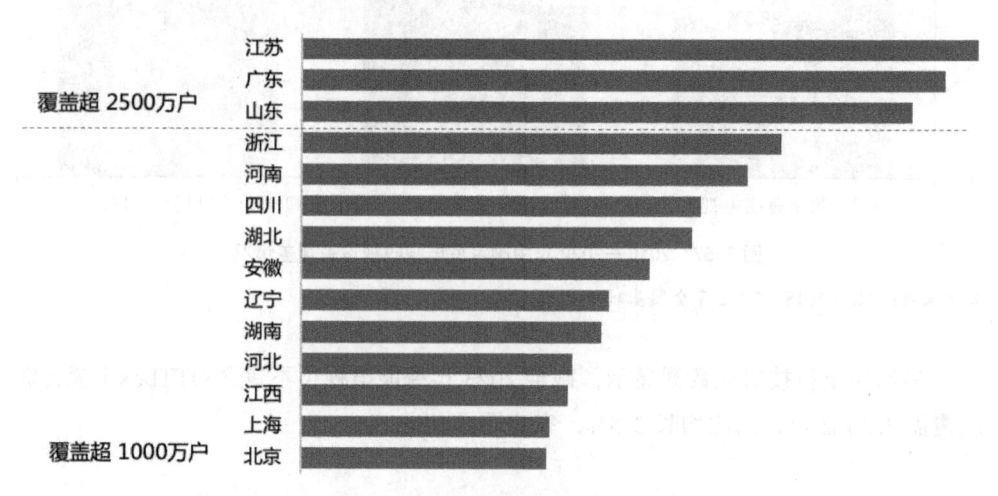

图 3-59　2023 年 H1 OTT 分省激活整体情况，覆盖超千万的省份

数据来源：勾正科技测算

分城市级别看，一线城市的 OTT 设备渗透率最高，已达 85%。说明 OTT 已经可以成为一线城市的重要营销渠道，其他线级城市虽然渗透率略低，但也超过 60%。

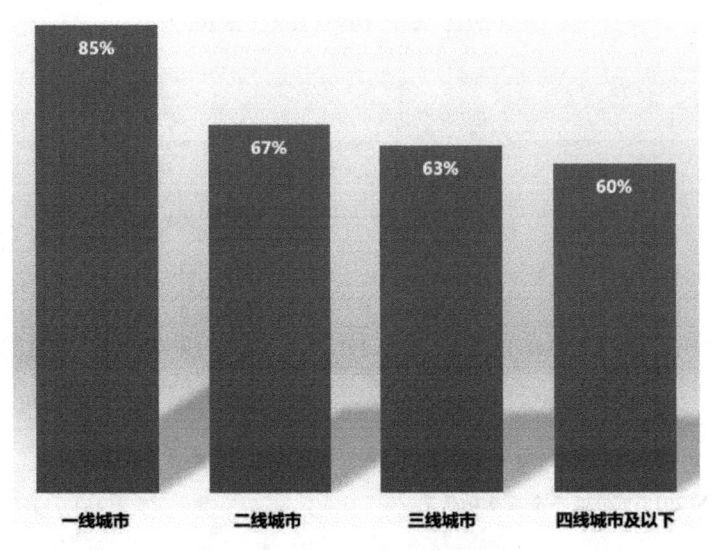

图 3-60　2023 年 OTT 设备渗透率

数据来源：勾正根据 URS（Uni Reach System），Uni-insight & 2022 年初公开统计年鉴数据推算

（2）OTT 的两种设备类型

OTT 设备主要包括两种，一种是智能电视，一种是互联网盒子。互联网盒子是传统电视向智能电视发展的过渡期产物，是将定制好的软件系统嵌入机顶盒中。其使用方式与 DVB、IPTV 相似，需要用户通过在电视机上选择信号源进行使用，是仅将电视机当屏幕使用的外接设备。CSM 基础研究数据显示，2022 年，互联网盒子全国覆盖率仅有 3.1%，占 OTT 设备整体的 5.4%。从逐年变化趋势看，2018—2022 年互联网盒子家庭覆盖率从 4.4% 下降至 3.1%，降幅接近三成，家庭覆盖率水平一直处于低位且在不断下滑的态势之中。

与互联网盒子的发展形成鲜明反差的是智能电视。CSM 基础研究数据显示，2022 年，全国智能电视覆盖 55.9% 的家庭户，与 2018 年相比上升 18.2 个百分点。经过多阶段发展，智能电视全国覆盖率逐年稳定增加。智能电视的增长是国民经济发展和生活需求的必然，传统电视的保有量与换机需求一定程度预示了智能电视的增长空间。

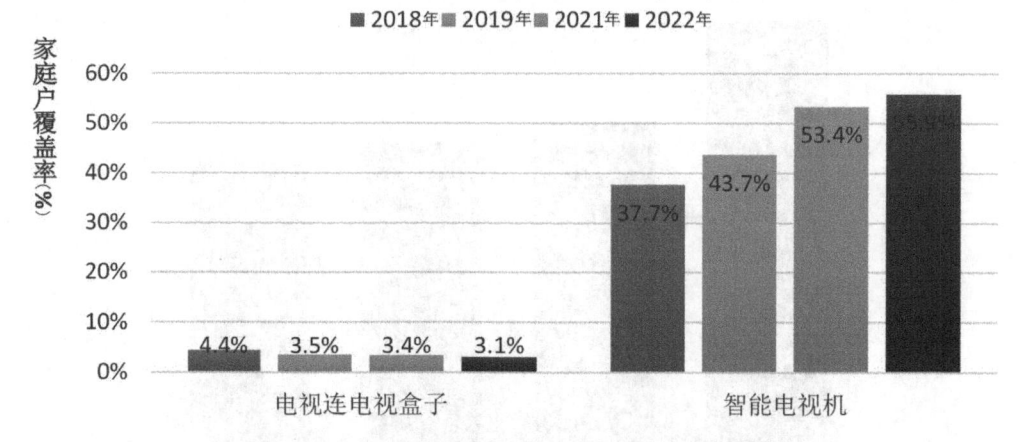

图 3-61　2018—2022 年中国家庭智能电视与网络盒子覆盖情况

数据来源：CSM 2018—2022 年全国基础研究

整体上看，随着技术的发展、硬件和系统等方面的发力，智能电视高画质、大屏幕、更换成本进一步降低等优势将逐渐显现。而互联网盒子的过渡性特征并未出现本质变化，因其与智能电视功能的部分重叠等，逐渐在竞争中显露颓势。但在一段时间内互联网盒子仍有市场空间，其成本较低、占用空间较小、携带便捷等优势，仍可在精准用户上实现市场价值。

2. OTT 是数字化设备

（1）OTT 实现数字化的关键：设备联网率提升

OTT 设备的联网状态是观众通过互联网进行点播收视及互动行为的基础。观众购买智能电视后，如果不连接互联网，而是仅作为传统电视机把它当作外接屏幕使用，是无法使用点播、投屏等功能的。联网后的 OTT 设备不仅可以点播收视，还可以通过 OTT 设备内置的服务模块或自行安装 APP 使用更多互动服务，如KTV、游戏、亲子陪伴、健身、投屏等。

CSM 基础研究数据显示，OTT 设备联网率呈现逐渐扩大增长的态势。2022年，全国使用 OTT 设备联网使用的家庭占所有电视家庭的 39.7%，占所有拥有OTT 设备家庭的 69.9%，联网率进一步提升。现在，中国观众家庭中的存量 OTT设备已有七成实现了常态联网使用，这一比例在 2018 年为 58.1%，提升幅度超过20%。

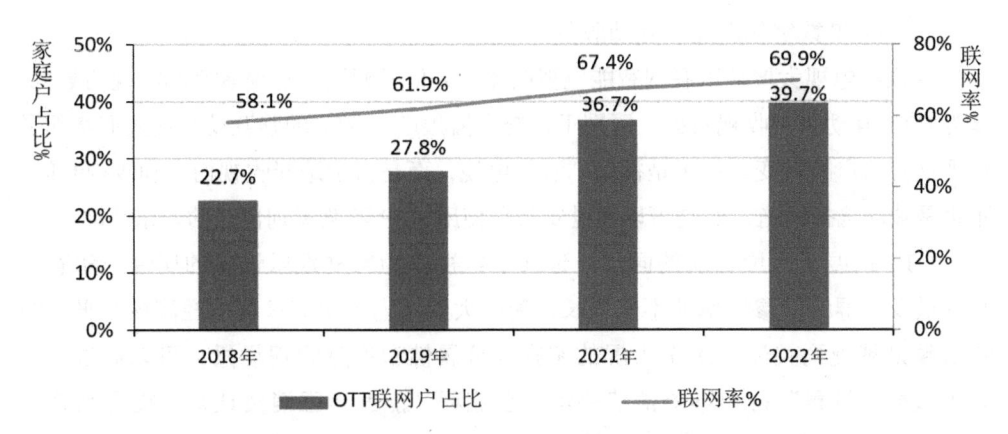

图 3-62 2018—2022 年 OTT 联网家庭户占比及联网率

数据来源：CSM 2018—2022 年全国基础研究

勾正数据显示，2023 年相比 2022 年同期，日活跃规模、日均开机时长基本持平，智能电视日均日活跃规模平均 1.67 亿户，日均开机时长达 324 分钟。

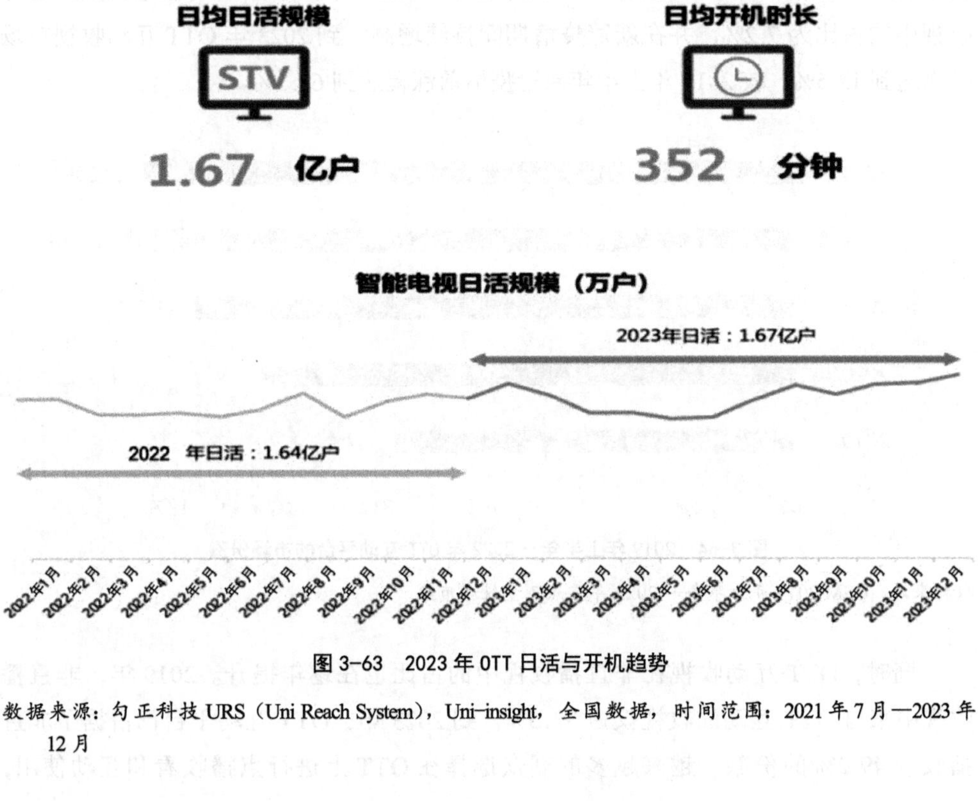

日均日活规模 **1.67** 亿户

日均开机时长 **352** 分钟

图 3-63 2023 年 OTT 日活与开机趋势

数据来源：勾正科技 URS（Uni Reach System），Uni-insight，全国数据，时间范围：2021 年 7 月—2023 年 12 月

(2) OTT 数字化功能：互动服务

观众在电视大屏端以联网智能电视或盒子为信号源进行点播等互动收视的数据，即为 OTT 互动平台收视数据。区别于传统直播频道，OTT 的强互动性使人们实现了从观众到用户的转变，不再是被动"看"电视，而是自主选择收视内容和收视时间；不再是被动选择频道，而是可以通过安装和使用 APP 随意规划自己的娱乐活动。

OTT 扩展了大屏功能的同时，延续了电视作为家庭娱乐设备的属性。随着用户规模及大屏终端渗透率的不断增长，智能大屏作为中国家庭客厅经济核心平台的特质越来越受到关注。OTT 大屏的家庭人群属性和家庭收视场景，可以通过"内容＋数据＋场景"持续影响消费决策的全流程，能够增强消费认知、提升品牌印象、促进消费者转化，成为品牌建设和家庭目标品牌的必争阵地。在客厅共享家庭团聚是大多数家庭的高光时刻，亲子场景、伴侣场景等具有不同消费属性的场景，均有着可待挖掘的营销空间。

①竞争态势：OTT 市场份额持续走强，占非直播收视比例逐年递增

能够抢到观众多少时间，是 OTT 平台各类功能对用户吸引力的侧写。CSM 重点测量仪城市组同源跨平台收视数据显示，2019 年上半年，OTT 互动在电视大屏总体收视中的占比为 7.2%，并在新冠疫情期间持续增高，到 2023 年 OTT 互动收视市场份额达到 12.5%，较 2019 年上半年新冠疫情前涨幅达到 62.3%。

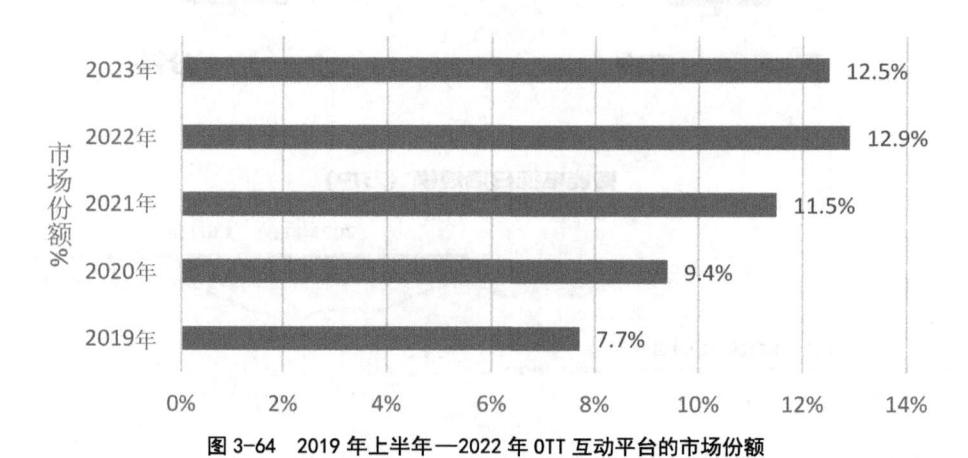

图 3-64　2019 年上半年—2022 年 OTT 互动平台的市场份额

数据来源：CSM 2019 年上半年—2023 年重点测量仪城市组

同时，OTT 互动收视在非直播收视中的占比也在逐年提升。2019 年，非直播收视中来自 OTT 互动的收视仅占 33.5%，到 2023 年，OTT 互动平台已占据了非直播收视 49.2% 的份额。越来越多的观众选择在 OTT 上进行点播收看和互动使用，

也可以说，OTT 带动了电视大屏互动收视的增长。

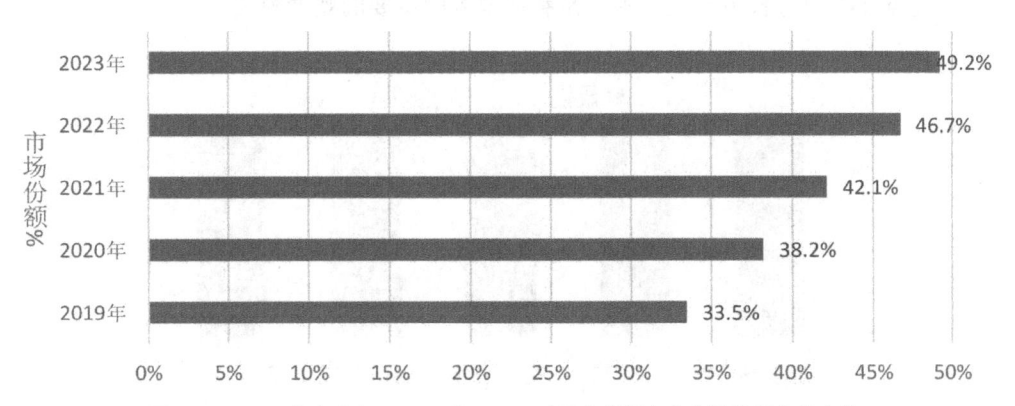

图 3-65　2019 年上半年—2023 年 OTT 互动平台收视在非直播收视中的占比

数据来源：CSM 2019 年上半年—2023 年重点测量仪城市组

以 IPTV 互动作为参照进行观察。2023 年上半年电视大屏互动点播收视中，IPTV 互动占电视大屏总体收视的 7.7%，较 OTT 互动低 4.8 个百分点。从逐年趋势上看，OTT 互动与 IPTV 互动始终处于竞争中，从 2019 年上半年的旗鼓相当到 2023 年上半年的伯仲分明，虽然两设备在家庭覆盖率上一直保持并驾齐驱，但观众对互动收视的使用情况却有着不同表现。在大屏互动收视功能的设备竞争中，OTT 的发展态势繁荣向好。

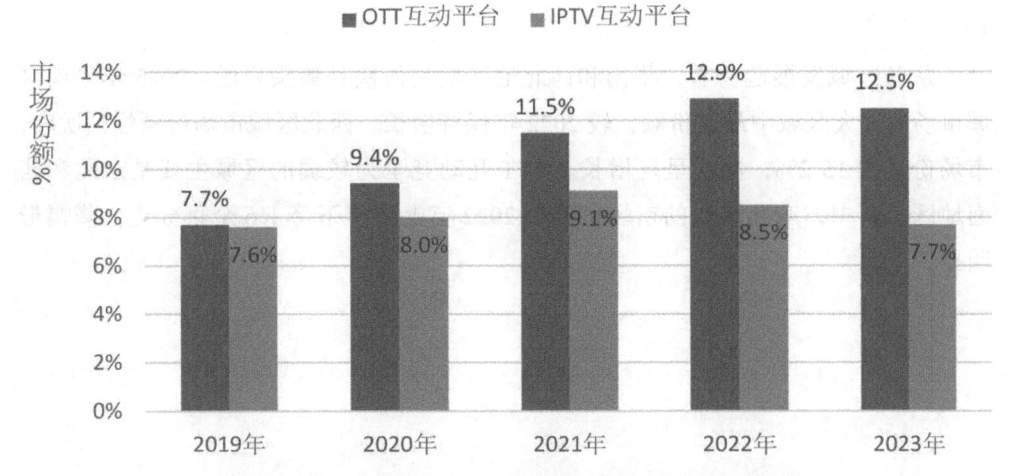

图 3-66　2019 年上半年—2023 年电视大屏互动平台市场份额

数据来源：CSM 2019 年上半年—2023 年重点测量仪城市组

勾正数据显示，从智能电视角度来看，点播观看比例持续提升，2023 年 H2 智能电视点播收视时长占比近 70%，是智能电视中主要的观看模式。

	直播	点播
2021H2	33%	67%
2022H1	36%	64%
2022H2	34%	66%
2023H1	31%	69%
2023H2	26%	74%

图 3-67　个人日均总收视长分布

数据来源：勾正科技 URS（Uni Reach System），Uni-insight，全国数据，时间范围：2021 年 6 月—2023 年 12 月

②区域特征：OTT 互动在华南和西北地区最具市场竞争力

OTT 设备在地域方面没有使用限制和内容差异，用户可自行购买安装使用，用户在全国各地所能享用的内容和服务是一样的。但受到数字化设备发展程度、观众使用习惯、内容选择偏好的影响，OTT 互动收视水平在不同地域存在着一定差异。CSM 重点测量仪城市组同源跨平台收视数据显示，2019—2023 年，全国七大区域 OTT 互动收视的市场份额整体呈现上升态势。华南地区 OTT 互动市场份额最高，达 16%，西南地区 OTT 互动市场份额最低，为 8.4%，两区域差距接近 1 倍。

从各区域发展趋势看，华南和西北地区增长最快且势头稳健。2023 年华南区域市场为七大区域中最高份额，较 2022 年保持增长。西北区域市场份额位列次席，市场份额为 15.2%，同样呈现增长。OTT 互动竞争力较弱的区域主要是东北和西南地区，其中，东北区域的市场份额较 2022 年上半年下降 1.6 个百分点，降幅最明显。

第三章　数字营销行业生态

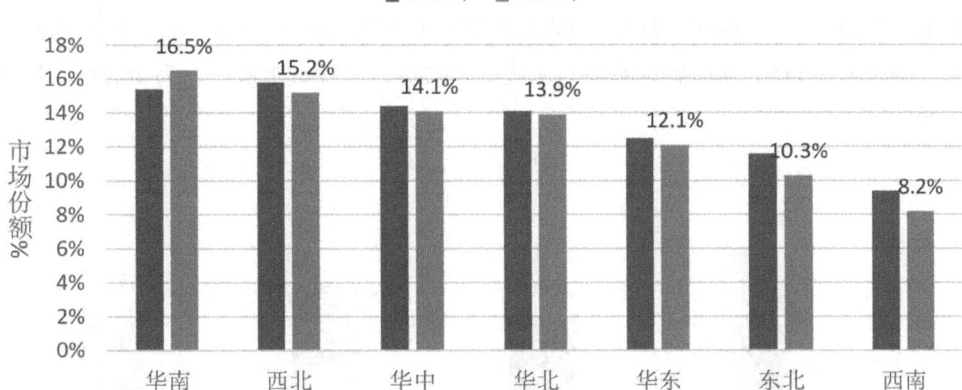

■ 2022年　■ 2023年

图 3-68　2022 年上半年、2023 年 OTT 互动收视在不同地区的市场份额

数据来源：CSM 2022 年上半年、2023 年重点测量仪城市组

③用户规模：到达率接近四成，在一线城市触达更多观众

到达率是反映 OTT 互动平台所触达观众规模的直观指标，代表着 OTT 互动平台的用户"广度"。CSM 同源跨平台收视数据中的到达率，能够体现实际使用 OTT 互动功能的用户规模。

CSM 重点测量仪城市组同源跨平台收视数据显示，2023 年，所有电视观众中有 39.6% 的观众使用过 OTT 互动功能。这一比例在近年来呈现增长趋势，与 2019 年的 26.6% 相比增长了 13 个百分点，增长幅度达 48.9%。

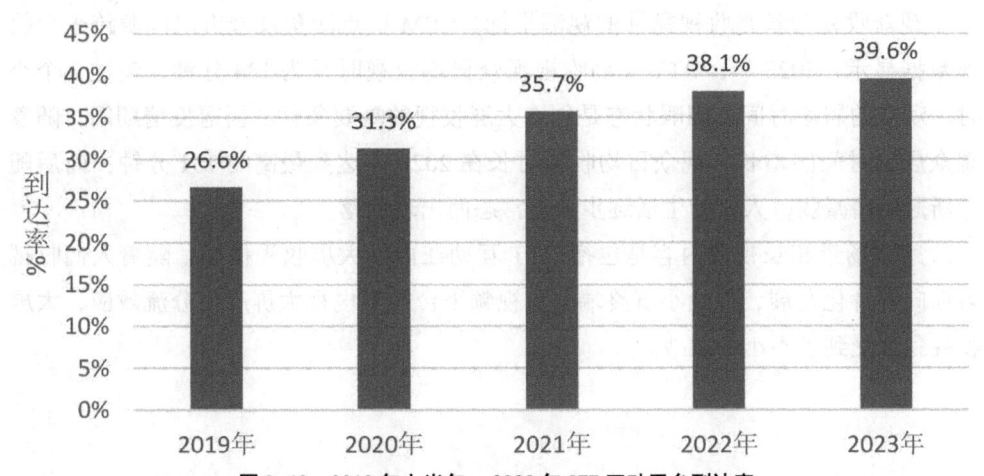

图 3-69　2019 年上半年—2023 年 OTT 互动平台到达率

数据来源：CSM 2019 年上半年—2023 年重点测量仪城市组

从不同经济发展水平市场观察。CSM 重点测量仪城市组同源跨平台收视数据显示，2023 年，一线和二线城市到达率均高于全国均值 39.8%，观众触达范围更广。一线城市 OTT 互动到达率最高，达到 45.3%，二线城市次之，为 40.5%。见图 3-70。

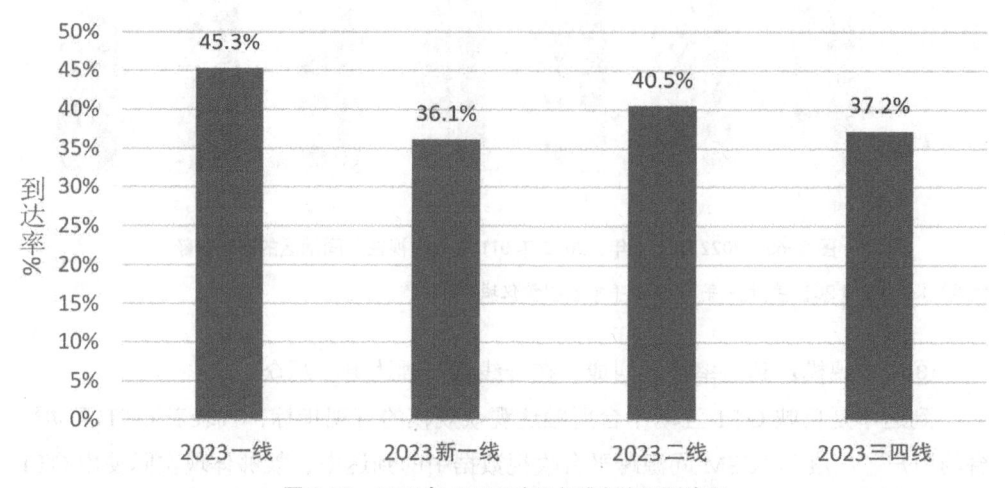

城市线级	到达率
2023 一线	45.3%
2023 新一线	36.1%
2023 二线	40.5%
2023 三四线	37.2%

图 3-70　2023 年 OTT 互动平台城市线级到达率

数据来源：CSM 2023 年重点测量仪城市组备
注：城市分级参考 2023 年第一财经《城市商业魅力排行榜》

④观众黏性：观众日均使用 OTT 互动服务超过 2 个小时

观众收视时长是收视黏性的观测指标。CSM 重点测量仪城市组同源跨平台收视数据显示，2023 年，OTT 互动收视观众日均收视时长为 134 分钟，超过 2 个小时。观众的居家时间和闲暇状态是创造大屏收视的重要条件。新冠疫情期间，随着观众居家时间的增长，观众日均收视时长在 2020 年达到最高的 151 分钟，而后随着新冠疫情减弱，人们的生活逐步恢复常态而出现回落。

家庭场景和长视频内容是包括 OTT 互动在内的大屏收视核心，随着人们收视习惯向碎片化发展，以及小屏终端、短视频平台等对电视大屏产生分流效应，大屏收视黏性受到了不小的挑战。

第三章 数字营销行业生态

[图表：2019年—2023年OTT互动平台人均收视时长柱状图，数值分别为144、151、141、144、134]

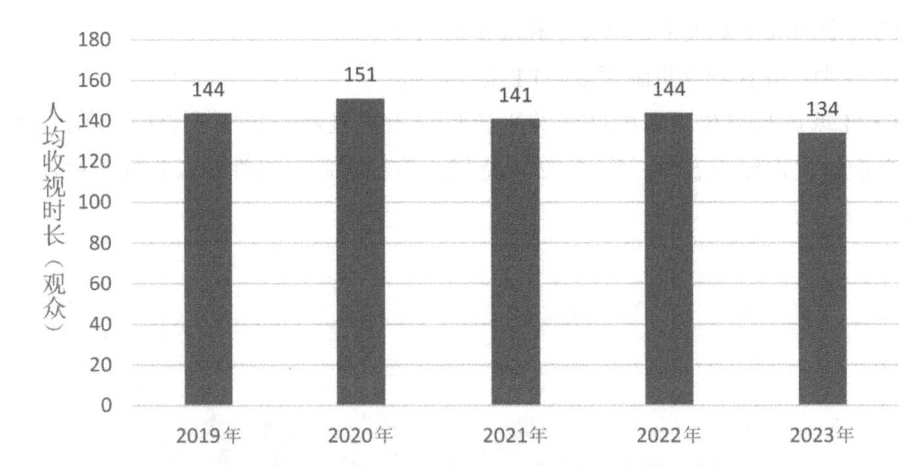

图 3-71　2019 年上半年—2023 年 OTT 互动平台人均收视时长（观众）

数据来源：CSM 2019 年上半年—2023 年重点测量仪城市组

以 IPTV 互动作为参照进行观察。OTT 互动观众日均收视时长一直处于较高水平。新冠疫情期间，2020 年两个平台的观众日均收视时长最高峰分别达到了 151 分钟（OTT 互动平台）和 124 分钟（IPTV 互动平台），OTT 比 IPTV 高出 27 分钟。在后疫情阶段，IPTV 观众的互动收视黏性更为显著地展露出下滑态势。到 2023 年，两平台观众黏性差距一度拉大到 36 分钟，在观众注意力和忠诚度上的差异愈发明显。

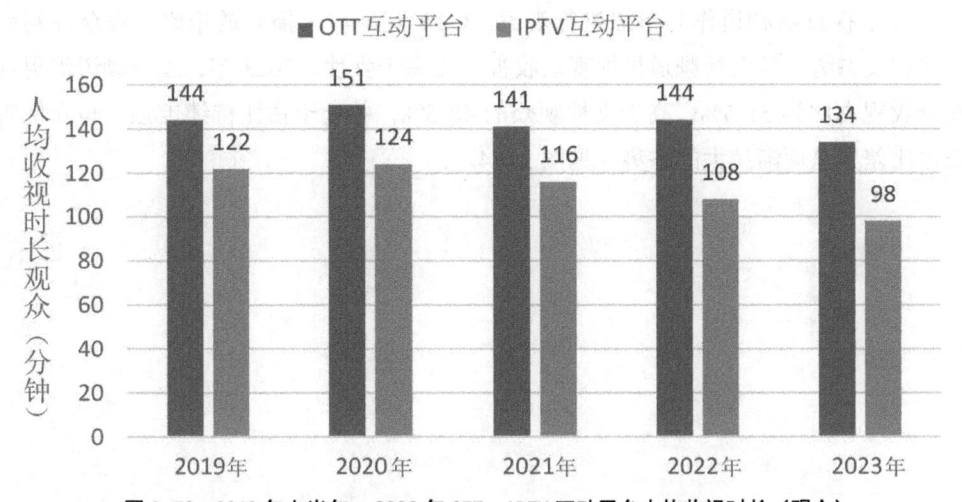

[图表：OTT互动平台与IPTV互动平台对比柱状图
OTT互动平台：144、151、141、144、134
IPTV互动平台：122、124、116、108、98]

图 3-72　2019 年上半年—2023 年 OTT、IPTV 互动平台人均收视时长（观众）

数据来源：CSM 2019 年上半年—2023 年重点测量仪城市组

⑤观众构成主要集中在中青年和高学历人口

A. 性别：女性观众贡献更多 OTT 互动收视

CSM 重点测量仪城市组同源跨平台收视数据显示，2023 年 OTT 互动收视中女性观众收视占比为 52%，同 2022 年持平，但稳定高于男性观众收视占比。见图 3-73。

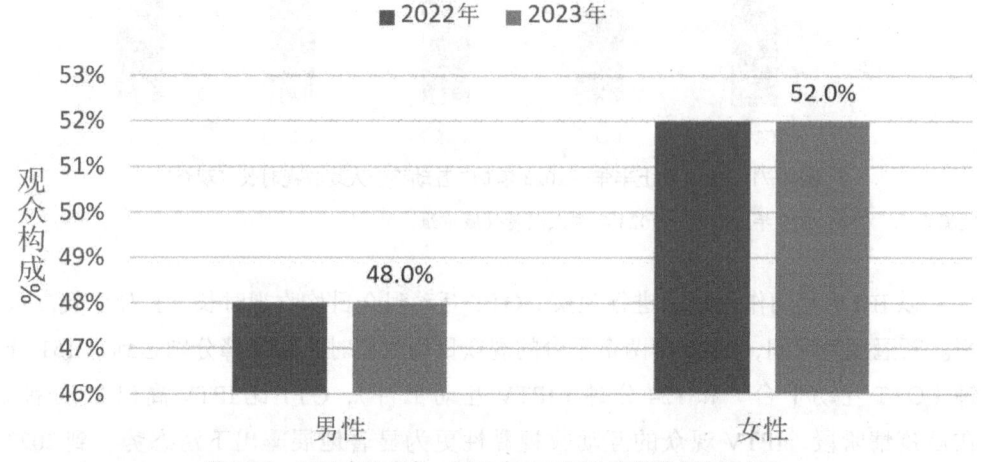

图 3-73　2022 年上半年、2023 年 OTT 互动收视观众性别占比

数据来源：CSM 2022 年上半年—2023 年重点测量仪城市组

以电视直播频道作为参照进行观察。OTT 互动与直播频道相比，观众性别构成呈相反态势，即直播频道男性观众收视占比高于女性。2023 年，直播频道组男性观众收视占比为 51.5%，高于女性观众的 48.5%，并处于占比持续走强，与女性观众占比差异呈逐渐拉大的态势。见图 3-74。

第三章　数字营销行业生态

■ 2022年　■ 2023年

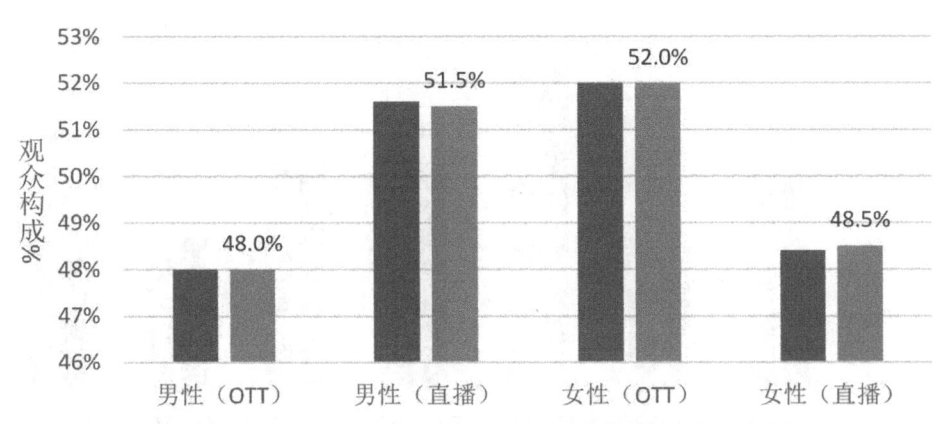

图 3-74　2022 年上半年、2023 年 OTT 互动平台与直播平台性别对比

数据来源：CSM 2022 年上半年、2023 年重点测量仪城市组

B. 年龄：25～34 岁青年观众收视占比最高

CSM 重点测量仪城市组同源跨平台收视数据显示，2023 年，OTT 互动收视中，25～34 岁观众在所有年龄组占比最高，达 22.2%。其次为 45～54 岁观众，占比为 17.0%。见图 3-75。

从趋势上看，4～14 岁青少年观众收视占比为 15.2%，较 2022 年有所提高。青少年观众群体的涌入得益于 OTT 互动平台上众多的教育和娱乐资源，同时，也与电视大屏干净安全的媒体环境密不可分，这为内容规划和营销投放提供了丰富可能性。同样值得关注的是 65 岁以上群体，2023 年，65 岁以上观众收视占比为 11.3%，较 2022 年上半年提升了 1.9 个百分点，越来越多的银发族观众开始加入到 OTT 平台的点播或互动收看当中。

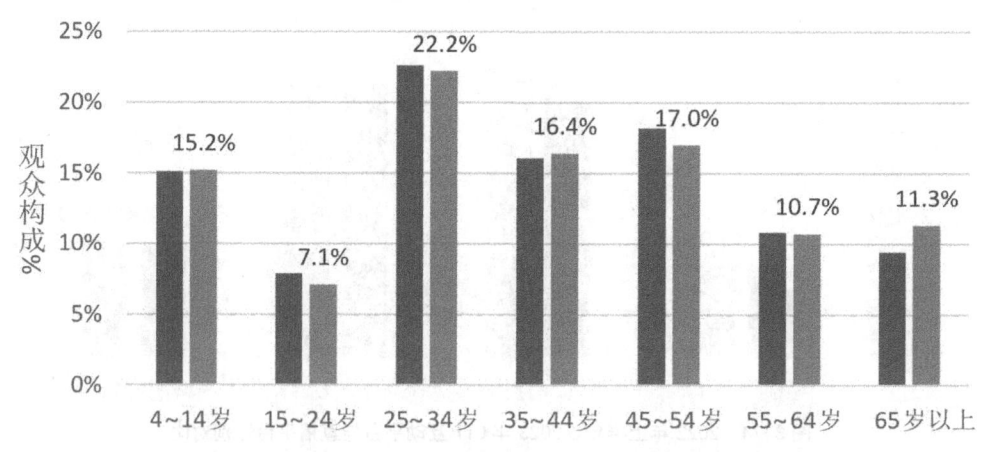

图 3-75 2022 年上半年、2023 年 OTT 互动平台观众年龄构成

数据来源：CSM 2022 年上半年—2023 年重点测量仪城市组

在年龄方面与直播频道对比，OTT 互动收视中年轻观众的参与程度更高。直播频道 65 岁及以上观众收视占比最高，为 30.3%，45～54 岁观众收视占比次之，为 17.6%。OTT 互动收视中 25～34 岁观众占比最高，为 22.2%，45～54 岁观众占比次之，为 17.0%。就二者的差异对比，65 岁及以上观众差异最大，直播频道比 OTT 互动平台高 19 个百分点。4～14 岁观众收视占比差异次之，OTT 互动平台比直播频道高了 9.9 个百分点。15～44 岁观众收视占比，OTT 互动平台均高于直播频道，共高出 14.6 个百分点。

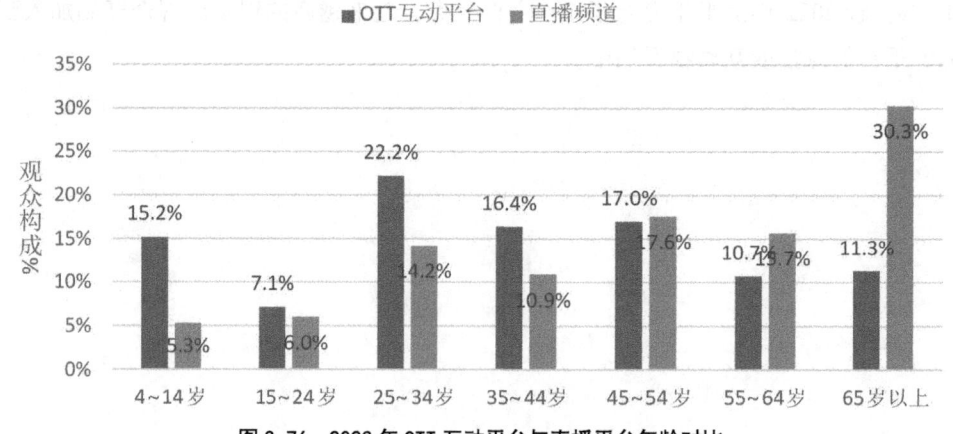

图 3-76 2023 年 OTT 互动平台与直播平台年龄对比

数据来源：CSM 2023 年重点测量仪城市组

C. 学历：OTT 互动观众的受教育程度处于较高区间

CSM 重点测量仪城市组同源跨平台收视数据显示，2023 年 OTT 互动收视中大学及以上学历观众占比最高，达 30.0%。高中学历观众占比次之，为 26.4%。

以电视直播频道作为参照进行观察。2023 年上半年直播频道组收视中初中学历观众收视占比最高，为 30.3%。通过比较能够看出，大屏端高知人群更青睐 OTT 互动收视。

图 3-77 2023 年 OTT 互动平台观众学历占比

数据来源：CSM 2023 年重点测量仪城市组

（3）OTT 数字化功能：开机广告

OTT 作为数字化的大屏收视设备，具有高清大屏、安全性高、用户信赖等天然属性。智能电视开机广告是智能电视开机启动时强制启动播放的，是一种全屏独占性广告。开机广告因随开机启动具有高曝光性和稀缺性。随着智能电视技术的发展，屏幕更大、画质更高、4K、裸眼 3D 等技术突破使开机广告的呈现更加高质化、多样化。高端品牌投放广告时会更关注于画面质量、冲击感、品质感，而开机广告能够很好地展现高质量大画幅物料，展现品牌形象。

①智能电视开机到达率逐年上升

开机广告伴随每一次智能电视开机展示，智能电视开机到达率代表了有机会看到开机广告的观众。CSM 重点测量仪城市组同源跨平台收视数据显示，2023 年智能电视开机到达率为 35.1%，超过三成大屏观众在全年有机会看到智能电视开机广告。这一数字相较 2019 年的 22.5% 提高了 12.6 个百分点，上升幅度高达 50.6%。

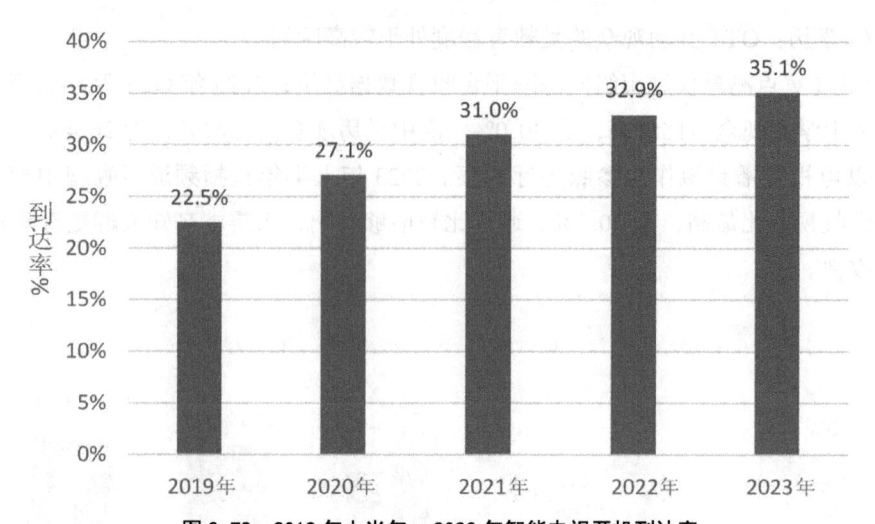

图 3-78　2019 年上半年—2023 年智能电视开机到达率

数据来源：CSM 2019 年上半年—2023 年重点测量仪城市组

②智能电视开机到达率区域差异明显，华南区域稳健领跑

CSM 重点测量仪城市组同源跨平台收视数据显示，2023 年华南区域智能电视开机到达率最高为 50.8%，其次是华中区域，智能电视开机到达率为 35.3%。西南区域智能电视开机到达率最低，为 24.3%，与最高值华南区域相差 26.5 个百分点。从逐年趋势上看，各区域整体增长稳健，华北、西北、华东增长稳健，华中、西南在 2023 年有小幅回落。

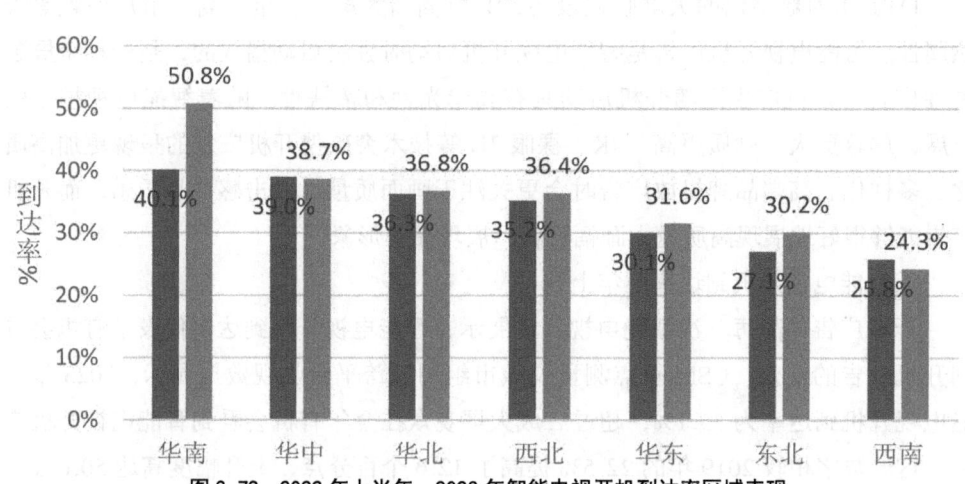

图 3-79　2022 年上半年、2023 年智能电视开机到达率区域表现

数据来源：CSM 2022 年上半年、2023 年重点测量仪城市组

③智能电视开机广告在高线城市触达率更高

CSM 重点测量仪城市组同源跨平台收视数据显示，2023 年上半年，智能电视开机到达率在北京、上海、广州、深圳等一线城市最高，为 40.6%；二线城市次之，为 34.8%。均超过重点城市平均水平，与 OTT 互动点播分布规律基本一致。

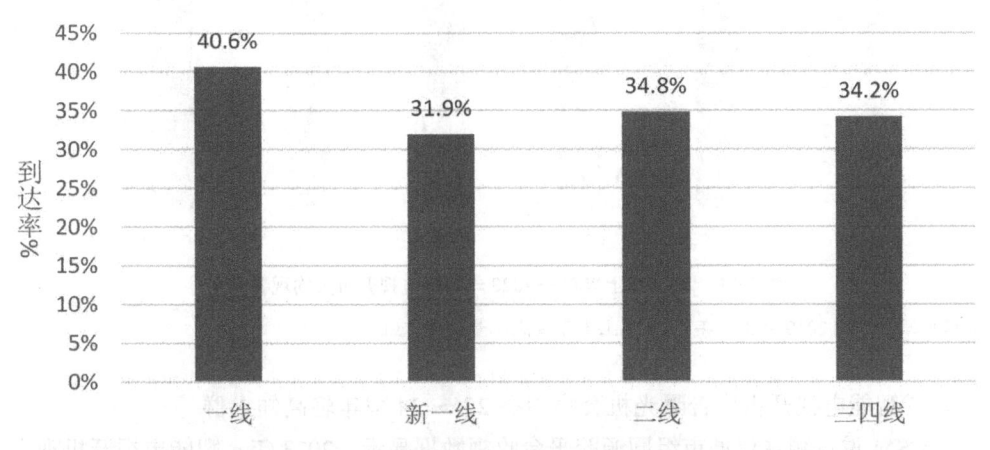

图 3-80　2023 年智能电视开机到达率城市线级表现

数据来源：CSM 2023 年重点测量仪城市组

④智能电视开机广告人均曝光机会频次波动下降

智能电视开机广告伴随开机瞬间完成，观众在投放期间可能发生多次开机行为，即有机会获得多次曝光。CSM 重点测量仪城市组同源跨平台收视数据显示，2023 年平均每人每天开机频次为 1.36 次，较 2020 年的 1.43 次有所下降，降幅为 4.9%。

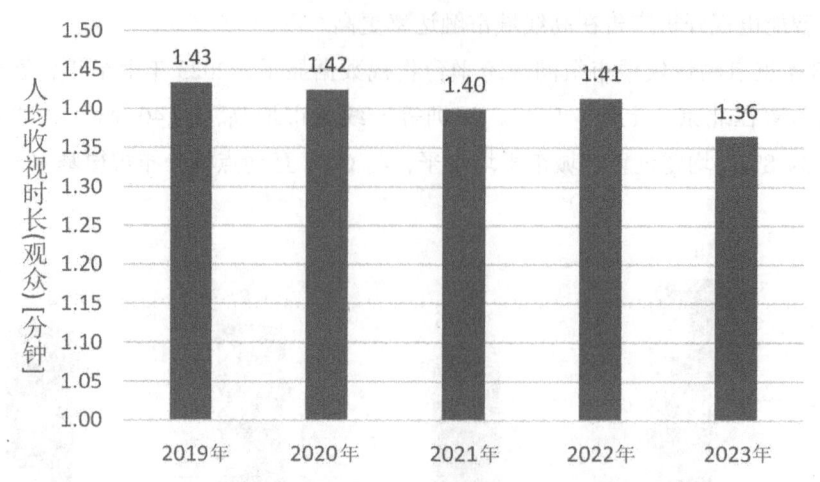

图 3-81　2019 年上半年—2023 年智能电视开机人均观看频次

数据来源：CSM 2019 年上半年—2023 上半年重点测量仪城市组

⑤智能电视开机广告曝光机会集中在 25～34 岁年轻高知人群

CSM 重点测量仪城市组同源跨平台收视数据显示，2023 年，智能电视开机观众中，按年龄分布，25～34 岁观众占比最高，达 20.9%；按学历分布，大学以上学历观众最高，达 29.6%。年轻高知人群是开机广告的主要观众群，观众构成与广告客户的投放目标需求高度契合。

从历年变化趋势看，4～14 岁、65 岁以上观众比例逐年提高，学生收视和"银发"族群体在逐年增加。

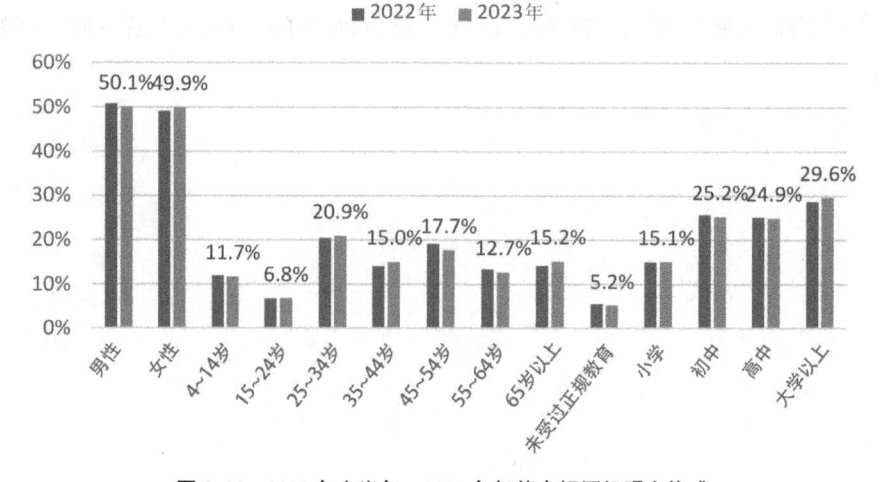

图 3-82　2022 年上半年、2023 年智能电视开机观众构成

数据来源：CSM 2022 年上半年—2023 年重点测量仪城市组

第三章 数字营销行业生态

⑥育儿家庭智能电视开机曝光机会增速迅猛

CSM重点测量仪城市组同源跨平台收视数据显示，家中有4～14岁少年儿童的育儿家庭观众中，有41.3%的观众在2023年有智能电视开机广告曝光机会。纵观历年数据，这一比例从2019年的20.3%提高了18.3个百分点，涨幅80%，增速迅猛。见图3-83。

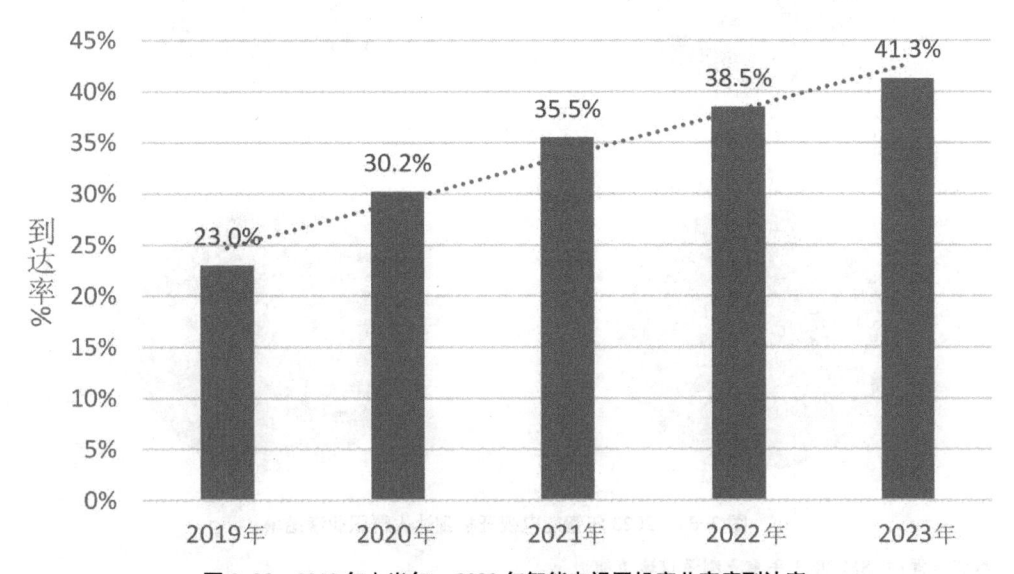

图3-83 2019年上半年—2023年智能电视开机育儿家庭到达率

数据来源：CSM 2019年上半年—2023年重点测量仪城市组

⑦干部/管理职业群体的智能电视开机广告曝光渗透率高

CSM重点测量仪城市组同源跨平台收视数据显示，2023年，有40.6%的干部/管理职业观众有智能电视开机广告曝光机会。虽然职业为干部/管理的观众在总体观众中占比较低，但智能电视开机广告在该人群中的渗透率在各职业中比例最高。其次是白领群体，2023年有智能电视开机广告曝光机会的观众占比38.6%。个体/私营企业从业者，2023年有智能电视开机广告曝光机会的观众占比38.4%，接近四成。见图3-84。

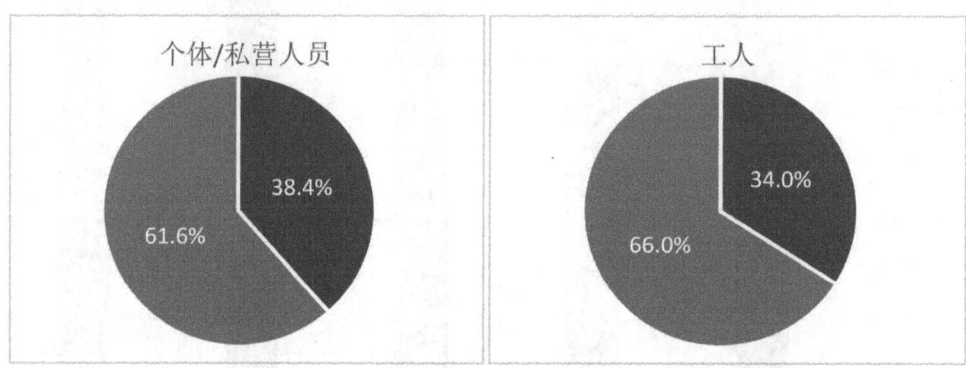

图 3-84　2023 年智能电视开机到达人群职业渗透率

数据来源：CSM 2023 年重点测量仪城市组

（4）结语

纵观历年电视大屏收视数据，电视大屏观众存量可观，电视大屏在家庭收视中地位不可动摇。大屏端的三种主要收视设备 OTT、IPTV、DVB 的发展呈现不同态势，OTT 在市场份额和到达率上呈双增长模式。

随着互联网的普及和电视大屏的数字化建设快速发展，OTT 设备联网率逐年提升，智能电视联网互动功能被进一步激发。技术的变革使智能电视屏幕越来越大、画面越来越高清、功能越发完备，人们除了传统的收视和点播，还可以通过 OTT 设备进行教育、健身、购物、生活服务等多功能体验，OTT 已经成为家庭客厅消费场景的主要入口。OTT 互动平台凭借丰富多元的内容资源及互动服务选择，获得了越来越多的观众群体，特别是中青年和高学历人口的青睐。智能电视开机广告在教育和亲子领域用户潜能有待进一步释放，近四成的育儿家庭有智能电视开机广告曝光机会，OTT 用户的高净值、高质量属性为商业化高效赋能。在区域分布上，受经济发展影响，不同区域市场份额差异较大，智能电视互动收视在华南、西北地区占优，开机广告曝光机会在华南地区占优；在城市线级上，一线城市占优。了解 OTT 用户属性和市场分布能够为 OTT 的商业化开发提供更多参考。

随着近年广电 5G 的入局，智慧广电飞速建设，"元宇宙""人工智能""云计算"等新概念、新技术的发展日新月异，用户需求愈发多元，商业模式不断更迭，大屏间、各设备间的竞争将更日益激烈。未来电视大屏的收视格局将会怎样发展呢？我们将持续观察。

[本小节撰写单位为中国广视索福瑞媒介研究有限责任公司（CSM），部分数据、观点由北京勾正数据科技有限公司提供]

（六）融媒体

数字化浪潮汹涌而至，驱动主流媒体深度转型。2014 年 8 月 18 日，中央全面深化改革委员会第四次会议审议通过《关于推动传统媒体和新兴媒体融合发展的指导意见》，将媒体融合战略上升至国家层面。由此，主流媒体开始从内容、经营、组织等各个层面深度落实媒体融合战略，积极推进融媒体建设。所谓融媒体，即不同媒体之间相互交融、相互作用产生化学反应之后形成的新型媒体形态，是传统媒体和新兴媒体一体化融合发展后的结果。自 2014 年至今，主流媒体的融媒体建设已颇具成效，在平台、内容、经营、组织等层面已形成颇具特色的创新融合发展模式。

1. 融媒体建设颇具成效，融合传播效果突出

数字营销生态格局中，融媒体是较为特殊的一类主体，其既拥有主流媒体所具备的高公信力、高影响力、高引导力价值，又具备数字媒体所具备的高互动性、高灵活性等特征。如今，融媒体建设已持续多年，其在数字媒体领域已占据重要地位，特别是在网络传播力方面已形成了规模性流量实力，为其落实数字营销提供了基础性支撑。

（1）融媒体综合传播实力强劲，媒体影响力不容小觑

融媒体建设过程中，央媒和各大省级以上广电机构是重要的参与力量，并展示出了优秀的网络传播实力。截至 2023 年底 38 家省级以上机构共有 26 款平均月活过十万的自有 APP 产品，在两微、抖、快等第三方平台运维超 1200 个活跃的百万级及以上粉丝量账号。

具体来看，部分机构表现尤为突出。

央媒方面，CTR 2023 年主流媒体网络传播力榜单数据显示，中央广播电视总台（以下简称"总台"）以 95.2 分的综合评分位居第一，旗下自有 APP 新增下载量保持增长，"央视影音""央视频""云听"全年新增下载量过亿。同时，2023 年，总台在第三方渠道拥有百万级粉丝量/季度阅读量账号共计 300 余个，"央视新闻"微博、抖音账号粉丝量保持过亿规模。另外，《人民日报》、新华社融媒体传播实力也十分强劲，旗下抖音号、微博号粉丝量达亿级规模，特别是"人民日报"快手账号爆款作品占比达到 90%，融媒体传播能力有目共睹。

表 3-1　2023 年主要央媒网络传播力评估结果

综合排名	评价对象	综合得分
1	中央广播电视总台	95.2
2	《人民日报》	82.6
3	新华社	67.1
4	中新社	63.1
5	《中国日报》	53.0
6	《光明日报》	52.6
7	《经济日报》	51.8
8	求是	50.0

数据来源：2023 年 12 月，CTR

省级以上广电机构方面，CTR 监测数据显示，2023 年 38 家省级以上广电机构网络传播力榜单中，总台以 86.7 的综合得分位居第一位，其次是湖南广播电视台（以下简称"湖南广电"）为 68.8 分、河南广播电视台（以下简称"河南广电"）为 61.6 分。其中，湖南广电持续打造自有 APP 产品护城河，积极探索大小屏联动，在分渠道机构排名中均保持在头部位置；河南广电继续保持短视频渠道优势，在短视频分榜单位列省级广电之首；北京广电则基于自有客户端"北京时间"和第三方平台用户规模优势，获得了较好的网络传播效果。

表 3-2　2023 年 38 家省级以上广电机构网络传播力 TOP 10

综合排名	评价对象	综合得分（分）
1	中央广播电视总台	86.7
2	湖南广播电视台	68.8
3	河南广播电视台	61.6
4	上海广播电视台	59.6
5	北京广播电视台	59.4
6	浙江广播电视集团	58.2
7	湖北广播电视台	56.1
8	山东广播电视台	56.0
9	福建广播影视集团	55.7
10	黑龙江广播电视台	55.6

数据来源：2023 年 12 月，CTR

（2）融媒体在不同渠道展现不同传播实力

综合传播实力之外，主流媒体在不同渠道的融媒体建设均呈现出不同的亮点。

自有渠道建设方面，主流媒体正在不断推动自有旗舰产品扩容，吸纳更多流量。比如，总台旗下"央视频"APP 推出原创大型融媒体节目《中国短视频大会》，以"短视频里看中国"为主题，设置美食、动漫等八大垂类赛道，选拔优质短视频创作者和内容，让短视频"有美感、有深度、有内涵，有短视频该有的样子"。CTR 数据显示，截至 2023 年 12 月底，以 8 家央媒和 38 家省级以上广播电视媒体为代表的主流媒体机构拥有超 120 款自有 APP 产品，内容分类覆盖新闻资讯、影视综、音频、购物等多个垂类，其中，芒果 TV、央视频和云听综合表现最为突出，位列前三。

短视频渠道建设方面，主流媒体持续打造爆款内容。CTR 数据显示，截至 2023 年 12 月底，38 家广电媒体机构在抖音、快手渠道共有 660 个粉丝量百万级以上的活跃账号，其中有 75 个千万级以上账号。总台百万级以上账号共计 129 个，24 个账号已达千万量级，"央视新闻"已达亿量级。省级广电媒体机构中河南台（7 个）、湖南台（4 个）、广东台（4 个）千万级头部账号数量较多。

表 3-3 2023 年 38 家省级以上广电机构短视频渠道分榜单 TOP 10

综合排名	评价对象	短视频得分（分）
1	中央广播电视总台	95.77
2	河南广播电视台	77.76
3	山东广播电视台	65.03
4	湖北广播电视台	63.55
5	上海广播电视台	61.75
6	福建广播影视集团	61.64
7	四川广播电视台	60.94
8	北京广播电视台	60.83
9	浙江广播电视集团	60.37
10	广东广播电视台	59.32

数据来源：2023 年 12 月，CTR

微博渠道方面，主流媒体持续深耕社交广场和热点发源地。CTR 数据显示，截至 2023 年 12 月底，38 家省级以上广播电视媒体机构在微博渠道共有 348 个粉丝量百万级以上的活跃账号，其中 26 个千万级以上账号。其中，仅在 2023 年上半年，8 家央媒及 38 家省级以上广电媒体机构就在微博渠道共产生了 23.9 万条作品，累计互动量达 1.03 亿次。"人民日报"官微、"央视新闻"官微、浙江广播电视集团旗下"奔跑吧"官微的互动表现在 2023 年上半年尤为突出。

表 3-4 2023 年上半年 38 家省级以上广电机构微博渠道分榜单 TOP 10

综合排名	评价对象	微博得分（分）
1	中央广播电视总台	98.80
2	浙江广播电视集团	62.16
3	湖南广播电视台	61.43
4	北京广播电视台	60.41
5	河南广播电视台	59.02
6	上海广播电视台	58.91
7	江苏省广播电视总台	57.06
8	陕西广播电视台	56.84
9	山东广播电视台	55.97
10	四川广播电视台	55.21

数据来源：2023 年 6 月，CTR

微信视频号渠道方面，主流媒体积极推动深度价值传播。CTR 数据显示，截至 2023 年底，主流媒体机构在微信视频号平台共运维活跃视频号 840 余个，累计发布视频作品 114 万篇，共产生近 2000 篇获赞量过十万的爆款作品。

表 3-5　2023 年 38 家省级以上广电机构微信公众号渠道分榜单 TOP 10

综合排名	评价对象	视频号得分
1	中央广播电视总台	94.64
2	河南广播电视台	87.03
3	四川广播电视台	68.73
4	北京广播电视台	67.34
5	贵州广播电视台	67.20
6	上海广播电视台	67.01
7	山东广播电视台	66.34
8	广东广播电视台	66.23
9	福建广播影视集团	65.46
10	湖北广播电视台	63.02

数据来源：2023 年 12 月，CTR

与此同时，主流媒体也将融媒体建设触角伸向海外市场，其国际传播影响力不断提升。2023 年，国内主流媒体机构继续展现大国媒体的责任与担当，根据 CTR 海外传播力榜单显示，总台、新华社、《人民日报》位列前三。各大主流媒体聚焦于真实中国人文宣传、正面宣传舆论场打造以及文化弘扬，取得了较好的传播效果。例如，《人民日报》在 Facebook 渠道改编澳大利亚著名诗歌，并以 AI 说唱的新颖形式反驳"中国威胁"论，作品观看量达 204 万。

表 3-6　2023 年国内主流媒体机构海外传播力榜单 TOP 10

综合排名	评价对象	YouTube	X（原 Twitter）	Facebook	总得分（分）
1	中央广播电视总台	99.09	98.72	99.56	99.15
2	新华社	90.84	92.59	90.75	91.33
3	《人民日报》	85.69	94.79	93.82	91.26
4	《中国日报》	86.05	91.57	93.85	90.43
5	SMG	92.72	87.31	85.55	88.59
6	湖南广播电视台	96.01	81.26	82.83	86.97
7	中国新闻社	86.03	83.75	86.48	85.50
8	澎湃新闻	77.79	79.98	84.13	80.67
9	上海日报	75.83	81.26	81.00	79.27
10	江苏广播电视总台	88.58	72.14	70.96	77.48

数据来源：2023 年 12 月，CTR

从各渠道数据来看，主流媒体的融媒体建设成果颇具成效，其基于互联网搭建了庞大的用户连接和触达通路，突破地域藩篱将融媒体渠道向全国甚至全球延展，为数字营销提供了新的机会。

2. 融媒体建设持续深入，创新融合发展模式

主流媒体的融媒体建设取得目前的成效，离不开其持续摸索多年而形成的融合发展模式。目前，主流媒体在平台、内容、经营和组织层面仍在持续深化融媒体建设，向着建成新型主流媒体的方向迈进。

（1）深耕平台体系建设，挖掘新媒体平台营销价值

主流媒体在融媒体建设过程中，正在积极通过自建和入驻第三方平台两种方式，不断拓展其在新媒体渠道的融合传播能力。特别是广电机构搭建了"双重"新媒体平台矩阵，形成了颇具规模性的广电新媒体体系。所谓广电新媒体，是指广电机构依托原有的媒体公信力、节目资源和制作能力，在互联网上运营的各类新传播渠道，包括但不仅限于广电自有 APP、官网、在内容平台上的媒体账号。上文也谈到，广电机构已经在第三方渠道形成了丰富的账号体系，并取得了较好的传播效果。与此同时，广电机构的自有平台建设也在持续深入。例如，2023 年 4 月，浙江广电于 4 月推出新媒体视频 APP "Z 视介"，在依托机构自身优质资源基础上，深耕视听赛道，差异化打造视听新物种。

基于丰富的融媒体平台体系，主流媒体持续拓展自身数字营销价值空间，基

于融媒体渠道为品牌提供更为多元的营销服务。以总台新媒体平台为例，目前，总台基于旗下央视频等自有平台，及央视新闻等规模庞大的新媒体账号体系，持续延伸营销服务能力，推出多项融媒体品牌传播服务。例如，2023年杭州亚运会举办之际，总台为中国优秀品牌精心设计推出了《值得向亚洲推荐的中国品牌》大型融媒体品牌传播活动，依托总台旗舰、优质电视频道以及央视频、央视新闻、央视体育、央视财经、CGTN、中国之声、环球资讯广播等大小屏融媒体资源，每天向亚洲倾情推荐一个中国品牌，其中特别汇集了总台旗下面向海外用户特别是面向亚洲用户的传播资源[1]。目前，总台融媒体传播体系建设已经颇具成效。据总台编务会议成员兼总经理室总经理彭健明在2023年中国网络媒体论坛开幕式暨主论坛上的主旨演讲，目前，总台推出的首个国家级5G新媒体平台央视频，下载量已达5亿，累计激活用户数已超2亿，日活用户突破2000万。央视网发力建设"大屏＋中屏＋小屏＋账号"的多终端传播体系，全球覆盖用户已超过20亿。央视新闻着力打造全网新媒体直播第一品牌、新闻类短视频第一平台，用户规模已超过9亿。总台正在积极拥抱互联网，深化媒体融合传播。

（2）推动技术升级，挖掘内容IP，持续优化融合内容生产传播能力

内容是主流媒体融媒体建设过程中的重点。基于各种新的融媒体传播渠道，主流媒体积极推动融合内容生产，推出多样化的融媒体内容产品。例如，总台推出了首档演讲类时政融媒体产品《论中国》，集合电视端、移动端、广播端等多终端传播渠道，整合旗下丰富的节目内容和新媒体平台矩阵体系，进行融媒体内容生产与传播。在这个过程中，主流媒体正在通过技术升级和内容IP价值挖掘，持续优化融合内容生产传播能力。

首先，主流媒体正在积极推动内容生产技术和内容呈现技术能力的提升。内容生产技术能力方面，主流媒体积极进行底层技术体系改造，融入大数据、人工智能、云计算等前沿技术能力，加持内容生产。特别是在2023年AIGC技术快速崛起的情况下，主流媒体积极响应，利用AIGC技术，让对话式语言模型技术在国内视听开发场景中着陆。目前，已有湖北广电融媒体新闻中心、河南广播电视台大象新闻、四川日报报业集团旗下封面新闻等媒体机构，宣布成为百度"文心一言"首批生态合作伙伴。内容呈现技术能力方面，主流媒体应用VR、AR等数字科技，跨界探索数字化融合新场景。例如，央视频在冬奥会期间推出"VR看冬奥"，首次支

---

[1] 中央广电总台总经理室：《亚洲时刻·中国好礼｜中国优秀品牌邀您关注杭州亚运会！》，https://mp.weixin.qq.com/s/IX1BcijVAmg3UfDJNJs-xQ。

持 8K 全景赛事直播，带来沉浸式观赛体验等。

其次，主流媒体持续挖掘优质内容 IP 潜力，提升融合传播效果，助力营销价值升级。一方面，主流媒体正在发挥优越的资源储备优势和内容创意能力，积极进行内部 IP 孵化与价值挖掘。例如，2022 年 7 月，F1 重新回归央视，总台的体育 IP 再添"新枝"。同时，基于前沿技术能力，主流媒体积极创造虚拟主持人 IP，丰富内容场景。例如，总台的超写实虚拟主持人小 C、江苏卫视荔小漫、浙江卫视谷小雨、东方卫视申雅等。另一方面，基于自有 IP 体系，主流媒体也在积极探索内外部 IP 的联合，丰富融合内容体系。例如，湖南卫视芒果 TV 精品 IP《明星大侦探》和《密室大逃脱》联动，通过自有流量 IP"再创作"，有效拉长生命周期，吸引不同 IP 固有受众。再例如，泡泡玛特与央视新闻联名合作，推出"MOLLY 新闻人职业系列徽章"等。

由此来看，主流媒体正在积极通过各种方式持续优化融合内容生产传播能力，提升自身融媒体营销价值。

（3）基于媒体优势，强化产业融合，拓展经营边界

对主流媒体而言，融媒体建设不仅仅是技术、内容的融合，更要从经营角度考虑更大范围的产业融合，才能为媒体深度融合提供持续造血的能力。目前，主流媒体正在基于其平台、内容、技术等长期发展以来的媒体优势，拓展经营边界。

一是主流媒体持续优化"媒体+"矩阵，延伸媒体服务价值。目前，基于自有平台和第三方账号矩阵，主流媒体正在积极打造"媒体＋消费""媒体＋活动""媒体＋服务"等"媒体＋矩阵"。例如，湖南广电打造首个原创音乐节品牌"芒果音乐节"，积极联动线上平台渠道，通过复合新媒体业态加强年轻化兴趣传播；央视频联合拼多多推出"风雨同舟 我是一'援'"专场公益带货直播，带动消费者支持受灾地区企业；温州广播电视传媒集团着力探索打造了"温州人"融媒体资源平台，上线推出云招商、云推介、云服务，促成项目云签约，投资额达百亿元等。

二是主流媒体积极探索多频道网络（MCN）商业化经营，挖掘融媒体商业价值的同时，涉足产业基地建设。在短视频、直播行业兴起的风口，主流媒体基于旗下主持人、记者等团队优势，发力 MCN 建设。例如，湖北长江垄上传媒集团的垄上 MCN 机构，聚焦农产品上行、乡村旅游两个垂类赛道，年营收 400 万元；河南广播电视台大象 MCN 基于旗下内容、平台、团队优势，构建了全媒体传播生态体系等。同时，各个主流媒体开始尝试摸索短视频、直播基地建设。例如，总台与浙江省人民政府共同合作建设了国家（杭州）短视频基地，旨在打造国家级优秀短视频创意创作生产基地和网红培育基地。同时，总台旗下中视传媒牵手佛山电视台等多家机

构建成了中视大湾区产业直播基地，整合各级媒体、电商平台资源，提供电商产业全链条服务。

三是主流媒体布局媒体智库，为媒体融合高质量发展提供支撑。媒体智库是由媒体主导组建的咨询机构，旨在提供政策决策方案和知识服务，其是主流媒体在新媒体时代下为转型而作出的内在探索，也是媒体产业深化改革和融合创新升级的重要成果。媒体智库建设模式多元，包括研究型主流媒体智库、业务型主流媒体智库等多种形态。目前，总台、新华社等央级媒体以及《湖北日报》《四川日报》等纷纷成立媒体智库，为自身多元化经营以及地方产业发展贡献媒体力量。

多元的创新经营路径助力主流媒体将营销经营思维从广告这一单一模式中脱离出来，为主流媒体深度落实媒体融合提供了新的发展空间。

（4）体制机制改革深度推进，新型融媒体机构实体成型

实质性推动体制机制改革是媒体融合蹚过"深水区"的关键一步。近几年，在媒体融合战略驱动下，主流媒体积极推动体制机制改革，创新组织机制、运营机制、人才机制等，重塑组织架构，再造生产流程，从而支持内部平台、内容、经营各方面的融合建设。

目前，我国媒体融合纵深发展，从中央级、省级主流媒体向地级媒体延伸，打造"中央、省、市、县"四级融媒体发展格局。特别是2022年《关于推进地市级媒体加快深度融合发展实施方案的通知》的颁布，对地市级媒体推进深度融合作出了具体部署，浙江、湖北、广西等均有地市级融媒体中心挂牌成立。进入2023年，包括吉安市融媒体中心、驻马店市融媒体中心等多家地市级融媒体中心成立，代表着我国四级融媒体建设格局持续纵深发展。与此同时，各层级融媒体中心正在积极出台管理办法、内容把关制度、评估督查制度、工作流程规范，量身定做新的体制机制，其中，采编流程融合创新、组织架构一体化、内容生产体系和传播链条建设是重点[①]。因此，主流媒体正在积极推动内部组织架构一体化，创新组织运营管理方式，支持内部生产体系和传播体系重塑。

实际上，随着媒体融合纵深发展，主流媒体对内部组织架构的调整，特别是内容生产部门的调整颇为频繁。之前，《人民日报》推出的"中央厨房"模式就曾掀起各大主流媒体的争先效仿。如今，随着媒体数字化程度加深，更为独立、灵活的融媒体工作室制度成为融媒体组织改革的重要方向。例如，北京日报报业集团发文鼓励采编人员跨部门组建融媒体工作室；上海报业集团启动"融媒工作室赋能计

---

① 曾祥敏：《我国媒体融合发展的十大创新探索》，http://www.zgjx.cn/2022-08/31/c_1310657913.htm，访问日期：2022年8月31日。

划"，2023年有9家媒体的36个融媒体工作室入选。可见，主流媒体正在努力探索更为适合融媒体生产传播的灵活且一体化的组织管理模式。与此同时，融媒体人才选人、用人机制也在及时调整跟进，各大主流媒体持续优化人才培养、引进和筛选机制，制定相关人才激励制度激发员工积极性。例如，《海南日报》推出"揭榜挂帅"机制；河南日报广告部推行全员聘任制，并完善薪酬考核机制等。

随着体制机制改革的持续深入，新型融媒体机构的实体形态将会愈加清晰，支持主流媒体向着"打造一批形态多样、手段先进、具有竞争力的新型主流媒体，建成几家拥有强大实力和传播力、公信力、影响力的新型媒体集团，形成立体多样、融合发展的现代传播体系"这一方向迈进。

[本小节撰写单位为央视市场研究股份有限公司（CTR）]

（七）智能终端

随着智能终端和网络普及的快速发展，5G网络活跃用户占比提升明显，此外，Wi-Fi用户也呈上涨趋势。2023年智能终端市场也随之"变暖"。

1. 智能终端市场"变暖"，多品牌新机型销量实现同比增长

2023年，智能手机出货量经历开年的大跌后，消费者信心随着经济状况的向好而逐渐恢复，1—5月出货量均实现同比增长。

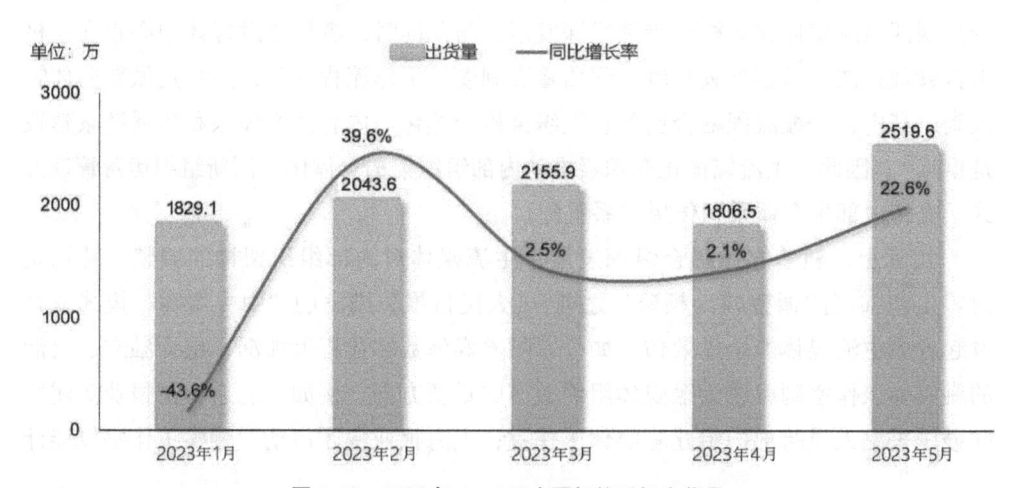

图3-85　2023年1—5月中国智能手机出货量

数据来源：Quest Mobile研究院，2023年8月；中国信息通信研究院，2023年5月

移动互联网网民数量持续增长，安卓操作系统的终端设备占比近八成，同比稳定无变化。中国智能终端市场两大操作系统活跃设备量均实现上涨，同比增幅均为2%左右。见图3-86。

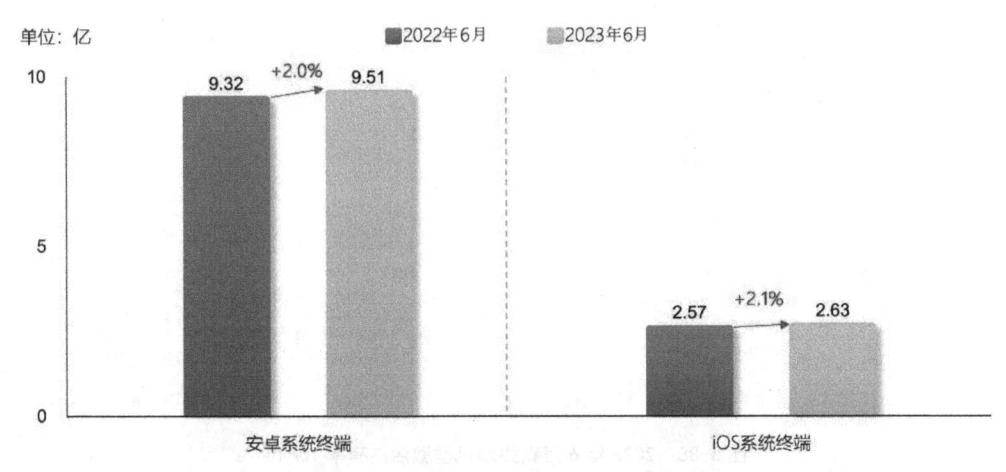

图3-86　安卓系统&iOS系统活跃设备数量

数据来源：Quest Mobile TRUTH 中国移动互联网数据库，2023年6月

智能终端品牌格局稳固，市场集中度有所降低，荣耀密集推出新机型，多系列助推其市场份额增长超3个百分点。见图3-87。

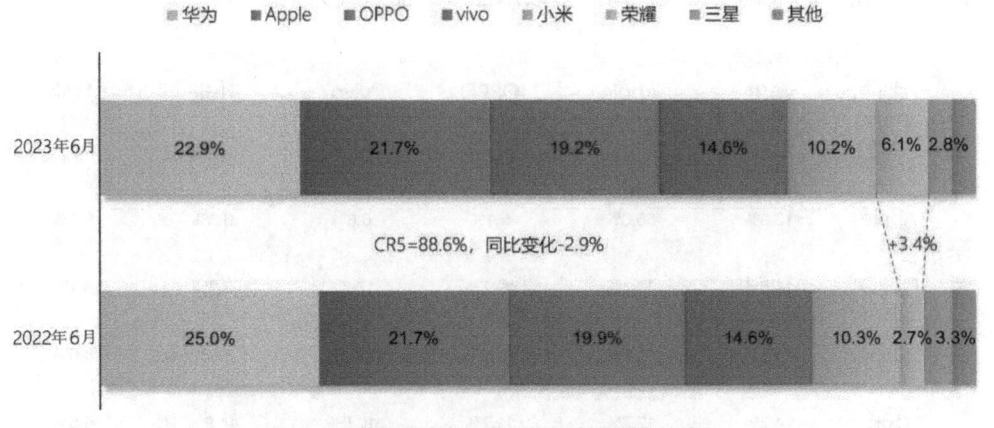

图3-87　智能终端各品牌活跃设备数量占比变化

注：荣耀品牌数据自2021年11月开始进行独立拆分，拆分涉及周期自2021年9月开始。荣耀品牌独立机型覆盖范围增多。

数据来源：Quest Mobile TRUTH 中国移动互联网数据库，2023年6月红米发力中端机市场，新机型 Note 12 Turbo 激活量为 6 月榜首，华为 P60 系列在高端市场的影响力依旧。

机型	激活占有率	上市时间	价格区间
红米 Note 12 Turbo	7.1%	2023年3月	1999~2599元
华为 P60	6.7%	2023年3月	4488~5988元
华为 nova11	5.3%	2023年4月	2499~3399元
OPPO Find X6	4.0%	2023年3月	4499~4999元
华为 P60 Pro	3.9%	2023年3月	6988~7988元
OPPO Find X6 Pro	3.4%	2023年3月	5999~6999元
vivo iQOO Neo8	3.0%	2023年5月	2499~3099元
荣耀 Magic5	3.0%	2023年3月	3999~4999元
小米 13 Ultra	2.6%	2023年4月	5999~7299元
荣耀 X50i	2.5%	2023年4月	1499~1699元

图 3-88　2023 年 6 月新终端机型激活占有率 TOP 10

注：激活占有率，指在统计周期（月）内，首次使用某款机型的设备数占所有首次使用新机型设备数的比例。新机型指一款机型从上市当月开始向后的 3 个月内，例如，一款机型 4 月上市，从 4—7 月该机型为新机型。

数据来源：Quest Mobile TRUTH 中国移动互联网数据库，2023 年 6 月

国产品牌间竞争激烈，各品牌的核心技术、生态服务等逐渐成熟，用户选择增多；苹果用户黏性较高，换机用户多以本品牌产品迭代为主。

	去向	华为	Apple	OPPO	vivo	小米	其他
来源	华为	29.7%	11.1%	17.4%	14.7%	12.9%	14.2%
	Apple	13.3%	55.3%	9.1%	6.6%	6.3%	9.4%
	OPPO	14.5%	11.7%	39.7%	17.7%	8.3%	8.1%
	vivo	14.7%	11.9%	21.8%	33.9%	9.1%	8.6%
	小米	14.2%	12.7%	11.7%	10.0%	44.9%	6.5%

图 3-89　2023 年 6 月典型智能终端换机品牌去向

数据来源：Quest Mobile TRUTH 中国移动互联网数据库，2023 年 6 月

多设备互联的体验正在快速更新，华为、小米注重手机和智能设备之间的交互，软件生态成为手机厂商吸引消费者的新竞争力。

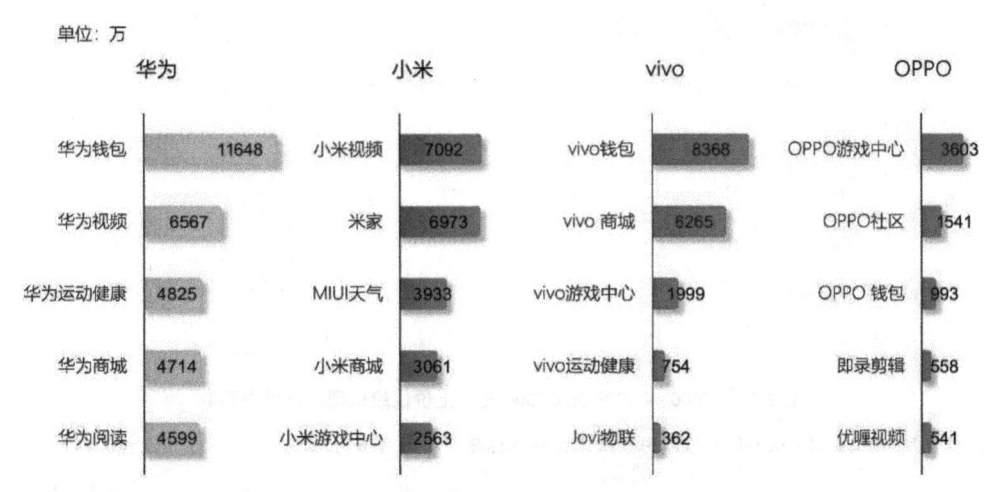

华为	小米	vivo	OPPO
华为钱包 11648	小米视频 7092	vivo钱包 8368	OPPO游戏中心 3603
华为视频 6567	米家 6973	vivo商城 6265	OPPO社区 1541
华为运动健康 4825	MIUI天气 3933	vivo游戏中心 1999	OPPO钱包 993
华为商城 4714	小米商城 3061	vivo运动健康 754	即录剪辑 558
华为阅读 4599	小米游戏中心 2563	Jovi物联 362	优喱视频 541

单位：万

图3-90　2023年6月典型终端品牌旗下APP月活跃用户规模TOP 5

注：未包括系统工具类APP。

数据来源：Quest Mobile TRUTH中国移动互联网数据库，2023年6月

2. 2023年购机需求换代升级明显，折叠屏与电竞机赛道热度提升

2023年，千元以下机型占比下降明显，消费者购机需求倾向换代升级，2000～2999元的性能机及5000元以上的高端机占比提升。

2000～2999元价位机型中女性、60后、下沉市场用户占比突出，同时，此价位段的电竞机型吸引00后使用。5000元以上高端机型消费者以都市中年男性为主。

性别&年龄

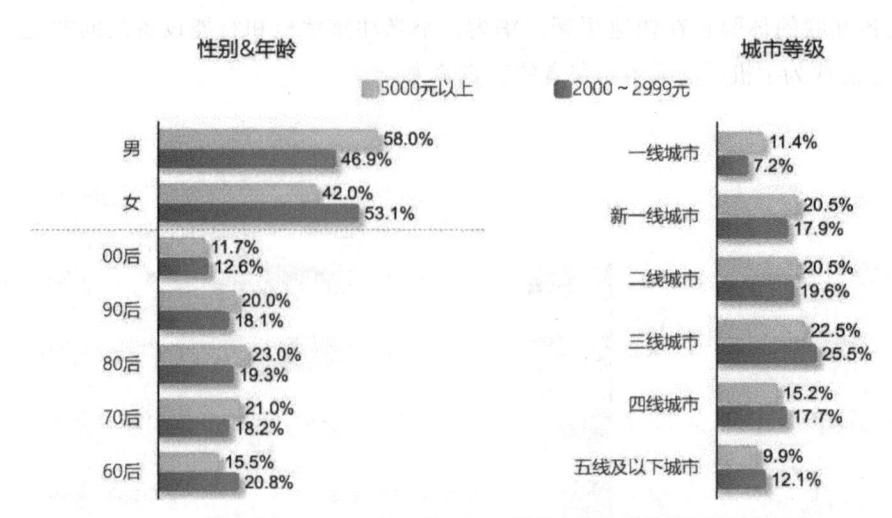

	5000元以上	2000~2999元
男	58.0%	46.9%
女	42.0%	53.1%
00后	11.7%	12.6%
90后	20.0%	18.1%
80后	23.0%	19.3%
70后	21.0%	18.2%
60后	15.5%	20.8%

城市等级

	5000元以上	2000~2999元
一线城市	11.4%	7.2%
新一线城市	20.5%	17.9%
二线城市	20.5%	19.6%
三线城市	22.5%	25.5%
四线城市	15.2%	17.7%
五线及以下城市	9.9%	12.1%

图3-91　2000～2999元&5000元以上价位段机型活跃用户画像

数据来源：Quest Mobile GROWTH 用户画像标签数据库，2023年6月

两个用户群体兴趣偏好差异明显，购机侧重点不同，高端机用户追求科技感、时尚化，2000～2999元机型注重游戏、美图功能。

2023年6月 5000元以上机型用户兴趣偏好活跃占比 TOP10

	占比	TGI
达人内容	64.8%	106.2
影视剧/综艺	62.6%	118.5
时尚	59.3%	108.9
短视频	58.3%	91.8
音乐	55.7%	107.4
分享	51.8%	113.7
科技	43.5%	143.6
资讯	41.5%	153.4
游戏	39.8%	95.6
阅读	35.3%	97.6

2023年6月 2000~2999元机型用户兴趣偏好活跃占比 TOP10

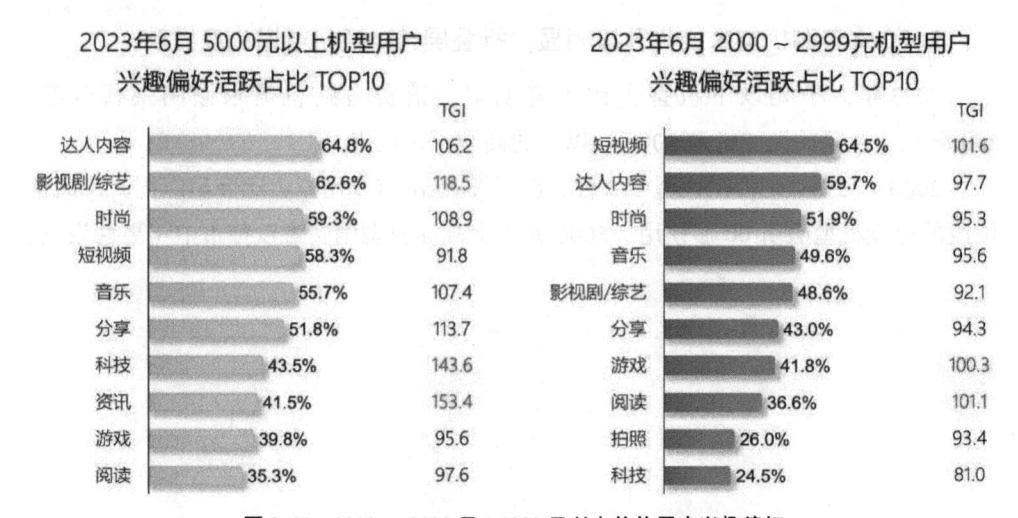

	占比	TGI
短视频	64.5%	101.6
达人内容	59.7%	97.7
时尚	51.9%	95.3
音乐	49.6%	95.6
影视剧/综艺	48.6%	92.1
分享	43.0%	94.3
游戏	41.8%	100.3
阅读	36.6%	101.1
拍照	26.0%	93.4
科技	24.5%	81.0

图3-92　2000～2999元&5000元以上价位用户兴趣偏好

注：TGI=目标人群某个标签属性的活跃占比/全国具有该标签属性的活跃占比×100。

数据来源：Quest Mobile GROWTH 用户画像标签数据库，2023年6月

华为与三星的旗舰机型助力其在5000元以上终端市场中抢占一定份额；2000～2999元价位段市场中，各品牌份额相对均衡。

5000元以上

Apple	92.2%
华为	5.0%
三星	1.3%
OPPO	0.4%
小米	0.4%

2000～2999元

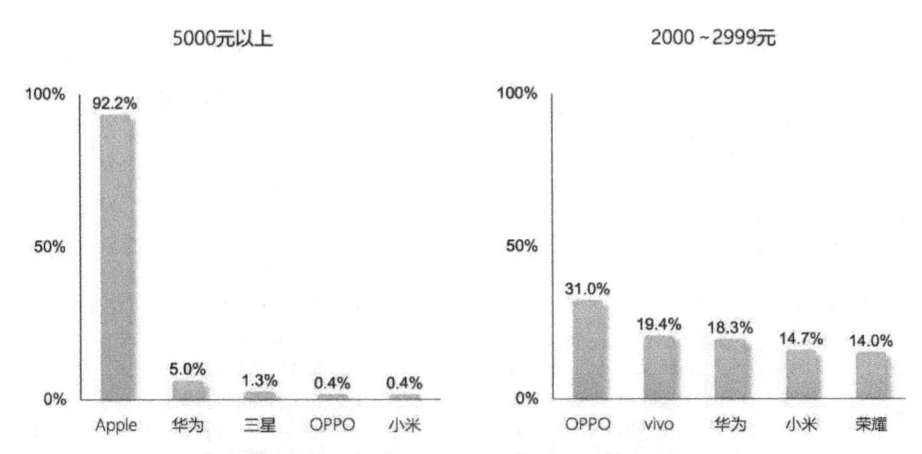

OPPO	31.0%
vivo	19.4%
华为	18.3%
小米	14.7%
荣耀	14.0%

图 3-93　各价位段终端品牌活跃渗透率 TOP 5

数据来源：Quest Mobile TRUTH 中国移动互联网数据库，2023年6月

华为、三星率先进入折叠屏赛道，OPPO、vivo等更多品牌的加入使竞争愈发激烈，随着供应链的逐步完善以及核心技术的成熟，折叠屏手机价格呈现整体下探趋势。

折叠屏作为智能手机领域新蓝海市场，国产品牌纷纷加码，新机型发布提速，快速抢占市场份额。

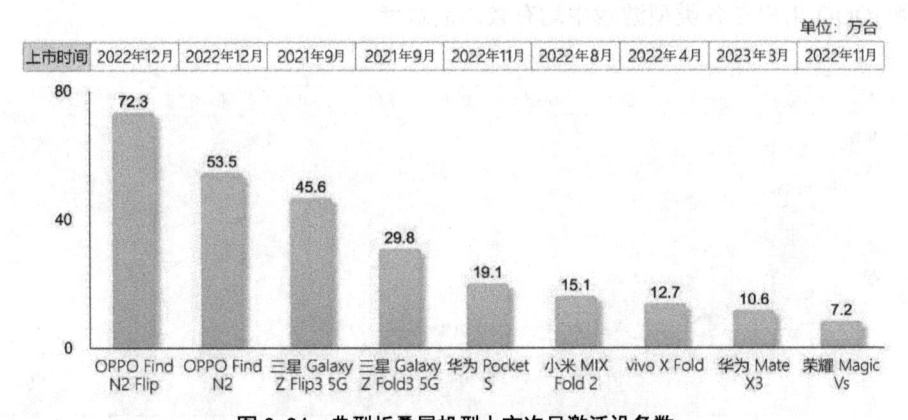

单位：万台

上市时间	2022年12月	2022年12月	2021年9月	2021年9月	2022年11月	2022年8月	2022年4月	2023年3月	2022年11月
机型	OPPO Find N2 Flip	OPPO Find N2	三星 Galaxy Z Flip3 5G	三星 Galaxy Z Fold3 5G	华为 Pocket S	小米 MIX Fold 2	vivo X Fold	华为 Mate X3	荣耀 Magic Vs
激活设备数	72.3	53.5	45.6	29.8	19.1	15.1	12.7	10.6	7.2

图 3-94　典型折叠屏机型上市次月激活设备数

注：激活设备数，即在统计周期（月）内，首次使用某机型的设备数。

数据来源：Quest Mobile TRUTH 中国移动互联网数据库，2023年6月折叠屏的高科技感和新奇体验感对男性用户的吸引力更强，用户年龄集中在 25～45 岁，拥有较高财富积累，理财属性明显。

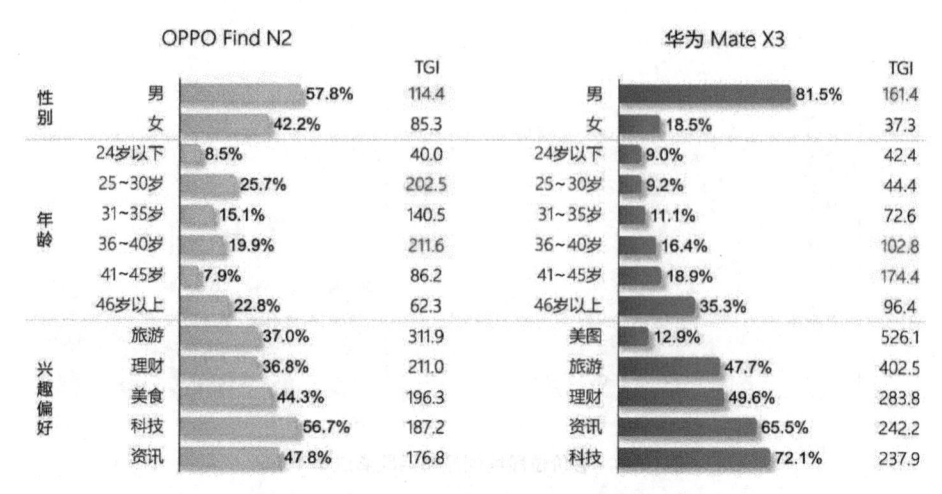

		OPPO Find N2		TGI		华为 Mate X3		TGI
性别	男	57.8%		114.4	男	81.5%		161.4
	女	42.2%		85.3	女	18.5%		37.3
年龄	24岁以下	8.5%		40.0	24岁以下	9.0%		42.4
	25~30岁	25.7%		202.5	25~30岁	9.2%		44.4
	31~35岁	15.1%		140.5	31~35岁	11.1%		72.6
	36~40岁	19.9%		211.6	36~40岁	16.4%		102.8
	41~45岁	7.9%		86.2	41~45岁	18.9%		174.4
	46岁以上	22.8%		62.3	46岁以上	35.3%		96.4
兴趣偏好	旅游	37.0%		311.9	美图	12.9%		526.1
	理财	36.8%		211.0	旅游	47.7%		402.5
	美食	44.3%		196.3	理财	49.6%		283.8
	科技	56.7%		187.2	资讯	65.5%		242.2
	资讯	47.8%		176.8	科技	72.1%		237.9

图 3-95　2023 年 6 月典型折叠屏机型用户画像

注：1.TGI= 目标人群某个标签属性的活跃占比 / 全网具有该标签属性的活跃占比 ×100。2. 选取兴趣偏好 TGI TOP5，按降序排列。
数据来源：Quest Mobile GROWTH 用户画像标签数据库，2023 年 6 月

随着电竞纳入亚运会正式比赛项目，电竞热度持续攀升，终端厂商以独立子品牌切入电竞机赛道，合作官方赛事扩大影响力。

电竞机型注重提升游戏性能体验，帮助品牌精准锁定目标游戏客群，典型电竞品牌 iQOO 用户在各类型游戏中均有较高活跃度。

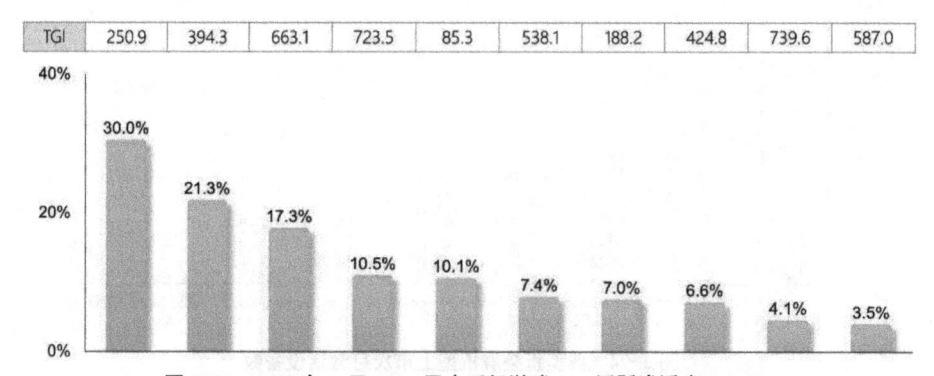

TGI	250.9	394.3	663.1	723.5	85.3	538.1	188.2	424.8	739.6	587.0
	30.0%	21.3%	17.3%	10.5%	10.1%	7.4%	7.0%	6.6%	4.1%	3.5%

图 3-96　2023 年 6 月 iQOO 用户手机游戏 APP 活跃渗透率 TOP 10

注：TGI= 某目标人群启动某个 APP 媒介的月活跃渗透率 / 全网该 APP 媒介的月活跃渗透率 ×100。
数据来源：Quest Mobile TRUTH 中国移动互联网数据库，2023 年 6 月

电竞机的产品特性及合作官方赛事的营销方式，吸引了30岁以下、一线及新一线城市的男性人群。

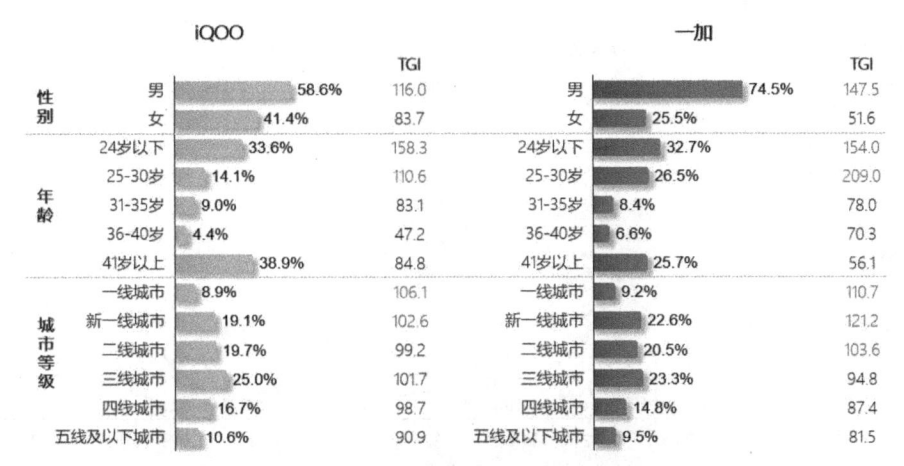

		iQOO	TGI		一加	TGI
性别	男	58.6%	116.0	男	74.5%	147.5
	女	41.4%	83.7	女	25.5%	51.6
年龄	24岁以下	33.6%	158.3	24岁以下	32.7%	154.0
	25-30岁	14.1%	110.6	25-30岁	26.5%	209.0
	31-35岁	9.0%	83.1	31-35岁	8.4%	78.0
	36-40岁	4.4%	47.2	36-40岁	6.6%	70.3
	41岁以上	38.9%	84.8	41岁以上	25.7%	56.1
城市等级	一线城市	8.9%	106.1	一线城市	9.2%	110.7
	新一线城市	19.1%	102.6	新一线城市	22.6%	121.2
	二线城市	19.7%	99.2	二线城市	20.5%	103.6
	三线城市	25.0%	101.7	三线城市	23.3%	94.8
	四线城市	16.7%	98.7	四线城市	14.8%	87.4
	五线及以下城市	10.6%	90.9	五线及以下城市	9.5%	81.5

图3-97　2023年6月典型电竞机品牌用户画像

注：TGI=目标人群某个标签属性的活跃占比/全网具有该标签属性的活跃占比×100。
数据来源：Quest Mobile GROWTH用户画像标签数据库，2023年6月

3. Z世代、新中产人群成各品牌营销重点，以手机为中心的智能设备互联渐成常态

（1）发展趋势一：内容营销，高效传播

2023年，社交内容平台传播力高、内容格式多样、受众广泛，成为各品牌营销的重点，同时，结合长视频平台投放，实现高效传播。

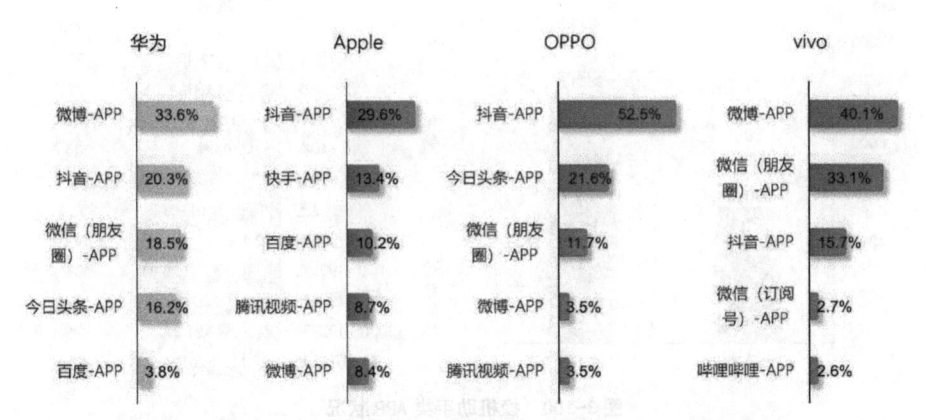

华为		Apple		OPPO		vivo	
微博-APP	33.6%	抖音-APP	29.6%	抖音-APP	52.5%	微博-APP	40.1%
抖音-APP	20.3%	快手-APP	13.4%	今日头条-APP	21.6%	微信（朋友圈）-APP	33.1%
微信（朋友圈）-APP	18.5%	百度-APP	10.2%	微信（朋友圈）-APP	11.7%	抖音-APP	15.7%
今日头条-APP	16.2%	腾讯视频-APP	8.7%	微博-APP	3.5%	微信（订阅号）-APP	2.7%
百度-APP	3.8%	微博-APP	8.4%	腾讯视频-APP	3.5%	哔哩哔哩-APP	2.6%

图3-98　2023年6月典型终端品牌广告投放费用TOP 5媒介渠道

注：终端品牌广告投放费用包括对旗下智能手机、平板电脑等智能终端产品的投放费用。
数据来源：Quest Mobile AD INSIGHT广告洞察数据库，2023年6月

各品牌加强线上种草宣传，通过自建多平台官方号提升曝光度，年底官方号流量迎来高峰，其中，华为终端账号内容受众接近 8000 万。

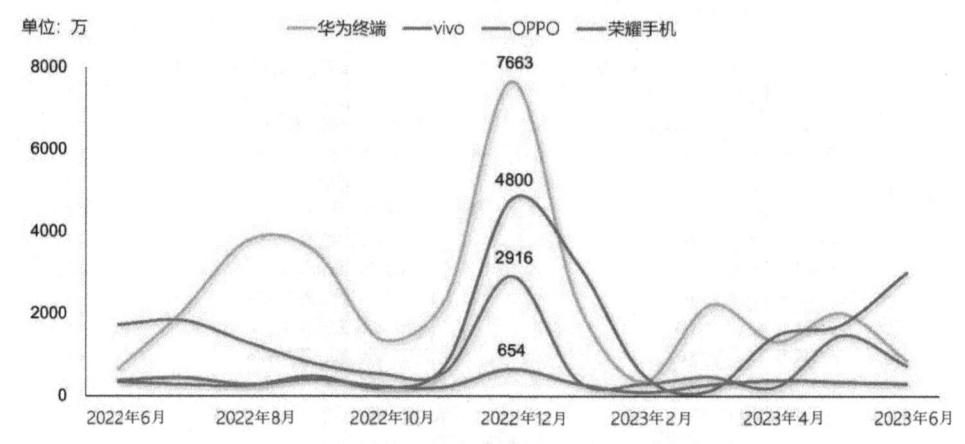

图 3-99 典型终端品牌新媒体平台官方号去重活跃用户数

注：1. 去重活跃用户数：在统计期内，指定 KOL 平台中浏览或关注过目标 KOL 发布内容的去重用户数。
2. 新媒体平台包括抖音、快手、微博、小红书、哔哩哔哩、微信公众号。
数据来源：Quest Mobile TRUTH 中国移动互联网数据库，2023 年 6 月

（2）重点拓展高价值人群

随着换机助手类 APP 功能升级，用户换机体验更加流畅，助推其流量翻倍增长；换机主要为 1000 ～ 1999 元及 3000 ～ 4999 元价位段的机型。

图 3-100 换机助手类 APP 状况

注：1. 典型换机助手 APP 包括换机助手、手机克隆、转移到 iOS、换机克隆 APP。2.TGI= 目标人群某个标签属性的活跃占比 / 全网具有该标签属性的活跃占比 ×100。
数据来源：Quest Mobile TRUTH 中国移动互联网数据库，2023 年 6 月

华为 Mate 旗舰系列瞄准高端、商务客群，成为新中产人群的购机首选，最新机型 Mate 50 Pro 销量表现亮眼。

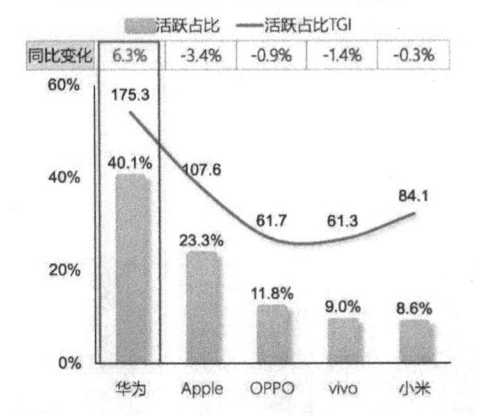

2023年6月 新中产人群终端品牌偏好

	华为	Apple	OPPO	vivo	小米
同比变化	6.3%	-3.4%	-0.9%	-1.4%	-0.3%
活跃占比	40.1%	23.3%	11.8%	9.0%	8.6%
活跃占比TGI	175.3	107.6	61.7	61.3	84.1

华为Mate50系列激活设备数（单位：万台）

	2022年9月	2022年10月	2022年11月	2022年12月
华为 Mate 50	新上市	↗	↗	~100
华为 Mate 50 Pro				~115

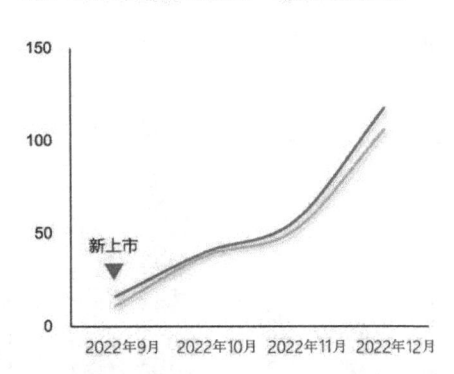

图 3-101　华为 Mate 旗舰系列瞄准高端

注：1. 新中产人群：25～40 岁、身处三线及以上城市、线上消费意愿为中＆高、线上消费能力为 11000 元及以上的人群。2. 活跃占比 TGI= 目标人群某个标签属性的活跃占比 / 全网具有该标签属性的活跃占比 ×100。3. 激活设备数，指在统计周期（月）内，首次使用某机型的设备数。

数据来源：Quest Mobile TRUTH 中国移动互联网数据库，2023 年 6 月

年轻消费群体成为各大手机厂商关注的重点，联合热门 IP 营销拓展圈层，OPPO、vivo 更受 Z 世代人群的青睐。

2023年6月Z世代人群终端品牌偏好

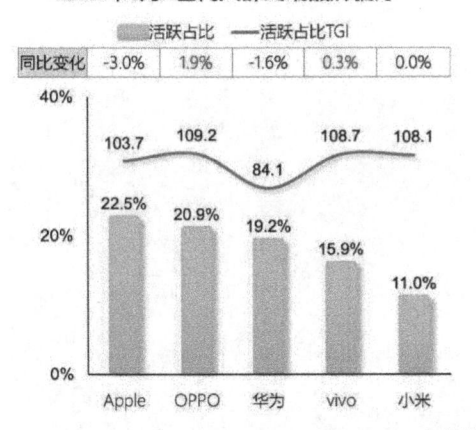

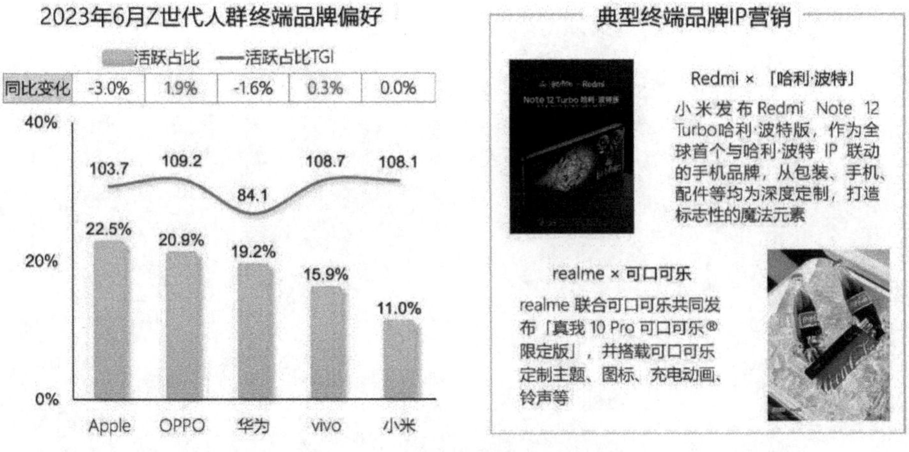

	Apple	OPPO	华为	vivo	小米
同比变化	-3.0%	1.9%	-1.6%	0.3%	0.0%
活跃占比	22.5%	20.9%	19.2%	15.9%	11.0%
活跃占比TGI	103.7	109.2	84.3	108.7	108.1

典型终端品牌IP营销

Redmi ×「哈利·波特」
小米发布 Redmi Note 12 Turbo哈利·波特版，作为全球首个与哈利·波特 IP 联动的手机品牌，从包装、手机、配件等均为深度定制，打造标志性的魔法元素

realme × 可口可乐
realme 联合可口可乐共同发布「真我 10 Pro 可口可乐®限定版」，并搭载可口可乐定制主题、图标、充电动画、铃声等

图 3-102　年轻消费群体终端偏好

注：1."Z 世代"人群：95 后 +00 后人群。2. 活跃占比 TGI= 目标人群某个标签属性的活跃占比 / 全网具有该标签属性的活跃占比 ×100。

数据来源：Quest Mobile TRUTH 中国移动互联网数据库，2023 年 6 月

与此同时，越来越多中老年用户终端向中高端机型升级。Quest Mobile 数据显示，46 岁以上用户中高端机型占比进一步提升，2000 元以上终端占比较同期提升 6 个百分点。

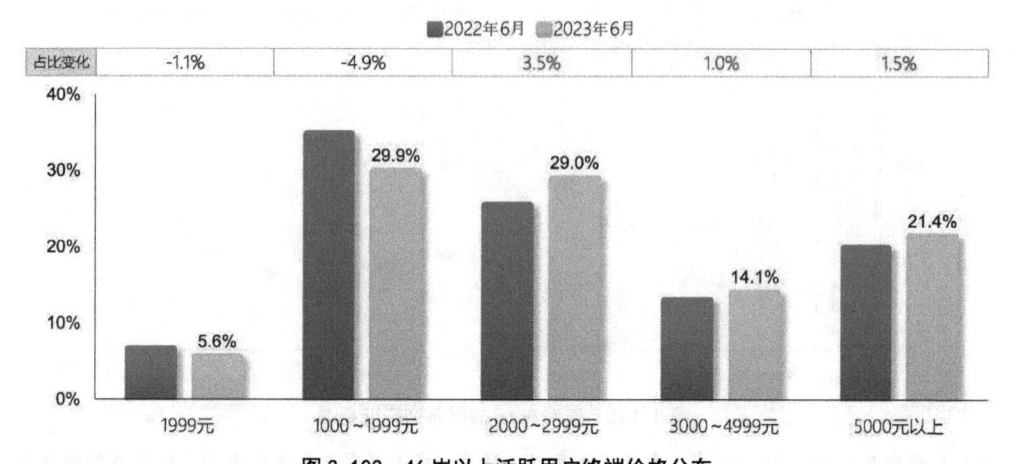

占比变化	-1.1%	-4.9%	3.5%	1.0%	1.5%
2022年6月	7%	35%	25.5%	13%	20%
2023年6月	5.6%	29.9%	29.0%	14.1%	21.4%
	1999元	1000~1999元	2000~2999元	3000~4999元	5000元以上

图 3-103　46 岁以上活跃用户终端价格分布

数据来源：Quest Mobile GROWTH 用户画像标签数据库，2023 年 6 月

［本小节撰写单位为北京贵士信息科技有限公司（Quest Mobile）］

二、服务商篇

（一）技术

技术如同数字营销的基建，支撑着整个生态的蓬勃发展。技术服务商作为数字营销生态中的重要组成部分，是实现从传统营销向数据化、智能化、精准化转型的关键环节。

随着整个行业的数字化能力不断提升，对于技术服务商的要求也随之提高。数字营销技术服务商需深入理解客户的业务模式、目标用户和需求痛点，进而提出可落地的解决方案，而不仅仅局限于单项技术应用。技术商务广告协会数字营销专业委员会、虎啸奖组委会、秒针营销科学院共同发布的《中国数字营销生态图》，2023年，新增了"AI营销"和"智能终端营销"两个赛道，反映了今年的一种变化趋势。

企查查数据显示，2023年1—5月，国内新注册12.5万家人工智能相关企业，同比增加21.2%。2013年以来，我国累计新注册84.5万家人工智能相关企业，其中，超七成企业为2020—2022年新注册。见图3-104。

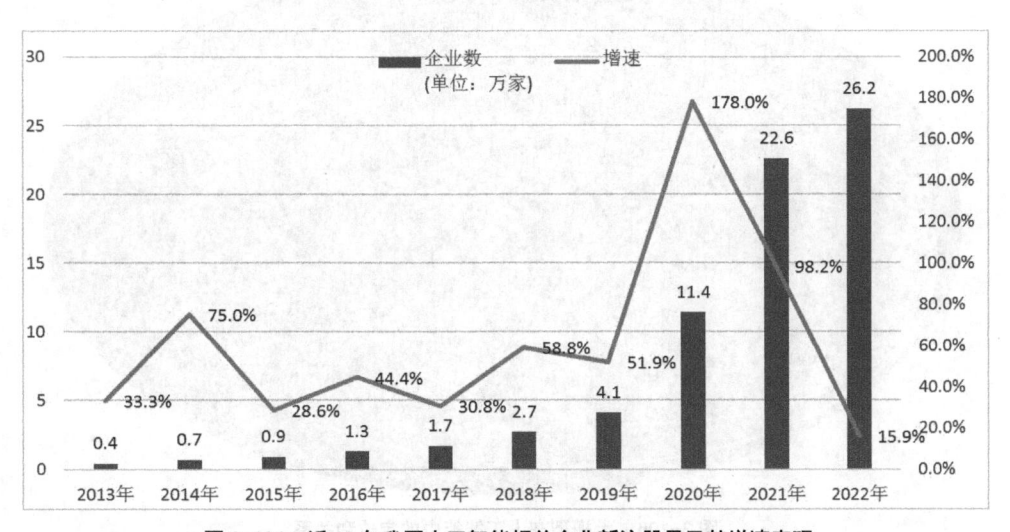

图3-104 近10年我国人工智能相关企业新注册量及其增速表现

数据来源：2023年4月，企查查

对于之前盈利能力受到质疑的 AI 企业，2023 年也在大模型的助力下表现突出。8 月 28 日，人工智能软件公司商汤集团公布截至 2023 年 6 月 30 日的 6 个月中期业绩。2023 年上半年，商汤整体收入表现稳健，营业收入 14.3 亿元，同比增长 1.3%。值得注意的是，大模型及生成式 AI 能力全面赋能了商汤各业务板块，该公司生成式 AI 相关收入取得了 670.4% 的同比增长，对集团业务的贡献提升至 20.3%。

细分来看，数字营销技术服务商通常分为广告投放、数据与分析、创意内容与体验、销售与交易、管理与流程、社交与关系六大门类，2023 年，这些门类的变化主要聚焦于创意内容与体验，以及管理与流程。

1. 生成式 AI 推动数字营销技术应用边界拓展，但还需要累积更多案例

随着 ChatGPT 的爆火，2023 年生成式人工智能（AIGC）成为横跨多个领域的焦点，推动数字营销技术应用边界进一步拓展。AIGC 是大语言模型（Large Language Model, LLM）能力的体现。百度在 3 月召开了"文心一言"发布会，成为国内首家发布自研大语言模型的厂商，随后多家公司也相继发布了自己的大语言模型。这些模型不仅提供更好的中文支持，而且一些大厂更强调模型的基础属性，MaaS（模型即服务），模型也更容易被整合到服务中。

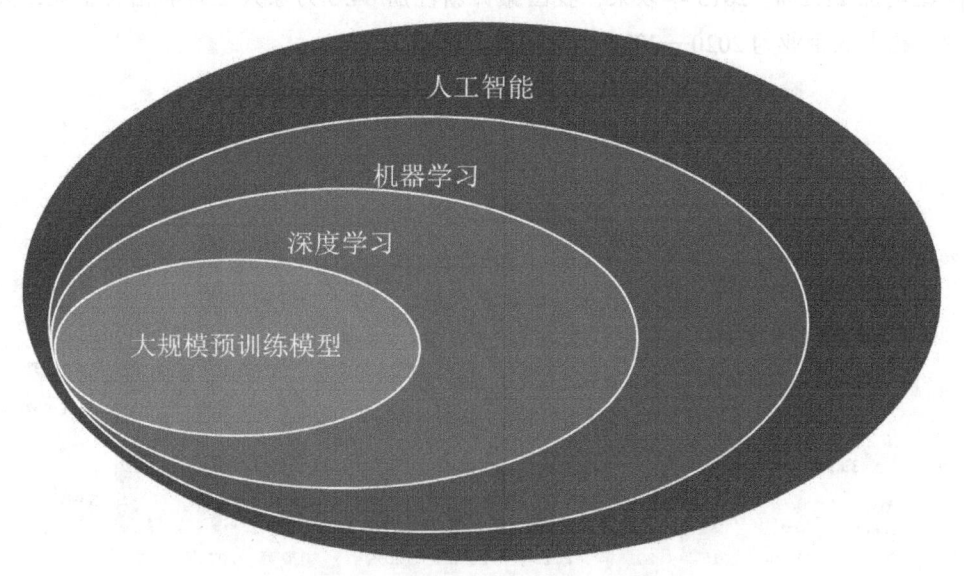

图 3-105　大模型在人工智能中的定位和关系

模型是算法的具体应用，是对算法进行训练和优化后得到的结果，算法是模型的基础。截至 2023 年 9 月，国家互联网信息办公室发布了两批深度合成服务算法备案清单，其中作为技术服务的见表 3-7。

表 3-7　2023 年 9 月已备案的深度合成服务列表

名　　称	公　司	用　　途
文心大模型算法	百度	应用于智能问答场景，服务于对话问答类企业端客户，根据用户提出的问题，结合上下文，生成相应的文本或多模态回答
讯飞星火认知大模型算法	科大讯飞	应用于开放域对话生成场景，利用文本、代码、prompt 数据及用户反馈数据训练 AI 大模型，服务于问答、咨询类的企业端客户，通过 API 提供文本生成服务
达摩院交互式多能型合成算法	阿里巴巴达摩院	应用于开放域多模态内容生成场景，服务于问答、咨询类的企业端客户，通过 API 提供根据用户输入生成多模态信息的功能
华为云盘古多模态大模型算法	华为云	应用于多模态内容生成场景，服务于对话问答类的企业端客户，通过 API 提供根据输入的文本生成文本、图片等形式答案的功能
火山引擎虚拟数字人算法	抖音	应用于虚拟数字人场景，服务于企业端客户，根据用户输入的文本内容，生成符合用户需求的数字人视频
腾讯混元助手大模型	腾讯	应用于文本生成场景，服务于文本生成和对话问答类企业端客户，提供生成客服回答、知识库咨询指导、文本写作辅佐等功能

数据来源：2023 年 9 月，国家互联网信息办公室官网公告

除了商业付费服务，开源可免费商用的国产大模型也非常火热。例如，清华的 ChatGLM-6B 和阿里开源的通义千问多模态大模型 Qwen-VL，在大厂付费商业服务以外增加了更多选择。

自研大模型的成本不仅仅涉及计算资源的投入，还包括数据收集、处理、模型设计、调试、训练以及后期的维护等方方面面的费用。在许多营销技术服务商看来，接入已有的大模型来提供服务，或是按照客户需求针对开源大模型进行微调，相对来说更具性价比。这种做法不仅能够降低研发成本，还可以快速响应市场需求，为数字营销提供更加灵活、个性化的服务。

数字营销很早就开始借助 AI 的能力了，包括投前的策划、lookalike 人群扩展、投中的点击率预测模型、出价模型，到投后的归因分析，都有机器学习/深度学习的广泛应用。生成式 AI 的出现，AI 进行图片和视频创意的探索也得以展开。大模型的应用场景尚处于不断探索的阶段，数字营销领域的生成式 AI 应用场景也需要不断积累和挖掘。

2. 技术的发展推动智能终端营销能力

随着 5G、AI 和物联网技术的不断推进，全球智能终端价值链正迎来一场变革。智能终端是一种可连接网络并具备复杂计算能力的设备，它可以运行多种应用程序，并连接到云端和其他设备进行数据交换。智能终端除了智能手机，还包括智能手表、智能眼镜、智能电视、智能汽车等。

智能电视（OTT）作为一种差异化场景属性和沉浸式用户体验的媒介形态，具备承载更多内容和娱乐形式、服务更多应用场景的潜力。技术发展扩展了 OTT 营销的形式，让更多 OTT 点位可以实现程序化对接。以大模型为代表的 AI 大潮，让 AI 几乎渗透到视听领域的各个环节、各个场景。被反复提及的"AI+视听"，除了早已进入人们视野的 AI 主播、AI 画面超分增强，多模态大模型在这一领域的技术尝试显得尤为突出。6 月 20 日，长虹电视宣布旗下部分产品将搭载"长虹超脑"人工智能系统，面向用户正式公测。"长虹超脑"是依托于多模态交互，语义理解及意图识别的 AI 系统。

2023 年，另一个重要的智能终端是 MR（Mixed Reality，混合现实）设备。6 月，苹果发布了 Vision Pro，可通过眼睛、手势和语音控制。这款设备主要面向开发者、企业和高端用户，售价较高（3500 美元），但这款产品仍然被认为带动了行业从 VR 向 MR 的发展，是从过去沉浸式虚拟世界向现实世界赋能的 MR 能力转变的重要产品。MR 的核心技术包括 VST（Video See Through）与 OST（Optic See Through）两种主流解决方案，前者常用于 VR 眼镜，通过视频透视与算法，控制视觉集成，允许虚拟与真实物体之间的完全遮挡，甚至可以对真实物体进行更高级别的修改。而后者更多常用于 AR 头显。通过光学合成器将计算机生成的图像反射到用户的眼里，将真实世界和虚拟世界结合起来。字节旗下的 PICO 表示，对于 AR 与 VR 的未来走势，PICO 的策略就是"VR+MR"[1]，因为 VR 与 MR 的状态可以从技术方面实现无缝切换，通过彩色透视 VST 技术，使一台设备可以同时具备这两项技术的特性——既是一个 VR 设备，也是一个 MR 设备。

9 月 27 日，META 也宣布 Meta Quest 3 在 10 月正式发售，售价更低。同时，预计在 2024 年和 Meta AI 整合，推出具备多模态能力的智能眼镜 Ray-Ban Meta。

多模态大模型能理解文字、图像、视频、音频等多种信息，相较于仅能理解单一文本模态的语言模型，其优势在于充分利用语言模型的指令理解能力，完成图

---

[1] 凤凰网：《字节旗下 PICO 大谈 VR+MR 未来，回避当下销售目标调整》，https://h5.ifeng.com/c/vivo/v002lNFl2rcQBIScK1eGGuFQT6MyjcyUZWffEwdYtG-vdmw_。

像、语音、视频等各种模态中的开放域任务，具备处理不同模态信息的通用能力。单一模态大模型的任务形式通常都是预先定义好的，如图像、视频、语音分类任务等，需要提前知道这些类别，然后针对性地找训练数据去训练模型。在智能终端的表现形式面前，单一模态大模型的局限性更加明显。因此，需要多模态大模型的助力，以推动产业转型升级和用户体验提升，成为视听行业发展的重要趋势。生成式AI正在与智能终端加速融合，为全方位的助力提供无限可能。

3. 创意内容与体验：生成式实现丰富的组合，提升营销的个性化

创意内容通过整合文字、图片、视频等多种元素，自动创作标准化内容。传统的内容创意AI具有自动识别、标签化、拆条、审核等强大的内容处理能力。而与生成式AI的结合，则可以实现更加智能、个性化的营销。

2023年，生成式AI在文案、图像、视频生成方面涌现出更多落地案例。可口可乐发布的"AI广告"，利用AI生成图像，制作成广告视频。国内品牌王老吉、伊利、钟薛高也展示了自己利用AI重新设计的包装，这些风格各异的设计吸引了消费者的目光。2023年的淘宝造物节，广告创意公司选出6款产品，以"未来人类的生活还可以怎么样"为主题和AI对话，根据AI的回答作启发创意，制作对应的广告。

在"文生图"形式的创意生成上，商业服务Midjourney和开源的Stable Diffusion是2023年较流行的两种方案。从易用性来看，作为商业服务的Midjourney易用性要好于Stable Diffusion，对提示词的要求更低。但Stable Diffusion丰富的插件和模型生态提供了更多的定制化，例如，可以随意调整图片大小，控制AI遵循提示词的程度、设定种子值，选择使用的采样器。

相比图片的秒级出图，视频生成会消耗更多的算力。当前AI生成视频过程主要的技术难点是稳定性，直观感受是视频明显的抖动现象，影响视频的流畅度和观感。为了解决这些问题，目前主要通过优化模型结构、增加训练数据和完善训练算法等手段来改善模型的生成效果和稳定性，如截取更多参考帧来提升画面的连贯性。

"文生图"服务除了百度的文心一格、阿里通义万相，还有美图公司推出的美图设计室。2023年上半年，美图在第二届影像节上，直接发布了包括美图视觉大模型Miracle Vision在内的7款以AI为内核的影像生产力工具。8月28日，美图公司正式发布2023年上半年财报：总收入12.61亿元（人民币，下同），同比增长29.8%。财报称，上半年在AIGC推动下，美图公司VIP会员数超过720万，创下历史新高，以VIP订阅为主的影像与设计产品业务收入6.02亿元，同比增长

62.2%；美业解决方案业务收入 2.86 亿元，同比增长 31.1%；广告业务收入 3.49 亿元，同比增长 28.2%；其他业务收入 2309 万元①。

程序化创意服务商已经在采用 AIGC 的技术方案。筷子科技自研品牌视觉 BV-1 模型，适用于图片解构、智能标签、VI 规范检测等场景。特别推出从内容智能生成、自动修改尺寸、批量主图制作、短视频智能编辑到智能工具箱等一系列 AI 工具。随着技术的不断发展，也会有更多创新的应用场景和解决方案为营销行业注入更多的智慧与活力。在内容生产链中，"人"的核心价值应更深刻地体现为回归内容本质、深刻理解和创作 AI 无法理解的情感和思想，为此提出更精准的策划，并作出最终的判断和决策。

4. 管理与流程：新技术与在业务场景中的落地，助力企业管理流程的降本增效

2023 年，降本增效仍然是很多公司关注的问题，优化管理和流程成为了解决问题的关键。生成式 AI 与近年来迅速发展的低代码平台怎样结合，也成为了热议的话题。这种结合使企业能够更快地制作出高质量的应用程序，进而提高生产效率。典型的做法如通过使用 ChatGPT 等生成式 AI，可以将自然语言描述的需求转化为低代码平台的页面 DSL，并使用传统的拖拉拽方式或 AI 对话对页面进行二次编辑。这种结合可以提升开发效率，降低开发难度，并为开发者提供更多便利。

此外，人工智能代理（AI Agent）的发展也备受瞩目。它被视为一种能够感知环境、进行决策和执行动作的智能实体，拥有自主性和自适应性，可以依靠 AI 赋予的能力完成特定任务，并在此过程中不断对自我进行完善和改进。AI Agent 之间可以进行交互，配合完成更复杂的工作。传统的 RPA 是在给定的条件下，根据预设好的流程来进行工作的处理，而 AI Agent 可以感知环境，仅需给定一个目标，就能够针对目标做出行动，它会根据给定任务拆解出每一步的计划步骤，依靠来自外界的反馈或自身 AI 的能力，调用其他的工具来实现目标。例如，让"文心一言"投放广告，它通常会反馈"作为一个语言模型，我无法直接帮您投放广告"。

但如果是一个具有广告投放能力的 AI Agent，它会将目标拆解成登录广告平台、配置投放计划、上传素材，并根据投放效果进行调整，无须人工去指定每一步操作。

尽管基于大语言模型的 AI Agent 在 2023 年 4 月 Auto GPT 发布后才开始受到

---

① 雪球：《美图上半年营收 12.61 亿元人民币，净利润同比上涨 320.4%》，https://xueqiu.com/5133207869/259613300。

更多人的关注，但它的出现迅速获得了众多领域诸多企业的认可，扩展了大语言模型的应用方向。随着 MetaGPT 等开源 AI Agent 的出现，更多的营销技术供应商和创业团队也开始引入 Agent，使其逐渐被更多组织所认知和接受。因此，AI Agent 很可能成为大语言模型在各领域落地的一种模式。

（本小节撰写单位为上海通察网络科技有限公司）

（二）代理

在中国错综复杂的数字生态中，代理商的价值也在逐年稳步迭代。

《内部代理的持续崛起（2023 年版）》报告显示，"代理机构仍然在营销人员中扮演着重要的角色，93% 的受访品牌仍然在使用它们。但过去 15 年，内部能力的增长显然改变了客户与代理机构之间的关系"。同样，R3 & SCOPEN 第九期《中国营销趋势研究》报告显示，受中国数字平台经济影响，代理商合作关系正在不可逆地被重塑中，81.7% 受访的中国市场主倾向于与各类专项代理商合作。基于 in-house 团队的建设，广告主正在积极寻求与营销服务商新的合作模式，以实现较高的营销投资回报率。例如，雀巢曾成立"全球数字媒体能力中心（Global Digital Media Center of Competencies，DCoC）"新部门，包含了雀巢内部的负责人与其合作的多家代理商的专家成员，以加强雀巢在数字广告媒介投放的平台问责制和有效性。同样，联合利华大中华区与 WPP 探索新的合作模式，实现全方位、端到端的品牌营销合作。

代理公司的关键价值在于其在多大程度上补充了品牌无法实现的功能。任何创新都不应仅仅为了创新而创新，也不仅仅是要解决问题，而应是以最佳的方式来解决问题。例如，如果你解决了一个问题，但别人也能以同样的方式解决它，那么你将失去优势。因此，代理商仍需要寻求更好的解决方案来弥补和引领价值的创新。

新型的代理商应该拥有这些关键特质：

1. 不断突破的挑战精神

代理商需要在不断突破边界中，在主动适应合作伙伴中不断转型，不断创造新机遇，不断挖掘增长的可能性。Wavemaker 蔚迈中国相信总有一种更好的增长方式。努力多推动一点，再多一点，增长的车轮便将继续前进。

2. 数字化深度与创新能力

在不断变化的中国市场不断变化，并先于市场而做出改变和升级。数字化升级就是其中最重要的升级之一。过去几年，投资回报率（ROI）营销、大数据分析等变得越来越重要，必须朝着这个方向加速前进和升级，专业地提供数字解决方案，让科学技术帮助我们处理数据，优化决策，释放创造力，使科技与艺术有效结合。

Choreograph 团队的 Media Daas 解决方案，利用前沿的技术手段，显著改善营销人员的数据收集、处理和分析产出工作体验。代理商需要做的是创造性的工作，为客户创造价值。因此，需要紧跟时代的科技技术来实现真正意义上的劳动简化——通过数据分析来节省重复性工作的时间，从而发挥创造力，为客户提供更有价值的见解与支持。强大的数据化能力，将体现在数字化的深度，它如何让客户拥有更多的信息，让客户作出更好的决定。

3. 敏捷的协作系统与能力

在当今快速变化的市场环境中，企业时常面临各种"不确定性"。数字化可以让企业经营与消费者需求、供应链生产、合作伙伴能力"高度对齐"，更敏捷地应对市场风向变化，使企业更平稳地度过市场动荡期，提升经营的韧性。对于代理商而言，进行数字化转型就像拥有一个"通关密码"。代理商不应为了数字化而数字化，数据是资源，应被用于支撑更敏捷的反应与协作。

事实上，在新媒体、媒介触点、广告形式不断更迭的当下，大数据、DMP、CDP 和数据运用等命题远比想象中复杂。代理商需要具备更敏锐的嗅觉和反应力，以解读每个单点数据背后所反映的变局和机遇。敏捷也不仅体现在行动的速度和协作的流畅度，在服务客户的过程中也同样重要。代理商需要对品牌的期待和要求有快速的反应，紧跟时代的变化和发展，特别是在急速变化的中国市场，始终保持拥抱变化、紧贴潮流的态度。

4. 做先行者，看见未来可持续的增长

当下，市场过度重视短期的营销效果和 ROI 数据而牺牲了长期的品牌建设。也有很多品牌认为直播带货、网红带货这种"效果广告"才能真正推动销售。但是，长期品牌建设和短期效果应该是一体化的，两者不能割裂来看。尤其是站在代理商的角度，需要通盘来审视消费者旅程，需要跳出当下的条件限制去看问题、看全局、看未来，在短期利益和长期品牌发展之间达成很好的平衡。

Wavemaker 蔚迈中国 CEO Jose Campon 说："代理商所面临的重要挑战之一，就是必须始终比客户走得更快，同时，必须看得更远，眼界更广阔，'不见树木，只见森林'（即使每天都专注于团队、客户或活动，或短期目标，仍然要看到森林的全貌）。它让我们能够准确地预判如何为品牌的未来提供增长，如何应对未来，而这不是人们在紧张的当下都能看到的东西。通过开发数字产品，我们的员工能提供真正有洞察力和可操作性的方案，能够从日常繁琐中解放出来，更加自由地思考，为客户创造更长远的价值。做未来价值的'先行者'：我们需要做一些超越本职的事情。唯有构建长期战略，才是可行的。"

代理商需要"看清草木的生长，并立于高远，拓宽森林的边界"，尤其是在品牌无暇顾及和看不到的地方，把握时代的脉搏，这始终是代理商的重要价值，因为代理商理应了解整个市场的过去、今天与未来。

［本节撰写单位为 Wavemaker 蔚迈中国，部分观点由央视市场研究股份有限公司（CTR）提供］

三、用户篇

数字营销生态中，用户是最核心的环节。渠道直接服务于用户，品牌则借助渠道影响和服务于用户，服务商服务于品牌与渠道，其最终目的仍然是以用户为中心。可以说，用户决定了数字营销的终极形态。本节对用户的研究限定于移动互联网用户。

（一）移动互联网用户纵览

近年来，移动互联网用户规模依然保持相对稳定，截至2023年6月前的一年均处于同比增长2%～2.4%。

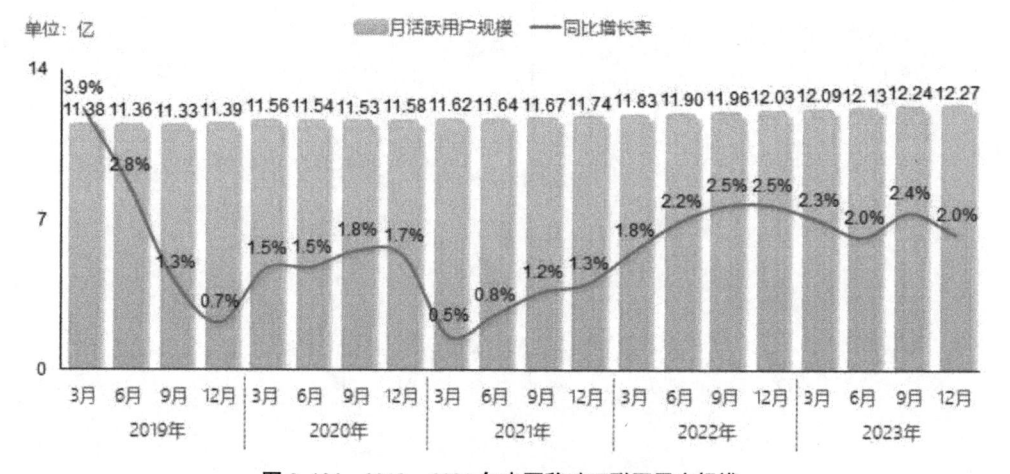

图 3-106　2019—2023 年中国移动互联网用户规模

数据来源：Quest Mobile TRUTH 中国移动互联网数据库，2023 年 12 月

全网的触网程度继续加深，用户的线上黏性愈发增强，月人均单日使用时长达 7.2 小时。

第三章 数字营销行业生态

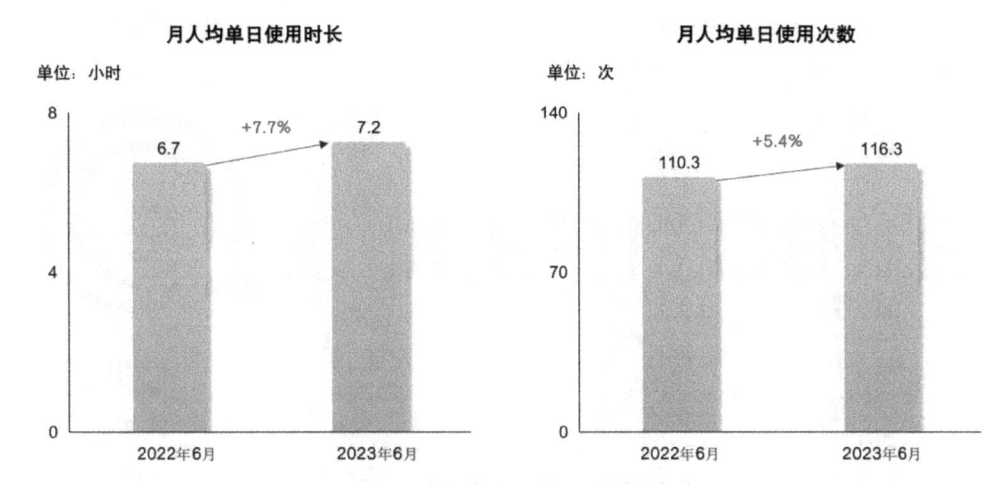

月人均单日使用时长
单位：小时
- 2022年6月：6.7
- 2023年6月：7.2
- +7.7%

月人均单日使用次数
单位：次
- 2022年6月：110.3
- 2023年6月：116.3
- +5.4%

图 3-107　中国移动互联网用户使用行为

数据来源：Quest Mobile TRUTH 中国移动互联网数据库，2023 年 12 月

"银发"人群依然是移动互联网用户主要增长源，其数字化渗透也在快速加深。

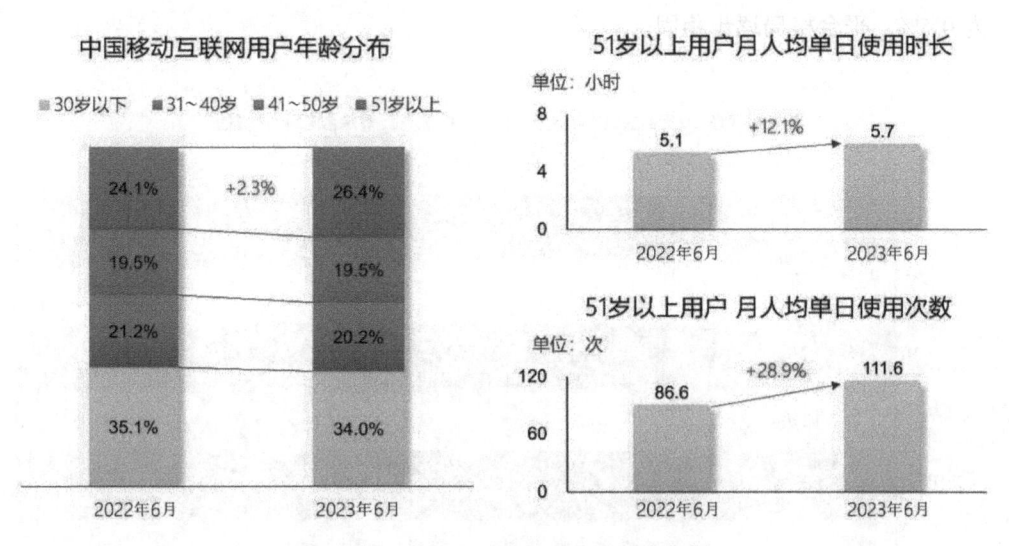

中国移动互联网用户年龄分布
（30岁以下、31~40岁、41~50岁、51岁以上）

年龄段	2022年6月	2023年6月
30岁以下	35.1%	34.0%
31~40岁	21.2%	20.2%
41~50岁	19.5%	19.5%
51岁以上	24.1%	26.4%

51岁以上 +2.3%

51岁以上用户月人均单日使用时长
单位：小时
- 2022年6月：5.1
- 2023年6月：5.7
- +12.1%

51岁以上用户 月人均单日使用次数
单位：次
- 2022年6月：86.6
- 2023年6月：111.6
- +28.9%

图 3-108　中国移动互联网各年龄用户分布

数据来源：Quest Mobile GROWTH 用户画像标签数据库，2023 年 6 月

常态化恢复带动一、二线城市用户比例增长，主要表现在年长人群和学生人群的提升。见图 3-109。

图 3-109　中国移动互联网用户城际及年龄分布

数据来源：Quest Mobile GROWTH 用户画像标签数据库，2023 年 6 月

用户注意力依然在向短视频平台集中，但比例有所趋稳，同比增长从 3.4% 降为 0.5%，平台格局逐步稳固。

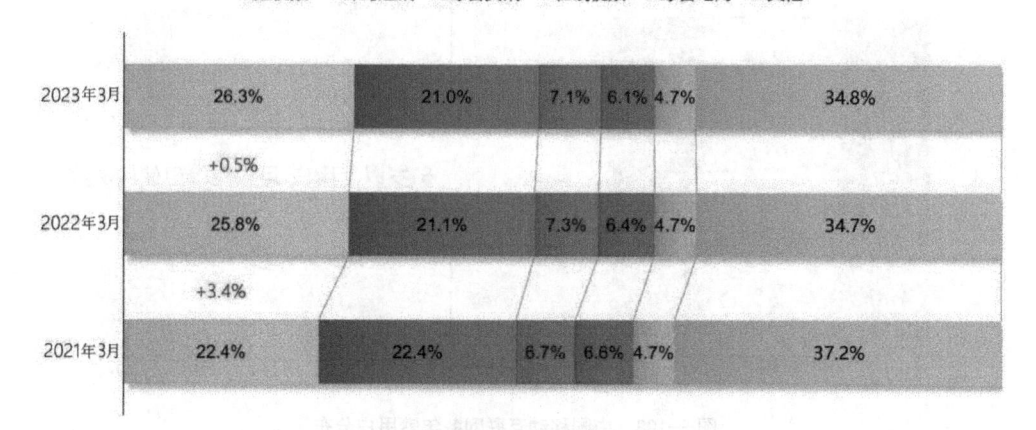

图 3-110　中国移动互联网细分行业用户使用总时长占比

数据来源：Quest Mobile TRUTH 中国移动互联网数据库，2023 年 6 月

电影演出、旅游出行行业复苏态势显著，智能设备行业依然保持较高增长。Quest Mobile 数据显示，2023 年 6 月，电影演出行业同比增长最为显著，达 172%；航班、火车出行行业同比增速超 50%，酒店服务、在线旅游等旅游行业同比增速超 35%，复苏态势显著；智能汽车、智能配件行业同比增速超 40%。另外，有声听书、健康管理、手机游戏部分细分行业同比也呈现较高增长。

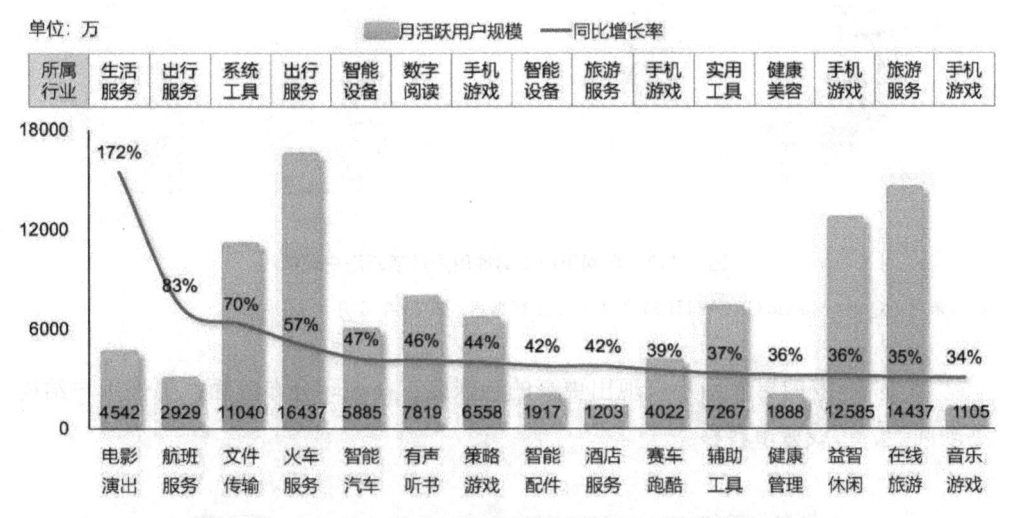

图 3-111　2023 年 6 月中国移动互联网细分行业同比增长率 TOP 15

注：该图表统计 2023 年 6 月活跃用户规模＞1000 万的移动互联网细分行业。
数据来源：Quest Mobile TRUTH 中国移动互联网数据库，2023 年 6 月

（二）移动互联网重点细分用户

1. 男性用户

移动互联网中，男性活跃用户规模持续增长，但增速放缓，与女性用户间的差距逐渐缩小。

2023年6月全网用户性别构成

- 男性用户：50.5%
- 女性用户：49.5%

全网用户＆男性用户月活跃用户规模

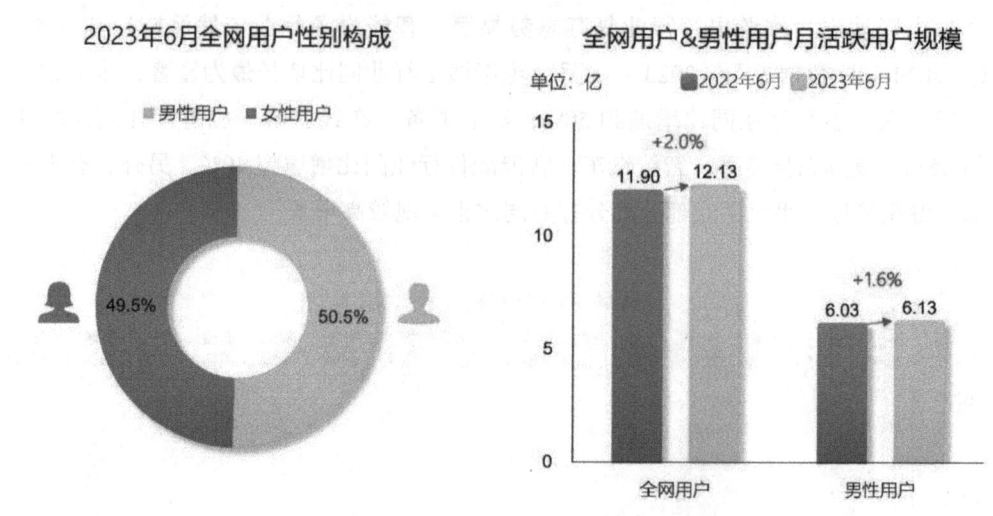

单位：亿

	2022年6月	2023年6月	同比
全网用户	11.90	12.13	+2.0%
男性用户	6.03	6.13	+1.6%

图 3-112　全网用户 & 男性用户月活跃用户规模

数据来源：Quest Mobile GROWTH 用户画像标签数据库，2023 年 6 月

　　25～50 岁的男性用户表现出更高的活跃度，在城际分布方面，男性用户结构逐渐向一、二线城市转移。

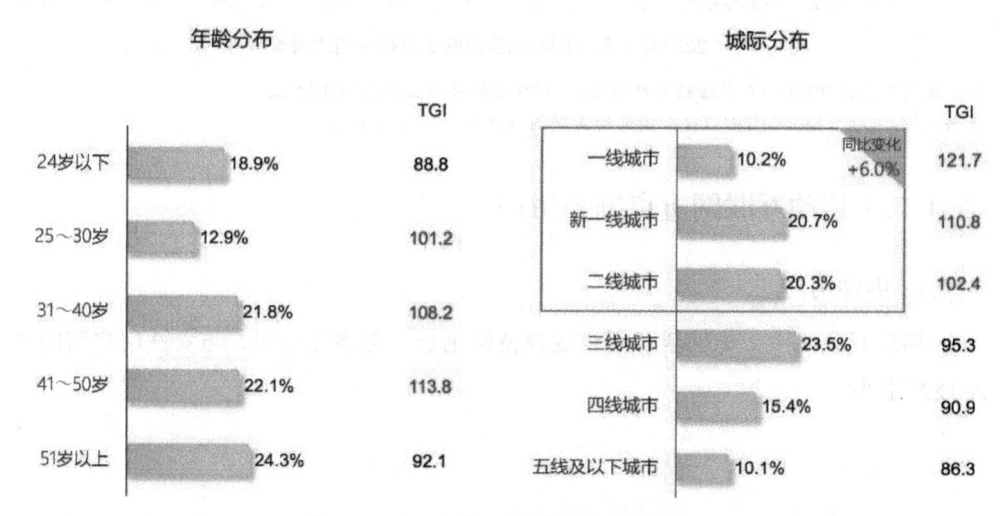

年龄分布

	活跃占比	TGI
24岁以下	18.9%	88.8
25～30岁	12.9%	101.2
31～40岁	21.8%	108.2
41～50岁	22.1%	113.8
51岁以上	24.3%	92.1

城际分布

	活跃占比	TGI	同比变化
一线城市	10.2%	121.7	+6.0%
新一线城市	20.7%	110.8	
二线城市	20.3%	102.4	
三线城市	23.5%	95.3	
四线城市	15.4%	90.9	
五线及以下城市	10.1%	86.3	

图 3-113　2023 年 6 月男性用户基础画像

注：活跃占比 TGI，指目标人群某个标签属性的月活跃占比除以全网具有该标签属性的月活跃占比 ×100。

数据来源：Quest Mobile GROWTH 用户画像标签数据库，2023 年 6 月

　　男性释放更强的购买力，线上消费能力达到千元以上的用户比例明显增长。

第三章　数字营销行业生态　　145

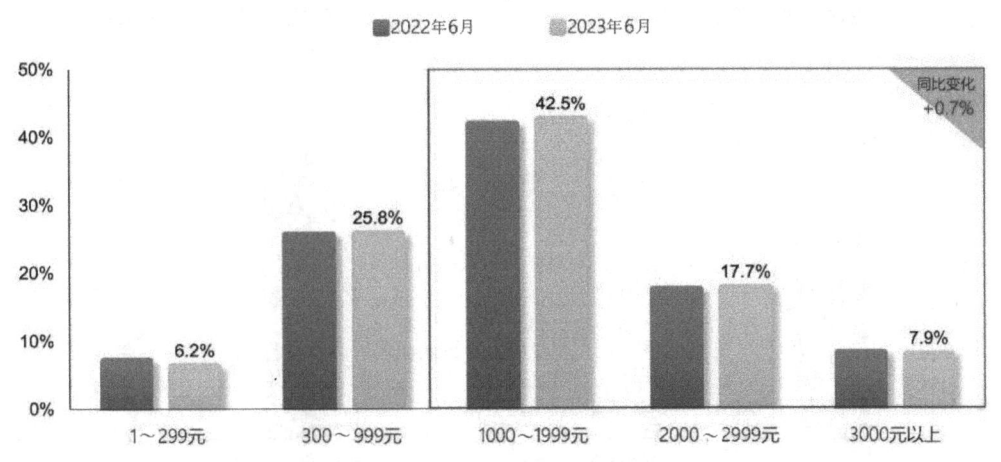

■ 2022年6月　■ 2023年6月

图 3-114　男性用户线上消费能力

数据来源：Quest Mobile GROWTH 用户画像标签数据库 2023 年 6 月

男性人群对理财、游戏、科技等多个方面展现浓厚的兴趣，泛娱乐属性突出。

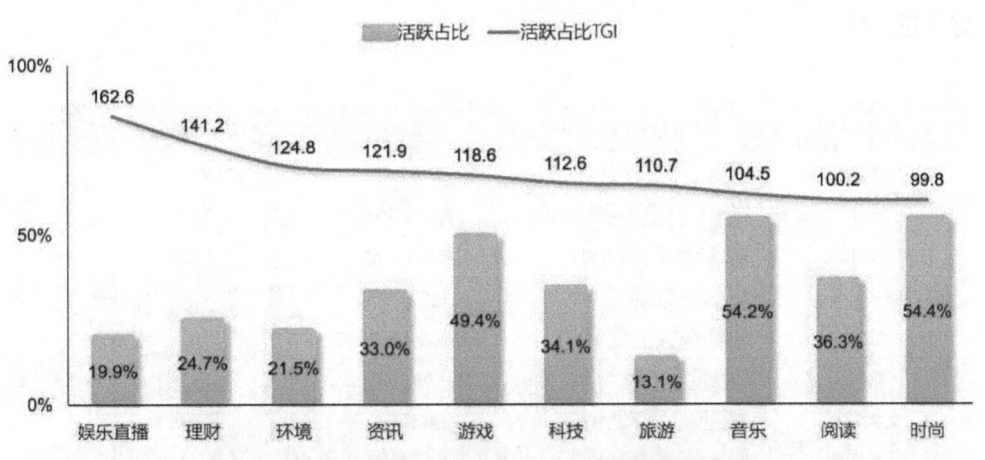

图 3-115　2023 年 6 月男性用户兴趣偏好活跃占比 TGI TOP 10

注：1. 选取活跃占比 ≥ 10% 的兴趣偏好。2. 活跃占比 TGI：目标人群某个标签属性的月活跃占比除以全网具有该标签属性的月活跃占比 ×100。

数据来源：Quest Mobile GROWTH 用户画像标签数据库，2023 年 6 月

与全网用户相比，男性人群互联网使用时长、使用次数均保持增长趋势。Quest Mobile 数据显示，2023 年 6 月，男性用户月人均使用时长达 166.1 小时，同比增长 7.7%。

男性用户月人均使用时长

单位：小时
全网月人均时长同比下降1.2%

- 2022年6月：154.2
- 2023年6月：166.1
- +7.7%

男性用户月人均使用次数

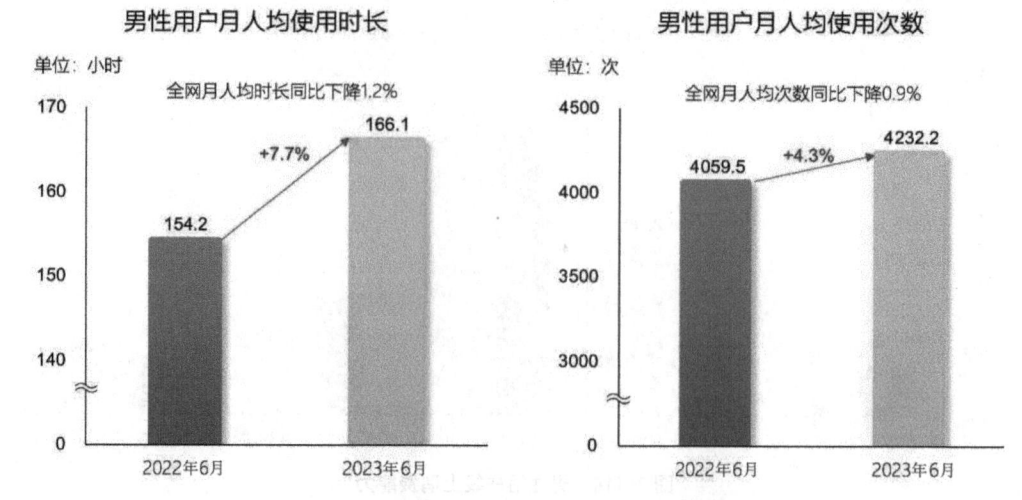

单位：次
全网月人均次数同比下降0.9%

- 2022年6月：4059.5
- 2023年6月：4232.2
- +4.3%

图3-116　男性人群互联网使用时长与使用次数

数据来源：Quest Mobile TRUTH 中国移动互联网数据库 2023 年 6 月

男性偏好使用各新媒体平台浏览财经、汽车、科技等多类型资讯内容，兴趣爱好广泛。

KOL内容分类	活跃渗透率TGI	代表KOL	去重活跃用户数（万）
金融财经	113	直男财经	2735
汽车	112	盟主安全官	2892
科技科普	109	鲁班实验室	5095
创业职场	109	主持人韩玉	8459
企业	108	快手小店13号年货节	9045
旅游	106	厦门阿波	9913
文字文化	105	厦门阿波	4977
运动健身	105	小岛记叙录	4910
游戏	104	大熊游戏直播	4910
民间艺人	104	手工王中王	8624

图3-117　2023 年 6 月男性用户浏览 KOL 内容偏好

注：1.男性用户浏览 KOL 内容分类，按活跃渗透率 TGI 降序排列。2.活跃渗透率 TGI= 目标人群中，在指定 KOL 平台浏览观看某类 KOL 发布内容的月活跃渗透率 / 全网在 KOL 平台浏览观看该类 KOL 发布内容的月活跃渗透率 ×100，其中，KOL 平台包括微博、抖音、快手、小红书、微信公众号、哔哩哔哩。3.去重活跃用户数：目标人群中，在指定 KOL 平台浏览或关注过目标 KOL 发布内容的去重用户数。

数据来源：Quest Mobile NEW MEDIA 新媒体数据库，2023 年 6 月

"他经济"蓬勃发展，男性群体在汽车消费、社交娱乐、金融理财领域更加活跃。

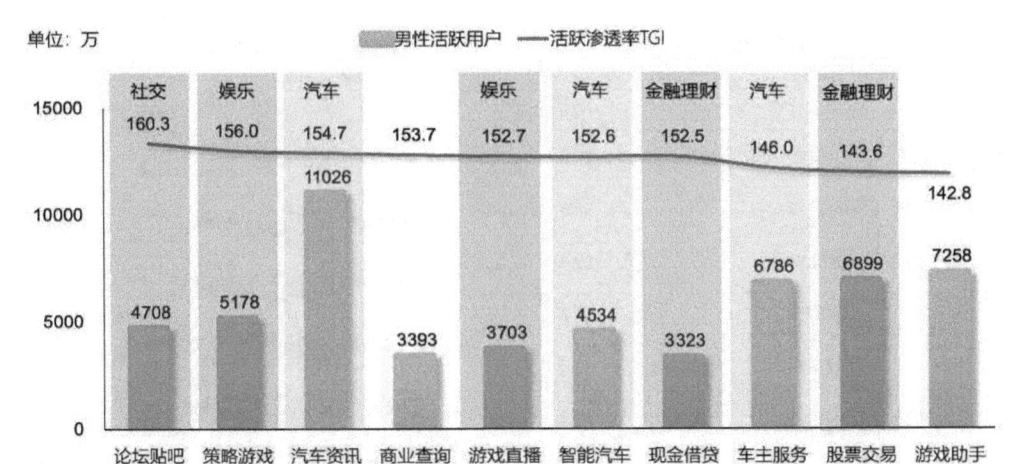

图 3-118　2023 年 6 月男性用户移动互联网二级行业活跃渗透率 TGI TOP10

注：1. 选取男性用户活跃渗透率＞5% 的二级行业，按活跃渗透率 TGI 降序排列。2. 活跃渗透率 TGI：某目标人群启动某个应用分类的月活跃渗透率 / 全网该应用分类的月活跃渗透率 ×100。
数据来源：Quest Mobile TRUTH 中国移动互联网数据库，2023 年 6 月

2. 女性用户

女性群体在移动互联网中的渗透率更高，活跃用户数突破 6 亿，全网占比升至 49.5%。

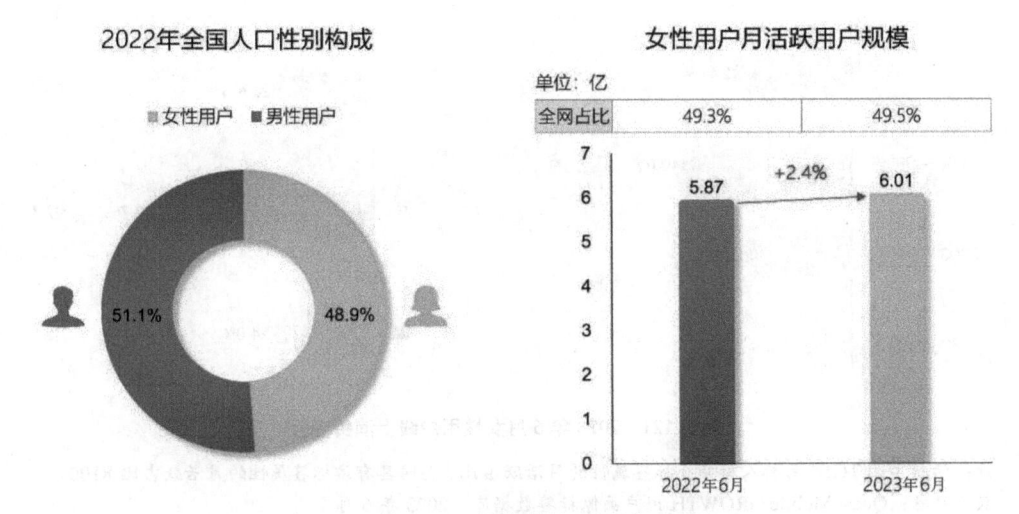

图 3-119　女性群体活跃用户

数据来源：Quest Mobile GROWTH 用户画像标签数据库，2023 年 6 月；国家统计局，2022 年 12 月

女性移动互联网活跃用户主要由"Z世代""银发"人群及下沉用户构成。

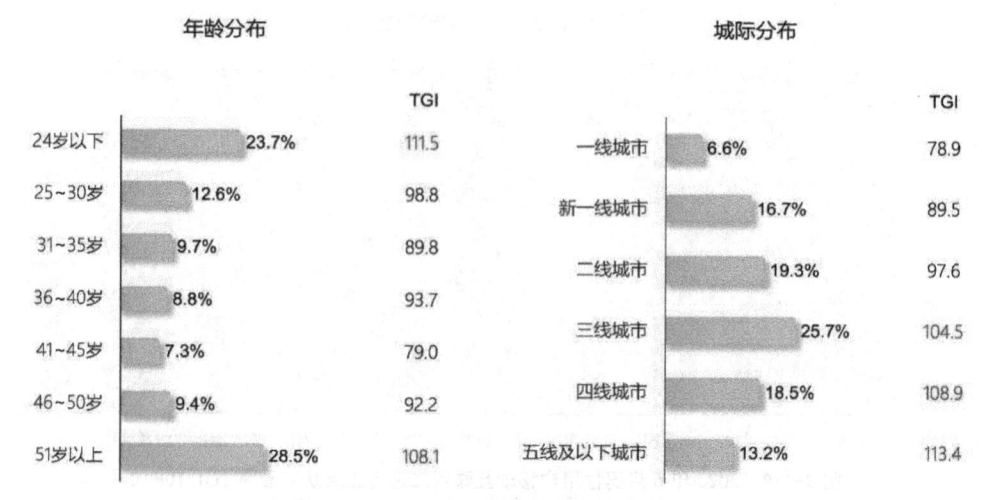

年龄分布

年龄	占比	TGI
24岁以下	23.7%	111.5
25~30岁	12.6%	98.8
31~35岁	9.7%	89.8
36~40岁	8.8%	93.7
41~45岁	7.3%	79.0
46~50岁	9.4%	92.2
51岁以上	28.5%	108.1

城际分布

城市	占比	TGI
一线城市	6.6%	78.9
新一线城市	16.7%	89.5
二线城市	19.3%	97.6
三线城市	25.7%	104.5
四线城市	18.5%	108.9
五线及以下城市	13.2%	113.4

图 3-120　2023 年 6 月女性用户基础画像

注：活跃占比 TGI：目标人群某个标签属性的月活跃占比／全网具有该标签属性的月活跃占比 ×100。
数据来源：Quest Mobile GROWTH 用户画像标签数据库，2023 年 6 月

女性作为消费升级的重要贡献者，线上消费意愿和高价产品的消费能力更强。

线上消费能力

区间	占比	TGI
1~999元	27.5%	92.4
1000~1999元	40.0%	96.9
2000~2999元	22.0%	111.0
3000元以上	10.6%	114.7

线上消费意愿

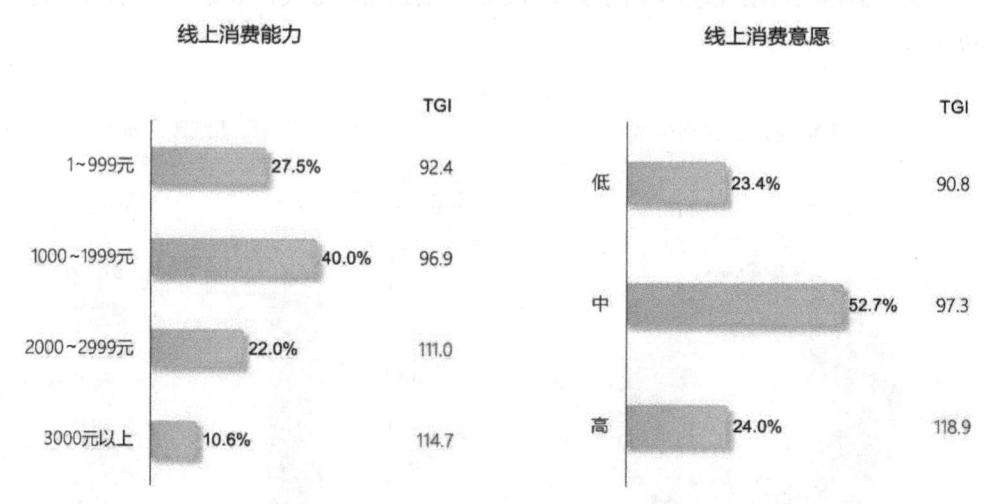

等级	占比	TGI
低	23.4%	90.8
中	52.7%	97.3
高	24.0%	118.9

图 3-121　2023 年 6 月女性用户线上消费行为

注：活跃占比 TGI：目标人群某个标签属性的月活跃占比／全网具有该标签属性的月活跃占比 ×100。
数据来源：Quest Mobile GROWTH 用户画像标签数据库，2023 年 6 月

女性用户触网时长持续增长，月人均使用时长高于全网平均水平。Quest Mobile 数据显示，2023 年 6 月，女性用户月人均使用时长达 160.6 小时，同比增长 7.8%。

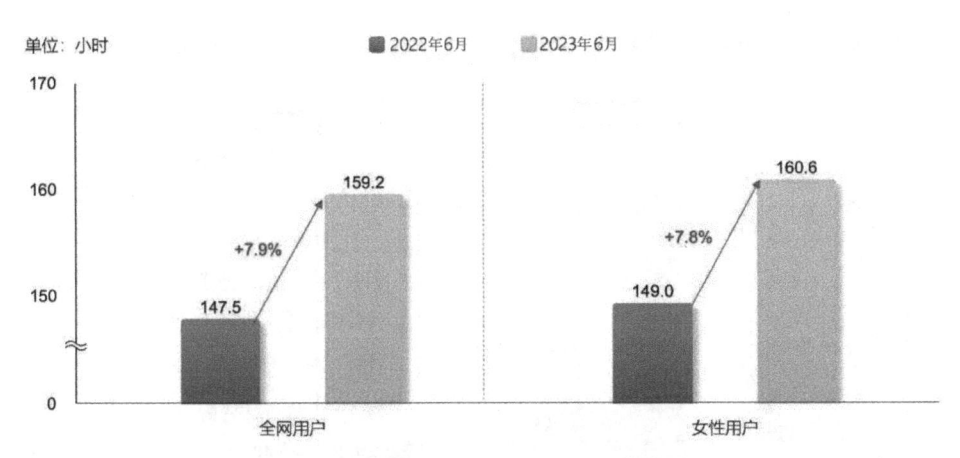

图 3-122　全网用户 & 女性用户月人均使用时长

注：计算使用时长时，剔除输入法类 APP。
数据来源：Quest Mobile TRUTH 中国移动互联网数据库，2023 年 6 月

女性用户在出行、消费、娱乐等多领域活跃度提升。

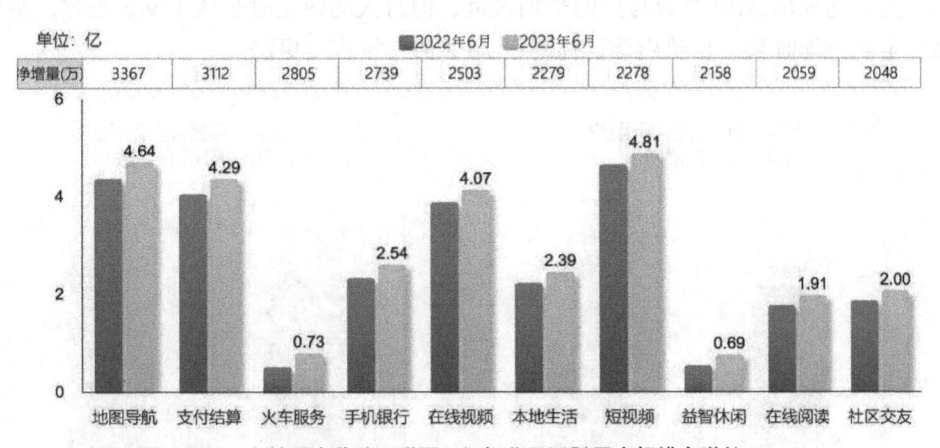

图 3-123　女性用户移动互联网二级行业月活跃用户规模净增长 TOP 10

注：选取 2023 年 1 月女性用户规模 ≥ 5000 万的行业，剔除工具类行业。
数据来源：Quest Mobile TRUTH 中国移动互联网数据库，2023 年 6 月

3. 00 后用户

90 后、00 后年轻群体成长于中国科技进步、经济快速发展的时代，00 后相较

于 90 后条件更加优越，是在数字技术不断渗透的环境中成长的一代。随着 00 后成长，线上活跃用户规模已达 1.5 亿，其中，女性及高线级城市特征明显。

2023年6月00后用户规模变化趋势
单位：亿

时间	规模
2020年6月	1.38
2021年6月	1.46
2022年6月	1.46
2023年6月	1.50

2023年6月00后用户画像

维度	占比	TGI
男	45.5%	90.1
女	54.5%	110.1
一线城市	9.0%	107.8
新一线城市	20.6%	110.2
二线城市	20.3%	102.4
三线城市	23.7%	96.3
四线城市	15.8%	93.0
五线及以下城市	10.7%	92.0

图 3-124　00 后线上活跃用户规模与画像

数据来源：Quest Mobile GROWTH 用户画像标签数据库，2023 年 6 月

作为数字"原住民"，00 后用户更加依附网络。Quest Mobile 数据显示，00 后用户月人均使用 APP 个数与全网平均接近，但月人均使用时长达 179.5 小时，明显高于全网平均时长，反映出该群体对于 APP 的使用程度更深。

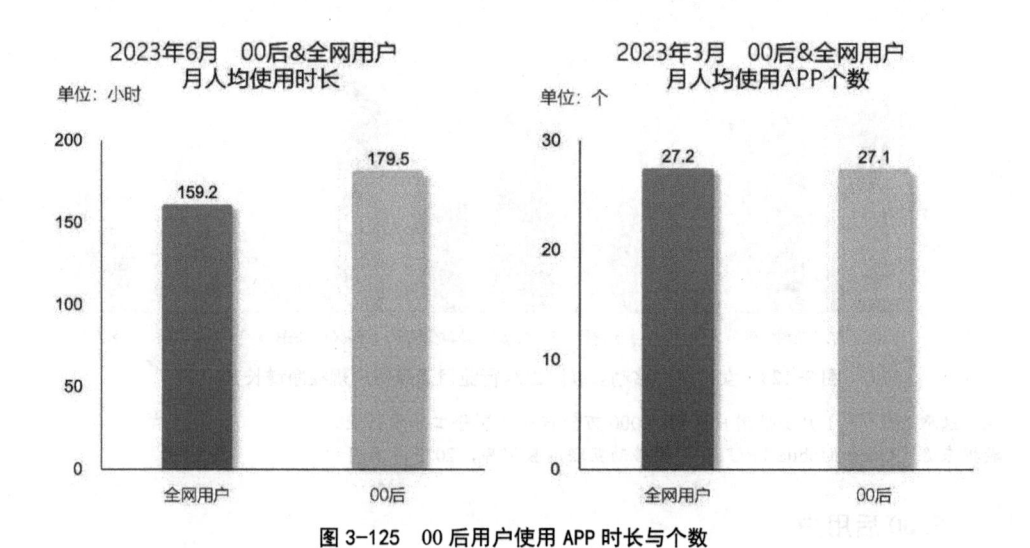

2023年6月　00后&全网用户月人均使用时长
单位：小时

用户	时长
全网用户	159.2
00后	179.5

2023年3月　00后&全网用户月人均使用APP个数
单位：个

用户	个数
全网用户	27.2
00后	27.1

图 3-125　00 后用户使用 APP 时长与个数

数据来源：Quest Mobile TRUTH 中国移动互联网数据库，2023 年 6 月

深度触网的 00 后用户，全天时段活跃均明显高于全网平均水平，0：00 仍有超 30%"深夜党"00 后用户活跃。

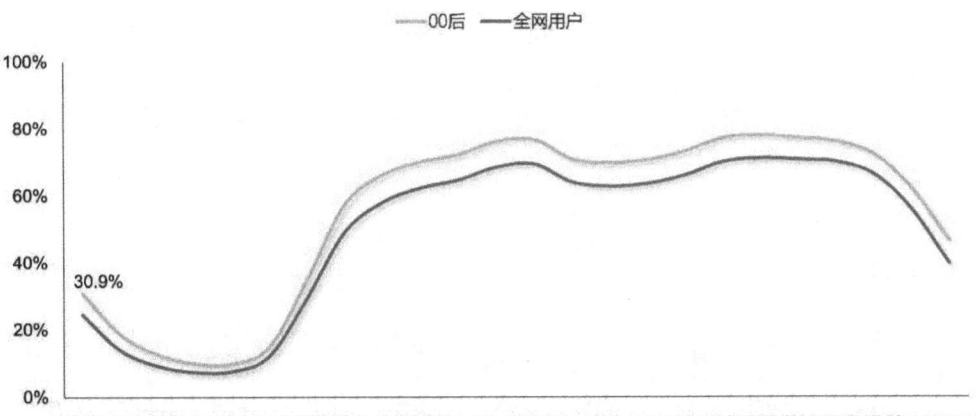

图 3-126　2023 年 3 月 00 后 & 全网用户活跃时段分布

数据来源：Quest Mobile GROWTH 用户画像标签数据库，2023 年 3 月

2000～4999 元价位的中高端机型为 00 后群体的主流机型；OPPO、vivo 终端品牌受到更多女性 00 后的喜爱，男性 00 后则更偏爱 Apple、华为、小米等终端品牌。

2023年6月　00后用户终端价格分布

	1-999元	1000-1999元	2000-2999元	3000-4999元	5000元以上
活跃占比	5.7%	25.9%	28.6%	17.7%	22.2%
活跃占比TGI			102.3	114.2	

2023年3月　00后用户终端品牌分布

	OPPO	Apple	华为	小米	vivo	荣耀	其他
00后男性TGI	78.1	116.2	118.5	134.3	61.8	110.4	101.1
00后女性TGI	118.2	86.5	84.7	71.4	131.8	91.4	99.1
活跃占比	34.2%	19.8%	19.0%	10.5%	8.4%	3.4%	4.6%

图 3-127　00 后终端使用情况

注：1. 活跃占比 TGI：指目标人群某个标签属性的月活跃占比 / 全网具有该标签属性的月活跃占比 ×100。2. 本页 00 后男性 / 女性 TGI，特指 00 后男性 / 女性人群某个标签属性的月活跃占比 /00 后整体具有该标签属性的月活跃占比 ×100。

数据来源：Quest Mobile GROWTH 用户画像标签数据库，2023 年 6 月

深入数字化生活的 00 后喜好达人内容，也乐于分享，对于美食、游戏、音乐等兴趣均表现出较为明显的偏好。

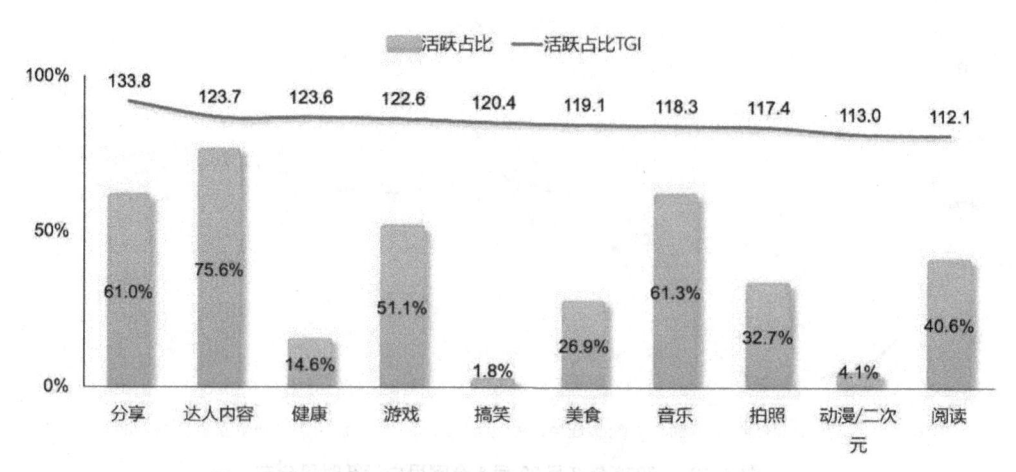

图 3-128　2023 年 6 月 00 后用户兴趣偏好活跃占比 TGI TOP 10

注：活跃占比 TGI：指目标人群某个标签属性的月活跃占比／全网具有该标签属性的月活跃占比 ×100%。
数据来源：Quest Mobile GROWTH 用户画像标签数据库，2023 年 6 月

内容偏好：00 后用户在内容平台上对于二次元、美妆、服饰等类型的内容更加感兴趣，围绕此类赛道创新内容更有利于触发该群体种草欲。

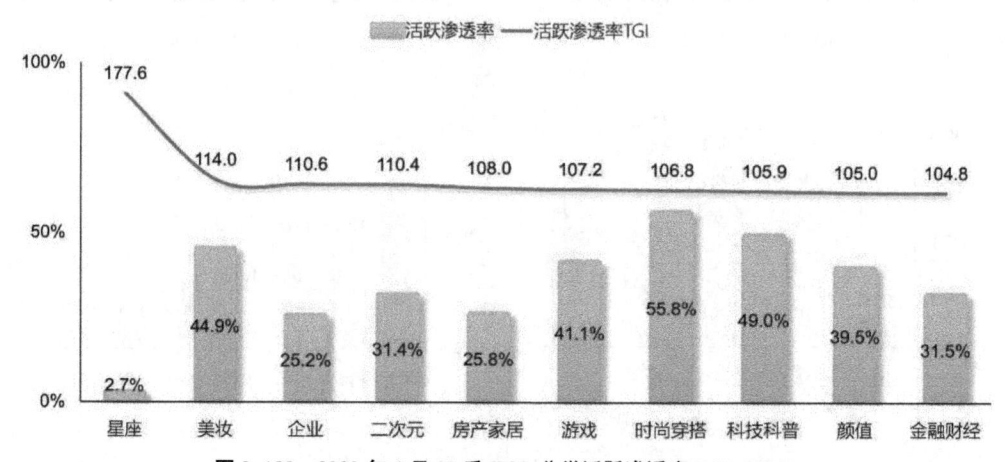

图 3-129　2023 年 6 月 00 后 KOL 分类活跃渗透率 TGI TOP 10

注：活跃渗透率 TGI：指某目标人群中，在指定 KOL 平台中浏览观看某类 KOL 发布内容的月活跃渗透率／全网在 KOL 平台中浏览观看该类 KOL 发布内容的月活跃渗透率 ×100，其中，KOL 平台包括微博、抖音、快手、小红书、微信公众号、哔哩哔哩。
数据来源：Quest Mobile GROWTH 用户画像标签数据库，2023 年 6 月

4. 互联网企业用户

头部互联网公司保持增长态势，腾讯控股、阿里巴巴、百度集团及抖音集团企业流量均超 10 亿；5 亿～10 亿梯队中，美团、京东、拼多多、快手均达两位数增速；中国移动、滴滴等增长显著。

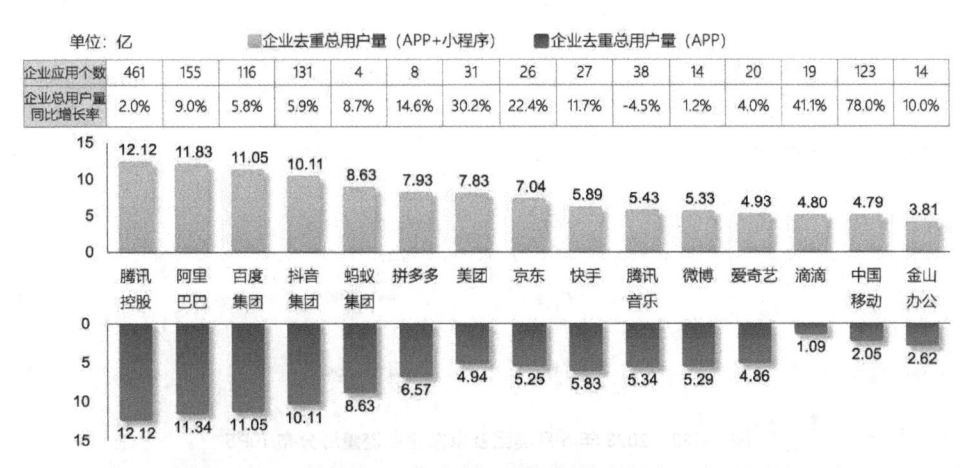

单位：亿	腾讯控股	阿里巴巴	百度集团	抖音集团	蚂蚁集团	拼多多	美团	京东	快手	腾讯音乐	微博	爱奇艺	滴滴	中国移动	金山办公
企业应用个数	461	155	116	131	4	8	31	26	27	38	14	20	19	123	14
企业总用户量同比增长率	2.0%	9.0%	5.8%	5.9%	8.7%	14.6%	30.2%	22.4%	11.7%	-4.5%	1.2%	4.0%	41.1%	78.0%	10.0%
企业去重总用户量（APP+小程序）	12.12	11.83	11.05	10.11	8.63	7.93	7.83	7.04	5.89	5.43	5.33	4.93	4.80	4.79	3.81
企业去重总用户量（APP）	12.12	11.34	11.05	10.11	8.63	6.57	4.94	5.25	5.83	5.34	5.29	4.86	1.09	2.05	2.62

图 3-130　2023 年 6 月　中国移动互联网去重总用户量 TOP 15 企业

注：1. 应用个数：该企业下关联的应用总个数，其中应用指 APP 和其关联的多个小程序的总体。2. 去重用户量：在统计周期（月）内，该企业下各 APP（或 APP ＋小程序）用户量的去重总用户数。
数据来源：Quest Mobile TRUTH 全景生态流量数据库，2023 年 6 月

腾讯在多行业流量实现增长，其中，手机游戏涨幅突出；阿里巴巴在巩固移动购物流量优势的同时，生活服务增长亮眼；百度在出行、办公领域，抖音在音乐、阅读领域增幅均突出。

腾讯控股 单位：亿		同比变化	阿里巴巴 单位：亿		同比变化	百度集团 单位：亿		同比变化	抖音集团 单位：亿		同比变化
移动社交	11.18	2.4%	移动购物	9.44	3.2%	系统工具	9.47	3.1%	移动视频	8.64	6.1%
系统工具	8.77	1.0%	出行服务	7.84	14.4%	出行服务	5.67	18.0%	新闻资讯	3.66	6.3%
移动视频	4.39	1.3%	生活服务	3.54	128.9%	办公商务	1.62	15.4%	数字阅读	2.09	45.2%
办公商务	3.85	3.9%	系统工具	2.98	2.3%	移动视频	0.88	-5.2%	拍摄美化	0.78	-0.9%
手机游戏	3.09	10.8%	移动视频	2.33	-6.8%	数字阅读	0.67	-8.7%	移动音乐	0.35	15倍＋

图 3-131　2023 年 6 月典型企业流量域用户规模 TOP 5

注：流量域指该企业下关联应用所处的对应行业，其中，应用指 APP 和其关联的多个小程序的总体。
数据来源：Quest Mobile TRUTH 全景生态流量数据库，2023 年 6 月

垂类领域头部玩家在巩固既有流量的同时，也在向更多领域扩充，美团在移动购物领域、京东在金融理财均有不错发展。

2023年6月 美团企业流量域分布TOP5
单位：万

流量域	数值	增长贡献度
生活服务	66600.6	75.6%
移动购物	19203.0	16.4%
旅游服务	557.7	2.0%
出行服务	99.8	-0.5%
办公商务	85.1	0.1%

2023年6月 京东企业流量域分布TOP5
单位：万

流量域	数值	增长贡献度
移动购物	70126.0	98.7%
金融理财	4141.3	3.2%
数字阅读	259.0	0.3%
办公商务	98.6	0.3%
汽车服务	84.9	0.4%

图 3-132　2023 年 6 月美团及京东企业流量域分布 TOP 5

注：1. 流量域指该企业下关联应用所处的对应行业，其中，应用指 APP 和其关联的多个小程序的总体。
2. 增长贡献度 = 某企业细分流量域净增量 / 该企业总体净增量 ×100%，其中，净增量 =2023 年 6 月去重总用户量 -2022 年 6 月去重总用户量。
数据来源：Quest Mobile TRUTH 全景生态流量数据库，2023 年 6 月

［本节撰写单位为北京贵士信息科技有限公司（Quest Mobile）］

第四章

数字营销
与品牌实践

一、营销篇

（一）电商营销

1. 2023 年新环境下的电商营销概述

直播电商兴起阶段，供给方即品牌端，厂商通过大批投入、批量转型等方式，将原本资源倾注至直播环境，源于认知、成本、精力、实践等能力差异，逐渐呈现出三类生意模式。

模式平衡型：能够从整体策略、直播推广、转化效果等方面进行投入和优化，以此提高产品在直播电商中的竞争力和知名度，注重直播新渠道整体框架的新特征、新能力，以钻研玩法打出直播电商的一片天地。

渠道转化型：资源相对有限，通过优化直播内容，提升产品演示和销售技巧，以及与一些小众主播合作，直接借用直播的模式、优势，将主播作为货架，本质上在做"分销"而非"营销"，在直播电商中获得一定的市场份额。

重度投入型：All In 直播电商市场，在传统渠道起步较晚且竞争力较弱，通过直播方式逐渐进入市场，通过跨平台直播、自培养主播等方式低成本、低风险的额测试产品市场反应，以此逐步积累品牌知名度和市场份额。

而当下，在需求型购买与非需求型购买的市场、用户双重激励环境中，电商营销应采用更加数字化、网络化的手段，通过各种市场营销技巧和策略，以获得更高的转化率和销售增长。

（1）电商营销"传、拉、销"，三位一体必不可缺

① 传播更贴合人性，让好产品更具表达力

传播商品信息，让潜在用户了解和认知产品及品牌，通过社交媒体、私域、社群等方式，有效传播产品、品牌的实际能力与价值体系，提高商品的认知度和关注度，无论是种草、品宣还是植入，营销方式更符合消费者的真实需求和期待，更自然、更人性化，减少对消费者的干扰和抵触，让好产品更具"讲故事"的能力。

例如，国货美妆赛道近年来较为饱和，某国货品牌通过明星单品实现了在该赛道的逆袭与突围。首先，他们通过用户反馈选定突围单品，切入了"大赛道"中的

"垂直赛道"。其次，该明星产品本身拥有较为成熟的研发技术，以及自建的原料基地，利于品质的把控；从天然出产到后续研发再到产品包装全链路闭环，形成了不易复制、难以攻破的护城河。紧抓"创始人的情怀与使命"与"拟人化的功效及资质"，从国货审美、国货价值、产品价值、产品能力多角度出发，讲好品牌故事，实现销售"回暖"。2022年，"双十一"阶段，该明星单品全渠道销售额突破 2 亿。

②拉动用户需求，激发用户欲望，向目标性营销靠拢

通过把优质商品和信息推送给潜在消费者，引导他们到企业官网或电商平台进一步了解产品和服务，如采用优惠券、秒杀活动、限时促销等营销手段，诱导用户加入购物车，拉进销售转化。

③销售是最直接的数据表现，但并不是唯一节点目标

电商营销中，以销售为核心目标，把产品推向市场，提供优质的售前、售后服务，满足消费者的需求和购物体验，提升复购率和用户黏性。但需要注意的是，在整体目标之下，也需要拆解出多维度的过程指标。一方面，可以检查闭环内不同比率所呈现的环节优势；另一方面，可以针对多部门营销协同调整指导战略。其中包括社交互动效果、店铺访问、用户留存、用户咨询、搜索流量等。

"传、拉、销"的三个步骤相互影响、相互支持，形成无缝连接的营销链条，实现营销的最大化效益。在电商营销中，"传、拉、销"的策略整合起来，通过各种营销手段，最大程度地满足消费者需求，达到自下而上的效果与结果，从而在激烈的市场竞争中发挥更大的优势。

（2）传统电商与直播电商转化逻辑具备差异，但营销通路逐渐走向融合

品牌端与平台供给方较为共识的是传统电商与直播电商在用户侧的差异表现，体现在需求。一般在传统电商平台内，用户偏向于有明确的购物需求，不确定项主要在品牌、产品的选择，而在直播电商环境中，通常是用户被产品的功能点或者独立特质吸引，原本并没有明确需求，但在内容的强力引导下，产生了该产品衍生至该品类的新需求。

①融合能力逐渐变强，传统直播、直播电商"边界感"减弱

直播电商作为新兴的电商销售形式，正在迅速崛起并快速占有市场份额，而传统电商作为电商的主体形态，依然在电商市场有着不可替代的地位。许多电商企业正在尝试将传统电商和直播电商有效结合，营造出更有创意、更直观、更真实、更互动的在线营销方式，以更好地满足消费者购买需求，提高销售转化率。

随着平台的融合性发展，传统电商与直播电商的"边界感"逐渐模糊，品牌方可以在传统电商平台利用"推荐玩法""兴趣短视频""直播带货"模式，为更垂直

的用户提供转化动力；也可以利用直播电商平台更完善的兴趣标签、整合型商城、搜索型商城为转化赋能。

② 营销与销售逐渐破壁

例如，品牌在直播间对商品进行展示，一方面，可以引导消费者点击商品链接进行购买；另一方面，通过讲解，更生动、形象、立体化地为产品进行种草。同时，品牌还可以利用社交媒体、直播访问、店铺访问等多维度的数据，针对不同生命阶段、不同触点机遇、不同转化习惯的用户进行精准的 1V1 营销推荐，提高定向购买率。无论最终的转化重点在哪里，均需要通过社交媒体平台的拓展，扩大宣传范围，增强品牌附加值。

总体来看，直播电商模式更具有互动性和实效性，能够在直播间完整地呈现商品信息，引导消费者进行更直观的选购，同时利用社交媒体优势，扩大营销影响力和口碑。而传统电商更加注重优化平台、提高便捷性和客户忠诚度的建设来实现营销策略的最优化。

2. 传统电商营销要素及模式变化

随着品牌竞争日益激烈，平台玩法逐渐迭代，以及消费者消费习惯和心理预期的变化，传统电商营销也正在经历着一次巨大的变化。但无论变化如何复杂，传统电商的营销仍然围绕着"商品""客户""信息渠道"以及"促销"四个方面。

（1）商品是核心，但商品不只是"商品"，更是"能力""包装"与"服务"

① 只要能解决用户需求，再"小"的商品也可以是"好"商品

商品的"能力"更多偏向于在该类目下商品的功能、性能、成果等方面，是否能够找到画像清晰的用户群体，是否更易转化，品牌端需在规格、材质、质量等基础能力上再做探索，同时能提炼出商品真正解决的问题。

例如，无糖食饮、特型服装、营养辅助食品、方便零食等，它们的目标画像较为清晰、市场需求充盈。

品牌不应忽视任何一个细分类目，只要这个细分类目能满足消费者的需求，它就是不可小觑的商品。近年来爆火的垂直品类营销逻辑，就是从细分的商品入手，辅助于品牌的快速转化，积累兴趣用户流量。

② 包装一款好产品，让营销事半功倍

近年来，新锐品牌无疑是紧抓用户兴趣、深挖用户需求、探索用户群体，所以在新消费环境下，所有品类、所有产品都有重做一次的机会。商品的"包装"，一方面是商品的外观、设计、包装、标签等方面，它们需要更加符合当下消费人群的

审美，让用户更能一眼入心；另一方面是其超脱商品本身的、能够凸显商品能力的包装。

例如，"斩男色口红""前男友面膜""抗初老面霜"等具有特定性格和性能的产品和品牌，通过独特的包装和标识，成功地引起了消费者的共鸣和兴趣。这些品牌不仅在设计时注重产品的实用功能，同时也以创新的形式打破传统的包装方式，将正向情绪和个性元素融入商品中，为消费者提供了更具人性化和个性化的消费体验。

电商营销中，需要将商品的品质和服务体系做好，更易提升消费者对品牌端的认同感和信任感，品牌需注重打造差异性的特色商品，根据不同品类、不同产品的属性和特点，选择不同的包装、能力和服务体系，提高品牌附加值，增强消费者购买信心。

（2）因"需求"而来的客户，也会因"需求"而走，把握核心用户群体更为关键

传统电商把搜索流量作为最核心的流量构成，为品牌店铺输送了源源不断的精准用户。这就要求店铺需要更精细地打磨"产品→优势→特征→用户"的精准标签，以备抓住用户核心需求，提升店铺访问的同时，降低用户流失率。

举个例子，秋冬装需求较为旺盛阶段，A品牌通过对"显瘦女装""女装风衣"等特征词、品牌词投放，获取了相应搜索流量，但具体页面中既没有对该类特征的效果展示，也没有产品本身差异化优势的展示。最终虽访问流量较高，但页面停留时长、咨询量、转化量均达不到预期值。

综合来看，对营销对象即需求性用户的动作应注重三点。

① 页面设计和关键词信息

了解产品特征贴合用户所需，设置清晰明了的商品标签和投放关键词，让消费者更为轻松地去联想。与此同时，可以利用效果呈现、优惠信息、产品背书、能力展示、视觉优势，用更博眼球的方式提升吸引力，展示商品的特点和优势。

② 产品信息和特色包装

丰富的商品图片、详细的文字描述和独特的产品卖点，向用户展示产品的特点和优势，帮助消费者清晰地理解产品的效果和使用方法，进而增强对品牌和商品的信任度和购买意愿。

③ 用户数据分析

更好地了解消费者的需求和行为习惯，优化商品页面的设计和标签，"量身定制"更适合消费者的商品和服务，从而提高店铺的转化率和用户体验。如浏览时间、点击率、转化率等指标，了解用户对于不同商品和标签的偏好和关注度，进而优化商品的展示位置、页面布局、产品标签和搜索排名策略，提高关键页面的展示

效果和访问质量。

此外，针对不同黏性的用户，可通过会员体系营销，为其提供更为定制的深度服务，以备后续复购、增购、多次转化。

（3）站内营销与站外营销缺一不可

站内营销强调通过电商站点内的各种促销手段和服务，提升品牌的认知度和用户的满意度，增加用户留存和复购率；站外营销则强调通过社交媒体与舆论平台等渠道，吸引更多的潜在用户，提高品牌曝光度和销售量。

从站内营销来看，主要包括以下几种营销手段。

① 平台广告

如展示广告、品牌店铺专区、品类活动专区、付费流量、搜索曝光等。

② 促销活动

包括折扣优惠、满减活动、赠品促销等各种促销手段，用于提高用户的购买欲望。

③ 站内信

提供快捷、专业、贴心的咨询回访服务，加强与用户的互动和沟通，调动用户需求意识，对有较为明确转化需求的用户做进一步的销售引导。

从站外营销来看，主要包括以下几种营销手段。

① 广告投放

通过各种线上和线下广告渠道，如搜索引擎、社交媒体、电视媒体等，提高品牌的曝光度和用户的关注度。

② IP 合作营销

与友商进行合作大事件，通过外部传播、门店信息等多种方式，引导用户在网店下单。

③ 社交媒体营销

通过各种社交媒体平台，如抖音、快手、微博、知乎、小红书等综合平台，和其他特殊产品的垂类平台，为品牌埋下转化种子，或直接向站内做引导。

综合来看，站内营销和站外营销缺一不可，都是传统电商营销的重要手段。品牌需要根据自身情况和市场环境，采取合适的营销策略和组合，实现最优化的营销效果和结果。

最后，促销本身不仅仅是品牌释放福利、优惠和低价套餐，更是结合平台大节点契机及品类节、自建会员日等多类手段，实现更强黏性、更高购买力用户的筛选。结合传统电商的黏性购物原则，不断打磨、增长高净值用户基数，充分调用传统电商在自身销售体系中的重要优势。

3. 直播电商从形式上的"疯狂"到新生态养成

直播电商的产品内核、宣传方式与传统电商有较大区别。在传统电商平台中，它可以作为"平面产品"的立体化展示方式，弥补线上体验的缺漏，而在新社交媒体平台中，它的玩法呈现出了以"兴趣"为核心的新生态面貌。

① 以兴趣吸引住用户，以互动拉动购买

品牌或内容创作者会将商品情景化，为商品建构使用多元场景。消费者在浏览内容电商的时候，先消费的是内容，继而在直播环境下，主播通过即时性的交流，帮助用户打消购买疑虑，让其产生冲动式消费行为。

② 链条更为明晰，构建沉浸式的、丝滑的购买环境

内容电商平台通过多样化种草图文、短视频、直播等形式呈现商品。优质的内容、风格化的叙述方式、具有号召力的主播等更容易让消费者沉浸其中。

③ 基于消费者兴趣推荐，以内容流带动商品流

传统货架电商以货品为中心形成推荐，而内容电商则以消费者兴趣内容为核心，做基于内容的商品推荐。

通过直播的形式，以主播、品牌、产品影响力拉动新用户涌入，供消费者实时观看、评论、互动，以促进销售和品牌曝光。在初期阶段，直播电商形式上主要是"疯狂""暴力"的，往往比较注重快速热销和营销效果，并存在着一些问题和隐患，但随着自然发展规律的监管严格、政策调整，直播电商正在呈现出新的生态格局，也为品牌方补足了线上环境中的消费动力。

（1）多方共筑，形成新营销模式

① 投放"影响力"主播营销

随着各界明星以及行业达人的涌入，达人生态愈加丰富。相较于品牌自播，达人直播讲究产品组合的力度和性价比，一般选择较为有背书能力的主播，主播形象即品牌态度，通过有影响力的直播间、主播专业真实的人设，以及多样化的粉丝运营，建立和用户的"信任"关系，构成和用户的深度链接，提高私域转化率。但值得注意的是，投放"影响力"主播对主播的要求较高，应评估其舆论声音、历史转化、历史传播、用户画像等综合能力，实现品牌形象与流量的双丰收。

② 投放"货架"主播

"货架"主播代表了主播带有一定领域的专业度，但自身流量可能略有欠缺，例如，"线下导购"通过专业展示和效果呈现，以及较为专业的、更贴合大众的宣

传语言，将垂直领域的用户做聚拢，同时为他们做更深入的转化。在此过程中，主播通过回答粉丝会在直播过程中提出的一些关于商品的问题，进一步帮助观众更好地了解商品，最终完成销售目标。

③ 商家自播

商家官方账号直播，通过自身产品理解度及较为夯实的销售能力，形成矩阵式、多链条的直播模式，在近年来通过直播"翻红"和"突围"的品牌不在少数。这源于商家自播的天然优势：对自身产品了解深入，能够精准地满足消费者需求，提供更加详细、精准的商品介绍和解答；降低营销成本，直接与消费者互动，提高品牌知名度和忠诚度；根据自己的销售策略和库存情况，灵活安排直播时间和内容，提高销售转化率；借助直播平台的流量和社交功能，扩大品牌和商品的曝光范围，提升销售额。

当然，不仅是"逆袭型"品牌在此土壤中占据优势，原本就具备品牌力的大厂，更可以基于品牌信任、商家主播和用户的强信任关系，使用户省去了"收集信息"和"对比评估"的过程，进一步缩短了用户的消费决策过程以及整个电商生态的营销转化路径。

（2）直播电商营销链路拆解，从影响用户心智到促进用户动作

内容是消费者与商品和品牌链接的关键要素，种草短视频、带货直播等多样化形式让多维度的商品信息能够自然融入多元兴趣场景中，极大地激发消费者对商品的兴趣和购买。品牌可以通过内容建立和强化品牌形象与认知，在内容电商平台直接促成交易，实现购买成交，使"品销合一"真正得以实现。

① 创造内容闭环，挖掘前后段能力

与单纯的种草营销、内容营销略有差异的是，直播电商营销的核心仍然是导向"电商"，也就是转化路径，这也意味着无论是品牌端还是达人端，都要更直白地向用户传递内容。通过短视频内容用更直白的方式，将用户引导到直播间，考虑自己想表达什么的前提，是获悉用户更想知道什么。

例如，品牌引流，用更精炼的内容（7秒内容）来吸引用户机制，这里"确定性"比"新创造"更加重要，"借力"比"闭门造车"成本更低，也更容易获悉用户偏好。第一，当要开始思考做一条内容，需要找到刚刚爆发的"关键词"，即"热词"；第二，搭配已验证过的内容"吸引停留"；第三，搭配已验证过的文案"引爆评论"；最后，选择最近更为"上头"的BGM，再次"吸引更长的停留"。完整来看，比如7秒的视频，利用"322爆点视频结构"，更容易创造百万级播放。

而直播间的承接也是营销的重要环节，精品选品、场景搭建等，以确保直播充

满趣味性和购买欲望，要借助直播的互动优势，让观众感受到个性化关怀，提高观众留存率。例如，回答观众问题、互动问答、抽奖、送礼等环节，培养观众的忠诚度为店铺吸引更多有效粉丝。最后，主播应该把握好宣传技巧和方式，在不影响消费者观感的前提下，提供有价值的服务和产品信息，引导消费者理性消费，协助消费者在直播间选择、付款、售后等环节，提高用户体验。

一场直播、一个阶段的直播并非直播电商营销的终点，后尾内容沉淀，如直播切片、直播内容回复、热评互动等，将销量较高、营销更为成功的产品进行长效营销。既能为直播提供持续性价值，也将结合新一轮直播开展的前置节奏，形成可持续的"内容→直播→内容"闭环。

② 要提前对爆品进行打磨，打造属于品牌的"超级爆品"

在"超级爆品"概念出世之前，行业对爆品的定位一般分为"爆品"与"大单品"。前者是借助社媒传播与流量红利创造出的网红品牌，但其生命周期较短，用户对某一产品感兴趣之后，对品牌没有形成符号记忆，后续可持续性较弱；后者是依靠大众市场所创造的生命周期极长的经典产品，但投入成本高、市场培育慢，在竞争加剧的情况下，可替代性更强。

而"超级爆品"便是将两者的优势结合起来，创造"第一特性＝品类心智＝品牌"的恒定法则。简单来看，首先，"超级爆品"要有品牌的"第一特征"，即自身核心资产的超级符号；其次，需要一个"爆品名称"，更好地植入易记忆的名字，如前文提到的"前男友面膜"；再次，是"价值锚点"，用符合人群需求的强功效作为卖点；最后，是"信任背书"，为用户讲故事、能够推动品牌不断向前走的"信任状"。

- 爆品品牌：做单一功能的极限，找爆品渠道切入口、通过直播去验证爆品势能。
- 品类品牌：做单一品类的极限，占领和收割某个品类的心智卡位。
- 超级品牌：意识形态无极限，大量超级用户的内容释放，具备较强的品类拓展能力。

小爆靠运气、大爆需策略，当"产品""品类"做到极致，品牌能量即可得到释放，直播转化能力将会更强。综合来看，"超级爆品"更为"忽略"付费渠道能力，主播掌握产品讲解能力，搭配直播间促销手段，更易实现转化，后尾性价比极高。

（3）直播电商营销需关注数据指标，同时结合不同平台的模型及玩法

源于直播电商平台的差异，以及用户推荐机制、兴趣标签的不同，可以归总出三类不同的玩法，品牌可以结合平台特性和用户习惯，更好地展示产品和提高销售

转化率。

① 传统平台的直播电商板块，应注重展示"密度"

传统平台中，直播作为直转商品的立体化辅助模式，在特定节点流量需求较为旺盛阶段，可选择与流量较高、知名度较高的红人合作，参与进入官方活动，如"双十一"的淘宝红人直播间、活动直播间等；而日常方式主要以自播为主，用户很难像在社交直播电商平台一样，因为对某个商品感兴趣而进入直播间。因此，展示商品时，需要注重吸引用户的注意力，展示更多、更丰富的商品，对每个产品有更为清晰的介绍。

同时，可利用产品的直播回放、24小时无人直播间、商品录屏直播间等能力，为每一个想要深度了解产品的用户提供多样体验空间。

② 社交流量平台，应关注平台特征及模型玩法

依据这些模型和玩法来制订具体的营销策略，提高产品曝光度和销售转化率。例如，强化主播个人形象，让消费者整体认可，结合主播特点制定"聚焦形象"营销策略；重视互动，可以在互动环节设置抽奖、送礼等活动，拉近与消费者的距离；结合平台特征做种草式直播，用慢推荐的方式取代节奏极强的抢购模式。

具体以抖音平台作为范例，品牌可以依托5A人群包对核心用户进行分析，定制营销策略，同时，可通过霸词策略"搜索入口成交法则"、霸屏策略"抖音商场卡关键词"、竞品截流策略，摸索"猜你喜欢"推荐机制三步走。迅速定位抖音小店的成交标签。通过短视频、直播、小店三板斧，循环促进品牌转化，让品牌从纯流量投放向效果营销跃进。

同时，营销过程中应关注数据指标，包括观看人数、互动人数、直播时长、转化率、ROI等。通过对数据的分析，可以了解用户的关注点、购买偏好，针对性地调整营销策略和产品推荐，提高营销效果。评估直播电商的整体营销效益，为调整营销战略提供依据。

4. 转化型营销对品牌参与者的新诉求

自2021年起，社交平台与电商融合程度不断加深，包括微博、微信、抖音等社交平台加速布局直播电商，打造"内容＋直播＋电商"完整产业链；主播带货成为品牌增长长效驱动力，内容形式呈现多形式融合并存，玩法升级。

① 营销方式从品牌推广转向用户引导

过往通过广告等渠道对品牌形象进行宣传，目的是提高品牌的知名度和美誉度，进而间接地促进销售。而转化型营销则直接引导用户进行购买，倒逼了品牌方

应探究用户的真正诉求。

②理性消费引导，以购买为导向

转化型营销的目的是实现销售转化，品牌不能只注重短期效益而忽略了购买后的用户体验和满意度，更要注重产品质量和服务质量。在引导用户购买的同时，注意引导用户理性消费，拒绝过度营销。

③以数据为驱动，提高营销效果

转化型营销强调数据分析和实践营销效果的检验，品牌需要从定位目标用户、制订推广计划、进行数据分析、关注转换率等方面入手，通过数据分析等手段调整策略，提高营销效果。

④加强营销联动力

在品类竞争较大、产品设计百花齐放的当下，更应将营销链路的环节做扎实，注重营销的前、中、后能力，注重用户留存，为长尾流量赋能，沉淀品牌的数据资产。

（本小节撰写单位为北京艺恩世纪数据科技股份有限公司）

（二）内容营销

从渠道生意到流量生意，再到兴趣生意，内容所迸发的商业能力，在近几年可谓风头无两，新锐品牌崭露头角，在瞬息万变的营销环境下，仍旧有品牌突围出击、大放异彩。消费、声量、品牌认知、种草培育均与上一阶段有较大差异，研究发现，品牌端在当下对后链路"转化"需求更甚，而作为转化基础项的"认知培育"却愈发艰难。

在内容营销的新格局下，品牌需从"人、货、场"角度整理出发，通过新圈层人群的消费培养、新品类要求下的内容研琢、新场景下的能量释放，从单渠道品效割裂走向全渠道品效融合。

1. 多态迸发，2023年内容营销的新格局

从内容营销所经历的三个阶段的变化，我们可以较为清晰地看到"以需促态"的新格局。

1.0阶段：品牌以"占据传统媒体渠道"的方式，在用户少数可触渠道占据用户第一印象，利用渠道红利快速抢占市场用户占有率。

2.0阶段：以"软广、种草文案"的方式在自媒体平台通过吸引性标题及切需

内容，为核心用户群种草以促转化，流量相较闭塞。

3.0 阶段：以社交媒体的流量优势发布品牌批量种草内容，借助流量玩法向不同渠道、圈层用户做影响力收割。

当下，以全渠道整合的方式，通过用户可感知、有兴趣的内容，将产品渗透到用户的生活、学习、工作、娱乐场景中。以用户需要的、超预期的内容，达成品效合一甚至偏重转化的发展目标。

从发展角度来看，内容流通从分散走向统一，形式从单元变为多元，未来内容营销发展将由传统渠道与新渠道共力而合，结合品牌的阶段性、长远性目标，形成组合营销的新模式。

（1）内容营销涵盖范围极广，品牌需结合独立优势做"排列组合"

① 影响力营销——影视剧综艺、明星营销、关键意见领袖（KOL）营销

影视剧综艺营销：主要指传统重媒体渠道的投放方式，通过品牌露出、品牌价值植入等多元方式，为品牌认知添砖加瓦。

明星营销：借助明星流量能力及自身形象影响力，从代言、软广、社媒广告等多角度进行营销投放，为品牌注入大流量转化营养。

KOL 营销：通过特定领域拥有影响力的 KOL，让自己的品牌和产品与受众建立联系，并且保持互动，更重真实感、多样化，不同层级 KOL 所提供的营销能力各不相同。

当然，无论是大流量营销还是垂直流量营销，本质上都是提升品牌或产品的展现能力，在用户记忆中植入浓墨重彩的一笔，奠定品牌基础及促成短时间流量涌入的营销手段。

② 渠道营销——社交媒体营销、短视频营销、图文营销

社交媒体营销：通过社交媒体渠道，以官方账号、商单内容、展示广告等多维方式，进行快媒体形式推广，吸引用户注意力。

短视频营销：在短视频平台通过短、平、快的内容与极具表现力的场景环境，让用户有身临其境的体验感，形成跨屏体验力。

图文营销：通过深入浅出的内容或专业化的表达，将产品做更细致的内容划分，用户理解有门槛，更适合相对复杂或图片展示力强的产品。

除此之外，包括我们前文提到的电商营销，也包含一部分的营销属性。

（2）不同类目内容的目标导向不同，品牌借助其认知、种草、转化能力

① 娱乐型内容，更易在流量侧为品牌塑造认知力

当下娱乐内容战略正在从"唯流量论"走向"注意力+流量+内容力"，品牌

内容战略从单一走向多元，娱乐内容多样化、内容渠道多元、商业模式全维化、用户偏好极致化促成新战略关键词，品牌将从形象、圈层、内容、复用率等多重维度，深化品牌认知。

娱乐内容多样化：真人秀、访谈、户外运动、悬疑推理、音乐等多类型综艺；甜宠、主旋律、年代剧、职场等多主题剧集。各类内容均有特定文化价值，品牌融合度极高。

内容渠道多元：横屏、竖屏影视剧综艺均在不断发展，除长视频外，短视频综艺、短剧等各类形式匹配不同渠道，占据用户闲时及碎片时间。

商业模式全维化：除如小剧场、剧情植入、冠名、品牌露出等内容内露出形态，评论、弹幕、后尾话题等外环营销内容均有品牌商业参与空间。

用户偏好极致化：圈层用户可选空间极大，泛娱乐内容以极大流量空间斩获群体用户，垂直娱乐内容为该领域爱好者用户提供较大参与空间，内容影响力极强。

② 种草型内容，从"认识"到"信任"的中通枢纽

内容种草是认知后"深度培育"的必备旅程，以 KOL 营销为核心形式的种草内容，一方面可深度联动用户反馈，另一方面形成互动式内容风潮，更易创造"超级爆款"。当然，不同平台的种草内容有不同的效用，要根据平台特征及平台内用户的内容偏好度形成更直接、更易懂、更有效的内容体系。从以下四方面为例。

社区种草平台：利用反漏斗模型、生活方式引导，让品牌从核心人群推演出兴趣人群，再过渡到泛人群，实现最小步的试错，搜集核心用户群真实反馈。

国民流量平台：通过信息差、流量平权的多样化内容，庞大数据样本的沉淀和不同人群的拆解，让不同群体、不同兴趣爱好、不同身份的人，均能找到核心可种草的品类和对标用户。

中长视频平台：以"打直球""拼创意"的方式深受圈层人群热爱，结合平台优势的连载动画、国产剧、国产动画等，更易斩获圈层人群喜爱；带有该类骨血的手工、剪辑、短片、手书、配音内容也成为热门类型，品牌入局时应更多考虑该类用户兴趣内容。

社交舆论平台：以明星宣发为主，依托粉丝流量与微博影响力，创造较高的内容热度，通过纯公域土壤，让内容得以发酵，整体影响力较高，是品牌端的"超级流量入口"。

成为"枢纽"的基础在于用户与发声者之间的信任力，而建立信任的过程，不仅需要选择合适的 KOL 为其发声，更需要自建口碑，做好种草转化的承接，充分考虑消费者的心理和行为模式，对于不同的产品和目标受众量身定制不同类型的内

容，最大化地影响消费者的购买决定。

（3）内容营销难度极大，要求品牌实现"三跨、四探"

① 跨平台、跨形式、跨品类

平台理解能力需深化，不止 All In 单一平台及单一模式，图文、视频、直播、VR 等多类体验平台全容量内容迸发，传播、种草、转化多类型平台内容力、产品力持续渗透，流量、圈层、小众平台兼容并包。

不拘泥于线上或线下，更注重双线并重模式，品类线上形式向线下体验转型，增强信任能力，拓展品牌体验深度，传统线下企业走向线上，通过打破人群、地域等限制，突破流量、销量天花板，形成可持续增长。

拒绝闭门造车，与友商品牌做出 1+1＞2 的效果，IP 跨界与跨圈营销已成常态。品牌打破固有形象认知，突围新消费用户，产品破壁，多态共生，将"一品多产"发挥到极致，通过品牌、异业合作，合并及探索更多可增长渠道。

2023 年 9 月，瑞幸联名茅台推出的"酱香拿铁"，以"咖啡联手老字号"的特征点及"年轻人的第一杯茅台是瑞幸给的"等爆款口号，掀起风潮，联名实现单日销量超 542 万杯，单日销量超 1 亿元，刷新单品纪录。

而仅相隔一个月，瑞幸联合米高梅电影公司于 1939 年制作的知名长篇喜剧动画《猫和老鼠》推出了 TOM&JERRY 联名款"马斯卡彭生酪拿铁"。其贴纸的多样化玩法趣味横生，截至 2023 年 10 月 13 日，仅抖音平台＃瑞幸联名猫和老鼠＃话题已达 7700 万次播放。

② 探内容、探互动、探爆品、探社交

内容：单一渠道对标人群不同、流量不同、效果不同，极致探索单一渠道的适应内容形式。

互动：调用不同 KOL、发声人群，形成可持续的共创内容生产机制，结合单一渠道特征对活动、投放、广告、策略、模型做精细运营。

爆品：结合平台用户属性、消费能力画像，对产品做更为细致的拆分，打造平台内爆品生态。

社交：结合站内私域、社交环境，与购买受众从"买卖关系"升级至"社交关系"，推动持续消费与口碑循环。

实际上，"三跨、四探"是从广度及深度两方面提出了内容营销的新要求，"跨"代表了在横向的多渠道、多触点中要尽可能地与用户产生触点。而"探"则是在核心渠道中找到该渠道的细致玩法，在多类渠道中能找到属于品牌自己的营销答案。

2. "人、货、场"内核不变，在内容营销新要求下，产生新的撮合变化

营销的本质是将更合适的货在适当的场合推荐给更需要它的人，这也就构成了"人、货、场"三要素，内容是产品传递信息、联动用户的第一生产力，多点并发，抢占用户注意力，扩大认知范围及认知广度。而内容载体及渠道变化，因用户需求而生又反哺回用户，持续推进"人、货、场"的循环迭代。

（1）圈层营销将持续稳固，用户圈层标签将愈发多元

过去以年龄、性别、地域和收入等人口属性硬指标来定义目标人群的方式不足以让品牌找到高认可度的消费者进行精准营销。

① 圈层的极致化划分方式，用户处于多元标签

从用户角度出发，圈层人群的分类方式逻辑性有所提升，例如，基于人群特征，都市中产、精致妈妈、银发中年人、打工人；再如，基于生活方式、态度，美食爱好者、爱宠人士、健身圈；最后如，基于文化兴趣，饭圈、国风圈、手帐圈。从数量与影响度的关系来讲，人群范围越大，能影响的内容越多，但聚焦程度不够、凝聚力越弱，而越垂直、越基于核心兴趣的圈层，人群覆盖面积越窄，但其凝聚力就越强，对品牌而言，在理顺圈层营销的同时，仍须判定对圈层的目标落脚点，更易达成阶段性目标，优化性价比。

② 圈层营销策略的制订

根据不同的圈层特征，品牌端可以有针对性地制订营销策略。首先，可以找准不同圈层人群所处的渠道环境，找对其信任的发声者、媒体端，例如，宝妈群体将更多关注母婴类垂直平台以及泛社交平台中的母婴活动、母婴板块，品牌需针对此进行策略的制订，如宝宝产品年龄策略、宝妈搜索频次较高的搜索词等，通过数据方式切入圈层；二次元群体可能更多在相应平台及关注大流量平台的垂直 KOL，品牌可通过 IP 联名的方式进行内容破圈，斩获相关群体的关注度。其次，在建立品牌形象上，认证和赢得权威机构的认可十分关键，品牌端应该尽可能地参与相应组织的认证，联合官方背书形式快速进入该群体的核心社交场景等。

③ 圈层的维护和发展

品牌的圈层营销仅仅是起点，后续仍然需要通过增加互动、筹备互动活动、建立社群等形式，不断地与不同圈层的用户互动，提高用户黏性，保持圈层的活跃度和用户数量。

圈层营销不仅帮助品牌提升营销效率，更可以有效减少不必要的资源浪费，在未来会被更广泛地运用在各个领域和行业，特别是线上营销。

（2）品牌是转化的基础，转化为品牌提供更有力的落地支撑

"卖得出去的品牌才是好品牌"，营销结果和品牌能力相辅相成，从品牌角度出发，品牌诉求"重流量"到"重转化"再到"重品效"，实际上是对投入产出比的不断调优。种草内容是长效价值的载体，实际转化能促进更多真实体验及自发内容分享，由品及效的正向循环，要求品牌、产品既要有"故事能力"又要有"产品爆点优势"，又能"值得大众分享"，即好看、应需、好用。

品牌能力：品牌知名度、美誉度及流量能力是极为显性的，在同类品价格差异不大的环境下，用户更乐于选择"大牌"。通过传播效果、用户互动能力等提升品牌的知晓度及知名度，培育用户的深度认知能力，让用户对品牌更为敏感。

种草能力：用户通过种草接受产品的影响，通过产品特质、产品力、品牌价值等多重内容，向用户传递核心价值信息。用户在过程中满足自身兴趣需求，接受品牌方的种草内容。

转化能力：是品牌营销过程中的核心目标，产品背书为转化提供基础能量，通过快速转化渠道以更短路径、更强能力实现效果层目标，沉淀的品牌力及产品声音能更长久地提升转化能力。

口碑能力：用户主动产生影响、主动参与分享，既是使用者，又是发声者；既是消费者，也是好物推荐官。通过群聚式内容，反哺于品牌。

这四项能力作为品牌的必备项，在营销过程中形成密不可分的环节，不同类型的品牌在具体营销过程中应评估自身原本优势，提升劣势项。例如，某国货彩妆品牌种草能力较强，在垂直平台影响力、转化能力较强，但品牌能力、口碑能力较弱，当同类新品牌入市，该品牌通过 IP 联名、中国特色审美价值导向方式，提升自身国货品牌头部地位，培育用户使用口碑，短短 3 年登顶国货彩妆榜。形成可持续的营销、销售能力。

（3）内容与转化破壁发展，营销将渗透传播、转化全链路环节

① 内容环境更为宽容，每一次展示均可掷地有声

从内容形态来讲，长、短视频目标都是占据受众的注意力、时间和心智，但优势各有不同，两者的边界相互渗透。例如，抖音内容生态渠道下，通过短视频的展现力、表达力，为服装、彩妆等品牌提供充分展示土壤，又在跨屏影视剧综艺投放中，通过不同剧种类型的受众，创造多形式的展示环境。

短视频广告剧、专场直播、娱乐直播植入、联名综艺、微剧场、微代言、挑战赛等各类异彩纷呈的内容帮助品牌对用户产生更有效、更直接的深度影响。

例如，《独行月球 XTCL》的抖音挑战赛营销，作为热门电影《独行月球》的

合作伙伴，通过"AR 技术创建 TCL 月球基地"的挑战赛活动，打破行业壁垒，全面构建 C 端互动热潮爆点，通过影视剧综艺垂类 KOL 从剧情、IP 等角度呈现专业度较高的内容，为话题持续加热，再以多领域"KOL+KOC"带动头部流量涌入，"帅气贴纸＋创意内容"，提供内容高热度，最后素人、多领域达人跟风效仿，以高能玩法为切入点，探究多元内容及小风潮。该营销案例为行业首个"AR 互动贴纸＋'追光吧英雄'"挑战赛，主话题累计播放 4.7 亿＋。

② 社交属性让营销更为生动、更具表现力

通过强社交属性，不仅帮助品牌内容二次裂变，更是聚拢与品牌价值观、文化观相同的核心用户圈，形成与用户的内容共创环境；最后是内容转化，通过消费场深度沟通产品优势，使产品价值提升，最终让用户从"有需找货"主动消费模式转变为"有货促需"的品牌主动销售模式。

3. 内容营销"品效合一"的达成路径及未来发展趋势

"品效合一"是内容营销的新要求，旨在实现内容与品牌目标的有机结合，达成品牌效应和实际效果的双重目标。换句话说，内容营销不仅要具备好的品质和吸引力，更应具备良好的转化效果，以达到品牌营销的目的。

（1）"品效合一"，要先看自己、再看市场、最后看竞品

看自己：指品牌应该先深入了解自己的形象、核心价值，了解自己正在采取的营销策略和这些策略对实际效果的贡献。品牌在分析自己的产品特点、消费者需求后，结合双向融合特质确定品牌核心诉求，明确品牌目标，让用户能看得懂、看得到、愿意了解自己的品牌。如果品牌对自己生产的内容都报以"不满意"的态度，用户更不会为其买单。

看市场：品牌应更多了解自身品类在市场中的竞争能力，实现在差异化渠道曲线超车的目标，了解消费者在市场中的需求、偏好和行为，掌握品类发展趋势和竞争水平。例如，同样作为国货大厂的羽绒服，有的品牌依托抖音直播电商实现全线翻盘，在年轻人之中爆火，但有的品牌却选错营销方式，最终遗憾落幕。这代表了品牌在转型、发力前，应充分调研品类中的切实需求，确定受众人群的喜好和痛点，在此基础上创造更具吸引力的内容营销策略。

看竞品：没有品类是"第一次做"，可以通过数据分析其营销动作的优劣，找到差异化的营销机会点。例如，某学习机品牌市场饱和度较高，大牌地位较为稳固，市场认知度较低的品牌通过同类品研究，补充年龄段学习优势，重点突出其"护眼""××岁专研"的特征，通过较为优质的产品特征能力，以单点营销模式向

家长群体传递学习机新理念，在该品类中抢占部分产品份额，实现销售翻番。

综上，"品效合一"需要品牌从自身、市场、竞争对手三个方面做好全面的分析和规划，根据市场趋势和消费者需求，确定品牌策略和优化方向，不断提升营销能力，实现营销效果更优化目标。

（2）建立清晰的营销目标，并通过数字化手段达成

品牌除"终点"目标外，仍需建立过程指标，明确衡量营销目标达成的路径数据，在不同平台、不同环境的目标可能略有差异。例如，内容曝光、内容互动、内容跳转、页面停留、咨询、转化等通用类过程指标及内容的阶段占有率、展示曝光位置、搜索频次、同类品排名等。

同时，品牌可以通过数字化手段达成。首先，利用平台数据及三方数据来监测投放效果、曝光效果、话题能力等。其次，在社交媒体环境中，通过数据筛选、数据分析的方式，对投前、投中、投后的环节做预估和评测，在品牌可控范围内调整营销结果"低洼线"。最后，在过程中通过 A/B 测试来持续优化指标提升，通过循序渐进的实践与调整，品牌可以持续提高内容营销的最终效果。

（3）探索更多元的内容类型，小步快走、勇于试错

有价值的内容永不过时，品牌仍旧可以探索创意化的内容类型。在此过程中，应尝试与平台内更多内容创作者众创趣味性和创意元素，更多关注内容趋向与品类热点，提高用户参与度和分享度。

创意有梗的方式将为品牌带来更多能量。例如，AI、VR 等多样化玩法及平台宝盒、贴纸、趣味红包等玩法，调动用户的猎奇心理与从众心理，获取更多品牌好感度及让更多垂直用户了解品牌本身。

拥抱趋势变化，探索新渠道、新生态玩法，以及整合公域和私域营销是当下的趋势和发展方向。对品牌端可结合自身特点探寻最佳实践，并及时调整策略，不断提高自身在市场竞争中的优势。

（4）内容营销未来趋势分析

从当下内容营销发展趋势来看，伴随底层技术、数据能力、算法的发展和消费者心理、兴趣行为的变化，未来内容营销将呈现出五大发展趋势。

智能化营销：随着生成式 AI 的普遍使用，内容营销将针对消费者的需求和行为，生产出更为定制化及应需化的新框架。品牌端可以通过数据分析和挖掘，实现更智能的精准营销，内容的前期准备工作将极致化缩短，让内容生产更着重于"生产"和"优化"。

互动化营销：互动是高于曝光的进步型指标，用户参与能力的提升意味着对

内容的接受程度更高、记忆植入更清晰，未来内容营销将越来越注重互动性，包括与消费者的实时互动、社交分享和线下互动。一方面，维护本来内容形态的互动能力；另一方面，通过新玩法，如弹幕引导、投票打卡及剧情走向等，提升用户的互动参与度。

定制化营销：与圈层化逻辑较为类似，针对用户的核心诉求生产更符合用户口味、引领圈层审美的新内容。从"千人一面"到"千人千面"，再到"一人千面"，品牌将通过数据分析、推荐算法，吸引更多核心目标群体，形成更为有效的内容营销方案。

多元化营销：图文、短视频、长文、直播、影视剧综艺等不同内容营销手段，将持续发挥各自优势，为品牌提供营销能量，而新技术代表的元宇宙、虚拟偶像、虚拟空间等场景，也将进一步提升品牌体验式营销能力，实现"从采用创新的方式和手段吸引消费者"到"借助优势达成营销基建"的转型。

长期运营策略：内容营销将过渡到长期的运营策略，即通过不断的建设和维护，持续提供高质量的内容和服务，让品牌与消费者形成更紧密的连接，形成长期的用户忠诚度。同时，品牌也需要不断优化自己的内容营销策略，以适应变化的市场环境和消费者需求。

（本小节撰写单位为北京艺恩世纪数据科技股份有限公司）

（三）互联网广告

1. 互联网广告的范畴

1994年10月27日，一个Banner广告出现在美国的《Hotwired》杂志网站上，这是全球第一个互联网广告。

互联网广告是指通过网站、网页、互联网应用程序等互联网媒介，以文字、图片、音频、视频或者其他形式，直接或者间接地推销商品或者提供服务的商业广告。

中国的互联网广告起步于20世纪90年代末，彼时由于网络媒体站点少、网速慢、网费贵等原因，互联网广告在发展初期的规模非常小。21世纪的前十年，广告市场仍是以电视、电台、平台、户外四大媒介为主体。2012年后，随着互联网媒体的飞速发展，特别是智能手机的出现和普及，互联网广告也水涨船高，进入高速增长通道，并在2014年费用体量超过电视广告，成为中国广告市场的主体。

到了 2022 年，根据中关村互动营销实验室最新发布的《2022 互联网广告市场发展报告》数据，中国互联网广告市场规模约为 5088 亿人民币，广告与营销市场规模合计约为 11238 亿元。头部互联网媒体，如阿里巴巴、百度、字节跳动等，其年度广告及其相关的营销收入可达到数百亿甚至千亿的规模，已经远远超过了电视台的广告体量。毋庸置疑，当前互联网广告已成为了中国广告市场的主体，也成为企业投放广告最重要的渠道。

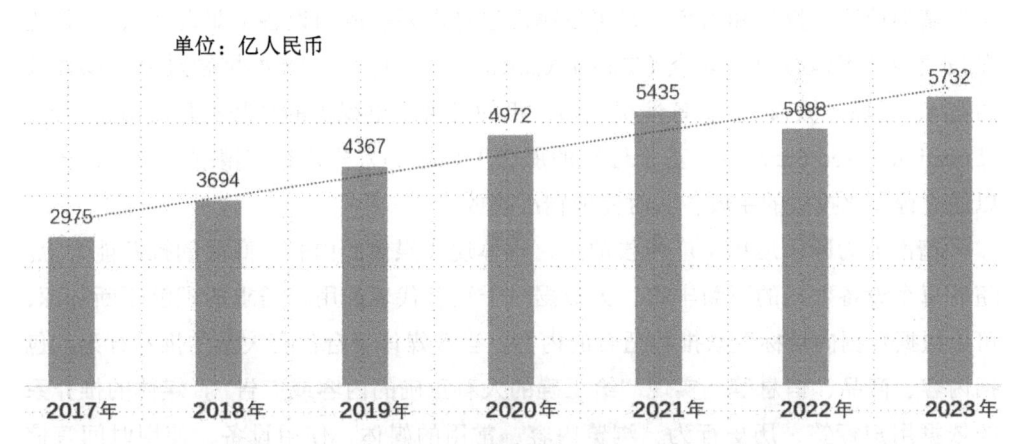

单位：亿人民币

年份	2017年	2018年	2019年	2020年	2021年	2022年	2023年
金额	2975	3694	4367	4972	5435	5088	5732

图 4-1　2017—2023 年中国市场互联网广告总体收入情况

数据来源：2023 年 1 月，中关村互动营销实验室：《2022 互联网广告市场发展报告》

互联网广告随着中国的互联网媒体发展不断壮大，不但包含了电脑、手机中的广告，还包括数字电视（如 OTT）中的广告、可联网的智能设备的广告（如智能音箱），甚至户外可联网的数字屏中的广告。其中，手机广告是当前互联网广告的主体构成，智能电视的广告由于电视硬件的更迭发展也在不断扩大，而曾经是互联网广告主体的电脑 PC 端广告，规模则逐渐缩减。

2. 互联网广告的特征

在互联网广告环境下，每一个媒体都有一个可以识别地址的播放器和控制器。因为联网特征，与传统非数字的广告，如电视广告、纸媒广告相比，实现了点对点的可控传播，特点是可以追溯寻址（Addressable）。今天的数字媒体对于每个内容、每条广告的曝光都可以被记录，广告后的落地页面或跳转页面里的行动也都能被记录，所曝光的每台设备的信息，也都可以被追溯。用户可以选择想看的内容，广告也可以定制化展示给特定的受众，受众信息可以被识别，对于数字营销来说，互联网广告解决"播出了什么""被谁看到"的核心问题。具有"可精准""可打通"两大优势特征。

（1）精准投放

互联网广告可以确保媒介内容不再是一对多的广播式传播，而是"千人千面"，媒介内容和广告都能实现精准到达某些特定设备及背后的受众。原因是营销大数据提供了丰富的基于设备的标签，使精准投放成为可能。应用大数据，广告主可以精准地选择媒体和内容，也可以精准选择需要投放的设备（即人群），广告主在投放中，不但按目标受众（Target Audience，TA）、兴趣（如接触过哪些媒体或内容）、地域（城市）、设备情况（如手机的品牌，电视机的品牌和尺寸等）、LBS（Location Based Services，基于位置的服务）位置等方式进行"精准"定向，还可以通过程序化投放的手段，实时完成精准投放。

精准能力除了应用于广告投放上，也体现在媒体的内容、商品的推荐能力上。随着每个设备数据的不断丰富，大数据对于设备代表的用户需求的理解不断加深，可以根据数据向目标受众推荐适合的内容。当今媒体平台都有大量的推荐行为，包括内容、商品、信息等。实现"给正确的人看正确的内容或广告"。媒体的推介系统依据用户标签、历史行为、浏览内容、常用的媒体、使用设备、使用时间等信息，进行计算和推介，一个用户在社媒平台刚刚浏览过某种产品，很快会被推介相同类型的内容，并且带有购买信息和链接促进用户的购买。这类基于大数据和算法的强大推荐能力，既可以帮媒体提升用户黏性，也可以帮广告主增强广告影响力，提升广告投放的转化效率。

（2）数据打通

以前的广告是割裂的，播出即结束，广告主无法获知受众看广告之后的行为，而互联网广告一般都提供可交互的链接，包括点击式的、扫码式的形态，这些形态引导用户完成观看广告后的购买行为，即使用户没有产生这些行为，大数据也可以通过前面的可寻址、精准的技术把用户的行为进行串联。广告主可以进行广告前后全链路完整数据的采集，从广告曝光量到点击互动量到落地页跳转和浏览量，再到特定行动的转化，全链路数据追踪、转化分析、效果评估都可以通过数据打通技术来实现。

3. 2023年互联网广告的主要形式

2023年，中国市场有着极其丰富的、多元化新互联网广告形式。以典型的手机及电脑媒体、智能电视媒体为例，最主要的互联网广告商业产品如下。

（1）手机或电脑中的广告

- 开屏广告：打开移动端数字媒体 APP 时呈现的广告，一般为 3～5 秒的图片或视频，为强制播放，在 3 秒后用户才可以选择关闭。
- 信息流广告（feeds）：一般位于资讯媒体和视听媒体内容流或社交媒体用户好友动态中的广告，图文和视频形式都有，是非强制的可关闭的广告。
- 展示广告（banner）：是手机或电脑屏幕固定位置上展示的广告，以静态图文为主，也有富媒体形式，是一种非强制性展示的广告，可以由受众选择关闭。
- 视频-前贴片广告（OTV）：在长视频内容播放前的视频广告，一般为以 15 秒、30 秒为主的视频广告，是一种强制播放的广告，但视频会员可以跳过。
- 视频-创意中插广告：是长视频内容播放中插入的视频广告，如带有一定创意（与剧情融合）则称为创意中插，一般为以 15 秒、30 秒为主的视频广告，也是强制播放，普通中插广告会员可跳过，创意性的中插广告则是会员可见。
- 视频-暂停广告：指在长视频播放中，当观众暂停时展示的广告，包括静态图片和视频形式，会在暂停时强制出现。
- 视频-框内广告：指视频播放中展示的广告，如角标、压屏条等，一般为静态或动态图片，是强制播放的，仅会员可见的广告形式。
- 屏保广告：电脑进入屏保时呈现的广告，一般以静态图片为主，在屏保状态中出现。

（2）智能电视中的广告

智能电视用户具有互动性，用户使用场景比传统电视更为丰富，包括打开电视、选择内容、切换频道、查询内容、打开应用（APK）、收看内容、暂停或离开、退出 APK、关机等。在这些使用的路径和场景下，都拥有不同的广告形式。

打开场景包括开机和 APK 开屏广告。

- 开机广告：是智能电视开机时刻全屏呈现的广告，视频形式一般 15 秒、30 秒。
- APK 开屏广告：指智能电视的应用（APK）打开的广告，全屏呈现的 3～5 秒的视频或图片。

内容选择场景包括以下广告：

- 首页全屏：在推荐首页或指定频道页，一般为创意视频、创意浮层。
- 系统首页拼图：位置在进入系统首页，一般为图片。

- 首页焦点视频/图：在推荐首页或指定频道页，一般为"图片+视频"。
- 搜索页 Banner：在内容搜索页，图片形式。

频道切换的场景包括以下广告：

- 频道首页：指进入频道页的图片、视频、创意视频。
- 频道浮窗：指进入频道页的图片浮层。
- 频道换肤：指进入频道页时，频道背景的图片。

查询内容的场景包括以下广告：

- 详情页霸屏：指进入详情页的浮层图片。
- 弹窗广告：在频道页中的图片、信息浮层。
- 信息流：进入详情页中的图片。
- 通栏：是进入播放详情页中的通栏图片。

正式观看内容的场景会有以下广告形式：

- 前贴片：为观看正片前播放的视频，一般为 15～60 秒。
- 植入 & 框内/内生资源：是在正片播放中的角标等广告，一般为图片、文字、浮层。
- 暂停：正片播放暂停时出现的图片、视频、创意视频的广告。
- 屏保/画报：观看间歇的电视屏保，一般为"图片+无声视频"。

退出场景包括以下广告形式：

- 关机广告：关机时的广告，一般为图片。
- APK 退出广告：退出 APK 时的广告，一般为图片。

此外，当受众进行大、小屏连接时，例如，用手机投屏到电视上观看，还会有投屏广告；在用户点击投屏后，双端展示视频或图片的广告。

（3）互联网广告的交易模式

因为互联网广告复杂多样的形态，其相应的交易模式、广告产品的计费方式也不同于传统广告按发布时间、发布次数收费的模式。

早期互联网以展示类广告为主，流量通常打包售卖，CPM（Cost Per Thousand-Impression，也称千人印象成本）、CPT（Cost Per Time，一种以时间来计费的广告）是最主流的交易计费方式。广告售卖方提前与媒体确定广告位置、广告内容、广告展示时间、需要的流量，媒体在相应的时间展示广告并支付费用。

后来，互联网出现了搜索广告，搜索广告初期也是按 CPM 计费交易，但由于搜索引擎广告天然对流量进行了精细的划分，能够支持广告主购买精准流量，之后就出现了按行为交易的 CPC（Cost Per Click，根据广告被点击的次数收费）计费方式。从这个阶段开始，流量的精准售卖迅速发展，如家电产品就可以投放搜索"电视机"相关词的精准搜索流量。

再后来，信息流广告产品出现了，除了点击广告以外，信息广告在点击后跳转到落地页面，广告主还希望受众在页面上有所行为，如浏览内容、填写信息等。这时，除CPM（按展示付费的广告）、CPC（按点击收费的广告付费模式）以外，又出现了CPA（Cost Per Action，一种按广告投放实际效果计价方式的广告）的计费模式。

4. 2023年互联网广告的测量现状

任何媒体广告效果的基础，都是广告先必须触达到受众。互联网广告中，因为从广告观看到购买可在线上全流程实现，因此，如图4-2所示，互联网广告效果的"漏斗"行为和指标与传统媒体虽然不同，但"从大到小，层层递减"的逻辑仍是相同的：广告曝光展示后，在触达的受众中，会有部分对广告感兴趣的人群发生广告的点击行为；之后，点击受众中的一部分人会进入广告的落地页面中；再之后，在落地页面的内容引导上，又有部分受众，会发生广告主所希望的特定的转化行为，如浏览内容、注册信息、下载APP，甚至购买商品等。

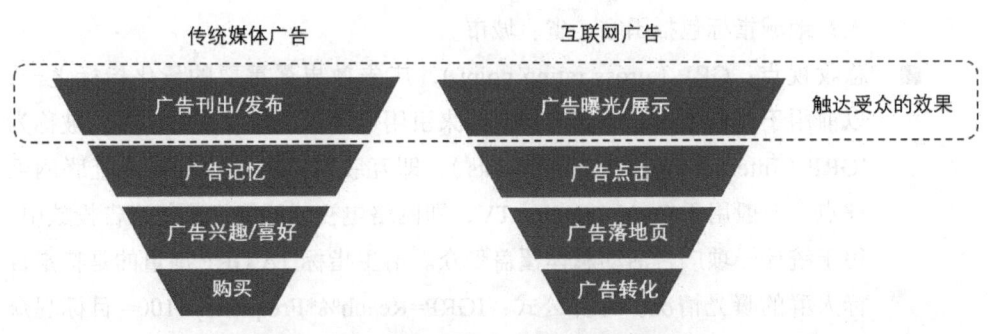

图 4-2　传统媒体广告与互联网广告效果漏斗对比

由此可见，触达受众始终是互联网广告产生效果的第一步，也是最重要的一步。在互联网广告交易过程中，对受众曝光、展示等触达情况的测量也就成为最重要、最基础的目标。

目前，互联网广告在媒介触达测量上已经形成了一套行业通用并且广告主认可的指标体系，这套指标可以描述广告从曝光到点击触达的全面效果，以及触达人群的质量、投资回报率（ROI）表现和覆盖效果等。

广告主通常以第三方公司加码监测的方式获取上述指标，并且针对不同活动目标来设置媒体结算或投放考核的 KPI 指标。

目前常用的互联网广告加码测量的基础指标介绍如下。

- 广告曝光：Impression，指广告被展现的次数。
- 独立访客：UV（Unique Visitor），指特定时间内第一次观看某广告，具有唯一地址的访问者。为非重复性的计算数值。
- 广告点击：Click，广告位的点击次数。
- 广告点击者：Clicker，特定时间内第一次点击某广告，具有唯一地址的访问者，为非重复性的计算数值。
- 曝光频次：Imp Frequency，特定时间内，目标人群暴露于某广告的平均次数（每个 UV 观看广告多少次）；Frequency=Impressions/UV。
- 点击频次：Click Frequency，特定时间内目标人群点击某广告的次数，Click Frequcny=Click/Clicker。
- 地域分布：Geographical Distribution，不同城市和地域的 Impression/Click/UV/Clicker 分布。
- 目标受众分析：TA analysis，广告主希望广告送达的任何精细划分的受众子群，人口统计指标包括性别、年龄、教育程度、个人月收入、家庭月收入；地域指标包括国家、省、城市。
- 总收视点：GRP（gross rating point），广告效果最重要的量化指标之一，以前用于测量电视、电台广告，后来引用也可以测量互联网广告，被称为 IGRP（Internet Gross Rating Points），即互联网中的总收视点或互联网毛评点，一般用于 OTV（Online TV，即网络电视或网络视频）广告投放中，用于统计一项广告活动总体覆盖受众。衍生指标 TA GRP 衡量的是特定目标人群的曝光情况。计算公式：IGRP=Reach%*Frequency×100= 目标观众曝光量 impressions/ 目标受众总人口 ×100。
- 广告到达率：Reach，是指衡量目标群体中有多少不同的人，在特定时间内接触到了广告。为非重复性 (Unduplicated) 的计算数值。1+Reach 是指看一次以上的人数，3+Reach 是指看 3 次以上的人数。

指标采集的过程通常是在互联网广告投放前，广告主会委托第三方监测公司进行监测。第三方监测公司会生成曝光 & 点击的监测代码，然后由媒体或投放方将其加入对应的广告素材 / 广告投放系统中，使其在广告展现或点击时被自动调用，以采集广告播出、点击等数据。

第三方广告监测对于广告主有重要意义，意味广告主可以根据中立可信任的数据结果采买媒体流量，并通过效果评估，优化投放，提升广告 ROI。此外，第三方监测对媒体也有价值，媒体方虽然要接受第三方监督，但同时也为自身流量质量获得了背书，接受第三方监测的媒体与不能监测的媒体相比，可以赢得广告主更高信任和更多购买机会，所以，广告监测是目前互联网广告营销中的必要环节。

5. 2023 年提升互联网广告营销效率的方法

监测只是互联网广告的基础工作，解决了确保广告主权益和购买广告的正常投放问题，要更好地投放互联网广告，还有许多工作要做。全面拥抱数字化的策略和工具，能有效地提升互联网广告营销的三种效率：规模化效率、精准化效率和流程化效率。

表 4-1　互联网广告效率提升的方法

广告规模化效率	广告精准化效率	广告流程化效率
受众广泛的品牌 以覆盖和认知为目标的品牌	特定受众的品牌 以行动和转化为目标的品牌	有一定体量规模的品牌 有广告数据积累和资产
新媒介和流量红利	精准定向	流程在线化
强 IP 的广告投放	重定向、追投	关键节点的工具优化 流程的智能化、自动化
UNREACH 人群投放	DMP	
跨屏分配工具优化 REACH	程序化	
科学频控	CID 投放	

（1）规模化效率的提升

广告规模化效率是指通过集中性的广告流量采买，降低广告流量成本；通过系统性广告流量分配，优化广告效率；通过跨产品线组合的广告营销制定，提高多产品线的广告效率。

规模化对于购买者为普罗大众的品牌（如食品饮料、日化清洁等快消品）非常重要，这些快消品牌要实现增长，仅靠重复购买是不够的，必须扩大购买人群的基数，需要在广告上实现足够大的覆盖规模，触达足够多的目标受众。这些品牌的互联网广告投放往往以覆盖、REACH 为 KPI，以追求最低的成本，覆盖最多的目标人群。

提升广告投放的规模化效率的几种行业常见策略和方法。

① 用好新兴媒介的流量红利

互联网广告存在于不断创新的媒介生态中，广告主需要持续性地进行媒介洞察，发现市场中触达能力和触达效率最高的媒介及广告形式，把握市场流量转移和流动的变化趋势，提升效率。例如，2017—2018年，短视频平台快速崛起，争夺了长视频的用户和时长，这时，有一批广告主快速反应，及时在广告策略上作出调整，在短视频中投放广告，以及开展其他营销活动，获得了流量红利。

② 围绕强IP进行广告投放

数字营销围绕强IP的广告或营销活动是短时间提升认知、扩大覆盖规模最有效的途径之一，广告主可以选择热门优质的网综、网剧，围绕这些强IP资源进行广告投放或植入，以借势发力。

③ 针对Unreach人群的触达，也就是对常规投放不能触达的人群进行补投。最为常见的做法是，经常投放视频贴片广告的品牌，由于贴片广告无法触达视频会员人群，投放达到一定程度后，reach无法继续提升，品牌会通过选择投放非视频资源，或者选择投放非会员人群包等手段去覆盖贴片不能覆盖的群体，以获得新增到达人群。

④ 使用跨屏计划工具，在不同屏端、不同媒体之间进行触达效率（reach）的优化。受众的媒体和广告接触行为都是跨屏端、跨媒体的，品牌追求大覆盖的同时，也会选择多屏、多媒体类型的投放，这中间难免出现部分受众的重复触达，可能造成浪费，这时就需要利用一些跨屏计划工具进行广告流量的合理分配，减少浪费。以秒针系统的计划工具Mixreach为例，集合了手机端、电脑端、智能电视、数字户外等多个屏端和多种媒体类型，通过大数据算法，可以帮助品牌输出在"固定预算下如何投放可以获得最高reach？"或"固定reach目标下，如何投放所需要的费用最低？"这类场景下的最优媒介流量分配文案，可帮助品牌提升效果，节约费用。

⑤ 科学频次控制，避免效果不足和浪费。传统媒体是无法控制受众接触广告的频次的，而互联网广告天然可以对同一设备进行广告曝光次数的控制。我们都知道，广告接触观众次数太少，无法形成记忆，是无效广告，广告接触观众次数太多，不但是费用的浪费，更可能会造成受众的反感，设置好目标频次，在不同的媒体做好频控，也是规模化提效的基本条件。当前的互联网广告中，仍有相当部分的广告主没有意识到频次的重要性，或者不知道有效频次的标准，而没有做好频控。在单独活动中，应该考虑竞争、创意、目标等多因素，综合设置频次目标，考虑到当前媒体繁多、信息爆炸的环境，仅仅1次的广告往往是不够的，应该至少以3~6次作为频控的标准，在重要的活动或竞争复杂的环境中，甚至需要10次以上的广告曝光才能达到效果。

（2）精准化效率的提升

精准是互联网广告的最大优势和能力，当企业的营销活动不追求最大规模，而是选择需要的特定人群来投放广告，或者对广告后链路有特定的转化要求时，精准投放能帮助广告主构建新的"人、货、场"，实现供给和需求的精准化匹配。这也是传统广告一直无法解决的问题：如何在合适的时间，向合适的受众，推送合适的广告和内容。

互联网广告经过多年发展，精准能力已经相当成熟，有如"精准定向、重定向、程序化投放、DMP、CID 等"第三方公司，或媒体平台的工具来更好地实现精准。

① 精准定向是最普遍的提升效果的方法，几乎所有广告主投放时都会选择不同条件的精准，最常见的是按年龄、性别的定向，或者按市场、地域的定向，此外，按指定标签、用户设备、LBS 的定向也都有很普遍的应用。广告主要注意的是精准与规模需要平衡，过度追求精准，长此以往，有可能把人群越做越小，无法拓展市场，持续增长。

② 重定向 Retargeting，也就是对之前的广告已有一定反馈行为的人群进行追投，试图再次唤起兴趣，推动其动力，也是普通应用的精准手段。

③ 程序化投放指广告主通过数字平台，从受众匹配的角度，由程序自动化完成展示类广告的采买和投放，并实时反馈投放分析的广告投放方式。程序化广告实现了数字广告的自动化，在广告提效上发挥作用（程序化投放是非常复杂的广告投放方式，本节只简单介绍概念，有需要深入了解其如何运作、如何起效、如何优化的读者可以阅读相关书籍和文献）。

④ DMP（Data Management Platform）指数据管理平台，有企业自建的一方 DMP，也有中立的三方 DMP。DMP 不但可以收集、管理、分析线上和线下用户数据，还可以与 DSP（广告需求方）、ADX（广告交易平台）等平台进行数据对接，让广告主可以使用用户数据来使广告计划、定向等一系列广告投放活动决策更加明智，更多、更精准地使广告到达目标受众，从而使投放的费用获得更好的投资回报。DMP Serving 是指当企业需要针对某个人群进行精准广告投放的时候，媒体平台通过 DMP 中的数据积累，按照客户提供的人群模型精准筛选，然后在访问者与媒体的触点上实现消费者互动。

⑤ CID 广告是在信息流广告的基础上，配置了 CID 技术。通过该技术可以实现广告流量到达第三方电商平台后，商品页面里面产生的转化数据可以回传到信息流广告的后台，让广告后台知道该商品对应的人群是哪些；通过转化数据搭建模

型，广告系统通过模型精准推送广告，提升广告效果。这一方式对于追求提升电商转化的广告主意义重大，在抖音等平台被越来越多地应用。

（3）流程化效率的提升

伴随品牌的发展壮大，广告投放和营销活动的流程会日渐烦冗，反馈速度也会降低。这时，如何提高流程化效率是很多企业关心的问题。

互联网广告的流程效率，就是通过对广告复杂流程进行在线化、智能化，以提升效率，节约人力和时间成本。已经有越来越多的头部大广告主，在使用广告数字系统或营销管理平台实现广告投放流程的优化，包括 brief 下发、预算分配、排期制作、排期审批、订单下发、监测和效果数据看板等流程。通过在线化，不但节约了人工成本，减少了错误，同时流程的在线化，也倒逼企业必须完成互联广告数据的沉淀、累积、标准化，形成可复用的数据资产，为广告的数字化和营销整体的数字化奠定了基础。

广告流程化提效，可以主要从以下几点入手。

①流程在线化

指将原本的邮件沟通、线下审批等流程性的工作数字化。

②关键节点的工具优化

整个流程数字化后，营销环节中各节点的效率就可以量化评估，企业就能及时发现效率较低的节点，并进行相应的优化。例如，在排期环节中，可以引入智能排期，通过大数据和算法，基于历史表现的真实数据来计算预测各种排期点位组合的效果，并通过算法选择最高效果、最优成本的排期来帮助广告主解决人工排期制作中过于依赖主观经验的问题。

③流程自动化

互联网广告流程优化最终的目标是实现组织的人机协同，减少人的主观决策，让数据和智能成为人在广告策略和决策流程中的助手。

6. 2023 年互联网广告新趋势

营销市场中，广告主的需求和广告媒体平台都在不断变化，互联网广告也同样与时俱进。2023 年，互联网广告的以下趋势非常值得营销人关注。

（1）互联网品牌广告的流量将复苏

广告行业在 2022 年受市场不确定因素的影响，总量有所下滑，互联网广告也不例外。根据秒针系统的品牌动向（互联网广告监测产品）数据显示，2022 年全年的品牌广告流量同比 2021 年下降了 8%，进入 2023 年，随着市场环境的复苏，广告主们的投放需求重新被唤起，互联网广告也将走向复苏。

（2）互联网广告流转向智能电视终端

互联网广告流量主要由个人终端，如手机、PAD、电脑，家庭终端，如智能电视、智能音箱构成。广告流量格局中，近年来手机端较为稳定，PC 端出现持续缩减，而向智能电视大屏端转移。2023 年，智能电视 OTT 的广告流量份额已经上升至 23%。由于电视机硬件的迭代是稳定进行、不可逆转的过程，随着电视逐步都变成可联网式的智能电视，用户的点播收看、使用电视各种功能的习惯也逐渐养成，这一趋势仍将持续扩大。

2020-2023年 数字广告流量 各终端占比

年份	PC	MOB	OTT
2023年	3%	76%	21%
2022年	3%	76%	21%
2021年	7%	74%	19%
2020年	12%	71%	17%

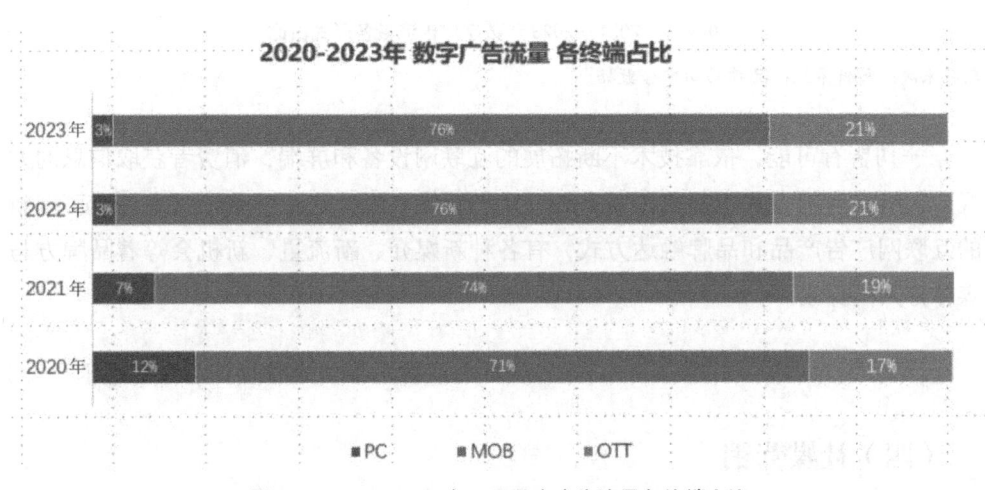

图 4-3　2020—2023 年 4 月数字广告流量各终端占比

（3）品牌广告流量中创新形式的占比扩大

如前文介绍，在互联网广告中，视频贴片广告、信息流广告、设备开机或应用（APP）开屏广告是最主要的形式，近年来也一直占据着品牌广告流量的主要份额。根据秒针系统的品牌动向数据，2023 年，其他类广告形式份额出现明显的增加，这说明越来越多的广告主尝试新的广告产品和形式。在技术发展下，电视投屏广告、开机创意广告、AI 植入广告、会员可见的框内广告、音频互动广告等各种新形态、新互动、新载体的广告形式将受到青睐，吸引更多的广告预算。

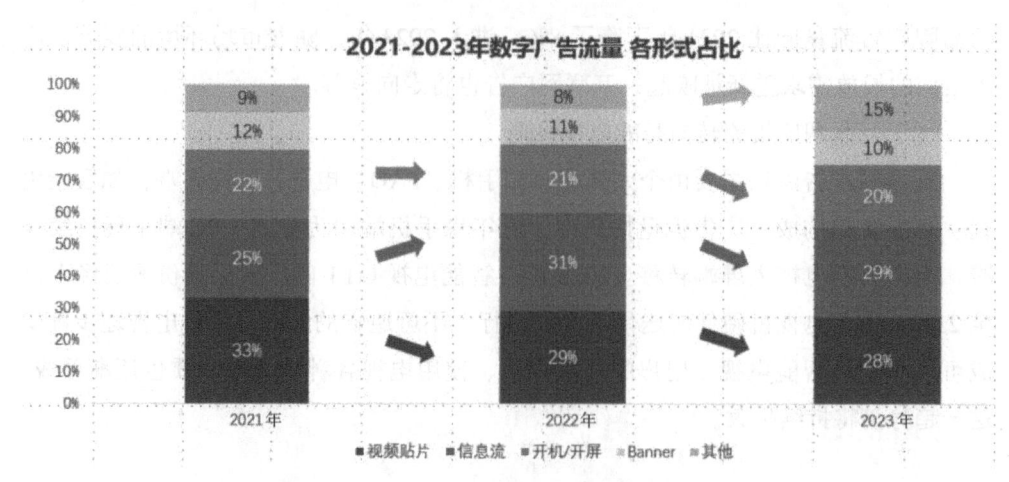

图 4-4 2021—2023 年数字广告流量各形式占比

数据来源：秒针系统：品牌动向广告数据

一切皆有可能，依靠技术不断拓展的互联网设备和屏端，消费者获取信息的方式、人机交互的方式也都在不断升级。对于营销来说，这意味着未来有更多可创新的互联网广告产品和品牌触达方式，有各种新媒介、新流量、新机会等着品牌方与媒体方共同探索。

（本小节撰写单位为秒针信息技术有限公司）

（四）社媒营销

1. 社媒营销的定义

社媒营销也称社交媒体营销，或社会化媒体营销（Social Media Marketing）。顾名思义，就是指应用社会化媒体平台进行的品牌营销活动。社媒营销作为新晋的品牌营销宠儿，已成为品牌必备，但行业内对社交媒体营销的定义并不清晰。

社媒营销作为一种新的、高速发展中的营销形态，尚未有完整和精确的定义，社媒营销在中国目前的环境下，其功能和覆盖的内容非常丰富，包括但不限于：

■ 与消费者之间互动闭环。社媒营销具备能让品牌方与消费者直接互动连接的属性，可以不经过第三方直接取得目标消费者的反馈，包括积极的和负面的反馈，进而可以继续连接，完成双方的闭环沟通。

■ 便捷的营销平台多维度交互。品牌方的营销活动，可以同时上线多个社交媒体平台，包括短视频平台、垂类媒体、大众媒体等，这些媒体平台之间的素材，也可以二次交互传播，再次制造话题，效果类比从加法到乘法，叠加放大。

- 低成本的精准测量和跟踪。不需要第三方调研，可直接在社媒平台获取营销效果，为复盘和二次营销的洞察提供信息。

当前，中国市场具有社交属性的媒体不计其数，某种程度上，几乎所有重要的数字媒体，都在开发增强自身的社交功能，最具代表性、影响力最大的主流社媒营销平台如微信、微博、抖音、快手、小红书、B 站等。不但用户规模大，并且内容特征、明星品类、营销模式均有不同。

值得注意的是，这些中国社交媒体不但在国内繁荣发展，而且在世界范围内具有高影响力，部分媒体已经达到全球领先水平，2022—2023 年，微信、抖音（海外版 TIKTOK）等都在全国 APP 的排名榜单之内。在中国营销市场中，社交媒体也已经成为中国品牌必不可少的手段和工具。秒针系统发布的《2023 中国数字营销趋势报告》中，当广告主被询问：2023 年，在互联网端，您的公司将加大哪些资源类型的营销投入时，87% 的广告主选择了"社交媒体"，这是排名第一的选项。

2. 社媒营销的价值

社媒营销对品牌主要有三大核心价值：消费者洞察、促进生意增长、管理和优化用户体验与关系。

第一，能提供直接与消费者连接的洞察信息。在中国的社交媒体平台上，每天能生产出数百亿的消费者声音和内容，可以为品牌提供大量的消费者洞察，支持品牌更加敏捷的营销决策。海量的社媒内容能帮助企业解决诸如谁是我的消费者（WHO）、他们在哪（WHERE）、会在什么时候出现（WHEN）、他喜欢什么内容（WHAT）、我要如何与他们沟通互动（HOW）等问题。

第二，可以促进生意的增长。社交媒体营销是可以直接带来销售转化的，特别是在提升电商平台的销量上。下图以小红书平台为例，描述社媒如何对电商销量提升的逻辑。当用户进入小红书后，在浏览内容过程中，被品牌的相关内容种草，最终消费者直接在小红书或跳转到电商平台拔草购买。近年来，也有大量的新锐品牌，通过投资社交媒体，快速完成品牌的原始积累，实现了 0 ～ 1 的生意增长。例如花西子，作为刚成立 3 年的新品牌，已创收 10 亿，这都得益于其全渠道的社媒营销策略。花西子借力国潮，打造"东方彩妆"概念，采用年轻群体爱好的品质流行元素，进行心智种草，在小红书等社交媒体平台上全方位收割有品质的年轻消费人群。

第三，管理消费者与品牌 / 公司的关系，提供给消费者更好的品牌体验。"数字世界体验"正在越来越多地影响着消费者的购买决策，媒介生态数字化的趋势，不仅改变消费者品牌的接触模式，也影响消费者的心理和行为。在数字世界中，品牌与消费者沟通交互无处不在，消费者体验也无处不在，消费者不再过度依赖品牌的记忆购买，而是越来越多地冲动消费。例如，很多消费者都有过非计划的购买行为，或者购买过原本不知道的品牌。这是因为在数字世界中，各种媒介触点中的瞬间体验，能迅速建立起品牌好感，从而促成购买。消费者与品牌每一次接触所累加起来的整体感受，决定了最终消费者是否会购买，以及会不会持续性地购买更多次、更多量。在这个过程中，社交媒体是最重要的影响触点和体验来源。

3. 社媒营销与广告营销的差异

与广告营销相比，社交媒体营销包括 KOL 合作、自有账号运营、内容合作、直播带货、推流、搜索优化等方式，营销玩法更多样化，模式也更复杂。由于近年来社交媒体平台的快速发展和不断变化，整体而言，缺少广告营销的成熟理论的指导，往往是通过品牌的大量实践探索来找到有效路径，可以说品牌掌握社交媒体的营销方法，也就获得了在中国市场持续增长的通用密码。

广告营销发挥作用是一个漏斗逻辑，即广告主付费，购买广告曝光量，然后按照"广告曝光—广告点击—落地页访问—落地页行业—转化或下单"这个漏斗进行数据的层层转化，并层层收窄。广告投放所追求的目标，是最大化地扩大顶层的可以曝光的目标人群数量和范围，并在此过程中，通过各种技术手段提升每层的转化率，使最终末端"转化"层的人数达到最大化。

而社交媒体营销的作用逻辑则完全不同，理想的社媒营销，其转化形态是"号角型"，即有限的内容，影响的人数则层层扩大。

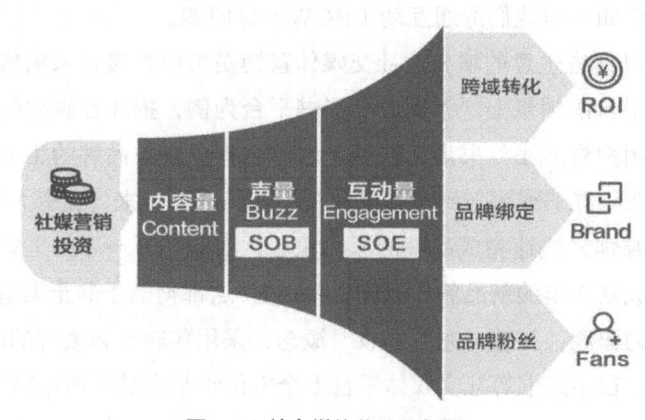

图 4-5 社交媒体营销号角图

社媒营销的理想情况是品牌发布了 100 个内容（这些内容可以是品牌自有账号发布，也可以是付费采买的 KOL 发布），带动了 1000 个相关用户的声量，也就是有用户的与品牌相关的发帖，这些声量又带来上万级别的评论互动。通过这样的过程，社媒营销最终要实现的目标包括以下三个：

- 跨域转化实现销售：即通过大量的内容和互动，吸引消费者形成转化，完成购买。
- 品牌绑定关键词：仍然是通过内容完成对品牌特定心智词的绑定，也就是种草。例如，手机品牌与折叠屏幕、多功能前置摄像头这类词的绑定。
- 品牌粉丝的资产沉淀：在社媒营销过程中，还要积累粉丝，引流到品牌私域，成为品牌未来可反复触达、反复影响的数字用户资产。

广告营销和社媒营销的逻辑差异，除了作用模式不同以外，还体现在目标人群的定义、创意优化、流量逻辑、覆盖目标，以及品牌建设的路径上各有不同。由此可见，传统广告投放的经验和理论，无法复制到社媒营销上，甚至可以说，如果用广告的思维来做社交媒体营销，将是完全错误的行为。

表 4-2 广告营销与社媒营销的差异

	广告营销	社媒营销
作用模型	漏斗模型	号角模型
目标人群定义方法	人口属性细分	兴趣圈层
创意优化逻辑	选择最优创意 （简单、一致、跨平台）	创意生产效率 （大量、多元、快速、低成本）
流量	围绕流量优化 （程序化、精准、DMP 等）	优化 KOL 和内容分发 （无流量逻辑）
覆盖	最大化有效覆盖目标人群	覆盖场景，覆盖决策关系节点
品牌建设	USP+占领心智	占领关键词+占领心智

4. 社媒营销的测量指标体系

品牌在社媒营销中需要通过哪些基础的测量指标管理好社媒的投资呢？

首先，品牌社媒营销的起点是需要生产更多内容，基于这些内容产生更多声量和互动。因此，内容量、声量、互动量是执行指标。

其次，考虑到企业生意目标，必须从整个行业的角度对声量和互动量进行监控和考核，也就是把社媒的声量份额和互动量份额作为管理指标。

- 内容量：品牌自己生产的内容（含与 KOL 合作生产的内容）是激发全网声量的来源，质量和数量、分发策略均由品牌把控，效果可实时监测、复盘和优化。

- **声量**：用来衡量内容的影响力，指在特定时间内品牌（或者特定关键词）被提及的总次数。
- **互动量**：是反映受众兴趣度和关注度的指标，包括转、评、赞、收藏等，可快速测量市场反应，指导敏捷优化。
- **SOB**：即声音份额（Share of Buzz），用于评估品牌/产品在目标社媒平台中所处的市场水平。
- **SOE**：互动量份额（Share of Engagement），用于评估品牌/产品在目标社媒平台中所处的市场互动水平。

执行指标与企业在社交媒体上的投资预算费用直接相关，管理指标与市场竞争相关。因此，当品牌所在的品类市场是新兴品类，处于竞争较少的蓝海状态时，品牌只看执行指标指导即可，但如果市场竞争加大，甚至竞争极为激烈，品牌就必须重视管理指标，以衡量目标市场（如特定圈层）中的竞争力。企业的管理层人员，更重视的也应该是和市场更为相关的 SOB 和 SOE 指标。

2022 年，秒针营销科学院对 2021 年度美妆行业 100 个品牌的社媒 SOB、SOE 数据和电商 SOM 数据进行研究分析后，提出了三个重要结论。

第一，相比 SOB，SOE 对生意增长的驱动更为直接，是更重要的管理指标。见图 4-6。

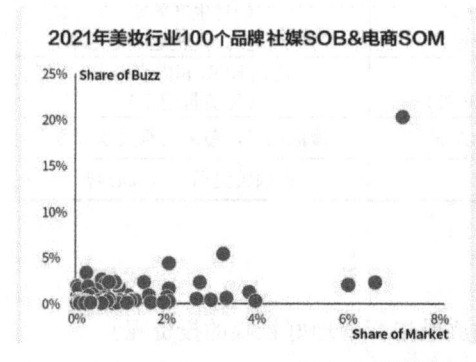

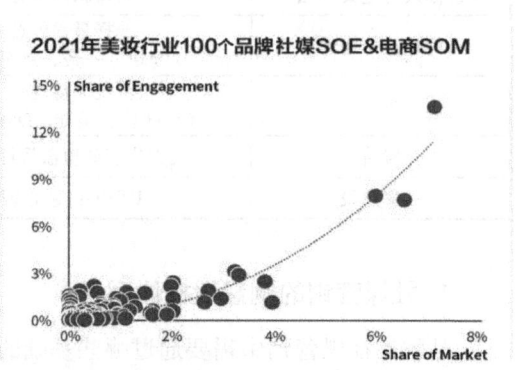

图 4-6 社媒营销中 SOB、SOE、SOM 的关系

数据来源：SOE（Share oh Engagement）数据来源于秒针系统，SOM（Share of Market）数据来源于磨镇市场情报，为销量金额统计，秒针营销科学院统计分析

第二，如果发现社媒 SOE 与电商 SOM 处于不同水平，品牌需要及时采取措施应对。如果 SOE 大于 SOM，说明品牌在社媒中已取得较好份额，但电商却未获得

相同水平的转化，这就需要提升电商的运营，以承接社媒所带来的转化商机；如果 SOE 小于 SOM，说明竞争对手在社媒中争夺份额，此时必须强化社媒运营或加大投入，提升 SOE，避免未来可能的市场销量下滑。

第三，提升 SOE 的前提是先提升 SOB。品牌需要增加内容投入，制作更多内容，同时要提升 SOB 到 SOE 的转化效率，避免浪费。有些品牌虽然通过提升预算提升了 SOB，但因为内容质量不高、运营策略不佳等原因，仍未获得与 SOB 匹配的 SOE。在社媒营销的业务场景中，优化内容质量、优化 KOL 选择策略，这些都是能有效提升 SOB 到 SOE 转化的方式。

目前，市场已经有许多品牌在日常经营中持续监测 SOB 指标，并以此为依据进行社媒的投资分配，但使用 SOE 指标的品牌还不多。研究显示，SOE 的重要性不容小觑，品牌需要尽快将其纳入管理体系之中。

5. 2023 年社媒营销提升效率的三大方法：KOL 策略、圈层策略、关键词策略

社交媒体营销涉及的方式非常丰富，因此，在不同的方法下，提升效率的策略也都不同。本节重点介绍 KOL 应用效率优化策略、如何用圈层策略提升人群效率，以及品牌在社媒搜索场景下的关键词提升策略。

（1）KOL 达人效率的提升策略

秒针系统《2023 中国数字营销趋势》报告数据显示，目前中国的社会化营销投资是在持续增长的，尤其是新锐品牌广告主，2022 年，有 80% 以上的广告主加大了在社会化营销的预算，而在社会化营销里，KOL 营销是重中之重，有 66% 的广告主会选择 KOL 营销。这主要是因为 KOL 营销能帮品牌快速达成目标，例如，产品种草、品牌调性或者品牌资产传播，以及直接的带货转化。

针对不同平台 KOL 的特点，不同品类的品牌可以有不同的平台选择，而且每个平台都有不同的达人扶持计划，品牌可以根据自身的品牌去匹配更优质的达人。

微博用户的特点是女性用户比较多，用户年轻化，下线城市的用户居多，而且还有最新的达人扶持计划，扶持专业的内容和专家，助力理性发声，所以，如果品牌方想要选择科技类、专业类的 KOL 达人，微博便是首选。

抖音平台的用户分布是男女均衡，而且是一、二线城市用户较多，年龄分布也比较均衡。目前，抖音为了寻求长效价值的达人，扶持计划包括巨量引擎全量增长计划、优质作者精神活动。而且抖音也是新品牌的孵化池，所以，如果是一个新品牌，想要快速打开消费者认知局面和销量的话，在抖音上选择 KOL 是一个很好的突破。

快手是一个信任文化腹地，它的月活跃量也非常之大，但是它的用户中，下沉市场用户占比较高，如果产品想要走下沉市场的话，快手便是非常适合的达人合作平台。

B 站是一个年轻人的种草社区，同时，下沉城市的用户也比较多，而且达人的内容更多是沉浸式的视频。所以，可以在优选 UP 主的内容视频中进行一些广告宣传，扩大曝光。

小红书一直是品质女性的聚集地，月活超过 2 亿，一、二线城市用户偏多，如果品牌的目标是这些客群，那么在小红书上选择 KOL，是一个明智的选择。

综合来看，从品类角度出发，时尚、美妆、食品饮料、体育，还有智能消费、电子汽车等，抖音是一个比较好的筛选达人合作的平台；而 B 站，游戏、宠物、时尚美妆、食品饮料、智能消费电子这些品类，便是甄选达人的首选。小红书因为是潮流生活指引的红宝书，所以，时尚美妆、旅游出行、宠物、大健康、食品饮料等品类，可以在小红书筛选到优质的达人。

优选 KOL 的时候，可以有一定的规则限定，帮助品牌挑选更合适的达人。甄选达人的三大原则，包括匹配原则、CPE 优化原则以及风险规避原则。

匹配原则能帮品牌快速的从海选当中去做精选，筛选出合适的、高价值的、投入产出比最好的达人。

- 粉丝画像匹配。粉丝画像匹配要考察的维度，可以通过研究 KOL 的粉丝人群构成，粉丝所在的主要社媒平台、粉丝的爱好来实现。例如，品牌 A 的目标消费者群体画像为以女性为主，高消费能力。品牌找到的某 KOL，其粉丝群体画像为女性占比 70%，经常购买高端产品，账号注册地集中在北京、上海、深圳。很显然，该 KOL 的粉丝画像与品牌 A 的用户画像高度吻合，品牌 A 可以将该 KOL 纳入备选范围。这样匹配出来的 KOL，因其粉丝日常行为和兴趣是相对比较固定的，所以当 KOL 的内容发布后，粉丝群体也更容易接受品牌的内容，并有更大的购买概率。同时，这种画像匹配目前也是可实现的，各大社媒平台都能采集到 KOL 的粉丝画像，如微博、小红书通过平台可以查看 KOL 粉丝群体的属性。

- 调性与品牌契合。KOL 发文的调性和他本人的风格是否与品牌的诉求相匹配。例如，某 KOL 是护肤领域的专家，专门做成分测评、护肤测评，KOL 本身也是一个专家型的形象，如果品牌想要强调的关键词也是专业性护肤，那筛选 KOL 的时候，这种专家型 KOL 便是品牌的首选。因为这种专业性的加持，会令粉丝联想到品牌的专业性。

- 内容与热点契合。KOL 的发文内容应与时下的热点相匹配。在社媒营销中，影响力跟互动是非常重要的，如果 KOL 的内容刚好和当下的社会热点非常契合，就更有可能将品牌的宣传力扩大。例如，草莓音乐节，如果 KOL 的内容可以跟进这个热点发文，品牌便可以在 KOL 的发文中植入软文，追热点的消费者就可能快速接受到品牌的营销。

CPE 是指选择传播效率更高、性价比最优的达人。一般来说，在做 CPE 优化的时候，主要分三类，分别是前选 CPE、名义 CPE 和后测（去水）CPE。

前选 CPE：指品牌在选择 KOL 之前，先看 KOL 带来一个互动单位的成本是多少？前选 CPE 的测量方法和构成，主要根据 KOL 的历史发帖价格和历史发帖互动量来评估。在正式测量时，一般会选择目标 KOL 过去 3～6 个月所有的帖子，然后对比这些商业帖的价格，计算出每一条商业帖带来的互动成本，就得到了一个前选 CPE。

名义 CPE：指当次采购 KOL 的单位互动成本。例如，本次活动请某 KOL 发布一篇内容，采购价格为 10 万元，在这次发文后，带来了 50 万的互动量，那么这次采买的名义 CPE 便是用 10 万元除以 50 万的互动量。

后测（去水）CPE：是在名义 CPE 的基础上，把页面采集下来的互动量进行去水，因为很多时候，页面的全量互动会有一些水军存在，做完去水后拿到的才是真实互动量。采买价格不变，但去水后的互动量可能由 50 万减少到 30 万。所以这样再计算出来的 CPE 是有变化的，用采购的 10 万元除以真实的 30 万互动量，就是后测（去水）CPE。

（2）利用圈层提升社媒的人群策略

近年在营销策略的实操中，传统 STP 方法面临的挑战有消费者需求、触媒和购买习惯，都已经迁移到线上，并且瞬息万变。传统的 STP 细分方法耗时长、成本高、定位不够精准，面临难以把目标消费者定位到数字媒介，特别是社交媒体生态中，无法落地到媒体执行策略等挑战。

在近年的营销圈中，"圈层"也正成为一个越来越热的名词，消费者在社交媒体通过共同的兴趣、文化、理想而聚合，形成圈层。圈层是品牌连接消费者，也是 STP 以大数据方式升级的新方法。

正确认识"圈层"。圈层是指社交媒体中共同兴趣的聚合体，人群细分与定位的新方法。在数字世界中，圈层并不是简单的人口属性的新定义，而是通过相近的兴趣、爱好甚至价值观聚合形成的集合。因为人们在网络上，特别是社交媒体上，并不会因为相近的人口特征而联系。

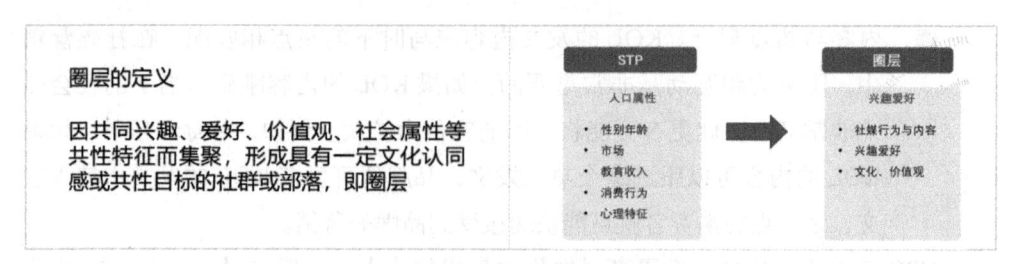

图 4-7 社媒营销中圈层的定义和说明

一个圈层，必然具备以下特征：外部标签、内部价值观体系、独有的意见领袖（KOL）。

首先，圈层的外部往往有明显的"标签"。不同的圈层带有不同标签。这种标签可以用来识别和区隔圈层，例如，"文艺青年""游戏宅"。其次，每个圈层内部都有独特的文化和价值观。"圈"外的人可能无法理解这种价值观，但是"圈"内的人是习以为常的。例如，"明星 FANS 圈"的人，为爱豆打榜是再正常不过的事。这种价值观在社交媒体中的表达体现为特定的文化载体、独有的语言体系、集中化的交流环境以及特有的权利体系。此外，每个圈层都拥有自己的意见领袖（KOL）。这些人在"圈"外人眼中可能是"无名氏"，但"圈"内他们是"大神"。例如，JK 圈和露营圈都是兴趣圈层，其背后代表的人群画像、文化特征、意见领袖完全不同，营销时的沟通策略也自然不同。

近年来，圈层营销成为热点，品牌涌现大量"入圈""破圈"的成功实践探索。以奥妙的汉服圈营销为例，一个洗衣品牌，如果按传统的 STP 方法，往往会定位到"家庭主妇""精致妈妈""一线白领"之类的人群，但奥妙选择了汉服圈层，通过深入洞察，敏锐地捕捉到汉服洗护难的痛点。通过一波充满文化情怀的营销，奥妙引发了汉服圈层内外极高的传播，获得了非常好的效果——不但获得了极高的曝光量、互动量，也拉动了奥妙凝珠这一产品的销量。

如表 4-3 所示，与传统的 STP 相比，圈层具有明显的优势：在数量和精准度上更有优势，传统 STP 一般有 5～10 个分类，而圈层往往可以达到 100＋以上甚至更多的分类；在人群上，圈层人群是精神认同的兴趣聚合的人群，在数字世界中具有天然的传播力；在操作流程上，圈层定位是大数据方式，短周期、更敏捷；在标准上，圈层细分人群的可辨识、实体性、可达到性、可行动等都很强，只有稳定性上不如传统 STP，然而这样变化的市场，品牌并不需要稳定的市场细分，而是要紧跟市场变化。

最值得一提的是，在预期产出上，圈层方法的产出更具营销指导意义，在媒体的落地性更强，不但能指导媒体平台选择，KOL 选择，还能提供基于内容创意上的建议。

表 4-3　社媒营销人群细分方法对比 —— 圈层与传统 STP

方法对比	传统 STP	圈层
数　量	5～10 类最佳	100+ 以上分类
人　群	以人口等属性划分 特征相近 不具备传播性	以兴趣爱好划分 精神认同 具备数字化的传播性
操作流程	小数据 定性+定量研究 长周期	大数据，标签 短周期、敏捷
标　准	1. 可辨识性（Identifiability） 2. 实体性（Substantiability） 3. 可达到（Accessibility） 4. 独特性（Responsiveness） 5. 稳定性（Stability） 6. 可行动（Actionable）	1. 可辨识性（Identifiability）——更强 2. 实体性（Substantiability）——更强 3. 可达到（Accessibility）　——更强 4. 独特性（Responsiveness）——更强 5. 稳定性（Stability）　　——弱 6. 可行动（Actionable）　——更强
品牌执行该动作的预期产出	1. 预期解决的需求 2. 基于需求上的产品 3. 市场定位和执行策略	1. 直接的内容洞察——指导内容创意 2. 直接的触达渠道——指导平台选择 3. 可见效果——圈层指标的提升 4. 敏捷升级——圈层的扩大与更新

中国消费者兴趣圈层图景丰富多样、不断增长。

2023 年，秒针系统发布《中国消费者兴趣圈层白皮书》，对中国消费者的兴趣圈层进行全面盘点和呈现。秒针梳理了 35 类 168 个圈层，并根据圈层在社交媒体的规模、构成人群等特征，绘制成中国消费者兴趣圈层全景图。

通过全景图可以看到，当前消费者规模最大的圈层有彩妆圈、街舞圈、奢侈品圈、养狗圈等；年轻女性最集中的圈层有 JK 圈、娃圈、乙女游戏圈等；年长男性最集中的圈层有书法圈、观鸟圈、无人机航拍圈等。

品牌应该用以下 4 个步骤落地实施：圈层市场细分、目标圈层选择、圈层定位策略、圈层营销执行。

第一步：圈层市场细分。解决市场一共有哪些圈层，各个圈层的特征是什么，有无新增的、新兴的圈层？我们已经知道，圈层是根据兴趣文化形成的，在当前社交媒体生态环境中，兴趣的改变和兴起是非常常见的，因此也会不断涌现出一些新的圈层。例如，2022 年初，随着冬奥会而火起来的冰雪运动圈，因远程办公普及而火起来的数字游民圈等。这一步骤是品牌主对整体市场圈层的了解，是圈层营销的基础。

第二步：目标圈层选择。通常来说，品牌可以根据自己的营销目标来进行选择，当品牌对目标人群要求不高，但希望短时间达到最大的影响力时，可以以圈层的规模、增速作为选择指标，选择规模最大、增长最快的圈层。当品牌有明确的目标人群时，可以基于目标人群条件来选择性别和年龄的占比、人群属性的画像作为选择指标。还可以从竞争和行业的视角出发，即通过品类热度、指定品牌（既可以是本品，也可以是竞品）的热度来选择目标圈层。

第三步：圈层定位策略。选定圈层后，如何与这个圈层进行有效沟通，需要什么样的内容输出，什么样的故事点？这就需要对圈层进行深入的洞察和研究。

第四步：圈层营销策略。圈层营销的落地，需要品牌决策在什么媒体平台，与哪些KOL合作。而社媒大数据，可以提供不同平台上各圈层的分布和差异，以及每个圈层中最优质的意见领袖（KOL）。秒针社媒大数据研究显示，品牌在做美妆、时尚圈层时，小红书是必须选择的平台；品牌以游戏、动漫圈层为目标时，哔哩哔哩是最好的平台；如果是艺术、运动圈层，知乎表现最为突出。当前的数据技术已经能支持全部由大数据方式，帮助品牌完成市场细分、目标市场、市场定位和营销执行策略的全流程。在可以预见的未来，圈层营销将以其更精准、更敏捷、更具可执行性的优势，成为品牌社交媒体营销的通用解决方案。

（3）社媒搜索场景下的关键词优化策略

品牌使用社媒想要达到的目标，就是树立特定的品牌形象、实现品牌特性的消费者心智占领，也就是品牌的绑定价值。这个目标的表现有两个维度可以衡量，一是看消费者讨论舆情中，特定关键词是否与品牌同时出现，这是关联率；二是看消费者搜索特定关键词时，品牌出现的占领情况，这是霸屏率和搜索货架的份额。

第一是社媒关联度评估：关联率（Bonding Rate）。

关联率（Bonding Rate）是指品牌与其核心主张的绑定，品牌与关键词的共同提及率。关联率＝品牌与关键词的共同提及率。

关联率并不是数字时代社媒的独有现象或指标，在大众传播时代，如"送礼就送脑白金"绑定了品牌与过节送礼的场景主张；"上火就喝王老吉"绑定了品牌与上火的场景主张。这些都是典型的把品牌核心主张与消费行为关键词绑定的案例。

第二是选择有绑定意义的关键词。

有绑定意义的关键词，其类别可以是成分词、效果词，也可以是描述体验、场景的词汇，又或者是地名、人名等。例如，"农夫山泉有点儿甜"，"有点儿甜"这个味觉词被农夫山泉经过数十年的营销推广，牢牢地刻印在消费者的印象里，随着互联网无时无刻地接入现代人生活，这个味觉词也跟着农夫山泉品牌词共同出现在网络语言里,"有点儿甜"这个味觉词汇就与品牌词高频地共同出现/提及,进而形成了深度的绑定关系。花西子品牌同样有深度的绑定关键词,它共同提及率高的明星是周深、杜鹃、鞠婧祎,共同提及与国风相关的高频词是国货、国风、国语、古风等。

由此可见,品牌通过社媒营销可以逐步把品牌与某些关键词进行绑定,经过品牌主或者 KOL 的不断发文种草,再加上网民们参与的讨论、转发等,品牌词和某些关键词会越来越高频地共同出现,从而逐步影响消费者对品牌的联想。现在提起花西子,人们就会联想到国货、国风、国潮。

第三是社媒搜索关键词占领:霸屏率、搜索货架份额。

从某种程度来说,品牌关键词占领指标的重要性,等同于传统营销线下渠道中货架份额的重要性。

品牌关键词的占领指标主要包括两个:霸屏率(SDR)和搜索货架份额(SOSS)。这两个指标值越高,说明品牌呈现在消费者面前的机会越大,就越容易引发消费者兴趣,进而促进购买。

- 霸屏率(screen domination rate, SDR)是指在媒体平台搜索后的前数屏(一般我们建议定为前 3 屏),品牌有关内容占有展示条目的比例。例如,一个内容中有 4 个品牌,每个品牌都与这个展示条目有关。它是品牌内容广泛覆盖的体现。
- 搜索货架份额(share of search shelf, SOSS)是指在媒体平台搜索后的前数屏(一般我们建议定为前 3 屏),品牌有关内容占有展示条目的比例。例如,一个内容中有 4 个品牌,每个品牌只占有这个展示条目的 1/4。它是品牌内容独占性的体现。

在分析霸屏率与搜索货架份额时,关键词维度有品类关键词和品牌关键词。品类关键词是指和品类相关的词,如"美白""保湿",这些词可以为品类中任何品牌所有;品牌关键词则是指和品牌直接相关,或品牌希望占领的词,如品牌名称、品牌昵称、品牌特有的产品名和特征,如"小棕瓶",独有成分名等。

不同于线下店铺的是,货架摆放是固定的、有限的,每个消费者进来看到的都是相同的商品,看到的商品数量有限。社交媒体平台的线上搜索结果,几乎是无限的,对用户展现的"结果货架"也是"千人千面"。相同的搜索关键词,不同人、不同时间看到的搜索结果内容都不同。尽管搜索有着无限货架,但消费者最关注的也只有前 3 屏。如果消费者搜索了某个产品,而品牌却没有出现在前 3 屏,那么消费者的关注以及后续转化的可能性就会大大降低。对于品牌来说,占据消费者生理上的心智虽不容易，但占据社媒平台的搜索结果，则是一个更容易测量、可以优化、便于执行的指标。在具体实施中，品牌需要根据自身的品类地位和品类的竞争情况，为自身设定品类关键词和品牌关键词，以及各关键词下霸屏率与搜索货架份额的指标值。

2023年，社媒营销中一个非常重要的趋势，就是品牌对搜索入口的重视和把握大幅上升。随着用户搜索行为在社媒上不断的增长和成熟化，各大社交媒体平台也在不断地优化和提升搜索功能，越来越多的品牌意识到，搜索是一个必须占领的流量入口，在搜索场景下的内容布局、持续监测已经被许多企业纳入日常的品牌监测和管理工作中。

是否只有大品牌需要做搜索优化和监测呢？并非如此，事实上，社交媒体中，搜索赛道可以不断地细分，新兴品牌在选择自己的搜索赛道时，如果大赛道难以突破，则要找到细分赛道。例如，一个新品牌，难以在香水赛道上获得突破，但可以在"茶香香水"上切入。

6. 2023年社媒营销的变化趋势

社交媒体营销与互联网广告相比更加复杂，其生态也更加多变，营销人要把握以下社交媒体营销的重要变化趋势。

（1）社媒管理政策进一步细化，治理媒介生态，引导网络健康内容

社交媒体不同于传统的电视、电台、报纸媒体等专业机构，内容产出具有严格的规范，社媒中的大量内容是用户生成，生态非常复杂，并且不断涌现出新型平台、新型内容、新互动方式、新推介算法等。为保证社媒环境的健康与繁荣，2022—2023年，国家相关部门不断细化相关的管理政策和条例，保护消费者权益不受损害，保证国家数据信息安全，引导生态的健康发展。这些政策精细化覆盖"准入资质、内容监管、算法管理、数据安全、广告服务"等方方面面。

2022年12月，国家广播电视总局印发了《关于推动短剧创作繁荣发展的意见》。

2023年2月，广电总局研究部署"加强短视频管理，防范未成年人沉迷等工作"，全面抓好内容建设、融合传播、优质供给、许可准入、日常监管、专项培训、法规制度、算法管理等各项重点任务落实。

值得关注的是，2023年初，人工智能和AIGC在全球市场引发了极大的热度，国家政策也迅速作出反应。2023年4月11日，网信办印发《生成式人工智能服务管理办法（征求意见稿）》（以下简称《办法》），《办法》针对生成式人工智能服务的数据来源和生成内容进行了规范和指导。《办法》全面覆盖各种人工智能产品

(《办法》中的生成式人工智能，指基于算法、模型、规则生成的文本、图片、声音、视频、代码等内容的技术）。

（2）技术工具在社媒营销中的应用越来越普及

社交媒体拥有海量大数据和复杂生态，这决定了做好社媒营销，不是靠个人经验就能完成好的工作，现在的社媒营销既是"经验工种"，也是"技术工种"。

当前，社媒营销中，技术与工具起着越来越重要的作用。无论是在内容洞察分析、达人评估优选、平台流量营销、官方账号运营、社媒中的直播或是社媒开设电商及完成后链路转化等方方面面，社媒运营人员需要使用各种技术工具，有些工具由平台方提供给企业使用，如抖音的巨量云图等，市场上大量运营公司、第三方公司，也在开发提供帮助品牌做好社交媒体的各种工具。

秒针系统《2023中国数字营销趋势报告》可以看到，流量营销工具、达人内容分析工具、内容创作编辑工具是最普遍应用的社媒技术工具，使用率超过40%。

越是成熟度高的品牌、高预算的品牌，在社交媒体的技术工具使用率上，明显高于新锐品牌和低预算的品牌主。

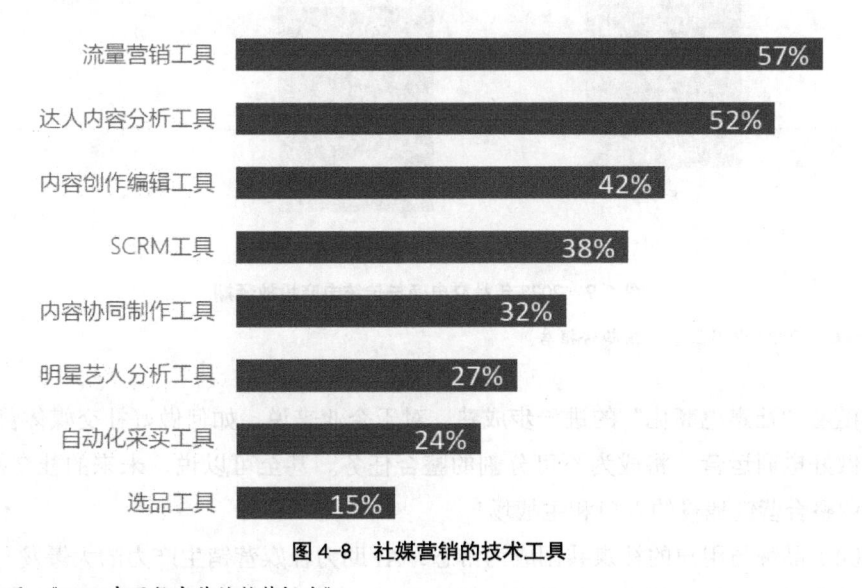

工具	使用率
流量营销工具	57%
达人内容分析工具	52%
内容创作编辑工具	42%
SCRM工具	38%
内容协同制作工具	32%
明星艺人分析工具	27%
自动化采买工具	24%
选品工具	15%

图4-8 社媒营销的技术工具

数据来源：《2023中国数字营销趋势报告》

（3）社媒与电商深度融合，兴趣电商和种草平台带来营销新模式

2023年的社交媒体，并不仅限于内容平台，其电商属性，引导消费的功能越来越强大，以抖音、快手为代表的短视频平台，其后链路电商体系已经成熟，成为

中国 GMV 增速最快的线上销售平台。依托小程序、微信社群的品牌私域电商也开始成为众多企业的重要销售渠道。

以小红书为代表的种草平台，虽然销售功能还不完备，但种草功能和对电商的巨大贡献也不容忽视，越来越多的品牌方在小红书中布局内容，并在电商平台进行收割。

整体来看，社交媒体与电商平台的界线逐渐模糊，秒针系统《2023 中国数字营销趋势报告》显示，企业在社交电商上的投资增长预期，已经远远超过了在传统电商平台的投资增长比例。这说明品牌方的营销链路变得更加复杂多样。

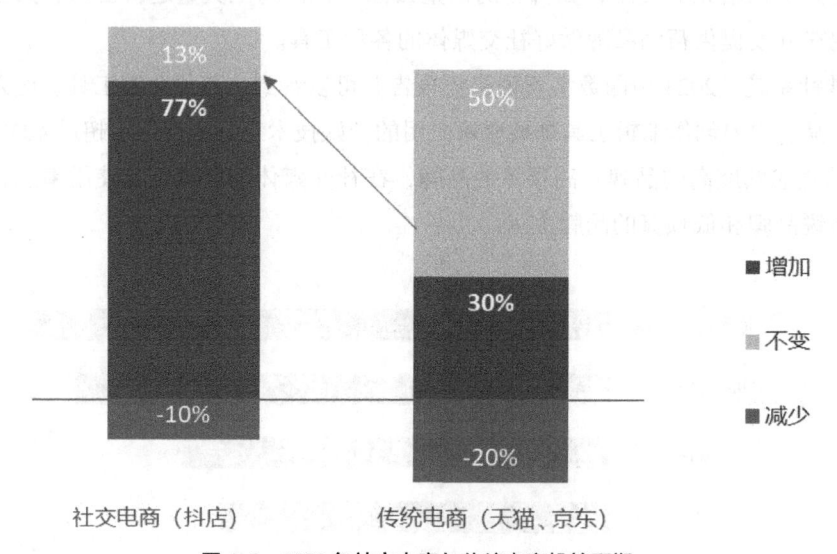

图 4-9　2023 年社交电商与传统电商投放预期

数据来源：《2023 中国数字营销趋势报告》

随着"社媒电商化"的进一步成熟，对于企业来说，如何做好社交媒体营销与如何做好电商运营，将成为不可分割的整合任务。甚至可以说，未来的社交媒体，是企业整合营销战役的入口和主战场！

（4）品牌与用户的社媒共创成为常态，AI 助力社媒营销生产力的大爆发

社交媒体的用户不再仅仅是被动的接受者，他们非常愿意参与到品牌的创作和推广中。通过用户生成内容、用户体验分享和社区建设，企业可以与用户建立更紧密的联系，激发用户的参与度和忠诚度。

2023 年，AI 是最有可能改变社交媒体内容运作方式的技术力量，因为 AI 能带来营销生产力的大爆发，直接提升营销生产力，包括创意和内容制作、营销洞察

（市场分析、消费者洞察等）、内容分发与投放（智能推荐）的效率都以几何速度大幅提升。

AI 降低了内容的生产门槛，提升了生产效率，无论是品牌还是个人用户，通过社媒平台，共创完成内容、共同传播内容是常态现象。

（本小节撰写单位为秒针信息技术有限公司）

（五）LBS 营销

1. LBS 营销的定义

LBS（Location Based Service）是指利用 GPS、Wi-Fi、IP 地址等各类型的定位技术来获取移动设备（如智能手机、平板电脑等）当前所在地理位置数据，并通过移动互联网向定位移动设备提供信息资源和基础服务。目前，LBS 已被广泛应用于移动互联网的各种场景中，如本地生活服务查询与预定、地图导航、同城交友、天气预报信息推送等。

LBS 营销是基于用户地理位置大数据而开展营销行为的一种数字化营销策略，随着移动设备和地理定位技术的发展成熟，越来越多的品牌开始利用 LBS 大数据来洞察消费市场机会、制订品牌运营和营销策略以及落地营销活动。通过获取和分析用户的地理位置和线下行为数据，一方面可以更加全面地洞察用户的特征、偏好和习惯，帮助品牌打造更有针对性的营销体验，增加用户的兴趣度和参与度；另一方面，基于用户的地理位置信息，利用移动互联网技术，可以帮助品牌提升广告、促销或其他营销信息的触达效率，实现更加精准的营销效果。目前，LBS 营销已被广泛应用于多个行业，包括餐饮、旅游、零售等实体行业以及移动互联网行业。

2. LBS 营销与传统广告营销的差异

LBS 营销与传统广告营销的核心差异在于借助移动设备打通用户线上数据与线下地理位置数据，并实现联合数据的有效利用，进一步放大品牌营销的价值。

第一，LBS 营销能刻画更全面的消费者画像，用户从线上到线下的行为数据链更加完整，为企业提供更全面地了解消费者需求和习惯的机会，为实施精准营销活动奠定基础，而单纯的线上营销或线下营销模式无法刻画出完整的用户画像。

第二，基于 LBS 的广告投放更加精准，利用 GPS 等技术能够更准确地定位用户，使针对某一区域的广告能够快速触达目标人群，而这是传统广告营销无法实现的。

第三，LBS营销具备更高的互动性，由于LBS营销是基于用户地理位置而制定的营销策略，因此，推送给用户的广告内容大概率是用户所感兴趣的，用户也会更愿意去浏览、点击、参与广告，如根据用户的位置提供附近商店优惠券、推荐商家、推荐营销活动等。因此，LBS营销相对来说消费者的互动性会更强，而传统的广告营销模式通常是单向的。

第四，LBS营销的实时性更强，用户的地理位置是随时随地变化的。LBS营销能够快速捕捉到用户的实时信息，并根据用户的位置信息提供相应的广告内容，从而达到即时转化的效果，而传统营销通常需要更长的路径、更多的时间来实现触达和转化。

综合而言，基于LBS的营销方式能够帮助品牌实现更高的成本效益，LBS营销通过完整的用户数据闭环，可以让广告更精准地触达目标人群，而且更高的互动性、更强的实时性等特征也能够提升销售转化的机会，从而帮助品牌以更低的成本实现更佳的营销效果，达到更高的成本效益，而传统的广告营销通常需要更多预算以覆盖广泛受众。

3. LBS营销的应用价值

（1）线上、线下渠道融合是必然的发展趋势，LBS数字化营销有助于深化零售改革

随着互联网的普及，消费者的购物习惯发生了巨大变化。一方面，越来越多的消费者追求效率，依赖线上渠道来浏览和购买产品；另一方面，消费者也更加注重品质化的线下实体店消费体验，要求线上、线下的购买体验能够无缝衔接。为了顺应消费者的需求变化，传统零售开始逐渐线上化，积极布局线上销售渠道，线上零售商也开始走向线下，通过布局实体零售空间，促进消费者的购买决策，与消费者建立更强的情感联结。线上和线下渠道融合，已成为当下市场环境中品牌增长的"标配"。

而基于LBS，一方面，零售商可以支持线上预定、线下取货服务，打通线上、线下销售渠道，为用户提供更便捷的消费体验。另一方面，通过渠道融合，实体零售商可以通过线上平台追踪到消费者的购买历史、习惯、偏好等数据，为制订个性化营销策略提供重要支撑。同时，零售商还可以利用LBS给用户精准发送定位广告或提供附近门店的优惠券，驱动其前来消费或体验，为线下门店引流，提高销售转化效率。渠道融合也是实现供应链数字化管理的关键，基于线上和线下渠道销售

端、营销端的数据，上游的生产端可以较准确地预测订单量需求，及时捕捉消费趋势等，从而能够在实施按需生产、提高生产效益的同时，满足消费市场的需求。

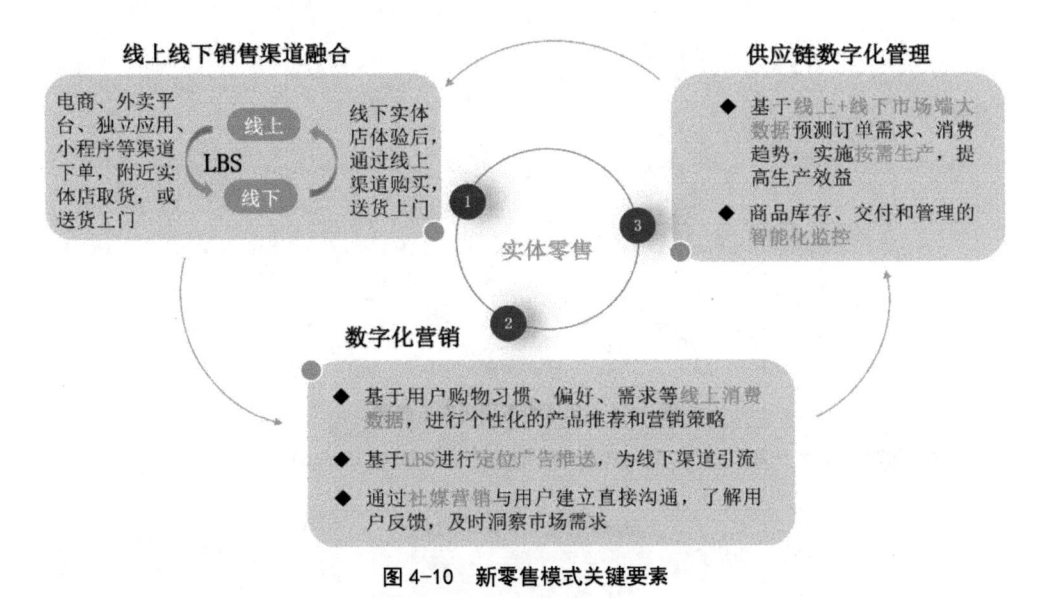

线上线下销售渠道融合
电商、外卖平台、独立应用、小程序等渠道下单，附近实体店取货，或送货上门
线下实体店体验后，通过线上渠道购买，送货上门
LBS 线上 线下

供应链数字化管理
- 基于线上+线下市场端大数据预测订单需求、消费趋势，实施按需生产，提高生产效益
- 商品库存、交付和管理的智能化监控

实体零售 ① ② ③

数字化营销
- 基于用户购物习惯、偏好、需求等线上消费数据，进行个性化的产品推荐和营销策略
- 基于LBS进行定位广告推送，为线下渠道引流
- 通过社媒营销与用户建立直接沟通，了解用户反馈，及时洞察市场需求

图 4-10　新零售模式关键要素

资料来源：极光月狐研究院

以盒马鲜生为例，经过在新零售模式下的持续拓展与创新发展，为用户提供高品质的产品和差异化的服务，以及借助数字化手段不断提高市场竞争力。目前，盒马鲜生已进入成熟发展期，业务保持稳健增长态势，并成功抢占用户心智，成为新零售超市的头部品牌。截止 2023 年 12 月底，盒马线下在营门店数已超过 500 家，共覆盖 19 个省份、32 个城市，门店客流指数不断攀升，同比增速超 50%，与此同时，盒马 app 安装用户规模已超 6300 万，月活跃用户规模超 2000 万，用户的 7 日活跃留存率达到 47% 以上（即数据监测期间内某日活跃用户在其后 7 日仍启动该 APP 的用户比例），盒马鲜生已成功积累了一批活跃的忠实用户。而盒马鲜生的成功关键因素归结于以下几点：第一，将"线上＋线下"渠道融合，基于互联网思维实施精细化运营，消费者不论是通过 APP 下单还是在体验店购买，都能享受到"三公里范围，半小时送达"的物流配送服务，大幅提升消费者的购物体验；第二，较强的自有商品研发能力，提供更符合中国消费者偏好的创新、高品质商品，形成具有差异化的品牌竞争力；第三，善于利用自身的大数据能力，为业务创新、数字化营销、物流供应链优化、智能生产的实施提供强有力的技术支撑，使整体业务保持较高的运营效率。

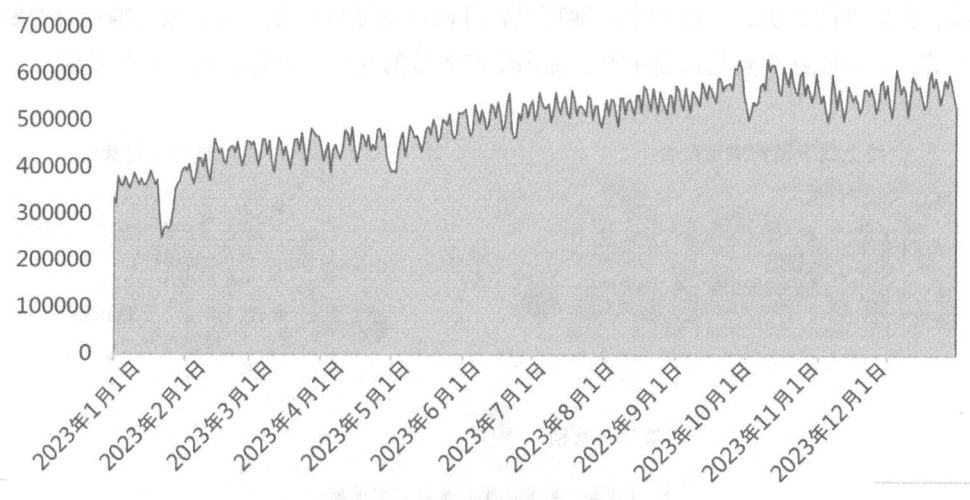

图 4-11 盒马线下门店客流趋势

数据来源：2023 年 1 月—2023 年 12 月，极光月狐 iBrand（MoonFox iBrand）

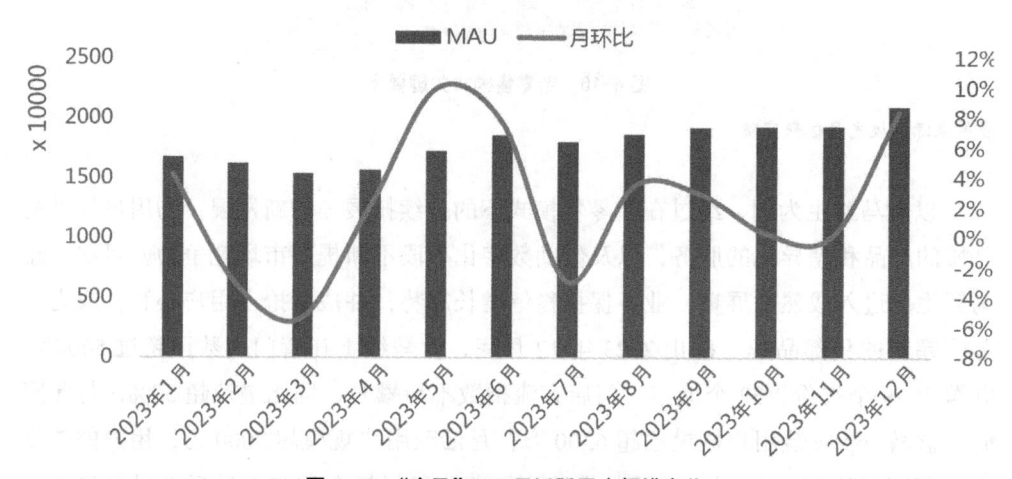

图 4-12 "盒马"APP 月活跃用户规模变化

数据来源：2023 年 1 月—2023 年 12 月，极光月狐 iAPP（MoonFox iApp）

（2）顺应数字化升级浪潮，LBS 大数据协助传统实体业提升市场洞察力

随着科技的不断发展，数字化转型已经渗透到各个行业。数据驱动营销将成为各行业和企业必须掌握的策略。企业需要利用大数据等数字化技术，帮助提高自身的运营效率、降低成本，更好地满足客户需求等。对于实体店铺等线下运营主体来说，由于缺乏数据支撑，往往较难充分洞察市场和客户需求的变化，不利于在竞争激烈的环境下长久发展。而 LBS 数据能够有效解决线下运营主体市场敏感度滞后等

痛点。通过手机等设备收集用户位置信息，线下运营主体可以了解目标区域的人流情况，对于决策开设新店或调整营业时间、开展线下营销活动等具有重要意义。此外，LBS数据还可以实时监测品牌门店和竞品门店的运营情况，以及客群的行为变化等，帮助品牌及时发现问题、洞察新趋势，为品牌的渠道运营策略提供科学的参考依据。见图4-13。

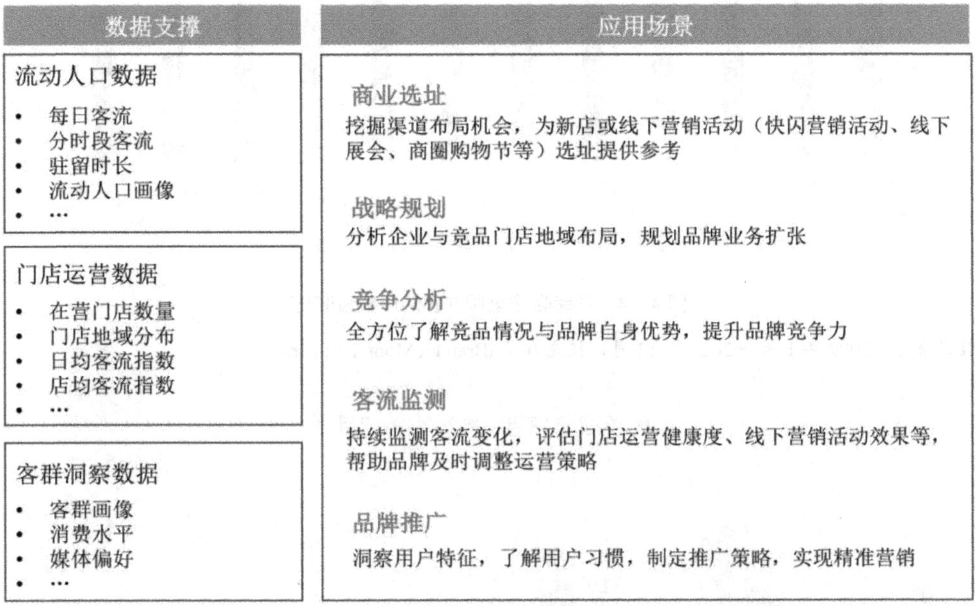

数据支撑	应用场景
流动人口数据 • 每日客流 • 分时段客流 • 驻留时长 • 流动人口画像 • ……	**商业选址** 挖掘渠道布局机会，为新店或线下营销活动（快闪营销活动、线下展会、商圈购物节等）选址提供参考 **战略规划** 分析企业与竞品门店地域布局，规划品牌业务扩张
门店运营数据 • 在营门店数量 • 门店地域分布 • 日均客流指数 • 店均客流指数 • ……	**竞争分析** 全方位了解竞品情况与品牌自身优势，提升品牌竞争力 **客流监测** 持续监测客流变化，评估门店运营健康度、线下营销活动效果等，帮助品牌及时调整运营策略
客群洞察数据 • 客群画像 • 消费水平 • 媒体偏好 • ……	**品牌推广** 洞察用户特征，了解用户习惯，制定推广策略，实现精准营销

图4-13 基于LBS数据的商业应用场景

资料来源：极光月狐研究院

门店客流监测是较典型的基于LBS数据的商业洞察解决方案，通过监测消费市场中品牌门店客流、门店布局、客群画像等数据情况，一方面，能够帮助品牌企业主及投资者了解市场景气程度；另一方面，通过竞品分析能够帮助品牌更全面地了解竞品与自身品牌的差异和优劣势，洞察竞品的发展策略为不断提升自身品牌竞争力提供支撑。

以瑞幸咖啡为例。首先，可以从瑞幸咖啡的门店数量变化了解品牌的线下渠道布局节奏。2022年8月—2023年8月，近1年的时间，瑞幸咖啡以30%～50%的增速持续铺开线下门店布局，截止2023年12月底，瑞幸咖啡在全国范围的在营门店数量已超过11000家，相较去年同期净增长3300+家。从门店地域分布变化来看，瑞幸咖啡正在加快向下沉市场渗透，近一年三线及以下城市门店数量占比增长

9 个百分点。

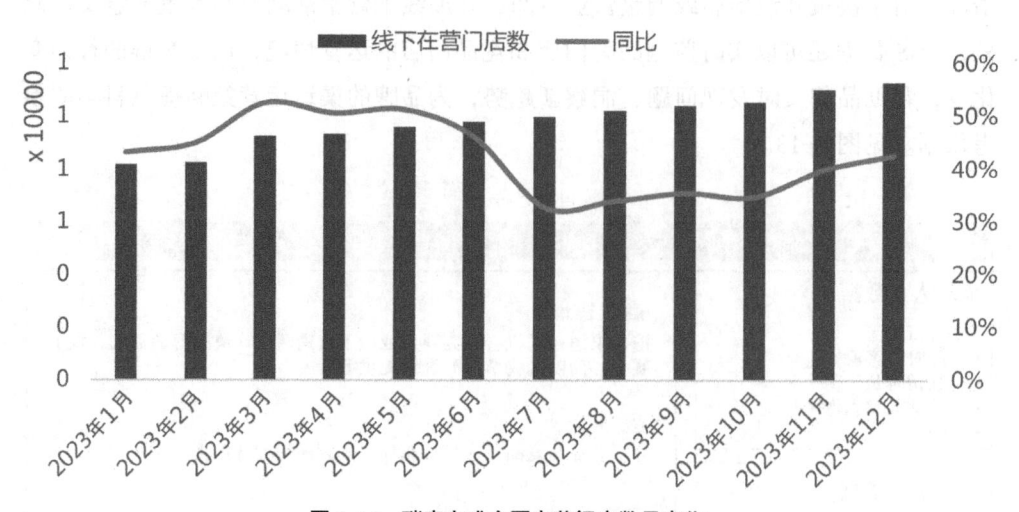

图 4-14　瑞幸咖啡全国在营门店数量变化

数据来源：2022 年 1 月—2023 年 12 月，极光月狐 iBrand（Moon Fox iBrand）

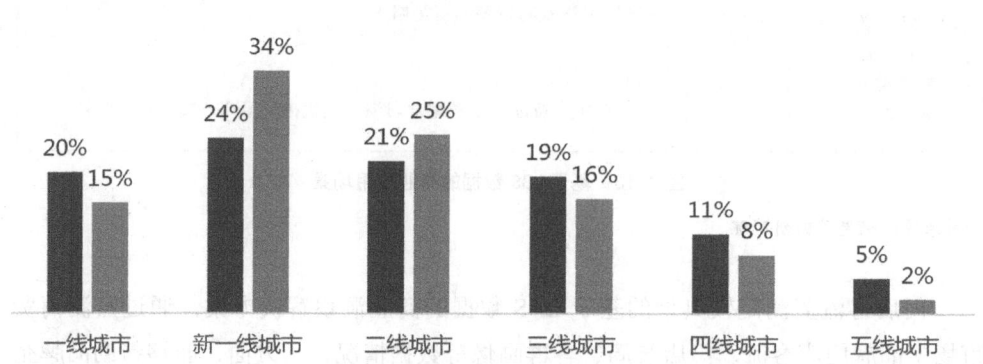

图 4-15　瑞幸咖啡门店地域分布变化

数据来源：2022 年 12 月—2023 年 12 月，极光月狐 iBrand（Moon Fox iBrand）

其次，可以从门店客流指数了解品牌门店的经营效率。瑞幸咖啡的门店客流伴随着扩店速度同步增长。截止 2023 年 12 月底，瑞幸咖啡全国门店客流指数同比增速超 100%，店均客流指数同比增长 40%；（店均客流指数在较大程度上能够反映品牌整体门店的经营效率），说明最近 1 年瑞幸咖啡的门店运营状态相对健康。

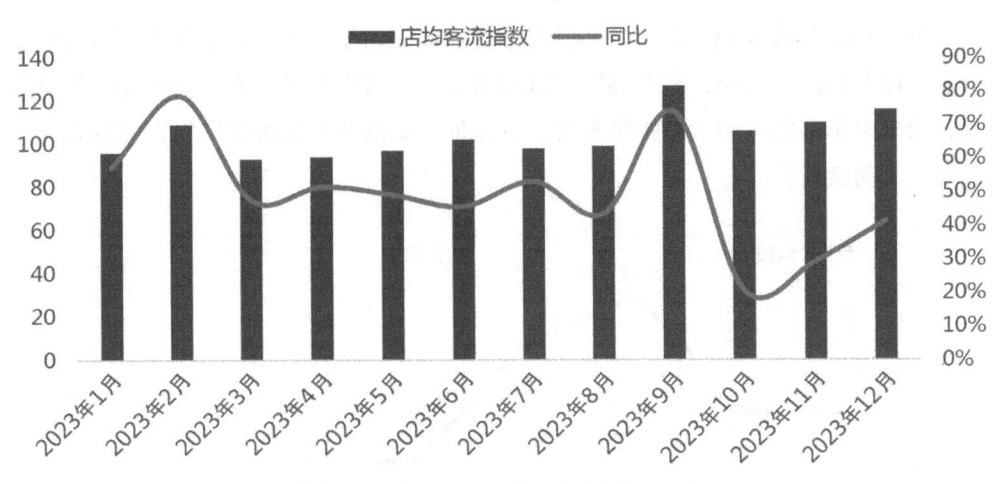

图 4-16　瑞幸咖啡线下店均客流指数变化

数据来源：2022 年 1 月—2023 年 12 月，极光月狐 iBrand（Moon Fox iBrand）

最后，可以根据瑞幸咖啡的客群画像等信息分析品牌的发展策略：2022 年 8 月—2023 年 8 月的近 1 年来，瑞幸咖啡的客群画像发生了较明显的变化，随着瑞幸咖啡不断推陈出新、拓宽产品价格带、开展各种营销玩法，其在消费市场的品牌认知度不断提升，客群圈层进一步扩大。在 2023 年 12 月，瑞幸咖啡 36-45 岁的用户占比较去年同期增长了 6 个百分点，说明瑞幸正在快速抢占"非咖啡核心客群"的心智，将其转化为品牌用户。此外，随着瑞幸咖啡推出"9.9 元咖啡"的低价策略后，不同消费等级的用户结构也发生了变化，中消费水平用户（如一线城市月消费 2000-6000 元）占比增长了 9 个百分点。由此可见，"扩大消费圈层"是瑞幸咖啡保持业务高速增长的关键策略。

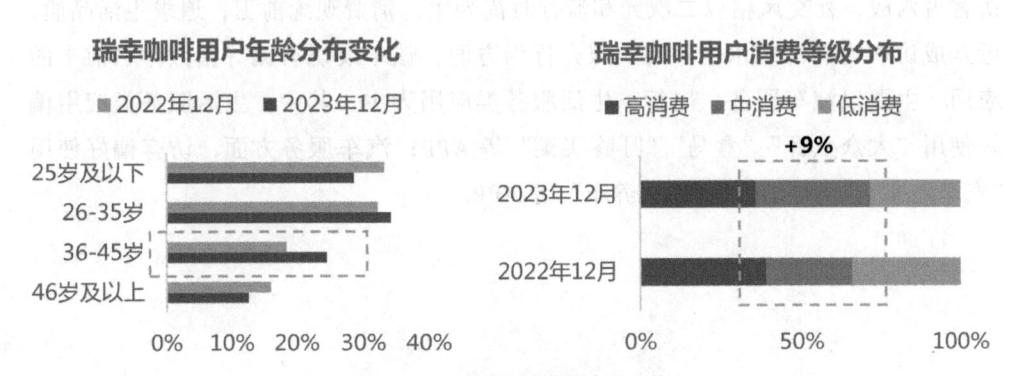

图 4-17　瑞幸咖啡消费客群画像

数据来源：2022 年 12 月—2023 年 12 月，极光月狐 iBrand（Moon Fox iBrand）

除了门店客流监测，线下营销活动的客流监测对于品牌来说也具备较高的应用价值。以车展活动为例，汽车品牌可以根据车展每日客流指数来评估车展的营销效果，为未来车展的营销策略提供参考，如根据客流高峰日来进行广告宣传规划、现场营销活动策划等。

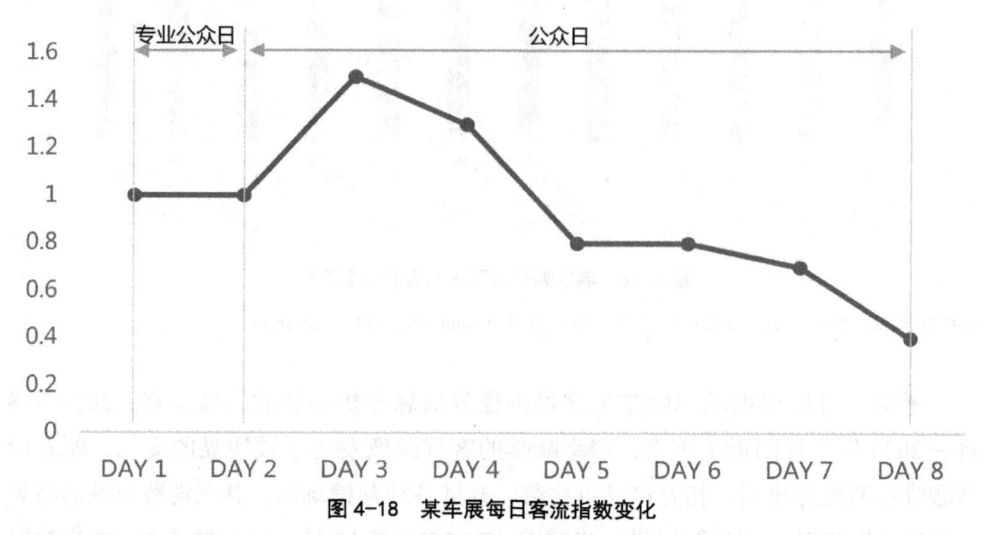

图 4-18 某车展每日客流指数变化

数据来源：2023 年 12 月，极光月狐研究院，地理位置数据监测

此外，汽车品牌还可以通过在车展期间监测到的访客数据，建立潜在客群数据库，多维度刻画潜在客群画像，同时，挖掘潜客的媒介偏好与行为，便于以后进行潜客追踪以及实施高效精准的市场营销。如极光月狐研究院监测到的某车展访客画像数据显示（见图 4-19），车展访客中有近八成是男性用户，26～35 岁访客占六成，社交风格以二次元和流行时尚为主，消费观念前卫，追求生活品质，近八成访客为高消费水平。用户媒介行为方面，该车展访客偏好指数排名前十的应用，主要以汽车服务、出行、生活服务类应用为主。其中，生活服务类应用偏好使用"大众点评""盒马""叮咚买菜"等 APP；汽车服务方面，访客偏好使用"汽车之家""嘀嗒出行""途虎养车"等 APP。

性别分布
- 男性 78%
- 女性 22%

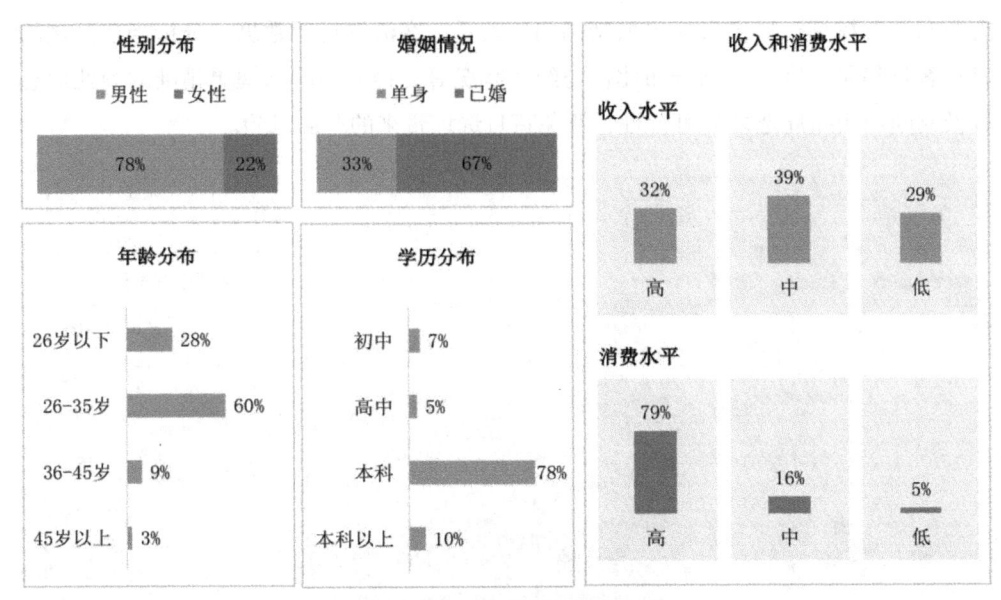

婚姻情况
- 单身 33%
- 已婚 67%

收入和消费水平

收入水平
- 高 32%
- 中 39%
- 低 29%

消费水平
- 高 79%
- 中 16%
- 低 5%

年龄分布
- 26岁以下 28%
- 26-35岁 60%
- 36-45岁 9%
- 45岁以上 3%

学历分布
- 初中 7%
- 高中 5%
- 本科 78%
- 本科以上 10%

图4-19 某车展访客画像

数据来源：2023年12月，极光月狐研究院，地理位置数据监测

表4-4 某车展访客应用偏好指数

	全行业APP偏好指数 TOP 10			汽车服务领域APP偏好指数 TOP 10	
1	大众点评	77.0	1	汽车之家	76.7
2	汽车之家	76.7	2	嘀嗒出行	73.6
3	嘀嗒出行	73.6	3	途虎养车	71.3
4	盒马	73.6	4	美团打车	68.5
5	航旅纵横	72.4	5	滴滴出行	67.9
6	叮咚买菜	72.3	6	神州租车	66.4
7	途虎养车	71.3	7	平安好车主	66.1
8	猎聘	71.2	8	享道出行	64.4
9	链家	70.7	9	懂车帝	64.2
10	华住酒店	70.5	10	蔚来	62.3

数据来源：2023年12月，极光月狐研究院，地理位置数据监测

除了门店或线下营销活动运营期间的客流监测，对于品牌来说，运营前期基于LBS大数据的商业选址也是常见的商业洞察解决方案。通过对特定区域覆盖的人口密度、流动人口画像（包括工作人群、休闲人群、居住人群）、人群轨迹特征等潜

客数据进行挖掘，协同目标区域精品门店数量、客流等运营数据，分析当前区域的目标客群集聚程度、业态分布比例与经营状况等，帮助品牌掌握更精准的商业信息以及判断门店布局选址的可行性，避免盲目选址带来的开店风险。

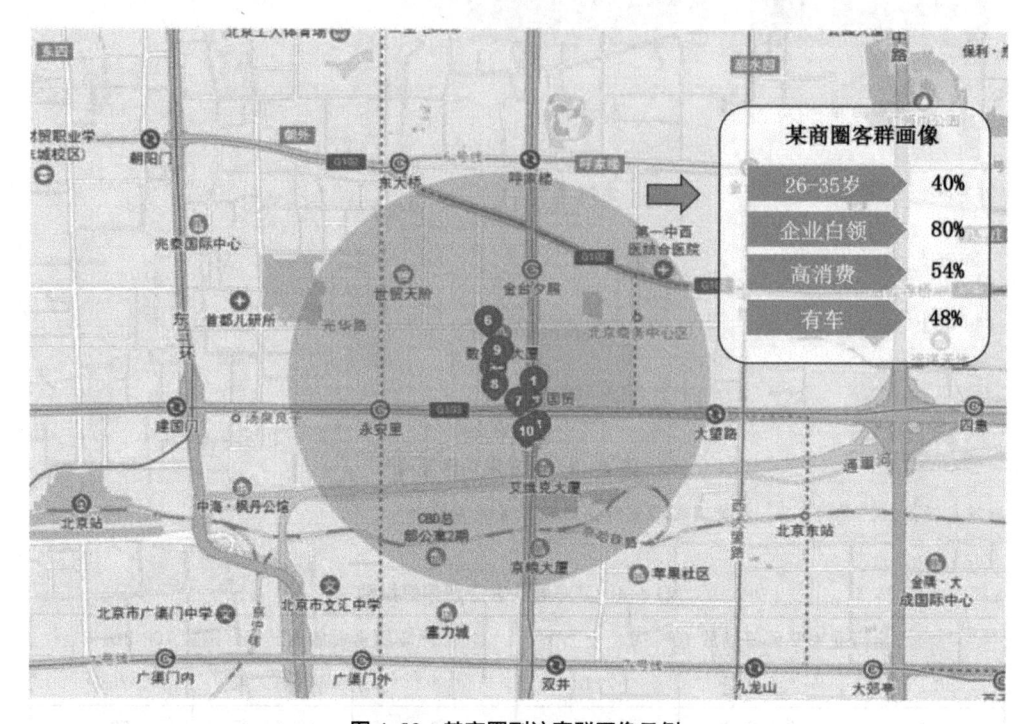

图 4-20　某商圈到访客群画像示例

数据来源：2023 年 12 月，极光月狐 iMarketing（Moon Fox iMarketing）

（3）用户媒介行为趋于分散化，LBS 有助于实施更加精准的多触点营销

随着移动互联网的迅速发展，用户的信息和服务、娱乐内容获取渠道变得越来越丰富，用户的媒介行为以及注意力变得愈发地分散和复杂化，导致数字化触点数据也更加分散，这对广告主来说带来了一系列的挑战，其中之一是流量获取成本的不断上升。多触点营销，是一种精细化的数字营销策略。它旨在更准确地追踪和评估顾客互动的多个触点，以确定哪些触点对最终销售或转化产生影响。这有助于企业了解顾客在购买决策过程中接触到的各种广告、渠道和营销活动，从而更有效地分配营销预算和资源。

因此，对于广告主来说，完整的用户数据链条是实现高效营销的关键因素。基于 LBS，广告主可以将用户的线上和线下触点数据进行链接和整合，形成完整的数据闭环。一方面，对于用户的兴趣、偏好、媒介行为、消费需求等会有更全面的了解,以便广告主创建出更有针对性的广告内容,精确筛选广告投放渠道,将广告内容传递给最有可能感兴趣的受众;另一方面,也能够帮助挖掘和追踪用户在不同场景下所处的消费决策周期,完成多触点精准营销(如购车前的学车阶段、汽车选购阶段、购车后的用车阶段、后续的换购增购阶段等),不仅能够在较大程度上节约广告成本,同时还提高了广告投放的效果。

以汽车品牌营销为例,广告主可以结合用户的线上行为、媒体内容偏好、线下地理位置等数据信息洞察用户所处的汽车消费决策周期阶段,然后制订合理的营销目标和策略,在不同用户阶段选择最合适的媒体渠道和活动投放点,完成精准投放、高效触达。如在用户驾考阶段,汽车品牌可以选择在"驾考学车"APP进行效果广告投放,线下渠道可以选择在驾校或周边的站点进行广告展示,增强用户的品牌认知;当用户处于较明显的购车意向阶段,汽车品牌则可以选择社媒、内容社区、流媒体等更多元化的媒体渠道进行广告投放,还可以通过线上广告引导用户参与线下车展、商圈快闪营销活动等,进一步加深用户对品牌的印象;在用户进入购车决策阶段时,对于品牌和车型比较的信息和内容需求度较高,针对这个阶段的用户,汽车品牌可以选择汽车资讯平台、搜索引擎等渠道进行重点投放,同时,向其推送品牌与汽车KOL合作的种草内容等,驱动用户从公域流向品牌私域池,促进线下试驾、下单购买等行为。此外,通过用户线上和线下的数据闭环,汽车品牌还可以评估线上广告投放和线下渠道引流效果、线下触点运营效果等,以便持续优化和调整营销策略。

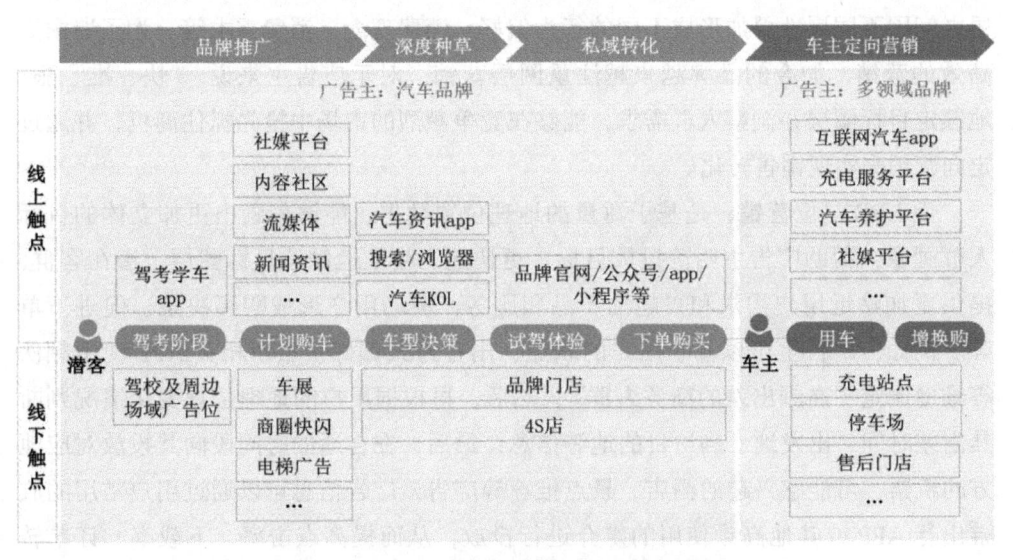

图4-21 人群汽车消费决策周期及品牌营销触点

资料来源:极光月狐研究院

表 4-5　汽车消费潜客媒体应用偏好数据

应用	占比	TGI
微信	68.3%	127
抖音	51.3%	121
百度	35.7%	119
小红书	28.7%	77
快手	27.0%	121
QQ 浏览器	21.4%	107
腾讯视频	19.4%	113
酷狗音乐	19.4%	144
喜马拉雅	17.8%	100
爱奇艺	14.6%	126

数据来源：2023 年 12 月，极光月狐 iMarketing（Moon Fox iMarketing）

（4）圈层分化愈发明显，LBS 数据越能够协助品牌实现高效的圈层定向营销

圈层分化是指社会或市场中的群体在某种特定条件下展现出明显的差异或分层现象，圈层的划分涉及不同的标准，如兴趣爱好、媒介内容偏好、性格与人格、社会属性（经济状况、职业、社会地位等）、地理位置等。而随着经济的飞速发展，大众的工作、生活、娱乐方式有了更多的选择，导致圈层分化越来越明显，不同圈层之间因不同属性叠加形成不同的行为偏好、消费理念、消费需求等。为了追求更高效的营销，如今的品牌越来越注重圈层营销，对于广告主来说，"快、准、狠"地锁定目标圈层并洞察人群需求，能够在竞争激烈的市场中抢先抓住商机，并通过定向营销来实现销售转化。

而 LBS 定位营销，是基于海量的地理位置数据，能够刻画出更加立体的目标人群画像，帮助广告主明确投放目标，更快速、精准地触达目标圈层、潜在客群，提供更加贴近用户需求和兴趣的产品和服务，驱动用户形成购买决策、促进下单等。例如，广告主可以基于用户的职业、出行方式偏好、旅游相关 APP 使用频次等维度圈定"高频出差的商务人群"；然后，再根据用户的地理位置变化情况判断其出差时间、出发地、到访目的地等信息；最后，在合适的时间段向其投放对应地方的机票、可能感兴趣的酒店、景点推荐等广告，广告信息可以通过用户常用的旅游出行 APP 或其他高频使用的媒介进行投放，从而提高点击率、下载率、订单转化率等。

第四章　数字营销与品牌实践

图 4-22　LBS 赋能圈层定向营销

资料来源：极光月狐研究院

此外，LBS 也能够帮助广告主更深入了解目标圈层的生活状态（如居住地、工作地、常到访的商圈等），对于优化区域线下广告的投放策略提供更具价值的指导意义。以极光月狐监测到的手游人群为例，通过对该圈层人群的 LBS 数据进行挖掘发现，北京地区的手游达人最常到访的商圈为国贸，该商圈内国贸商城的到访比例较高，其次是西单商圈，其中，西单文化广场的到访比例较高；交通出行方面，北京地区手游达人中有较大比例的人常坐地铁 10 号和 4 号线路，而西直门、国贸、西单等地铁站为这部分人群常到达的站点。基于这些数据，手游产品或与手游 IP 联名的产品就可以融合其他信息进一步优化区域品牌推广策略，选择合适的地点和位置进行户外大屏广告、地铁广告、商场电梯广告投放，或开展线下快闪营销活动等。

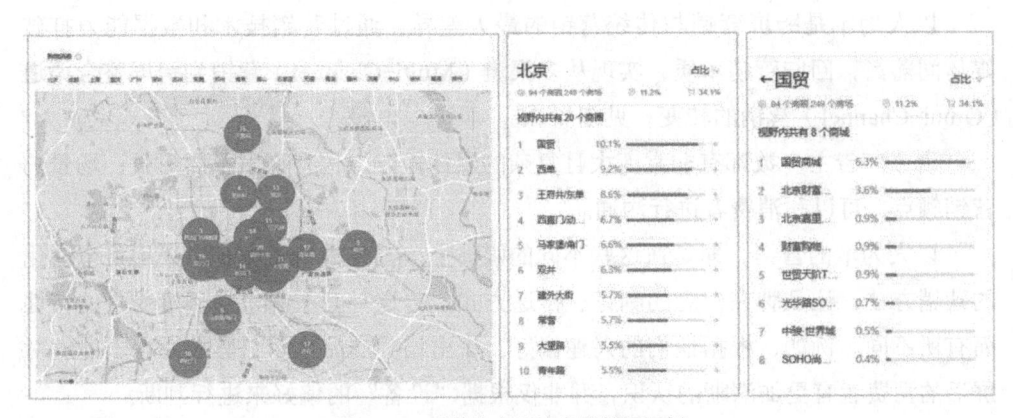

图 4-23　手游达人到访商圈数据示例

数据来源：2023 年 12 月，极光月狐 iMarketing（Moon Fox iMarketing）

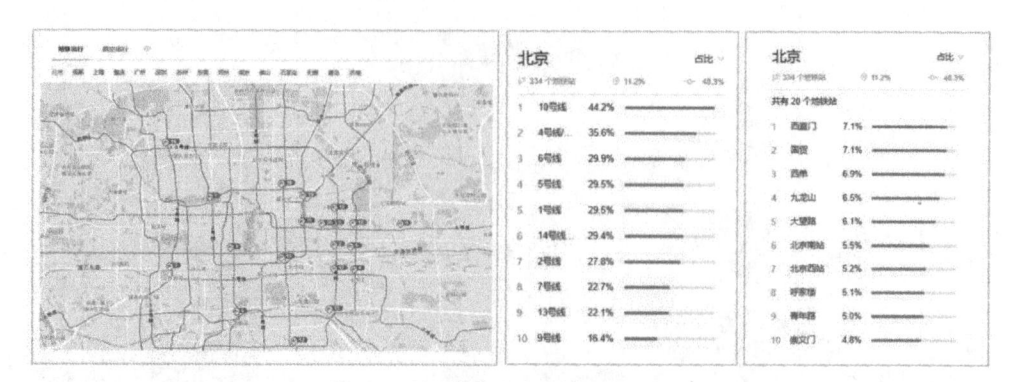

图 4-24　手游达人地铁出行数据示例

数据来源：2023 年 12 月，极光月狐 iMarketing（Moon Fox iMarketing）

[本小节撰写单位为深圳市和讯华谷信息技术有限公司（极光）]

（六）跨屏营销

1. 跨屏营销定义

跨屏营销通常是指通过整合多种渠道终端，向广告主的目标受众投放广告信息，通过与消费者的信息互动，达到品牌市场营销目的的行为。目前，跨屏涉及的媒体渠道包含移动端、电视端（包含智能电视 & 传统电视）、PC 端和户外广告。这也是伴随媒体变化产生的一种有效的营销方法。

2. 跨屏营销与传统营销的差异

以人为本是跨屏营销与传统营销的最大差异，通过营销技术和数据能力打破媒体间藩篱，回归营销本质，实现从多渠道（Multi-Channel）营销到跨屏整合渠道（Omni-Channel）营销的转变。见图 4-25。

现今广告主多数都有非常庞大且复杂的媒体矩阵，也有许多不同形式、场景的营销触点，可以和消费者进行沟通。

以人为本的营销，即是在这些不同的媒体上，围绕消费者本身，采用更个性化的营销方法，让品牌在消息的制订、传递方式、传递时间上都根据目标受众的特性而有所不同。例如，根据他们的兴趣偏好，作出相关产品推荐，其核心在于能够对屏后的消费者有更加清晰的认识，并非仅根据"设备"的偏好来进行判断。

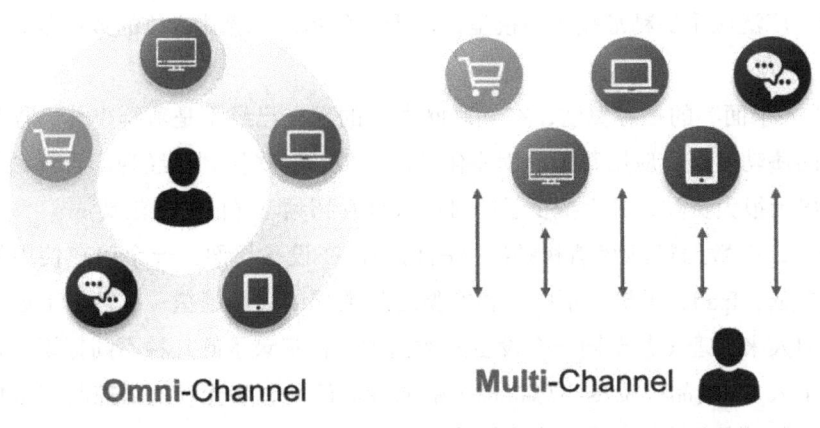

Omni-Channel
各个媒体皆可触达用户，并且各媒体间数据打通，更精准触达用户

Multi-Channel
各个媒体皆可触达用户，但各媒体数据没有有效整合

图 4-25　跨屏营销与传统营销差异

数据来源：勾正科技梳理整理

数据隐私和安全是跨屏营销的实施重点：区别于传统营销平台内的数据流转，跨屏数据的打通和流转涉及到很多的个人信息保护和数据隐私安全问题，对于数据流转和计算基建的要求比较高。政府制定了许多标准和法规来保护用户信息。如何在日益严格的数据环境中进行合理的数据融合与应用，利用以人为本的营销来提供个性化的客户体验就显得尤为重要。

为什么需要以人为本的营销？主要是在目前复杂的媒体环境下传统营销面临以下问题和挑战。

（1）被分割的消费者数据，导致无法真正发挥数据的价值

随着媒体的发展和数据产业的发展，用户数字化触点数据被愈来愈多的记录下来，但通常被分散在各环节或各个系统之中，彼此之间打通有限，企业往往看不到用户数据的全貌。最常见的困境是，企业在广告投放、电商平台活动，甚至线下渠道购买记录，都做了很大量的数据沉淀，但由于同一个用户在各个体系中被当成了几个用户在执行数据分析或应用（如营销归因分析时），便难以分析出贴近真实的结果。

这时候，如果有个"数据的链接"能将每个用户在各环节所产生数据的回归链接到真实用户，全链路归因则可以高效率地被应用，数据的应用价值能够得到极大程度的提升。

（2）广泛应用的精准投放与模型，由于设备本位、媒体本位的数据基础仍存在局限性

"千人千面"的推荐算法，在互联网发达的现在已经不是新鲜事儿，程序化广告投放的蓬勃发展，应用数据的程序化精准投放、频次控制已经为广告营销效率的提升作出了很大贡献，大大减少了非目标人群和超频曝光的广告浪费。

但是，多数的精准营销和频次控制仍停留在设备层面，一个用户使用的智能电视、电脑、Ipad、手机，不同设备类型之间数据的天然壁垒，在营销上经常被当成不同的人来处理（甚至同一个设备的数据中，被记录了好几种不同标识，也会被当成多个人）。当品牌费尽心思将每个端的投放活动、曝光频次都控制在最佳的情况下（如控制在 3 次以下），实际上不少的消费者仍看了 4 次甚至更多次的广告片，因而对品牌产生了过度曝光的负向影响。

（3）众多的营销活动和复杂的媒介矩阵，效果的衡量缺乏统一标准

当前，企业在营销上有着复杂多元的媒体矩阵，但更为复杂多变的营销环境、设备的多元化、媒体和内容的碎片化、分散的数据体系都使全面评估跨媒体价值变得难以实现。

这些问题始终困扰着广告主：什么是触达目标消费者最有效的媒体搭配？如何真实测量广告投放的触达效果？基于当前市场上的各类数据工具，在数据底层未实现跨屏、跨终端到人打通的情况下，并没有办法实现真正意义上全面的评估。唯有当跨媒体、跨设备的数据能够同源到人，这些问题才能被解决。

3. 跨屏营销的价值和重要性

（1）适应全媒智能环境下消费者的行为变化

为什么需要跨屏营销？因为中国自 2020 年已经迎来了智能全媒时代，尤其电视和户外媒体的智能化，如汽车媒体、智能设备媒体等，都标志着中国媒体环境一次新的改革，区别于互联网时代，让中国消费者用手机开拓了更广阔的视野，全媒智能时代将是对消费者媒介行为的又一次变革。在这个前提下，营销方式也应当随之变化，提前预演和适应正在进行和未来即将到来的变化。

图 4-26　中国智能媒体广告发展趋势

PC互联网时代　1997—2011年
- 1997年，互联网开始普及，网络营销同步开启，广告市场规模0.3亿元
- 2003—2006年，告别网络经济泡沫，互联网广告进入爆发期
- 2006年，随着视频媒体崛起，互联网视频营销开始
- 2007年起，网游、社交网站崛起，带领另一波互联网营销潮流
- 2011年，互联网广告规模超过500亿元

移动互联网时代　2012—2019年
- 2012年，3G商用开启移动互联时代，移动互联网民达3.88亿，手机网民首超电脑网民
- 2015年，伴随4G应用，"互联网+"时代兴起，广告市场规模超2000亿元，互联网广告份额占比第一（41.6%），首超电视广告份额
- 2019年，短视频爆发，产生新流量入口，时年，短视频用户超6亿，互联网广告收入达4368亿元

智能全媒时代　2020年至今
- 2020年，以智能电视为代表的智能终端广告进入高速发展期
- 2020年，OTT+IPTV广告规模达362亿元，互联网电视家庭渗透率首超50%
- 智能设备普及加速媒体升级、户外智能广告屏、智能音响、智能冰箱等发展加速了智能全媒时代发展
- 未来汽车等媒体或将更多加入智能广告体系，全媒智能时代未来可期

数据来源：勾正科技整理；时间范围：截至2022年底

截至 2023 年上半年，全国有手机网民 10.67 亿、智能电视用户 8.92 亿，平均每个智能电视家庭对应 2.8 个成员、3.1 台手机。在收看大屏时，平均有 1～1.2 个成员在同时使用手机。研究显示，40% 的手机用户在看电视时会同时使用手机。用户平均每天使用 10 个手机 APP，收到 150+ 条广告信息，其中，42% 会在大屏上同时观看 15～30 个广告，约 30% 的消费者会在多个平台看到同一个品牌广告[①]。

（2）提升营销的效率和效果

从营销效果角度来说，可以更全面制定媒体策略，有效提升 ROI；更恰当、精准地传递品牌信息；更科学有效地提升品牌触达效果。

---

① 数据来源：CNNIC 第 52 次《中国互联网络发展状况统计报告》，勾正科技 URS（Uni Reach System），公开资料整理。

	更全面媒体策略、有效提升ROI	• 清晰地评估对每个媒体的转化效果贡献 • 以制订更适合目标人群的媒体选择 • 进而优化预算花费，提升ROI	01
	更恰当、精准的品牌信息传递	• 注重以消费者"个人"特征的个性化营销而非针对设备、Cookie的推送 • 能够传递更符合目标人群的广告和营销信息	02
	科学有效提升品牌Reach	• 通过对媒体触达、重叠率的计算 • 结合跨屏、跨媒体识别目标人群的投放能力 • 品牌能够提升目标人群的触达效果	03

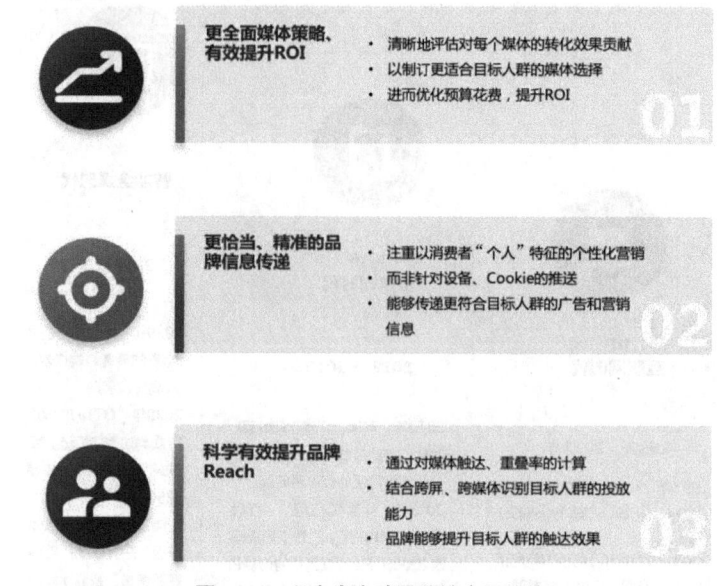

图 4-27　以人为本跨屏营销应用价值

数据来源：勾正科技整理

（3）统一用户行为和数据

通过跨屏营销，可以将所有设备、平台上的用户行为和数据整合至其专属标签下，形成更完整的用户画像，有利于更好地分析用户需求和购买行为，利用相对完整的消费者数据链实现营销目标。

图 4-28　以人为本跨屏营销消费者数据整合

数据来源：勾正科技整理

（4）应用环节

以人为本的营销方式，本质上依赖着以人为本的数据链接，在营销的各环节所带来的赋能。从实际应用场景来说，从投前策略制定、投中的个性化营销到投后的效果测量和效果归因，都能够通过以人为本的数据，提升整体的执行效率和效果。

① 投前：以人为本的媒介洞察

通过以人为本的洞察工具，打通用户各端的媒介行为，可以很好地交叉对比用户在不同端的行为偏好，甚至进一步分析出跨屏、跨媒体的流量用户的重叠情况。在实际的投放中应用这些洞察，进而进行全面的媒介策略优化，而非停留在各媒体、各端营销独自规划阶段。

② 投中：以人为本的精准营销

现今的品牌营销，多数都有非常庞大且复杂的媒体矩阵，也有许多不同形式、场景的营销触点可以和消费者进行沟通。以人为本的营销，围绕消费者本身，将消费者在各端的数据融合在一起，采用更个性化的营销方法，让品牌在消息的制订、传递方式、传递时间上都根据目标受众的特性而有所不同。根据用户多触点综合兴趣偏好，作出相关内容、产品推荐，核心在于能够对屏后的消费者有更加清晰的认识，并非仅根据单一"设备"的特征来进行判断。

③ 投中：以人为本的频次控制

当数据能够跨设备链接到唯一的人时，以人为本的频控策略也将变得可执行，利用跨屏连接，在程序化投放时，根据具体投放目的制定跨屏频次控制策略，不论在减少预算浪费、Reach 最大化上，还是各屏之间屏间触达互补上，都能够更好地降本增效。

④ 投后：以人为本的效果测量

在投后方向上，通过对媒体触达、重叠率的计算，科学有效地提升品牌触达效果。同时，打通效果数据，清晰地评估对每个媒体的转化效果贡献，以制订更适合目标人群的媒体选择，进而优化预算花费，提升 ROI。

4. 跨屏营销创新案例

跨屏营销案例主要集中在以下几个方向。

（1）全媒体跨屏行为洞察

① 面临挑战

传统行为分析一般以平台、设备、媒体为分析维度，例如移动端；分媒体的行为，如 APP 排名、日均使用时间等指标，在营销中的主要应用方向在于预算分配、营销效果的预估等方面。然而，由于媒体和平台间的数据隔离，缺乏更深入的以媒体为单位的行为研究，对于受众平台、媒体间的重叠行为研究，也会令营销资源集中在头部媒体，媒体资源"马太效应"越发加剧。这样不利于媒体资源的合理分配，也会低估部分媒体的价值。

② 解决方案

通过同源数据打通，以受众为核心整合研究媒介价值，可以更精确地了解跨屏媒体间的重叠关系、媒体对于受众的独占比例、媒体间的互补作用等。

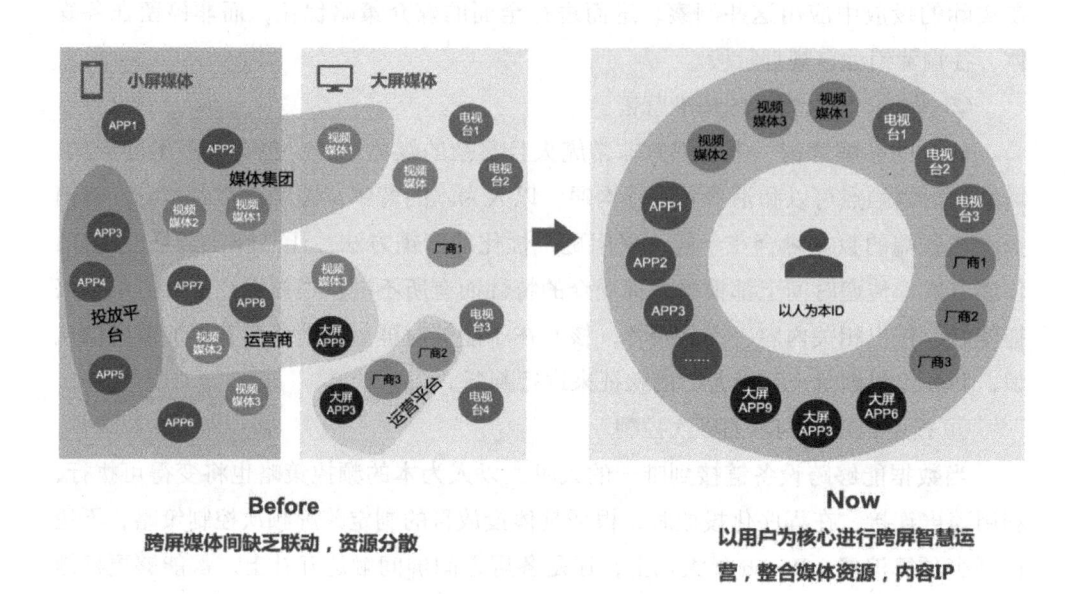

图 4-29 以人为本跨屏行为洞察

数据来源：勾正科技整理

同时，跨屏的测量方式也有助于丰富媒体的评价维度，更全面地衡量媒体价值，可以从触达力和影响力两个角度出发。其中，触达力不仅仅包含媒体规模，也同时包含目标 TA 浓度、TA 的独占性、TA 黏性/活跃度等指标；而影响力方面，更涉及媒体的影响力，如信息力是指媒体信息强度是否在受众理解的较好范围内，避免因为媒体广告曝光过多而引起广告的无效触达。同时，也需要注重媒体内容与品牌的契合力、媒体内容是否符合品牌调性、前后内容是否会对品牌造成品牌伤害等。鉴于复杂的媒体环境，单一媒体的影响力逐渐减弱，所以，媒体的数字化能力和联通能力也尤为重要，能够更好地进入测量和数字化策划的媒体，未来也将获得更多机会。

媒介价值

触达力 — 更多的触达对的人 ① ② 更好的触达对的人 — **影响力**

- 媒体规模
- TA浓度
- TA独占性
- TA黏性/活跃度

信息力：信息浓度高低，品牌信息是否容易被接收到

品牌契合力：媒体调性与品牌调性是否相符

联通力：是否更好地整合其他触达和转化渠道

图 4-30 媒体价值的测量维度

数据来源：勾正科技整理

③ 应用价值

打破目前媒体预算分配中移动端、电视台端、OTT 端等分别计算的局限，整合考虑预算分配的最优比例，提升整体触达效果。

（2）以人为本的定向营销

① 面临挑战

跨屏、跨媒体定向营销主要面临两个问题，一是不同媒体平台间标签的一致性问题，小屏标签通过多年发展，维度已经非常丰富，标签评判依据也比较多维度。大屏标签相对来说起步较晚，主要通过大屏行为数据进行判断，判断依据和维度和小屏不同，增加了广告主标签使用的难度。二是不同媒体有自己的标签评判的体系，局限于数据打通难度，标签统一也比较困难，尤其当品牌主数字化做得比较好，通过 CRM 或 CDP 积攒了一定量的数据资产后很难实际应用到跨屏媒体投放中。

② 解决方案

通过跨屏的 DMP 或 ID 系统可以整合跨屏、跨媒体的标签系统，实现一个标签多个应用场景重复应用。

也能够通过不同媒体数据实现标签体系的定义更加个性化，更符合实际营销的需求。例如，现在很多品牌都会有代言人，通过用户的内容观看行为可以很好地界定一些粉丝人群；对于特定的品质生活人群，可以关注其收视行为的一些特点，如是否关注美食、家装、财经等节目，可以通过这样的角度实现对于目标人群的定义。

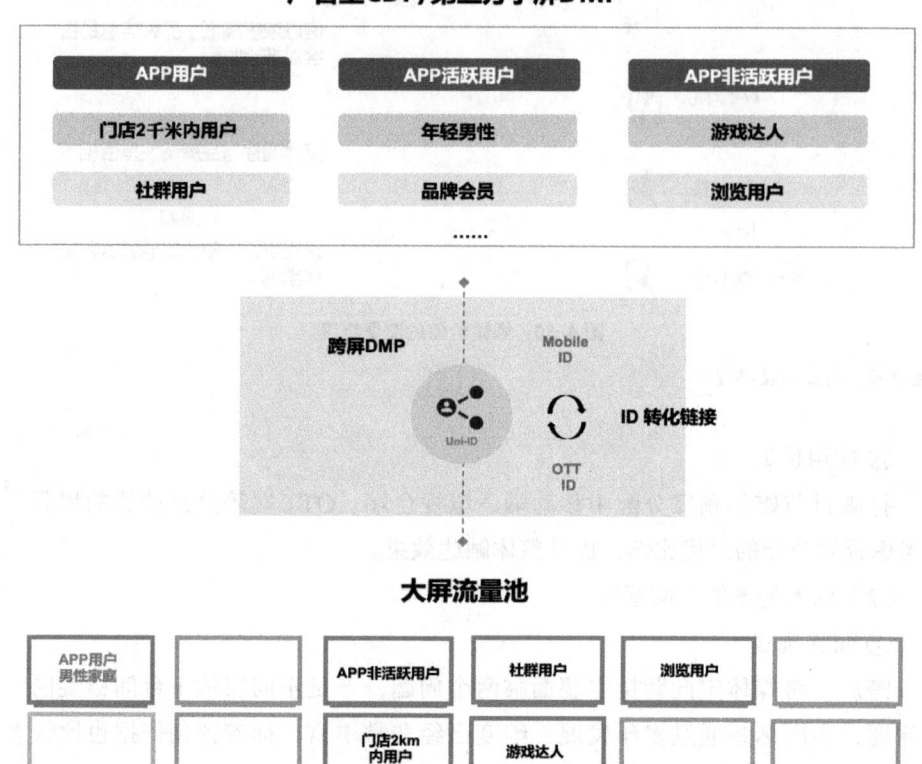

图 4-31 跨屏标签融合

数据来源：勾正科技整理

第四章 数字营销与品牌实践

目标人群	人群标签定义
运动型两口之家	A基础标签：P20～44，两口之家，无老人，无小孩 B使用行为：CCTV5、5+中重度收视人群
品质生活追求者	A基础标签：高端小区、高个人收入，外资品牌机型 设备尺寸：65～70寸，75寸以上 B使用行为：近3个月的节目偏好：美食、文旅等《新视觉》《日食记》 C消费行为：有美食食谱、中高端服饰、轻奢健身类等消费行为
粉丝人群	B使用行为：近3个月的节目偏好：中、重度收视人群，以电视剧、综艺男女主角为判定依据
酒精消费人群	A基础标签：M 18+ B使用行为：近3个月的节目偏好：音乐、声乐等；应用：近3个月应用类型：音乐、代驾等。有车一族；且设备开机时间在23点之后，判断为潜在用户群体 C消费行为：有美食食谱、中高端服饰、轻奢健身类等消费行为

图 4-32 融合标签实例

数据来源：勾正科技整理

③ 应用价值

通过跨屏标签，综合大、小屏用户行为标签，找到更符合营销价值的标签，并实现大、小屏标签复用和通用，实现企业一方数据的跨屏应用。

（3）全媒体广告效果评估

① 面临挑战

跨屏广告效果评估也面临两个方向的难点，一是从营销漏斗的角度来说，前链路中多屏广告到底触达了多少人，其中多少是目标消费者，目前主要面临的问题是跨媒体、跨屏的数据用传统计算方法难以真实测量触达比例。如一个受众在电视台广告、OTT和移动端同时看过一个品牌的广告，由于数据的不打通，或通过算法等融合算法计算后，很有可能造成数据的高估或低估，甚至有品牌出现综合触达率超过100%的极端现象。这样对品牌评估自己实际触达量和后续媒介投资造成了很大困扰。二是从后链路角度看，对于转化的贡献，理想的计算方法是在整个广告曝光的点位都能计入转化效果的测量当中，但实际应用里，更多是使用最后点位作为最大贡献方计入营销效果计算，这样往往会低估品牌广告的效果，造成效果广告的投入比例增大，虽然短期内会有销量提升，但可能会影响品牌长期利益。

② 解决方案

通过跨屏同源效果评估方式，可以有效避免评估中因为数据原因而引起的评估误差，更接近事实地对营销效果进行评估。当全量数据计算难度和成本较高时，可以考虑大样本的同源 panel 级计算。以此通过输入各屏曝光数据就可以有效地计算跨屏整体触达情况和媒体间重叠与独占的比率；当增加如电商数据、品牌一方销售数据、社交媒体数据或者调研数据等，就可以全面衡量转化出整体投放效果。见图4-33。

图 4-33　同源广告效果评估流程示意图

数据来源：勾正科技整理

其中，跨屏前链路品牌触达计算案例如图 4-34 所示，可以对各屏的触达进行有效测量，同时可以发现各屏的重叠情况，分品牌、时间、投放形式等进行细分，从而从媒体表现中找到未来提升的机会。

第四章 数字营销与品牌实践

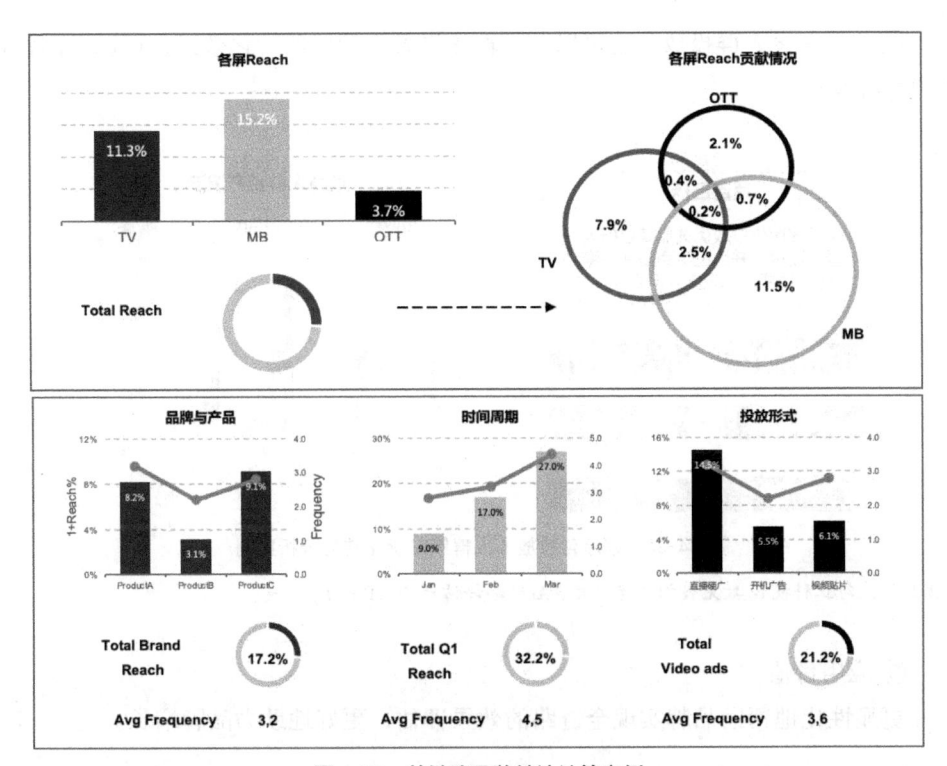

图 4-34 前链路品牌触达计算案例

数据来源：勾正科技 URS（Vni Resch System），产品真实案例计算脱敏数据

如图 4-35 案例所示，对于电视台和 IP 的效果评估也可以通过同源数据实现，可以通过电商数据，更好地对比不同平台硬广，以及 IP 投资的触达和转化效果。

项目目标		IP赞助	OTT硬广	TV硬广	IP硬广叠加
某品牌投资台网联播的IP内容赞助相比于其他的硬广投放，其效果和价值如何评估？	触达效果 1+Reach	8%	13%	18%	3%
	Appel 影响	2.8%	3.1%	3.0%	4.7%
	ROI 指数	0.95	1.10	1.21	1.02

图 4-35 节目 IP 赞助投资 & 电视硬广投放后链路转化分析案例

数据来源：勾正科技 & 数见咨询共建"大屏后链路评估产品（B.O.T.）"

配合程序化人群投放，也可以分人群去看各个阶段的转化效果，可以反向优化投放标签策略。

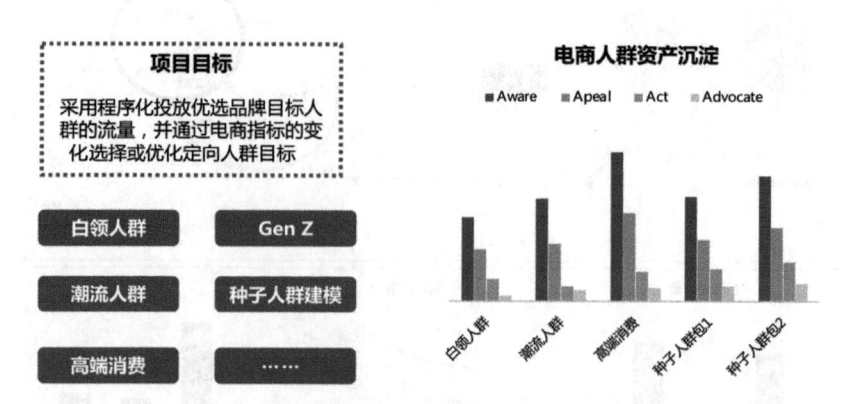

图 4-36　程序化投放 & 人群策略优化转化分析案例

数据来源：勾正科技 & 数见咨询共建"大屏后链路评估产品（B.O.T.）"

③ 应用价值

更显性化地帮助品牌实现全链路的效果评估，更好地助力品牌增长。

（本小节撰写单位为北京勾正数据科技有限公司）

（七）创新营销

在当今这个数字化时代，敏锐捕捉营销环境的变化，并基于变化进行营销创新是企业在激烈竞争的市场中获得优势的关键。创新营销不仅是营销方式和手段，更体现在营销布局、营销模型、营销理念、营销技术等各个角度。在社媒营销的变化中，我们可以看到媒体平台的升级变化、品牌营销方法论与模型创新、品牌营销理念创新、新技术的应用等多方面，探讨如何通过新营销带来新增长。

1. 社交搜索创新

随着社会化媒体的发展，资讯、娱乐、学习、购物等全需求开始得到"一站式"满足，社交搜索逐渐成为习惯，对于无明确购买意愿和目的的用户，搜索可以进一步了解潜在的兴趣内容。反之，对于有明确购买意愿和目的的用户，搜索可以满足其购前获取信息、购中内容对比和决策。对于平台来说，任何一个激发用户主动搜索的行为，都将为品牌打开新的营销渠道。

平台 2023 年官方相关报道显示，抖音搜索月活超 5.5 亿，单日视频搜索量 4 亿次+，小红书日均搜索查询量 3 亿次，日均用户搜索占比高达 60%。以抖音为例，2023 年巨量引擎平台数据显示，抖音搜索体量 3 年涨幅超 3 倍，超过九成的用户已经建立或初步养成搜索习惯。当前，抖音搜索结果覆盖 200 多个内容垂类，既涵盖影视、生活等用户兴趣内容，也包括教育、游戏、汽车等高生意价值的类目。抖音丰富的内容生态，精准承接并放大了用户搜索流量。短视频中的"相关搜索"、搜索框下的"猜你想搜"、评论互动场景的吸引词等，都成为用户搜索的重要场景。随着抖音"启发式搜索"不断深入用户生活，用户已培养出从搜内容到搜商品、搜服务的深度搜索习惯。凭借持续提升的流量规模、不断培育的用户习惯，搜索在电商、本地、线索、下载不同生意场景下，都能为商家带来明确增量。

基于用户搜索习惯的变化，品牌营销在搜索上的比重也随之增加。以小红书平台为例，官方提出"KFS"策略，将达人营销、搜索布局和信息流广告融于一体，结合内容、流量、曝光，让品牌实现从被知道、被信任到被购买、被复购的闭环。在"KFS-Search"的策略中，品牌的冷启动阶段，需要充分拓展词库，放大人群定向；品牌成长期阶段，丰富达人内容和关键词布局，图文视频素材，持续抢量，对优质内容进行测试并放大；品牌稳定增长阶段，在优质素材稳定投放的基础上，增加二创和新素材的尝试，形成正向循环。

抖音也根据平台搜索组件和工具价值，针对电商、本地、线索、下载等不同行业，提出搜索营销布局的不同玩法。以电商行业为例，不少品牌选择评论区配置小蓝词的方式，实现搜索结果页引流，串联了内容种草和直播间引流成单，这种原生化的用户跳转路径有效推动了用户了解商品，也为电商直播间找到高价值的兴趣用户。

2. 营销精细化创新

实现营销增长，不仅需要把握数字营销平台新的趋势变化，还要从如何更加精细化地影响消费者找方法。随着数字媒体平台的数据完善，多数平台可以精准地追踪到用户所处的营销生命周期，例如是第一次看到某品牌内容，还是已经成为购买人群，或者复购人群，基于用户营销生命周期的不同，可定制更对味的营销内容。

如何实现人群营销精细化创新？对于品牌来说，种草首先是更高效地找到目标用户，基于目标用户找到合适的内容，然后精细化地定位用户所处的营销阶段，如微播易提出的环形种草在人群精细化营销上进行创新。整体分为两个角度，一方面从品牌和产品出发，针对生理性标签目标用户（年龄、性别、城市、收入、喜好等）进行内容定位，通过渠道和达人的选择，拟定品牌传播的基础信息点。另一方面，对用户所处的营销阶段进行拆分，将基础种草内容基于用户营销不同阶段进行差异化投放，如场景种草内容影响新用户，促销活动类临门一脚内容推送多次触达未转化用户。通过精细化的内容定制，实现品牌种草的精细化影响。

（1）根据生理和营销阶段双重人群标签定位用户，制订营销策略

品牌 3.0 环状流转型升级种草，助力品效合力优质增长。主流社交媒体平台都在不断丰富人群营销模型，对于人群分层更加精细化，既有独特性又有共同性。例如，抖音的 5A 人群资产（Aware 了解、Appeal 吸引、Ask 问询、Act 行动、Advocate 拥护）和八大人群增长策略（Genz、精致妈妈、新锐白领、都市蓝领、小镇青年、资深中产、都市银发、小镇中老年）；快手的 5R 人群资产模型（Reach 触达、Remember 记住、Relate 兴趣、React 行动、Reliance 忠诚）；小红书的 AIPS 人群模型（Awareness 认知、Interest 种草、Purchase 购买、Share 分享）以及 B 站提出的 MATES 人群经营模型（Meet、Appeal、Trust、Endorse、Sales）。面对生理标签和阶段属性的混合用户分类，参考各平台对人群营销阶段的划分，微播易提出"Pillar"支柱人群结构，指的是包括潜力人群（Potential）、曝光人群（Impression）、好感人群（Like）、杠杆人群（Leverage）、转化人群（Act）、忠诚人群（Repurchase）在内的营销阶段人群链路，不同生命周期的品牌针对人群阶段模型，在营销投放配比、内容传播重点、人群规模侧重等方面都应该有不同的策略。例如，新锐品牌应努力扩充品牌人群池，以获取潜在机会人群为主；发展型品牌则应重视扩大互动人群规模，促进向品牌人群流转；成熟品牌应着重维护品牌人群，同时进行持续的蓄水拉新。

（2）根据平台优势不同，针对性渠道布局，建立种收闭环

关于品牌渠道策略，微播易也创发了"Eager"渠道布局模型，其中，涉及品牌在营销中需要经历的从曝光（Exposure）、认知（Awareness）、种草（Growth）到互动（Engage）、购买（React）的 5 个阶段。在升级的种草策略当中，品牌在平台的布局上可以侧重在有曝光优势的平台进行品牌认知塑造；在有人群净值优势或内容种草优势的平台进行达人内容的分发建设；在有互动优势的平台通过挑战赛、全民任务等玩法增加用户参与，调动用户互动；在有搜索优势的平台充分布局品牌阵地建设，进行关键词的布局、拦截、占位；在有转化优势的平台通过直播、站内外打通建立种收闭环。

（3）根据达人层级差异综合搭建达人营销模型

达人作为内容输出的介质，要求品牌在混合的用户组合中进行综合搭建。从营销所依托的达人层级来看，明星是品牌力的强力引导，可以全面发挥粉丝作用，找

明星合作对于品牌营销是一个重要抓手。同时，超头部、头部达人是对传播力的双重加持，能够更好地进行转化和促进，中腰部达人的圈层影响力搭建也是品牌要去做的，而尾部达人则可以用真实的使用体验去打好感、做渗透。

（4）锁定不同价值段内容针对性传播，对营销前、中、后进行科学规划

关于内容策略的制订，综合考虑目标用户营销阶段和差异，首先是基于决策周期和用户对内容的价值需求为品牌制订营销传播的基础内容。例如，高决策周期的成熟品牌更适合用文化类内容稳住品牌心智；高决策周期的新创品牌则亟须去进行品牌内容普及式教育；而对于低决策周期的成熟品牌来说，可以边做场景边讲故事；对于低决策周期的新创品牌来说，则更应围绕卖点进行种草，从而促进用户的转化效率。其次是基于内容垂直程度和需求强弱进行达人内容拟定，大曝光、大热点类内容更适合兴趣消遣类人群；对品类有兴趣但无购买需求的用户以品牌故事渗透为主；有需求但未购买人群以促进转化类的种草测评为主；购前决策类以榜单、头部达人测评或精准地域转化为主。

在营销投放整体周期内，如何调动工具资源让种草更科学也是品牌种草升级必不可少的关注重点。在营销工具上，流量、内容种草、直播电商的整合可帮助品牌营销提效。在资产工具上，以"AI+大数据"为利刃，通过营销数据分析、人群结构分析、品牌资产度量帮助品牌精准发掘营销机遇，科学规划品牌社会化媒体传播策略。

3. "闭环"营销创新

一方面，从宏观来看，对比主流社交媒体平台的商业化运作，抖音、小红书、视频号商业适应性较强，商业探索模式更加凸显。2022年，抖音"兴趣电商"升级为"全域兴趣电商"，确立以短视频、直播的"内容场"，以商城、搜索的"中心场"和广告与电商流量协同的"营销场"，推进内容、推荐场景与主动搜索场景的双闭环路径。2023年，依托全域增长飞轮，将"FACT+模型"升级到"FACT+S"。"FACT+S"中的"S"，指向了搜索Search、商城Shopping center和店铺Shop三者的结合，更好地放大了全域协同效应。

这也体现在抖音电商营销方法论的构建上。品牌注重场域之间的打通，联动内容场与货架场，在策略上，抖音全域飞轮增长引擎由内容和商品引擎共同构成，内容由直播、短视频图文贯穿增长蓄力。做好商品，把握商品卡增量；做好货架运营，联动搜索和店铺活动；做好内容运营，在达人内容上做足功课；做好全域共振，营销IP和商业化硬广共同助力。

另一方面，从微观来看，在每一波次的营销周期里，前策、投中、投后也都体现了科学化营销闭环的建设。营销技术产品、数据工具和度量手段让内容营销更具科学性和确定性。内容技术化已渗透所有互联网内容营销载体，从内容洞察、创意生成、匹配分发、内容管理、资源助推、效果度量等各个流程科学化营销。以小红书为例，目前已完整构建了商业产品全景，有效打通内容全流域，提供营销全链路的解决方案，为提升种草效率保驾护航。通过"灵犀"平台完成前期数据洞察、"蒲公英"平台联合达人实现口碑种草、"聚光"平台打通浏览和搜索两大决策场景进行效果加速、"星罗"平台对生意效果进行度量分析。产品矩阵的全面打通融合，能够显著地提升商业化效率，让品牌方的内容营销有的放矢，阵地经营有数可依。

4. AI 营销创新

随着人工智能技术的不断发展，越来越多的企业开始探索如何将人工智能应用于营销领域，提升营销效率，降低营销成本。无论是 ChatGPT、文心一言、Midjourney、Stable Diffusion，或是 Bing AI、文心一格，都伴随推理能力的提升与智慧涌现，直面消费者，通过数据的喂养与更迭，赋能内容创作，为 AIGC 营销带来更多可能。

相较于传统的营销方式，AIGC 具有更高的精准度、更智能化、更出众的营销效率。通过对用户数据的分析，深入挖掘用户的兴趣爱好和需求，可以根据用户的反馈和行为，不断优化营销策略，提高营销效果和用户满意度，也能够为品牌提供更定制化、有针对性的营销策略以及个性化的推荐服务，通过 AIGC 参与到营销工作之中，最终提高用户黏性和转化率。AIGC 能够提高内容生产效率，更好地推动内容的升级。相比传统的撰写和编辑，AIGC 能够快速生成大量的内容，减少人力资源的投入。这种高效的内容生成过程不仅节省时间和成本，还保持了一定的创新力度。品牌可以更快地响应市场需求，推出更多更丰富的内容，增加与用户的互动和参与。AIGC 的创意生成能力为品牌创意、创新提供了强大支持。通过分析海量的创意作品和市场趋势，提供新颖的创意方向和建议，帮助品牌推动创意的产生和发展。以微播易的易创产品为例，在内容智慧生产，包括物料 AI 技术智能混剪、直播视频 AI 智能切片生产、图文 AI 智能视频生产等方面进行尝试与开拓，利用 AIGC 技术提高内容生产和品牌营销效率。

在品牌服务方面，AIGC 可以优化底层知识库、中间的话术推荐，并辅助专业的智能客服。借助大模型的支持，AIGC 带来的机器客服可以更好地为品牌运营提供服务，更加高效地与客户沟通，实现跨界进入更多专业场景的目标。AIGC 技术的支持也在一定程度上给予内容生产方式和内容交互方式以重塑的机会。微播易的易链产品主要聚焦人工智能讲解、交互、超长时间直播等功能在内的社交电商 AI 智能运营；易答产品主要是私域 AI 智能运营，基于反馈模型的大数据智能增强学习，提供多平台、跨平台、多模态的私域智能问答系统、评论/私信 AI 自动化回复、粉丝/会员 AI 智能定制化服务。正如微播易在 AIGC 产品上的创新与迭代，努力为品牌提供更加个性化的用户体验、提高内容生产效率、实现个性化营销策略等。

以微播易的 AIGC 营销实践为例，通过 AIGC 内容带货湖北荆门特色风干鸡产品。易创是微播易内容 AI 创作产品，经过易创对原始视频内容进行 AI 智能混剪、全自动配图、配音、配字幕，再配合团长、抖客等分销模式，实现 2 个月卖出 7 万余单、总销售额超过 500 余万的优质转化效果。

5. 营销理念创新

伴随数字营销的进化，从业者的营销理念也越来越成熟。以短视频为代表的数字媒体，初期的打法多数沿用传统媒体生硬的告知、信息推送，随着从业者对短视频、社交媒体形态，理解运用越来越熟练，也因为 95 后、00 后这些新媒体的原著民走进职场，推动企业对社交媒体的理解和营销进化。

（1）找准情绪发力点，帮助他们找到归属感

这届年轻人有着独特的消费理念。相较于盲目地"买买买"，年轻人更追求在消费上体现个人哲学与生活方式。与以往不同的是，多、快、好、省不再是他们的核心追求，能否满足更深层次的需求才是年轻人最为关注的事情。

人类是情绪化的动物，消费者在购买商品时一般很少动用理性逻辑分析，在所有的购买理由中，居于首位的就是情绪。消费者为了获得某种情绪、感受，愿意买单的过程就是情绪价值的体现。

"悦己"这一关键词，正在以越来越频繁的趋势被提及。《2022 年中国现代消费发展指数》显示，消费不仅仅是满足基本生理需求的活动，还寄寓着人们对生活、个性、情绪和社交的追求，能够提供丰富的情绪价值和情感价值。注重个性表达的"Z 世代"，同样在消费中寻求着自我的价值。

在社会压力与日俱增的背景下，"解压消费"也成为新的消费亮点。据统计，包括指尖陀螺、减压魔方、流体熊等产品在内的解压玩具销量急剧上升，从 2022—2023 年 8 月，解压类玩具在淘宝天猫整体销量增速近 40%。

消费也是年轻人进行社交的媒介。Keep 奖牌、潮玩盲盒、喜茶与 Fendi 的联名

款奶茶等产品，都自带传播热点和社交属性，能够激发人们的分享欲。围绕着这些产品，年轻人在彰显个性的同时，也可以找到群体归属感。

（2）建设共创链条，重塑品牌价值

让用户参与到共创的行为中，是品牌营销创新的重要做法。一方面，体现在产品共创上，也就是让用户深入产品的创造、设计、体验等环节之中，品牌通过了解消费者需求，收集用户反馈效果，实现对产品的快速优化和定期调整。另一方面，通过让用户参与，也能够让用户反向对品牌产生好感，认识到品牌的价值。同时，用户对产品的感知和看法，也能够从侧面营销产品的销转，从而收获用户忠诚。

内容共创也是用户共创的重要一环，是指在品牌建设过程中，通过用户的参与，和品牌共同创造有价值、有趣味、有内涵的内容。以用户需求和情绪出发的内容能够将品牌和用户深度链接，增加用户黏性，提升品牌竞争力。

营销共创则更多体现在营销玩法上，随着内容平台、社交媒体平台、短视频、直播互动渠道的打通，挑战赛、全民任务、共创、问答等不同互动形式的出现，给予用户在面对品牌营销内容的主动性互动行为时，以主体意识融合到品牌营销的链路中，用户便不再仅仅是被动触达，便也参与到内容的生产、意见的交换、主体的构建之中，也促进了品牌营销的互动效能提高和互动成本降低。

（3）创新跨界联动，突破内容边界

近年来，品牌越来越热衷于"玩IP"，合作品牌涵盖电影、动画、游戏、潮玩、奢侈品等不同领域，这种跨界联动，也是成功的双赢之道。首先，可以借彼此品牌力和IP力的交互，打爆品牌声量。其次，可以在联合中，为品牌带来新的记忆，为IP带来新鲜感。

例如，近期火爆行业的茅台和瑞幸的联手，分别是国内白酒和咖啡领域的头部企业。一方面，茅台通过与瑞幸的合作，使其品牌年轻化提速，优化产品矩阵。另一方面，对于瑞幸来说，也有助于其提升自身在咖啡行业的综合实力与品牌调性。这对于双方整体的流量、销量、品牌和渠道都有较好的加持。

（本小节撰写单位为北京微播易科技股份有限公司）

二、实践篇

（一）品牌实践的思考

随着数字化的发展，品牌已经经历了对大数据的盲目迷恋（在数字化初期过度理想化的大数据蓝图的期待已回归冷静），也有更多的品牌开始反思对效果营销的过度依赖（过度依赖效果营销会忽视品牌的长期价值，缺乏对长期战略的思考和协同），取而代之的是对营销根本的重新关注。

越来越多的品牌开始回归营销的根本，即重视消费者研究、理解消费者需求、重塑品牌形象和价值、注重消费者体验的设计以及关系的维护等，从而实现更长期、更稳健的发展。

1. 成为赢在明天的品牌

一个回归的营销趋势是重新关注品牌价值。

对于老练的营销人员而言，任何时候，保住品牌预算都是一条经久不衰的铁律。如果在经济低速期减少品牌投入，那么也将减少品牌在复苏后的增长潜能。长期来看是得不偿失的，品牌势必面临要用更高的预算来追赶对手。

消费者在物价上涨、可支配收入减少的情况下，仍然想要购买的品牌，一定已经早在消费者心目中形成了"心动偏好"。Wavemaker 蔚迈中国的 Momentum 消费者购买旅程研究显示，60% 的购物者在购买之前，就已经清楚地知道他们会购买哪个品牌，这个意识早在第一个决定性的关键时刻或之前、早在捕捉到选购信号之前，就已经形成了。这种"心动偏好"，是一种对品牌的强烈倾向性，一旦消费者开始考虑购买，这种"偏好"就会自然地影响他们的决策过程。

品类	比例
商超	75%
咖啡	67%
婴幼儿奶粉	66%
啤酒	66%
巧克力	65%
直播服务	65%
智能手机	64%
酸奶	64%
牙膏	62%
快餐店	62%
女士香水	62%
漱口水	61%
全球跨品类平均值	60%
护肤霜	58%
饮用水	58%
饼干	57%
洗发水	56%
家用汽车	54%
航空公司	54%
时尚品牌	54%
笔记本与平板	53%
染发剂	53%

数据源：Wavemaker Momentum

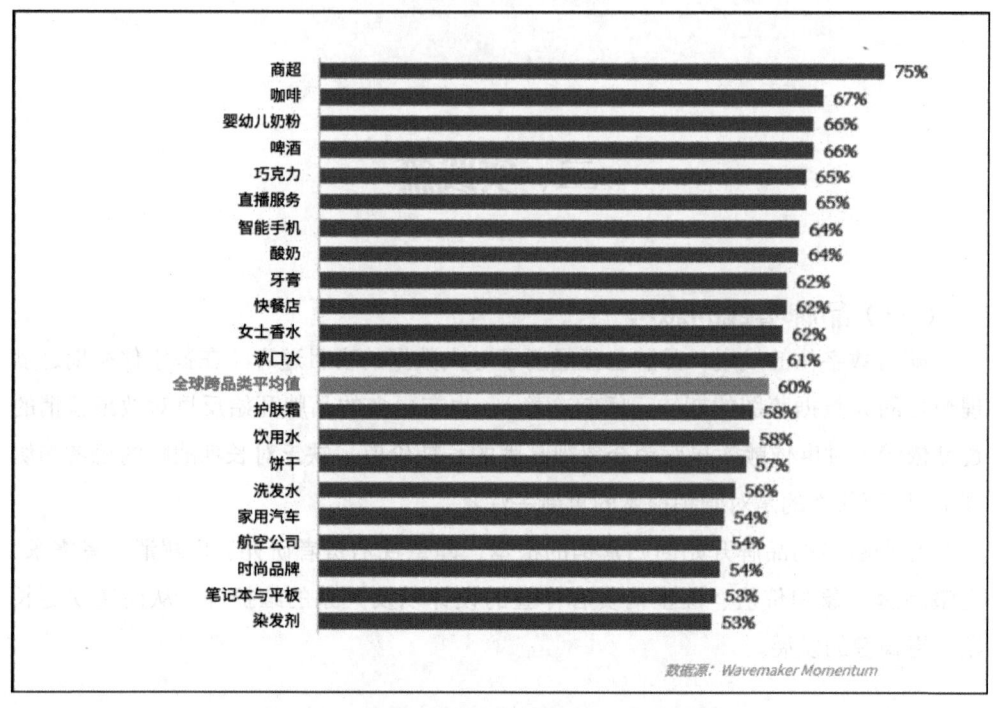

图 4-37　消费者对不同品类的购买前"心动偏好"

数据来源：Wavemaker 蔚迈中国 Momentum 消费者路径研究数据库

　　WPP 旗下研究机构凯度 BrandZ 的研究数据揭示了经济下行压力下那些高价值品牌所展现出的惊人逆势反弹能力。

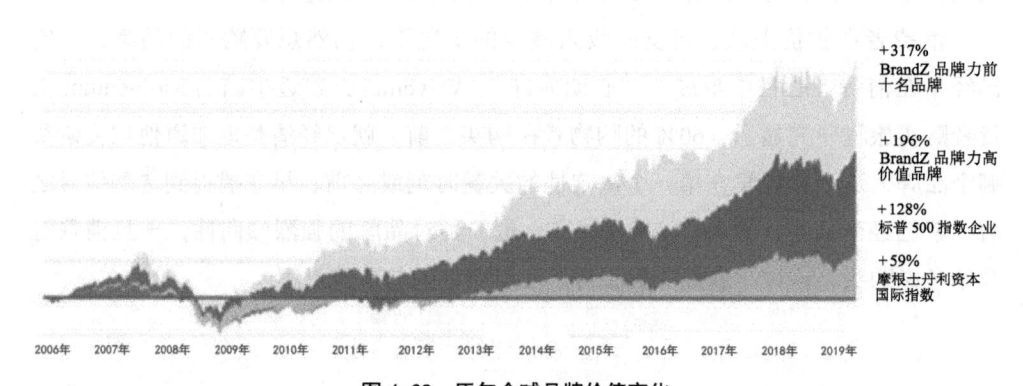

+317% BrandZ 品牌力前十名品牌
+196% BrandZ 品牌力高价值品牌
+128% 标普 500 指数企业
+59% 摩根士丹利资本国际指数

图 4-38　历年全球品牌价值变化

数据来源：BrandZ 全球研究 2006—2019 年

　　正如《培养"心动偏好"，胜在今天必须赢在过去》一书中所说："数字化只是传播和营销的手段，并不是根本。然而，长期对于数字链条和效果可见的依赖，使得决策的天平不断往另一端倾斜。虽然优秀的 CMO 和营销人员都知道投资品牌的重要性，但事实上，预算的天平在长期以来都越来越向效果营销倾斜，瞬时可见的投资回报率正成为愈加重要的衡量标准。如果过分追求即时 ROI，从更长的时间维度来看，对品牌的回报将是递减的。"

2. 在全域打造高协同和高精度的全链路

在营销行业，全域和全链路早已是设计整合营销活动最基本的标准。

随着生活方式和线下场景的进一步数字化，实体经济与生活的碎片正在与数字媒介发生更加深度的融合。互联网巨头也在更激进地部署全域场景，在各自的生态内为品牌打通全链路的整合营销布局。

这将使中国的数字营销环境愈发复杂化。虽然这样可以帮助生态巨头通过在产业链上、下游的深度布局来强化竞争壁垒，也能更规模性地推动产业升级，将创新落实在颗粒度更细的连接场景上，但与此同时，也将带来垄断和割裂的风险。对于品牌而言，需要耗费更多的精力去管理更加独立的链路和渠道资源，也需要把有限的预算更平衡地放在不同的"篮子"里。

整合的目的不是进一步的割裂，因而在这样的发展态势中，将会更加体现代理商和第三方数据平台的价值，为品牌设计和实现真正整合的"一整盘棋"。如何发挥各场域和各链路之间的协同效应，让 ROI 的曲线触及最高峰值，是对每一个传播活动进行投资收益计算的关键。

协同力是其一，精度是另一个关键的指标。

随着市场竞争的加剧，营销人也在颗粒度更细的维度参与竞争。通过精细化的链路设计和布局，不仅可以有效捕捉新兴的机遇，更能全面、深入地收集和分析消费者数据，进而更加精准地定位和触达目标消费者，在整个链路中与消费者进行更深入的互动和沟通，提高转化率，有效地提高营销 ROI。

为了在数字媒介和数字内容的场域获得颗粒度更细的洞察与策划，Wavemaker 蔚迈中国基于巨量云图，推出场景营销商业模型 GRAVITY，聚焦行业具体场景，在平台的行业通用标签之上，定制品牌兴趣场景标签并进行量化洞察分析，叠加消费者链路关系，关联场景主题，定制场景沟通矩阵，进而创造了一个全新的场景营销标签系统，形成以场景营销为核心的传播矩阵。此前，Wavemaker 蔚迈中国与巨量引擎渠道销售管理中心共创推出"品牌精细化增长模型 FRONT"，也是行业内首次基于代理商独特营销视角下，品牌在社交媒体平台生态内实现长期增长的全新探索。

3. 通过精准营销，建立品牌护城河

无论是在中国，还是在其他市场的营销人，都早已意识到数字营销的新战场是在存量中寻找增量。因为 CMO 所真正肩负的营销任务，并不是"保本"，而是产生自然售卖基础上的增量。

经济学家认为，现在的宏观经济环是"Negative Jaws 时期"（即支出成本大于收益），这将使投入成本继续上升（包括媒介成本、风险成本等）。与此同时，人均 GDP 和居民收入减少导致了非必需品支出比例降低，企业和消费者信心下降。在这样的时间点，对 CMO 的考核是更加严苛的，CMO 们会对以下一些问题的答案有更强烈的渴望：如何可以更好地衡量花出去的每一分钱，确保一点一滴的投入都能带来增量价值？如何在维护原有的业务基础上持续降本增效，且保证其可持续性？在数智化和营销科学的风潮下，如何不盲目践行？

在这个背景下，精准营销成为了超速行驶的必备武器。但是，仍有很多人误以为精准营销就是效果营销。非也，精准营销是一种以消费者为中心的营销方式，它通过对消费者行为和偏好的深入了解来实现广告投放的精准化和效果的最大化。

与传统的广告投放方式相比，精准营销可以带来更高的投资回报率（通过对消费者行为和偏好的深入分析以及全链路的运营，找到对品牌更有价值的目标受众并持续提升有价值的转化）、更定制化的品牌资产（通过更好地匹配消费者的偏好，以及在特定平台喜好的内容和方式，针对不同的目标受众实现个性化的创意以及定制沟通），以及更长期的可持续的增长潜能（通过长期的高颗粒度的数据积累以及长期优化，获得具有可持续性的增长势能）。

Wavemaker 蔚迈中国的首席数字官邢慧在《低速时代，用三条精准营销护城河超速扩张》中认为，CMO 应筑起三条精准营销护城河。

（1）数据护城河，为真正的"精准"做储备

当前并不缺少"更多的"数据，而是发现有意义的数据及其之间的联系。发现新的增长领域，如受众群体、场景、需求，都需要有在数据洞察中捕捉机遇的能力。与此同时，拥有一个数据指挥中心是实现长期高效精准营销的基础。Wavemaker 蔚迈中国研发的 Wavemaker Command Center（数据指挥中心），通过科技技术优化团队操作体验，同时也帮助品牌进行数据整合和洞察与决策。通过相关性、建模等形式赋能精准营销的长线经营。

（2）创新护城河，在存量市场创造新空间

即便今天的营销分析和策略已十分成熟，仍然有不断创新和进步的可能。尤

其是在存量市场中，创造新的发展空间让纵向扩张有了更大的吸引力。基于精准营销以消费者为中心的宗旨，通过不断创新升级更高维度的精准营销，将是品牌在深度上进行扩张的有力武器。对此，Wavemaker蔚迈中国发布的场景营销商业模型GRAVITY，正是利用巨量云图的高阶数据能力所创造的全新精准营销模型。GRAVITY以客制化标签体系为核心，保持标签机制的动态与活力，以商业视角深挖客制化的标签场景和机遇，为品牌找到万千碎片化数据背后的隐性关联。由此，重新定义品牌的核心场景，进而规划和设计确切的营销场景，并配套GRAVITY的衡量体系和优化跟踪，实现GRAVITY地心引力般的场景连接能力。

（3）媒介护城河，"精准+规模"是扩张的基础

在全域进行布局时，虽然精准营销可以直接带来效果的提升，让单次的转化成本显著降低，让广告更智能、更有效。例如，针对同样的广告位，选用竞价模式的精准营销，在成本、受众、运营、数据回流、创意以及效果衡量层面均有比较明显的优势。但是，通过规模性的覆盖扩大营销漏斗，用大曝光以及大影响力的媒体组合作底部的覆盖率支撑，是实现规模效应的基础。在规模性的基础上，辅以"KOL+IP"的精准场景深耕，叠加精准的竞价导流和主动搜索高潜转化，实现拓潜拉新和链路的加速流转，此外，通过竞价广告提升销售转化来实现最终的效果承接，这样的完善布局仍是至关重要的。

数据、创新、媒介，品牌需要建立好这三条精准营销护城河，在经济低速期能更精确地捕捉有价值的发展机遇，产生量和质的双增长。品牌越早躬身入局，越能有机会获得超速的增长与市场扩张。

4. 用数字化的能力，升级跨界营销的价值

究竟是否应该选择跨界营销？答案一定是肯定的。群邑山海今年的研究数据显示，推荐联名和跨界的传播形式，确实更容易与消费者进行更深层次的互动，并产生进一步的转化。在这样的肯定和认识中，短短几年间，跨界营销已从早期的一种创新手段演变为品牌营销战役中常态化的重要一环。它可以帮助品牌迅速破圈，提升知晓度；嫁接积极认知和信任感；创建事件，引发热议；附加价值的增补；借助合作品牌的产品与渠道，拓展新赛道；激发突破性的创新。

但是，从行业创新营销的重要手段，到成为品牌营销中的常态化议题的过程中，大量同质化的营销也消磨着消费者的关注度和兴趣度。根据最新行业报告数据，在过去一年中，能追踪到的进入公众视野的跨界营销项目已超过600条，每天平均有两个知名品牌在做跨界营销。在这样司空见惯的情形下，跨界营销所能体现

的"1+1>2"的价值越来越模糊，所能拉动销售转化的动力进一步降低。品牌跨界合作的独特性和传播效果被进一步稀释，更难引发消费者的兴趣度和记忆度。

通过数字化的手段可以更好地回应跨界营销的难题。

5. 用纷繁复杂的数字，做更整合的营销效果评估与监测

在营销数字化进程中，随着与营销相关的介质和受众的逐渐数字化，可以更加容易地将营销相关的因素和效果通过数字形式体现出来。这对应着创造了大量的评估维度和指标。然而，品牌主们却普遍持有"因为我能看到，所以我就都要看到"的心态，对评估指标的依赖性越来越高。相比以往，现在能够衡量的维度和指标越来越多。

在这样的氛围中，KPI的种类变得更加多样，品牌每天也都需要回答各种问题。营销全域化和KPI全域化，以及低速增长的压力，让CMO们一直处于数字焦虑的状态。如果说以前CMO们的焦虑来自于重点指标的达成和突破，那么现在的数字焦虑症则更加显现在取舍、有效性评估和割裂三大难题上。

取舍的难题：衡量维度和指标越来越多，各部门都有自己的核心KPI，导致一个营销活动的评估指标需要回应多个部门的不同要求，甚至有些指标会相互冲突。

有效性评估的难题：其实，很多有意义的投资可能无法在短期内让人看到直接的转化效果，但对品牌传播非常重要。那么，如何评估有效性以及未来的投资比例呢？

割裂的难题：营销预算分散在不同类型的代理机构，导致接单一营销活动的机构很难看到全视角，对于品牌更系统的衡量，很难通盘放在一起进行评估和回顾。

Wavemaker蔚迈中国数据与技术融合业务总监谢菲菲在《数字焦虑症升级，KPI全域化下的三大挑战和回应》一文中指出，将分散在各个平台、各个部门的数据进行系统性的整合和规划，可以将营销效果度量分成营销活动层面、品牌健康度层面、用户资产层面三层，方便通盘评估。

- 营销活动层面度量：是指营销活动执行过程中可以实时获取到的投放数据，可以帮助品牌及时了解当前营销活动是否完成投放目标，如N+Reach、ROI等。
- 品牌健康度层面度量：顾名思义，是品牌在消费者心目中认知、认可的综合体现，基于声量数据和受众调研，评估得出品牌健康度（BHT）。
- 用户资产层面度量：量化品牌在过往多种营销活动中获取到的用户数量，即旅程阶段间的流转率，量化用户生命周期价值（CLV）。

布局一：厘清核心目标，做好取舍的选择题

面对复杂多样的评估指标，不妨以终为始，回到品牌面临的根本问题来确定核心目标，并据此制定营销策略并执行，最后确定需要评估的核心 KPI。这样，在制定 KPI 时便可以根据核心问题、营销策略和执行方式来明确需要评估的 KPI。

布局二：以全局分析模型，找到最佳的投资组合

由于营销投资的分散和评估指标的割裂，让品牌方和单一活动的代理机构都更加聚焦在眼前更小范围的 KPI，缺少了全局对营销投资的评估。

而一些很关键的问题，如营销投资该花在哪个最关键的"刀刃"上？如何做正确的营销投资为未来的增长保驾护航？等等，这些更重要的大问题却越来越缺少对它们的整体分析。需要重视这一点，需要在独立的 campaign 之外，运用更综合的分析模型（如 MMM 模型，它包括综合宏观因素、竞品数据、本品广告投放数据、商业促销活动等）来制定全渠道的预算分配，在这个过程中应考虑到线上和线下媒体、品牌宣传和效果营销等方面的比例，达到媒介效率最优。通过这种综合分析，可以将所有投资放在一起，评估其有效性，并作出长远的投资规划。

布局三：以整合回应割裂的问题

为了能够全面审视不同阶段、不同营销活动在同一个评估体系中的表现，需要将分散的、割裂的营销数据整合到一个展示平台上，从而获得一个全面的视角。基于这个整合的数据系统，可以从多维度、多层次的角度，按照最初设定的营销策略，评估每种类型的营销活动对生意增长的全面贡献。

Wavemaker 蔚迈中国研发了 Command Center，将营销效果评估分析思路产品化，整合了多种渠道的数据，提供了从投放效果、品牌健康到长效收益的完整视角，帮助品牌了解过往的生意表现。通过运用全局评估模型，可以根据营销策略和核心目标，呈现品牌方应该重点关注的评估数据，并内置评估分析的思维框架，帮助品牌作出快速决策，如调整广告预算、选择和优化投放创意、评估媒体投放与品牌健康度的关系、评估长效投资回报等。

未来，无论是营销人员还是品牌方都需要拥有更清晰的策略和目标，以及更系统性的通盘评估工具，更灵活地运用数据，选择合适的指标来有效指导营销活动的落地执行。品牌需要能够根据自身企业的营销策略搭建一套适用于自身的科学营销度量方法论，从长期投资和短期收益的角度更科学地评估营销活动。由此，让有意义的数据真正发挥其可量化、可持续、可沉淀的特性，为营销决策带来更大的信心和决心。

6. 让企业社会责任通过数字手段落在实处

任何一个企业都需要履行企业社会责任（CSR），对环境、消费者和社会作出贡献。

数字领域的参与方，也都需要站在各自的立场，去发挥相应的角色和优势，来共建更美好的社会。

通过运用数字能力，可以将社会责任落到实处。例如，通过技术手段打造传播的闭环，如在线捐款、发起在线志愿者活动、进行在线义卖等；通过跟CRM资产和机制的结合，让用户更好地参与社会责任的项目；通过精准营销，更好地基于特定的人群、主题和场景定制营销方案，例如Wavemaker蔚迈中国的一个户外案例，通过与烟火燃放的场景结合，让燃放烟花附近的广告牌实时显示小动物恐惧噪声的画面，呼吁保护动物；也可以更好地发挥公共数据的作用，例如，Wavemaker蔚迈中国与中国气象博物馆合作，通过调取中国气象局的百年气象数据资产，为人们勾勒出阴、晴、雨、雪的一生，呼吁关注老龄化社会。

数字化只是手段，真正需要做的是让数据与创意结合，产生更亮的火光。

未来有很多数字领域机构可以着重发挥的领域，例如：

- 在传播中关注和回应可持续发展相关的议题，如环境问题与绿色经济的发展趋势，以及回应社会问题，如多样性、平等和包容性的问题；并向用户和公众传播品牌对社会问题的关注和解决方案。
- 维护信息的真实性和公正性，加强对信息真实性和公正性的审核，防止虚假信息的传播和社会不稳定。
- 保护用户隐私和数据安全。数字媒介在收集、存储和使用用户信息时，需要保护用户的隐私和数据安全，防止数据泄露和滥用。
- 碳排放和能源消耗。数字媒介和传播机构可以设定减少碳排放和能源消耗的目标，以减少对环境的影响。为此，群邑率先推出一个可在全球规模化使用的碳测量框架，并发布升级版碳计算器，以更准确地测量广告活动的碳足迹。在中国，我们也开始为更多的品牌进行碳计算，在数字营销领域为可持续愿景做贡献。

（本小节撰写单位为Wavemaker蔚迈中国）

（二）品牌营销的案例

2023年是新冠疫情过后的首个年头，政策开始鼓励以消费引领经济，市场迅速恢复活力，各行各业都在寻求增长。与之相应，数字营销的数量与质量都有所提升，涌现出许多精彩的案例。作为数字营销行业的专业权威奖项，2023年度的虎啸奖案例表现得尤为明显。

1. 内容营销——《第3286个站》

该案例荣获2023年度虎啸奖全场大奖、营销综合-网络平台及服务类金奖，视频内容类-在线视频金奖。

2023年，B站首次以春节为节点进行品牌营销。B站希望借助3年来的首次放开，与用户建立情感链接，提升品牌向心力，同时扩大品牌认知和影响力。

（1）创意核心洞察

如何在白热化的CNY战场找到B站所独有的品牌角色？创意来源于如下洞察：3年疫情，让向往外面世界的年轻人，比往常更迫切地想要回家。而作为深深爱着这些年轻人的B站，计划在春节面向中国所有的铁路站，发出一次请求，希望各站能照顾一下回家路上的年轻人。通过一次"站"对"站"的嘱托，在助力年轻人顺利回家的同时，完成CNY语境下的"B站"的再度诠释与印象刷新。

（2）效果说明

国家铁路局特地自主策划了"回信事件"，回应B站此次传播，因此达成了超预期的双向奔赴。总曝光量5亿+，全网播放量1亿+，全网上万+自来水关注，多平台引发接力二创，弹幕打卡家乡站屏霸。登上CCTV 6春节板块，同时，大篇幅入选网信办回家专题。覆盖朋友圈渠道，成为微信、微博、抖音、视频号的爆款，单账号获赞10万+。

（3）亮点点评

《第3286个站》不止是一条与全国年轻人共鸣的CNY广告，更是一次对话全中国火车站的公关事件。此片上线后，国家铁路局自发策划了一封来信回应B站。这个超出预设的回应，让此次传播完成了完美的闭环，也更进一步地扩大了B站的品牌认知和影响力。此次传播也证明了：真诚，是一个品牌最大的公关，好内容，总会让品牌收获惊喜。

2. 内容营销——《特别的人究竟特别在哪？》

该案例荣获2023年度虎啸奖评审团大奖、营销单项-公益营销类金奖，创意作品-视频内容类优秀奖。

这是一条解决"心理障碍"的片子——帮助残障人士树立自信，让健全群体减少隔阂。开一个"小店"，是很多残障人士自立生活的重要渠道，但他们难免遇到"麻烦"，物理上的——残障原因带来的经营麻烦，心理上的——健全人对残障人士的偏见（恐惧、陌生、不信任），残障人士缺乏自信，等等，而心理层面的问题往往也最容易被忽视。微信支付发布"小店自有力"计划，用工具和扶植政策尽量减少物理和经济层面的经营麻烦，但是心理上的麻烦（无论是健全人对残障人士的，还是残障人士自身的）始终很难进行有效的沟通——毕竟残障与否，形成了最大的隔阂。

（1）创意核心洞察

核心洞察：消费"苦难"的广告，会制造隔阂与自卑，强调"快乐"和"自信"的广告，才能融化误解，带来力量。

不消费"苦难"：大多数与残障人士相关的内容，都在强调苦难，讲励志故事，以制造"感动"，讲一个"关上一扇门，打开一扇窗"的故事，赚取观众的眼泪；但其实，这对残障人士来说，是不尊重的——他们不是"残缺的人"，和你我一样，他们是完整的个体。已经存在的刻板印象，不仅阻碍了残障人士寻求自信，更让残障人士和社会之间徒增隔阂。

强调"自信"和"快乐"：走到残障小店主身边，观察他们的生活，听他们身边同为残障的朋友们的故事，你会发现，他们是乐观向上的，始终对生活充满希望，甚至会拿自己身体上的不便开玩笑——一个失去右手的肠粉店店主，会打趣地把自己的小店称呼为"左撇子肠粉"。我们觉得这样的达观态度，才真的有感染力，才能真的给人带来自信，带来力量。消除群体与社会大多数人之间的隔阂，帮助更多残障朋友更好地融入社会之中。

（2）创意表现

借偏见来打破偏见的口号——"他们的确很特别……特别厉害！"

"特殊"和"特别"，不止一字之差：说一家残障小店"特殊"，其中暗含了不平视的眼光，不平等、不信任的态度。此案利用这一刻板印象，来一个大的反转。首先，把"特殊"变成"特别"——不否认他们的残障，但是"特别"更多在强调的是这群人的能力、性格——只有一只脚能使劲的修鞋师傅，手艺特别不错；一个盲人师傅，按摩特别稳、准、狠；聋哑人可以特别幽默；先天脊柱侧弯，但是不妨碍她把发型设计得特别好看……

强调"要真实！要快乐！更重要的，要自信！"

真实店主，真实的笑容，真实的自信，毫不避讳地把自己的残障展示出来，我们觉得，这样的呈现，不花哨，但是具有巨大的力量。

以第一人称的视角，打破第四堵墙的对话，让受众觉得残障人士就在眼前，就是朋友。当人们在生活中遇到残障人士，大多数人的反应都是——"远远地看着"，生怕离他们太近。所以要让镜头和残障人士互动起来，让屏幕前的受众，迈出亲近他们的第一步。

（3）传播策略

针对性地聚焦广东省4万个残疾人个体工商户，做精准的、解决问题的传播。自立小店行动更集中在广东省部分城市，所以在传播部分更集中地采用了朋友圈广告精准传播的方式，把资源用来解决问题，而非盲目扩大声量。

（4）效果说明

线上曝光：1700万+；线下曝光（活动期间）日均千万。引发了包括新华社、《人民日报》、"学习强国"、中新社、广东新闻联播、《广州日报》、《南方都市报》等主流媒体传播了334篇相关内容报道。并吸引了广东省文明办、人社厅、市监局、省工商联、省残联、省个协的协同发布和关注。

3. 电商营销——《中文暖心贴：把世界的美好，翻译给你》

该案例荣获2023年度虎啸奖电商营销-创新营销类金奖。

2023年，电商营销出现了三大挑战。

一是创新业务挑战。电商平台的适老化服务刚刚起步，作为纯创新业务，需要从0~1摸黑前进。走前人未走之路，摸索不同业务形态下如何做体系化的串联，提高了沟通成本&执行难度。

二是平台挑战。服务型项目需要有人"相信"价值。本项目偏向NPS&品牌好感度服务建设，短期内无法数据佐证对于成交的助力，NPS数据难以前期验收，项目效果在启动初期论证困难，各合作方沟通难度高。跨业务协同，联合行业头部商家试点、打通供应链、菜鸟全链路合作。涉及商家合作、技术开发、供应链管理、仓库服务多工种。需群策群力。

三是行业挑战。天猫国际的商品来自全球各地，原装进口，也意味着很难为商品提供属于它们的"中文身份证"。跨境业务政策变动频繁、跨境供应链&保税仓库作业形式复杂、暖心贴投放复杂程度远高预期，为保证服务质量、准确率，需针对性制订应对方案。

此案例的目标就是创新营销和产品工具，打造海淘创新服务，系统化解决中老年人使用进口商品时无翻译、阅读不友好的问题。用市场人的力量，作微小的改变，在电商平台，为商家和天猫国际自身创造服务价值。让每个中国人不分地域、不分年龄段，平等地享受全球化新生活。

（1）创意核心洞察

创造一个广告营销系统，在支持商家品牌服务更完善的同时，建设天猫国际自己的品牌。既是品牌建设，也是品牌变现。

消费者洞察：跨境进口消费成为热潮，更多中国消费者开始选择来自不同国家的进口商品。但进口商品的纯外文包装，带来看不懂、不会用的问题，成为任何一个海淘平台消费者在使用进口产品时的核心痛点，在使用场景中造成极大不便。该问题在银发一族中尤为明显。

行业洞察：据调查，有72%的消费者认为，在选择国产或进口产品时，是否易懂、好用是核心决策原因。海外入华品牌如何本土化、更好服务消费者，成为品牌方亟待解决的问题。

所以，本案例的核心洞察就来源于解决进口商品全外文包装带来的消费者看不懂、不会用的情况，天猫国际推出海淘电商新服务——联合B2C公关和海外商家，在快递箱中免费配备中文翻译贴纸，印有品名、功效、使用方法，方便银发族使用。首批中文暖心贴重点覆盖针对银发族的天猫国际进口保健类商品。将中文暖心贴打造成进口消费品本土化新服务，成为产品化服务，实现线上和线下通路覆盖，吸引更多国际品牌加入。

（2）实施步骤

第一步，跑通服务形式&链路。集合重点行业头部商家试运营，随快递箱附送定制款中文暖心贴。暖心贴内附产品基础使用信息，适应中国消费者阅读习惯，方便使用。

第二步，拓展服务体量&品类，通过传播手段扩大影响力，跑出示范作用。覆盖核心行业50%以上的GMV单品，通过2B&2C扩大项目影响力，争取专业背书。

第三步，完善服务水平，推进线上&线下产品能力打造标准化服务。线下：为服务更多行业&商家，推广高应用能力、高场景覆盖的标准化服务。完成"天猫国际商家平台+供应链+菜鸟"产品化改造，打通菜鸟仓库服务系统，帮助商家进行"一站式"服务使用，降低成本、缩短服务所耗时效，升级商家体验。线上：全场景覆盖，翻译功能拓展。除了线下包裹，消费者亦可在线上多处看到更全面的中文翻译信息。将暖心贴作为模块化的中文使用说明，体现在购前、购中、购后的核心链路（商标页、订单页等）。未来，消费者可以将在线电子版分享给家人。

（3）创新点

打造首个解决中国消费者跨境购物痛点的创新性平台服务。中文暖心贴是商家、供应链、物流上中下游"三位一体"，通力创新的服务形式。短期内，友商较难以同样成本提供该服务。

创新商家与消费者沟通场景，创造商家需求。过往的线下场景中，商家需要花费高价生产单一的 DM 单，投掷在快递箱中进行产品宣传。中文暖心贴的全新服务形式，提供成熟产品平台，帮助商家以更低的价格、更简易的操作成本为消费者提供暖心帮助，也成为了一个有效传递品牌信息、推广新品的重要载体。

唤醒更广泛消费群体进口商品使用需求，创新客户价值。暖心贴在 1.0 到 2.0 阶段持续创新，做自我阉割与更多形态探索，从银发群体到广泛中国消费者，从单一行业到跨境全品类。中文暖心贴诞生之初，仅服务阅读困难的银发消费者，前期仅在痛点明显的保健行业试点铺开。扩展业务边界，其实占据更广泛比例的青、中年消费群体同样对暖心贴有强烈使用需求，覆盖多国语言、多行业（美妆个护、宠物、家居等）的中文说明。

（4）执行效果与数据说明

落地效果：30+ 保健行业头部、腰部品牌入局，覆盖 400+SKU，触达近百万天猫国际消费者。0 预算启动，将 100 万个快递箱作为最好的媒介，精准触达消费者。

业务影响力：

一是中文暖心贴以市场洞察为基点，带动行业运营、产品团队、物流业务探索全套服务创新。仅半年时间，被天猫国际 TOP1 保健行业列为年度发展重点项目。作为集团内创新客户价值的优秀案例，成为提速平台消费体验的重要一环，受到支付宝、菜鸟等多业务方的关注。像帮助身边的亲友解决问题一样，解决跨境消费者会遇到的问题。

二是项目一期落地后，10 余 KA 商家陆续通过菜鸟、国际行业找到项目组，希望接入该服务，共创更丰富的落地形式。正向的消费者反馈赋予商家极大信心，商家投放从开始的单商家 2 万试验投放量，呈现 100% 翻倍增长。

三是作为新消费体验，被近 200 家媒体和平台跟进报道，包括新华网、环球网、封面新闻、腾讯新闻等新闻类媒体，广告营销圈、第一财经商业数据中心、SocialBeta、品牌星球等营销类媒体。

四是获得 2023 年度 Supernova 阿里巴巴市场营销创新大赛 CMO 全场大奖。

社会影响力：

一是第三届中国国际消费品博览会上，央视记者深度报道中文暖心贴，向全国观众讲解暖心贴服务，介绍使用方式，直播荣登热搜第三。

二是#如何让银发族看懂外文包装#话题登上微博热议榜26位，银发族与全球化生活议题在小红书、微博等平台受到广泛关注，引发大范围讨论，引发商务部专家的关注。

三是暖心贴被杨不坏、刀姐Doris、姜茶茶等多个营销自媒体报道。

4. 场景营销——《有稳健 安心取件》

该案例荣获2023年度虎啸奖场景营销类金奖、整合营销类铜奖。

2020年，突如其来的新冠疫情颠覆了生活，强势改变了人们日常防护及消杀的方式，也因此加速了以稳健为代表的医疗行业从B端到C端的步伐，以稳健医疗为代表的2B端医疗企业转向大众消费者社会面。

稳健医疗的品牌业务面临以下主要痛点：一是C端品牌认知不足，稳健品牌认知度不高，用户购买稳健的产品，但缺乏品牌认知。二是用户关注局限口罩，稳健消杀系列产品关注度不高，消费者对稳健的产品认知仍局限在口罩。三是消费习惯亟待培养，对于稳健主推的手消凝胶产品，消费者端使用习惯欠缺培育，普及度不高。

在后疫情时代，以宝妈群体为主的大众消费者在取快递场景有消杀产品的强需求。基于这一场景，稳健医疗携手丰巢互动媒体，通过社区媒体属性贴近家庭消费人群，通过互动体验巩固年轻宝妈群体，帮助稳健医疗从个护领域丝滑过渡到健康生活场景。

（1）创意核心洞察

在渠道洞察层面，随着疫情发展与防疫常态化，现有行业传播、疫情防控、个人防护等内容偏向负面化，被动出现在消费者视野中，缺少主动与C端更贴近用户的渠道传播正面的品牌印象，难以改变C端用户对行业或稳健医疗的刻板印象，对品牌、产品宣传存在抗拒。

在人群洞察层面，防护已然成为人们日常行为，大多数产品都能达到及格线，消费者对产品区隔的感受已经没那么大，用什么建立提升品牌认知、建立品牌信任成为摆在品牌面前的实际问题。因此，《有稳健 安心取件》提出：要在一个更契合、更具体的场景中，展示品牌与产品的优势。《有稳健 安心取件》案例的核心触达人群为家庭防护人群，即结合稳健医疗自身既有品牌调性和2022年丰巢人群投放，除了5亿大众消费人群的持续开拓与深耕，还要有效突破以巩固85后、90后的年轻宝妈群体为主的新的人群圈层。当85后、90后妈妈逐渐占据妈妈群体主流，新一届妈妈的育儿观和消费观都在发生转变。因此，提升稳健医疗 C 端品牌认知、培养消费者使用习惯，应重点抓住以年轻宝妈群体为主的家庭防护人群，通过社区媒体这一贴近 C 端用户，尤其是家庭消费人群的渠道传播品牌正面形象，同时，在一个更契合、更具体的场景，通过互动体验的方式，帮助品牌与消费者直接建立联系与信任。

（2）策略目标

医疗板块品牌认知：后疫情时代，社会舆论场对崛起的医疗企业多是负面导向，需要建立提升 winner 稳健医疗正面品牌形象。

重点宝妈触达增长：针对已开发宝妈重点人群，借助丰巢进行线上和线下多渠道、高频次触达，实现营销转化。

防护新品宣传推广：持续开发日常消杀、防护系列新产品，并配合创新营销玩法实现新品宣传推广，此次重点推广免洗手消毒凝胶（便携款）、国标儿童口罩。

（3）传播策略

基于《有稳健 安心取件》这一主题，案例以"稳健+丰巢=安心取件"为活动主题，将稳健产品与取件场景深度关联，向用户传递安心取件的概念，传播策略主要以"立行业标杆+造产品声量"双线展开。

一是户外场景营销。通过多样化传播将稳健产品植入取件场景，助力"产品及产品知名度+销售"转化提升。

二是创新产品体验。基于精准场景全面同步开启线上和线下主题传播，集中传递产品信息和活动主张，有强势种草宣传，更有趣味产品体验，反复强化认知。

（4）传播实施

凭借丰巢互动媒体"品牌柜贴+取件通知+随包派样"等广告资源组合，串联线上和线下传播链路，持续开拓丰巢 5 亿大众消费人群，多渠道巩固重点宝妈人群，借用丰巢资源，由点到面，将稳健打造为走进千家万户的"健康守护官"。《有稳健 安心取件》案例分主题进行了以下三波合作。

第一波：2022 年 7—8 月，以"有稳健 安心取件"为主题，投放社区、写字楼等场景品牌柜贴进行大面积品牌曝光，取件通知广告进行品牌私域导流与线上商城转化，并通过"随包派样+创意快闪"地推空降深圳，贯穿传播全周期。

第二波：2022 年 10—11 月，借势"双十一"营销节点，以"守护孩子健康 稳健有办法（家庭篇）"为主题，投放渠道为"品牌柜贴+取件通知"的"强势曝光+转化资源"组合，抓住宝妈"双十一"年度购物决策关键时期，传递"稳健是专业守护的超人"的营销主张。

第三波：2022年12月—2023年2月，借势年货节节点，以"守护孩子健康 稳健有办法（出行篇）"为主题，投放渠道为丰巢品牌柜贴，大面积传输稳健医疗品牌及产品信息，持续冲击用户心理，助力后续销售转化。

（5）效果说明

《有稳健 安心取件》营销案例共计曝光影响3.09亿人次，深度互动1076.51万人次，派样互动1500人次。其中：

第一波：以"有稳健 安心取件"为主题，2022年7—8月，丰巢互动媒体创意投放累计实现总曝光2052.4万+人次，深度互动86.31万人次，助力稳健私域流量新增粉丝数4886人。

第二波：以"守护孩子健康 稳健有办法（家庭篇）"为主题，借势"双十一"营销节点，丰巢互动媒体投放总曝光9724.8万+人次，深度互动466.11万人次。值得一提的是，"双十一"丰巢流量巅峰曝光互动翻倍提升，年度大促巢能力助力稳健2倍预算达成4倍曝光，5倍深度互动达成。

第三波：以"守护孩子健康 稳健有办法（出行篇）"为主题，借势2023年年货节节点，丰巢互动媒体投放总曝光1.9亿+人次，深度互动524.09万人次。丰巢投放后期相较于未投放丰巢时期，杭州单城百度指数增幅17.7%，上海单城百度指数增幅7.6%，投放结束后仍维持在较高水平。

5. 数据营销 ——《全链路数字化营销 助力吉列双十一大促目标达成》

该案例荣获2023年度虎啸奖数据营销类金奖。

吉列作为拥有百年历史的男士剃须护理品牌，在全球有超过700万的忠实用户，其口碑优质，占京东湿剃行业份额的80%+。近年来，品牌不断完善品线布局，优化营销手段，店铺销售额快速增长。与此同时，干剃竞品如飞科、飞利浦品牌的异军突起，营销成本持续看涨，疫情等"黑天鹅"事件多因素叠加影响，店铺进入增长乏力的瓶颈期，运营存在较大挑战。基于此，品牌方亟须通过精准的数据分析助力营销决策、精细化的运营优化提高销售，达成D11销售额同比高增长的目标。

（1）创意核心洞察

行业洞察：对行业和品牌进行多维度下钻。例如，针对剃须及剃须细分市场，分析价格和渠道规律，挖掘店铺在行业或细分行业增长机会点。

竞品洞察：基于本品竞争力及品牌用户来源，制订本品防守及竞品狙击策略。

人群洞察：研究竞品人群时发现，干剃行业主要增长来自于女性，而吉列在女性运营上还未发力。因此，建议关注女性礼赠市场，尤其是加大礼赠窗口期的女性投入。同时，吉列会员目前体量小、潜力大，有持续运营的潜力，可关注私域流量与转化，持续加大会员运营。

（2）策略目标

打破传统"投放—数据—运营孤岛"，以数据为链接，通过数坊、商智、京准通多源数据整合"人、货、场"分析，全面实现数字化营销。即通过行业洞察、店铺运营、媒体运营、高价值人群多角度分析，赋能投前—投中—投后全运营周期。

（3）实施与创新

大促前，深度剖析了过往店铺流量和结构，并基于历史经验补足高价值流量缺口。

大促中，实时监测各渠道流量，确保其在合理范围内。同时，针对重点关注的搜索场域，分析核心指标背后的原因，提供店铺运营建议。例如，某时间段店铺整体流量在可控范围内，但某品的搜索转化率呈下滑趋势，进一步分析得出搜索转化率和价格高度相关。与店铺运营沟通后，建议对该品进行机制加码，可通过直接降价或某种更高转化的买赠形式来提高该品转化率。

大促前，基于4A进行营销人群分层，并保证人群不重复、不遗漏。

大促中，对细分人群进行精细化运营，动态监测媒体侧人群的表现，基于单个人群给出调优建议并执行落地，提升广告投放效率和效果。

渠道上，通过内、外媒联动获取更多女性人群。例如，外媒通过"内容＋媒体资源"触达女性用户，加强心智，内媒再通过数坊圈包直投曝光＆点击的人群回流投放，并运用"精准优惠券＋秒杀"促使购买。

节奏上，不同阶段营销目标存在差异，需分阶段进行渠道侧重。例如，蓄水期关注新客蓄水、爆发期关注收割，因此，前期可利用触点和直投低CPM优势曝光更多新客，后期则多投快车和海投等高ROI的渠道，加大收割力度。

吉列联合京东打通内、外媒数据，实现媒体和电商联动。具体做法：通过营销云平台对外媒一方人群进行处理和划分，找到其中的高价值人群进行站内投放。

大促前，通过少量人群测试，发现营销云存在高投产、高新客率等多方优势。大促启动后，加大营销云投放力度，保证营销云消耗占比30%+，提高内媒投放效果。

（4）效果说明

吉列采用数据营销战略打破传统广告营销的局限性，通过大数据，吉列挖掘了更多店铺增长机会，成功破解"双十一"增长乏力的难题，创造了店铺销售额、媒体投放效率、人群资产全面提升的好成绩。

店铺销售提升：店铺 GMV 目标达成，同比增长 9%，且高于行业平均水平；新客率提升 2%，女性消费者占比提升 1%。

媒体效率提升：ROI 同比增长 12%，点击率同比增长 47%。

人群资产提升：相比活动初期，4A 人群资产提升 55%。

6. 跨界营销——《东阿阿胶奈雪联名奶茶》

该案例荣获 2023 年度虎啸奖电商及效果营销类-联合营销类金奖、营销综合-健康保健类银奖、电商及效果营销类-整合营销类银奖。

东阿阿胶进行品牌焕新，借奈雪的能量，走进年轻女性的日常，拓展新消费。结合当代年轻人"既要又要"的养生观，借势与奈雪的跨界联名，打入年轻快乐的生活场景，让阿胶奶茶成为年轻人的第一杯阿胶饮品，精准切入 TA 消费市场。同时，打通各平台，给予消费者利益点推动产品售卖，实现销售转化。

（1）创意核心洞察

整合营销闭环，借势品牌联合，联名推广阿胶奶茶反复触达锁定内容场景打造，抢占年轻用户心智，定制活动精准推投，撬动创新、收割转化、完成闭环。

站外聚焦社交媒体推广：微博、小红书、抖音、微信，根据平台属性，设置专属玩法机制，让消费者有打卡晒单的动力，刮起一阵"阿胶奶茶种草拔草"风潮，站内统一宣传视觉并承接流量匹配促销机制"阿胶奶茶免费券及优惠券"引导转化。

（2）传播策略

全网全链路传播，涵盖微博、小红书、抖音、朋友圈广告、会员营销、电视媒体、店铺主图、商详、店铺首页 banner 以及定制活动页等。

京东站内承接腾讯系的广告点位，主要包括朋友圈广告、东阿阿胶及奈雪会员微信群内会员营销、PR 稿件、大众点评等的曝光获客转化。

（3）传播实施

跨界营销"东阿阿胶 × 奈雪的茶"，品牌势能结合新茶饮品牌代表奈雪的茶。

联合营销强调"东阿阿胶"品牌存在感，国潮视觉创意出彩，包装风格用印章结合书法拓贴的方式体现经典传承和品牌印记。

上线日期精准，为传播带来巨大能量，2023 年 2 月 3 日官宣，恰逢立春，更是春节假期结束的开班第一周，"开班的第一杯奶茶"，自带天然流量属性。

微博开屏预热话题热搜联合官宣，小红书 KOL/KOC/素人探店种草矩阵及体验官，微信公众号/朋友圈广告/会员群/行业大号宣发，抖音 KOL 探店等，分别外链到京东、抖音等电商转化承接流量及销量。

（4）效果说明

＃东阿阿胶奈雪联名奶茶＃总曝光量 8.5 亿＋。其中，视频播放量 2400 万＋，话题阅读量 3.3 亿＋，微博总讨论量 9.3 万＋，小红书话题浏览量 251 万＋，抖音话题阅读量 1 亿＋，微信阅读量 108 万＋，梯媒触达人次 3.6 亿＋。

社媒平台"东阿阿胶"整体指数大幅上涨，巨量粉丝增长，品牌印象年轻化、多元化，阿胶奶茶丰富到阿胶速溶粉产品食用场景。

（本小节撰写单位为江苏虎啸传媒有限公司）

第五章 数字营销趋势

随着数字技术的迭代加速、应用普及，社会数字化程度加深，数字营销市场规模逐渐扩大，"处处皆营销"的局面正在成形。各种行业主体参与其中，深度挖掘数字营销的价值。那么，基于现有数字营销生态格局与落地实践，未来数字营销将呈现出何种发展趋势？本章将从环境变迁、生态变化以及实践风向三个层面进行分析。

一、数字营销环境变迁

如今，经过多年的发展，数字营销整体市场已经颇为成熟。因此，在发展模式、发展程度以及发展规范性等方面均会趋向于成熟市场特征，将呈现出精细化、纵深化及合规化的整体市场环境状态。

（一）高质量发展与降本增效

越为成熟的市场，竞争态势就越为激烈，市场增长率也会逐渐放缓。同样，对走向成熟的数字营销市场而言，未来的发展模式不再是规模性扩张，而是转向更为高质量、精细化的发展。

1. 数字营销市场从高速发展转为高质量发展

综合中国互联网络信息中心（CNNIC）等各方数据来看，作为数字营销发展的基础，互联网的普及速度正在逐步放缓。同时，整体数字营销市场规模增速也开始呈现出放缓趋势。这表明，中国数字营销整体市场已经开始步入存量竞争时代。流量红利的逝去将驱动整体数字营销市场发生观念以及结构性调整，供需体系持续优化走向高质量发展。

首先，市场主体生态结构调优，主体合作趋向良性循环。在未来的数字营销市场生态中，作为营销链条核心的广告主对数字营销的认知理解将会在持续的落地实践中不断加深，摆脱盲目性与无知性，对数字营销构建起成熟且适配的方法论体系，强调数字营销的价值与效果。这将驱动营销服务商通过持续开发创新型营销资源、提供精细化营销服务产品或工具以及制订更为定制化和高适配的数字营销策略方案等方式来持续优化数字营销服务能力。在这个过程中，各市场主体"优胜劣汰"的竞争态势将进一步加剧，生态结构将趋向良性平衡。同时，各市场主体之间的合作模式将向共生共荣方向调整，共同推动数字营销效果优化与升级。

其次，粗放式数字营销实践向精细化转型，强调质量效益。未来，数字营销市场将把提高供给体系质量作为主攻方向，改变过去流量堆积、规模扩张的粗放式落地实践。具体来看，在数字营销各主体调整营销观念、业务模式和合作模式的同时，数字营销实践也在逐步升级，以往高曝光、标题党等追求高流量覆盖的数字营销实践正在向层次化、精细化方向升级，数据精准、营销创意、关系链接、流量转化等数字营销诉求颇受重视。整个数字营销实践链条被拆解得越来越细，行业各方对每个链条实践效果的评判指标也趋于细致化。未来，行业各方对数字营销实践的要求会不断提高，数字营销实践将不断趋于精细化。

由此来看，无论是行业生态还是落地实践，步入存量时代的数字营销整体市场正在逐渐放缓对规模的追求，加速内部调整升级，转向高质量发展。而未来数字营销市场将会成为中国社会发展、经济增长的重要组成部分，成为中国从高速发展转向高质量发展的重要代表，彰显中国发展的整体活力。

2. "降本增效"是未来数字营销的核心命题

数字营销市场转向高质量发展的同时，行业各方对数字营销的费用投入也趋于谨慎。特别是在前几年"黑天鹅"事件影响下，即使线上经济活力被充分激发，但由于社会经济整体运行情况不佳、消费动力不足等原因，行业各方特别是广告主在营销方面的开支颇为谨慎。数字营销机构 Digital Luxury Group 曾提到高端品牌广告预算一度削减 30%～80%。另外，CTR《2023 中国广告主营销趋势调查报告》显示，2023 年，31% 的广告主表示会上调营销推广费用，微低于 2022 年的 32%，而选择营销推广费用下降与持平的广告主比例相较 2022 年持平，分别为 30% 和 39%。与此同时，广告主营销推广费用的净增幅度（净增幅度=上升比例-下降比例）也继 2022 年大幅降低至 2% 之后，持续收窄至 1%。其中，78% 的广告主同意"降本增效"是 2023 年营销的主题词。

第五章 数字营销趋势

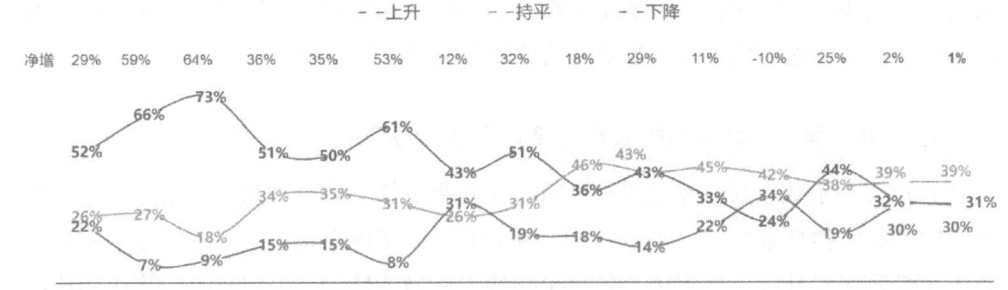

- - 上升　　- - 持平　　- - 下降

| 净增 | 29% | 59% | 64% | 36% | 35% | 53% | 12% | 32% | 18% | 29% | 11% | -10% | 25% | 2% | 1% |

2009年 2010年 2011年 2012年 2013年 2014年 2015年 2016年 2017年 2018年 2019年 2020年 2021年 2022年 2023年

● 净增=上升比例-下降比例

图 5-1　历年广告主营销推广费用的变化

数据来源：CTR：《2023 中国广告主营销趋势调查报告》

那么，何为"降本增效"？从字面意义来说，是降低成本，增加效益。但是从实操层面来讲，"降本增效"绝非简单几个字就能概括。阿里巴巴集团副总裁刘伟光曾这样解读："企业实施增效降本措施的目标是提升经营业绩，实现企业高质量发展……'降本'的前提是'增效'。以'降本'为第一优先级目标的企业，往往结果都是出现了'长周期创新枯竭'窘境，因为企业经营中'增效'才是'目的'[①]。"由此来看，营销开支的收紧明确表达了"降本"趋势，但是整体营销市场的"降本增效"也绝不仅仅局限于此。最近几年，除广告主外，媒体、营销服务商等行业其他角色也均在强调"降本增效"，如字节跳动强调"去肥增瘦"、腾讯贯彻"降本增效"、蓝色光标在 AIGC 技术浪潮下停止外包支出等。这些举措背后其实表明了数字营销市场行业各方在预算收紧的大背景下，正在通过聚焦核心战略方向、优化创新动能机制等方式，在充满不确定因素的市场环境中谋求确定性的经营增长方向。这并不是面对风险的消极应对，而是积极进行内部调优，谋求高质量增长。

因此，未来，"用有限的开支获取更具确定性的效益增长"将成为数字营销实践的重要诉求。特别是在未来社会环境发展不确定性加剧、数字营销链条精细化拆解的趋势下，行业各方的"降本增效"诉求会进一步加强，驱动整体数字营销市场加速进行内部调优，转向高质量发展。

（二）数字营销价值持续升级

数字营销之所以能够在短期内快速发展，是由于其具备传统营销所没有的独特

[①] 刘伟光：《剖析企业数字化的降"本"增效》，https://developer.aliyun.com/article/1252872. 访问日期：2023年6月16日。

优势，主要集中在数字技术特别是数据技术带来的精准性、实时性等诸多方面。而随着数字技术加速迭代升级，数字营销价值将持续纵深发展。

1. "更全面"：海量高质量数据资产积累是优势

数据支持了数字营销精准投放、可视化效果反馈等特征性功能的实现，是数字营销的核心支撑要素之一。如今，AI、5G/6G、可穿戴设备、物联网等数字基础设施正在快速迭代升级，现实中，各种事物均可以被拆解为"0"与"1"构成的比特代码，流动于虚拟网络空间，形成规模庞大的数据流。未来，数据量级指数级攀升的状况会持续加强。IDC发布的《数据时代2025》报告显示，全球每年产生的数据在2025年将达到175ZB（Zetta Byte，1ZB相当于1.1万亿GB）。其中，国际数据公司和数据存储公司希捷（Seagate）的一项研究表明，到2025年，随着物联网新技术的推动和发展，中国生成的数据将达到48.6ZB。

数据量级的增长为数字营销的快速发展提供了有力支撑。但是，随着大数据战略备受重视，数字营销行业各方对数据的积累和应用逐步深入，对数据的认知与理解也不仅仅浮于数据量级表面。他们逐渐意识到，大数据的价值并不是"海量"，而重在数据背后的意义价值挖掘，主要包括三个方面。一是数据维度的丰富性。对数字营销而言，大数据的海量绝不仅仅局限于单独维度的海量，而是包括用户、场景、终端、内容、商品等多个维度，不同维度数据的交叉融合才能有效提升数字营销效果。二是数据颗粒的细致性。行业各方在重视数据维度横向拓展的同时也在加强对数据纵向颗粒度的深度解析，同一数据维度下，越为细致的数据颗粒，越能完整还原现实。三是数据质量的优质性。数字营销行业各方对有效数据和无效数据的区分愈加严格，对数据造假、数据注水的行为"零容忍"，在数据过滤、数据清洗等方面的技术能力持续提升。因此，从以上三方面来看，数字营销行业的大数据能力将会从盲目数据规模扩张转向更为全面的海量高质量数据资产积累方向发展。

秉持"谁掌握数据，谁就能掌握数据营销主动权"这一行业共识，数字营销行业各方将海量高质量数据资产积累落到实处，愈加重视数据资产平台建设。除了本身具备数据能力的媒体平台方之外，广告主、数字营销服务商也在不断加强数据资产建设。特别是广告主，越来越意识到手握一手数据的重要性。例如，宝洁建立了数据中台，包括业务数据湖和消费者数据平台（Customer Data Platform，CDP），且制定了统一的数据资产目录来管理业务数据KPI的定义和数据的血缘关系，强化数据资产管理能力[①]。在这种趋势下，数字营销行业在海量高质量数据资产建设方面的动作将逐步深入，对数据资产的管理也将逐步加强。

2. "更精准"：跨屏、跨场景同源能力提升，从"千人千面"到"一人千面"

精准是数字营销的核心价值之一。长期以来，数字营销都将"精准性"作为核心升级方向，重点解决"如何将营销信息精准推送至核心目标人群？"这一问题。这本质上要求数字营销要对用户的行为、态度等有透彻的测量与理解，对营销信息内容有充分的认知，对用户与营销信息之间建立有效的匹配机制。由此，数字营销行业各方在营销实践过程中逐渐形成了"数据标签化"的解决方案，通过标签库的建立来实现营销信息和用户的理解与精准智能匹配，借助数据、算法推动数字营销实现"千人一面"到"千人千面"的转变。

如今，随着数字营销方掌握的数据量级提升，多维数据的积累让营销方对营销信息和用户的理解更为深刻。特别是在打破数据壁垒、数据融合的行业诉求下，营销数据的精准性正在实现优化。举例而言，随着各种数字终端设备和应用端口的兴起，用户行为轨迹碎片化程度加深，跨屏、跨场景数据同源成为数字营销行业亟须解决的难题。对此，行业各方积极通过数据技术合作、监测技术优化等方式着力解决数据同源问题，以大屏营销最为典型。例如，勾正科技正式创立并发布了CHID（China Household ID，现称为Gozen Uni-ID）作为跨屏同源设备的唯一标识，可以支持打通TA-TH（Target Audience-Target Home）全链路数据，进行跨屏的确定性匹配。

在跨屏、跨场景同源能力提升的情况下，数据打通程度加深，特别是随着人工智能技术的赋能，用户行为和态度数据将会愈加精细化，营销场景也愈加能够实现还原。这将会进一步驱动数字营销的精准性升级。对此，数字经济应用实践专家骆仁童曾表示，过去以人群属性为标签定义目标受众的做法可能不再适应新阶段的需求，企业需要以更加科学的方式找到目标受众[②]。未来，数据越来越能够精细刻画用户及其所处场景，"千人千面"的数据标签化解决方案会得到进一步的升级。特别是用户标签体系，将不再仅仅是以某一类目标用户群体的同质性标签概括为核心原则，而更包含了同一个目标用户在不同场景的不同行为和态度的标签集群，将用户的"个性化"解读得更为透彻。由此，数字营销会进一步实现"一人千面"，即营

[①] 王泳帅：《宝洁近5年技术架构演进之路》，https://mp.weixin.qq.com/s/i2onKAEvlDX_lJLr9Hw9Lw。访问日期：2022年1月5日。

[②] 骆仁童：《营销数字化转型的挑战与机遇》，https://mp.weixin.qq.com/s/pc2Qd42B6DT0KPHGhrSaUw。访问日期：2023年5月27日。

销将围绕同一个目标用户在不同场景的可能性行为和兴趣需求进行不同营销信息的精准推送。在未来数据能力进一步提升的基础上，数字营销的精准性将会更为聚焦个人。

3."更敏捷"：越来越能满足实时性效果反馈和策略优化调整需求

数字网络成为营销基础的底层逻辑是其区别于传统线性营销的敏捷性。数字化存量时代，品牌竞争更为聚焦于谁能更快地把新价值传递给消费者。因此，品牌越来越期待能够拥有快速响应用户需求变化的能力，催生了"敏捷营销"（Agile Marketing）概念的兴起。Oracle 营销云欧洲、中东、非洲区高级总监 Sylvia Jensen 曾解释道："敏捷营销就是营销人使用适当的技术和流程，基于数据构建能够根据客户的实际行为、兴趣和需求而即时调整的客户体验。"[①] 这也对数字营销过程提出了同样的要求。

其中，有三个因素尤为关键。一是营销资源的数据化与可测量。CTR 总经理赵梅曾表示："要跳出广告做服务，通过数据思维的建立来实现服务的用户化和产品化。这个过程中，营销数据的全域测量和评估，将会直接影响广告主的投放策略和成本管控。"[②] 数据能够帮助营销人员更为直观地了解营销资源分布和运行状况，并做出快速的营销决策。二是智能算法机制的后台辅助。数字营销之所以能够快速进化，离不开人工智能的赋能。基于智能算法，数字营销在专业营销人员的经验基础之上，拥有了机器智能支持下的毫秒级海量数据处理能力和数据理解基础上的适配性营销策略建议提供能力，支持数字营销的快速落地与优化。三是承载数据和技术的营销工具平台。平台规范并重构了数字营销流程，支持了以上两大因素的正常运转。例如，火山引擎 DataTester A/B 实验平台实现了跨渠道数据、前后链路数据和人群数据的打通，基于业界一流统计学专家的算法模型提供实验智能化调优服务，可根据实时数据反馈，智能调节实验方案的流量分配，给广告收益效果好的方案倾斜更多的流量，快速提升数字营销效果。

目前，数字营销行业在以上三个方面都在加大布局，以满足实时性效果反馈和策略优化调整需求为目标，不断推出各种或内用或开放的自动化、智能化数字营销平台。未来，随着数字技术的快速发展，数字营销在营销信息匹配、营销策略执

[①] Eyck Young：《再谈"敏捷营销"，全球 82 位首席营销官的 5 点建议》，https://mp.weixin.qq.com/s/P1emGe GotDFFDmh1cZTKGw. 访问日期：2020 年 1 月 3 日。

[②] 中国商务广告协会数字营销专业委员会：《拥抱数字化，以科学测量为广告主构建"全域营销监测"评估体系》，https://mp.weixin.qq.com/s/DUyxbOAoWIv0voEM6-YE2w. 访问日期：2021 年 8 月 25 日。

行、营销效果反馈和营销策略优化等方面的敏捷性将会进一步提高，给广告主带来更具价值性的营销效益。

4. "更理性"：数字营销不再盲目追逐流量，更重视适配性营销策略制订与执行

数字营销价值性的持续升级，并未导致营销预算的疯狂涌入。随着数字营销市场成熟度的提升，行业各方特别是广告主对数字营销的认知愈加深入，在数字营销策略制定和执行方面也愈加理性。实际上，在数字营销快速崛起的早些年，一些大的广告主就在试图打破"流量泡沫"。例如，2017年，宝洁和联合利华就因为效果不明朗等原因大幅收缩数字广告预算。当时，第三方检测公司 MediaRadar 数据显示，2017年，宝洁数字广告预算逐年减少了41%，而联合利华则减少了59%。这其实能明显体现出广告主已经开始理性看待数字营销。

而最近几年，受到"黑天鹅"事件的影响，线上经济活力被充分激活，数字营销迎来发展新机遇。秒针数据显示，2020年、2021年，数字营销投入平均增长率分别为16%、22%，保持较高速度的增长。但是，特殊时期的高速增长并未保持太久。秒针数据显示，2022年数字营销投入实际增长速率为13%，大幅低于2021年的数据，而2023年虽有所复苏，达到16%，但却是近3年最低值。同样，CTR调查数据也表明，2022年，广告主全媒介预算分配中数字媒体占比相比2021年下降1%。另外，Arete Research 更是预计，2023年数字广告的收入将会下降5%～10%左右。

尽管数字营销增速放缓的趋势受到广告主营销预算收紧的影响，但是广告主对数字营销也构建了适配自己的一套认知和实践机制，不再一味盲目追求高流量。CTR《2023中国广告主营销趋势调查报告》中，某品牌就详细解释了其在数字营销实践中，针对新品和有知名度的品牌如何进行合理的KOL组合选择。该品牌在深访中表示："新品认知度不够的情况下，我们加强头部达人布局，占比达到20%～30%，30%预算集中在中腰部达人，主要进行成分讲解，另外40%投向尾部达人或部分用KOC替代，降低成本。若品牌有一定知名度，头部达人的比例就会降低到10%，中腰部达人占比上升至40%。"由此可以看出，广告主并不是一味追求高流量曝光，而是结合自身品牌发展状况，进行适配性营销策略制定与执行。特别是在数字营销"降本增效"的核心诉求下，广告主越来越追求数字营销的投资回报率，精打细算每一笔数字营销开支。未来，在广告主数字营销认知体系愈加完善、数字营销支出愈加谨慎的情况下，数字营销行业将继续降低浮躁性，精耕细作，实现愈加理性的发展。

（三）数字营销行业秩序规范力度加强

在数字营销市场趋于成熟的过程中，数字营销相关监管政策也同步推出、更新，推动数字营销市场走向更为规范化的发展。

1. 数据合规，个人隐私保护与数据安全是重要议题

随着数字营销的纵深发展，数据带来的个人隐私保护和数据安全问题颇受重视。2018年5月25日，欧盟《通用数据保护条例》的正式实施，给全球数字营销领域带来了巨大挑战，多家机构遭遇诉讼，退出欧洲市场。这场数据领域的巨大变动也同样掀起了国内对个人数据隐私保护的热议。针对国内大数据"杀熟"、数据非法采集等现象，2021年，《中华人民共和国数据安全法》和《个人信息保护法》落地执行，对数据安全、个人信息保护进行了明确的界定和权责划分，对数据采集、数据加工、数据存储等方面提出了详细的规划要求。同时，2022年，中共中央国务院《关于构建数据基础制度更好发挥数据要素作用的意见》（又称"数据二十条"）的颁布，更是从数据产权、流通交易、收益分配、安全治理等方面构建数据基础制度，进一步对大数据产业进行规范。由此来看，在各种数据政策驱动下，数字营销市场在未来将会面临更为严格的数据监管环境。这其实是对行业各方在未来推动数字营销落地提出了较为严格的数据监管要求。

首先，数据采集将更为谨慎，特别是用户数据采集。CTR《2023中国广告主营销趋势调查报告》中，某品牌曾表示："个人信息保护是法律红线，现在我们在用户注册的时候，会加强相关条款让用户点击勾选，这样我们在未来如去做二次推广的时候才可以去使用用户的数据。"数字营销行业各方愈加重视在数据采集方面尊重用户意愿，保证监测和验证的透明性，提供退出跟踪机制，保证数据采集合规。

其次，数据应用流程将更为规范，提供相关数据制度支持。为保障数据合规，未来数字营销行业各方应该要持续加强内部数据权限体系、数据调取流程、数据应用程序等相关数据管理制度的完善，对外部数据的接入和内部数据的管理都有严格的流程制度，最大程度保障数据应用流程合规。

最后，数据防泄露、防破解、防欺诈等风险管控体系也将趋于完善。对数字营销行业各方而言，配合数据资产平台同步运行的数据安全技术体系搭建尤为重要，要有效覆盖物理安全、终端安全、系统安全、网络安全、应用安全等方面，提供预警、保护、检测、反击、恢复等功能，保障数据机密性、完整性、可用性，加持数据安全。

因此，未来数字营销将从各个方面保障个人信息保护和数据安全，不断推动数

据合规性升级，为规范大数据环境提供支持。

2. AI 应用合规，引导新兴技术融入数字营销

AI 技术的兴起与迭代给数字营销带来了诸多想象空间，特别是 2023 年 ChatGPT 的崛起促进了 AIGC（AI-Generated Content，AI 生成内容）技术的快速发展，开辟了数字营销发展新局面。CTR《2023 中国广告主营销趋势调查报告》显示，广告主对 AIGC 技术的应用持较为积极的态度，已经有 36% 的广告主开始在营销活动中使用 AIGC 技术，且 62% 的广告主认为未来 1～3 年，AIGC 技术在企业的营销活动中是有力辅助。

但是不可否认的是，尽管 AI 技术对数字营销的意义价值巨大，但其也引发了诸如信息茧房、人机博弈、机器伦理、版权争端等诸多问题。对此，近几年相关政策连续发布，2022 年 3 月 1 日，《互联网信息服务算法推荐管理规定》（下文简称《算法推荐管理规定》）正式实施、2023 年 1 月 10 日，《互联网信息服务深度合成管理规定》（下文简称《深度合成管理规定》）开始施行、2023 年 8 月 15 日，《生成式人工智能服务管理暂行办法》（下文简称《办法》）实施。这三个文件成为国内进行 AI 技术合规性监管的主要文件，督促 AI 技术能有序支持数字营销发展。具体来看，数字营销中，AI 应用的以下几个方面正在逐渐趋于规范。

一是 AI 研发规范，主要针对数据采集、训练及算法模型管理等方面。例如，《深度合成管理规定》中要求深度合成服务提供者和技术支持者应当加强训练数据管理，涉及人脸、人声等生物识别信息编辑的，要争取被编辑个人同意。同样，《办法》也规定，生成式人工智能服务提供者应当依法开展预训练、优化训练等训练数据处理活动，在研发过程中进行数据标注的，要制定清晰、具体、可操作性的标注规则等[1]。

二是 AI 服务规范，主要针对用户体验、信息推荐、显著标识等方面。例如，《算法推荐管理规定》要求算法推荐服务者要加强算法推荐服务版面页面生态管理，建立完善人工干预和用户自主选择机制，同时优化检索、排序、选择等规则的透明度和可解释性[2]。《办法》中提出，要对图片、视频等生成内容进行标识。

三是 AI 监管规范，主要针对主体权责划分、监管办法与程序等方面。例如，《算法推荐管理规定》提出了算法备案的要求，并建立算法分级、分类安全管理制度，

---

[1] 引自《生成式人工智能服务管理暂行办法》第二章第七条、第八条。
[2] 引自《互联网信息服务算法推荐管理规定》第二章第十一条、第十二条。

由网信部门会同电信、公安、市场监管部门等对服务提供者进行分级、分类管理[①]。

在愈加严格的 AI 技术监管下，数字营销在营销数据获取合规性、营销信息推荐、展示和合规性等方面均有所提升。随着 AI 技术的广泛应用，特别是 AIGC 技术的普及，数字营销或许将面临诸如版权确权、人机博弈等问题，相信随着政策的进一步完善，数字营销在 AI 技术应用方面的规范性将持续优化。

3. 内容合规，规范数字营销行业竞争态势

流量是数字营销实践落地及效果测量的基础性指标。为了抢占流量"制高点"，部分数字营销方通过欺骗误导、虚假宣传等不正当方式进行市场竞争，扰乱了整体数字营销市场，形成营销"乱象"。对此，《互联网信息服务管理办法》《网络信息内容生态治理规定》《网络直播营销管理办法（试行）》等各项政策落地，为数字营销市场进行规整、推动营销内容合规提供了重要保障。较为重要的是，2023 年 5 月 1 日《互联网广告管理办法》开始实施，创新了监管规则，进一步细化互联网广告相关经营主体责任，对弹出广告、开屏广告、软文广告、广告代言人等均制定了相应的管辖规定，推动数字营销进一步规范化。具体来看，未来数字营销将在以下几个方面加强内容合规。

一是对数字营销主体范围及权责界定更为清晰。如明令禁止烟草、处方药等发布互联网广告等。同时，对互联网信息服务主体、互联网广告监管主体等不同主体进行明确界定和权责划分，落实有效监管。

二是对数字营销整体内容制作、分发导向更为明确。各项政策规定都进一步明确了数字营销内容必须符合相关法律、法规，坚持正确导向，符合社会主义精神文明建设和弘扬优秀中华传统文化，倡导文明风尚，违法、违规营销内容将会得到有力惩处。

三是对数字营销期间露出个体进行更为严格的限制。例如，要求直播营销人员或者直播间运营者为自然人的，应当年满十六周岁；明确广告代言人管辖问题等。

四是对数字营销内容展示与互动形式进行更为明确的要求。例如，要求互联网广告应该具有可识别性，能够让消费者明辨其为广告[②]。再如，若以弹出等形式发布互联网广告，广告主、广告发布者应显著标明关闭标志，不得为关闭广告设置障

[①] 引自《互联网信息服务算法推荐管理规定》第四章第二十三条。
[②] 引自《互联网广告管理办法》第九条。

碍等①。

  由此来看，随着各项政策要求逐渐清晰化，数字营销也越来越走向内容合规。与此同时，政策的严格监管也在驱动广告主与营销服务商进行数字营销业务调整。品牌方愈加重视对营销内容的合规性审查。CTR《2023中国广告主营销趋势调查报告》中，某品牌表示："我能明显感觉到，合规审查越来越严格。我们内部会拉单独的业务小组，每月做一次合规检查。如果被投诉哪句文案有问题，会立马去拉齐做严肃修改。"同时，媒体平台方也在不断优化营销资源形式，加强营销审查。例如，巨量引擎就通过技术优势，构建了一套综合治理体系，对虚假广告进行分类，对各类违规行为划好"红线"，引导数字营销走向健康轨道。因此，在各方努力下，未来数字营销市场竞争将更为有序，行业发展将更为规范。

[本节撰写单位为央视市场研究股份有限公司（CTR）]

---

① 引自《互联网广告管理办法》第十条。

二、数字营销生态变化

未来，数字营销环境的变迁将会持续影响行业各方的经营发展模式，造成数字营销行业的主体格局、竞争态势、合作模式、组织模式的适应性变化，重构数字营销生态格局。

（一）数字营销行业生态多样化趋势加强

社会数字化程度的加深带来了诸多数字营销机会，催生了规模庞大的数字营销生态体系。从历年的《中国数字营销生态图》来看，2018 年，生态图仅包含 12 个赛道、200 家企业，到 2022 年，生态图就已经包含了 17 个大赛道、102 个细分赛道、720 家企业。数字营销生态格局愈加丰富，新入者层出不穷。

1. 传统主流媒体加快数字化转型，成为越来越被认可的重要玩家

媒体融合纵深发展，数字营销也绝不仅仅局限于互联网玩家，具备强大媒体基因的传统主流媒体正在积极融入数字基因，不断加强融媒体建设，开拓数字营销版图。第三章"数字营销行业生态·渠道篇"中关于融媒体的部分已经提及到，传统主流媒体正在积极推动数字技术底座建设，延展数字化渠道，开辟新的数字营销资源。正如中央广播电视总台旗下"象舞广告"营销平台上线时，总台编务会议成员兼总经理室总经理彭健明所言："这代表着总台营销工作迎接数字化、拥抱数字化的改革决心。"可以说，数字化是传统主流媒体未来发展的必然趋势，而同样，数字营销也将成为传统主流媒体经营的重要收入来源。以广播电视媒体为例，国家广电总局数据显示，2023 年上半年广播电视行业广告收入中，来自网络媒体的广告收入为 1283.09 亿元，同比增长 21.62%。

目前，传统主流媒体正在加速推进数字化转型，其在数字营销领域也发挥着关键性作用。广告主越来越认可传统媒体的数字营销价值。CTR《2023 中国广告主营销趋势调查报告》显示，广电新媒体投放渗透率从 2022 年的 54% 上升至 2023 年预期的 59%，且 63% 的广电新媒体预算来源于互联网渠道。可以说，广告主越来越重视广电新媒体的投放价值。以总台新媒体为例，相比互联网公司内容平台以及

市场化 MCN 机构，广告主认为，总台新媒体在内容公信力、资源联动能力、内容合规性和内容 IP 方面有较强的优势。深访中，某品牌也表示："广电新媒体既是公信力的渠道，又有公信力的内容，会有单独投放广电新媒体的预算。"同样，另外有广告主也表示："2023 年，我们会和广电新媒体有常态化的合作，但是可能会分一些重要量级，比如和央视的合作。"

由此来看，传统主流媒体的数字营销业务正在凭借排他性的优势快速发展。未来，在媒体融合战略持续引导下，传统主流媒体将向着"各种媒介资源、生产要素有效整合，信息内容、技术应用、平台终端、管理手段共融互通的新型主流媒体"迈进，其营销业务也将实现传统营销与数字营销的有效结合，推动数字营销行业生态的深层次融合创新发展。

2. 技术商、终端商、咨询商等跨界者入局数字营销行业

数字技术的普及和数字渠道的多元，正在推动越来越多的跨界者进入数字营销行业，不断丰富数字营销生态。

首先，是技术服务商。最近几年，汹涌的 Martech 营销技术浪潮为技术服务商进入数字营销行业提供了机会。从全球市场来看，Scott Brinker 数据显示，全球 Martech 服务商持续增加到 9932 家，增长率达到 24%。同时，MarTech Alliance 在《The Martech Report 2022》中指出，61% 的公司在未来一年还将加大在 Martech 上的投入。同样，中国市场方面，Martech 市场也颇受广告营销行业重视。《2022 年中国广告营销行业资本报告》显示，2022 年中国广告营销行业合计融资的 78% 资金流向了 Martech 领域。在营销技术备受重视的情况下，技术服务商跨界进入数字营销行业的门槛逐渐降低，如专注人工智能技术研发应用的科大讯飞早在 2018 年就被中国广告协会评选为数字营销类一级广告企业。

其次，是终端硬件厂商。目前，数字终端设备的营销价值被充分挖掘，各种终端厂商也开始基于软、硬件和系统优势，将业务触角伸向广告营销服务。例如，手机品牌 OPPO 就推出了自己的营销平台，覆盖锁屏杂志、开屏广告、信息流广告等多种营销资源，并持续在探索原生应用、全局搜索等终端媒体系统级场景的营销价值。同样，华为在 2019 年推出了 HUAWEI Ads，打通旗下终端硬件营销资源，贯彻"全场景智慧营销"理念。另外，在智能大屏营销崛起的风口中，诸如 TCL、康佳、长虹等电视厂商也开始强化营销团队建设，入局数字营销行业。

最后，是咨询服务商。实际上，咨询机构入局广告营销行业的现象很早就出现了迹象。如今，诸如德勤、普华永道等咨询机构均已建立了成熟的数字营销服务体系。例如，德勤基于其专业化服务能力，建立了一个数字化媒体投放的风险框架，提高数字营销投放效率。咨询服务商的入局，让广告营销与咨询服务的界限愈加模糊，塑造了更为宽广的营销咨询市场，也驱动广告营销公司跨界进入咨询行业，赋予了数字营销新的业务机会。

以上谈到的是跨界入局数字营销行业的三类典型机构，实际上，在数字资源的易得性和多数企业的数字化转型加速、亟须开发新的商业模式等原因驱动下，更多的企业正在尝试入局数字营销。例如，2023年8月，陷入"倒闭"风潮的每日优鲜宣布将以现金1200万美元（约人民币0.85亿）收购数字营销解决方案供应商Mejoy Infinite Limited的全部股权，并在完成业务收购后，开始提供定制的数字营销解决方案和服务。未来，随着数字化程度加深，会有更多跨界者基于新业务开辟或新商业模式试水等原因，进入数字营销行业，谋取新增长。

3. "小而美"的垂类、工具类等中小型公司快速发展

几年前，一批适合短期策略目标和创意执行的"小而美"的创意热店兴起，引发了广告行业的重视。如今，创意热店的热度似乎在褪去，早期崛起的一批创意热店正在向"创意大店"转型，如W公司已经将自己定位为"超媒体"型新型品牌营销机构。但是"小而美"的营销力量仍备受重视。特别是在"降本增效"的大环境下，小型机构具备的成本可控的数字营销能力更具吸引力。因此，不断有小型公司加入数字营销行业。以MCN机构为例，作为内容产业的重要组成部分，MCN机构凭借旗下KOL资源体系，在数字营销行业占据"风口"地位。因此，也有越来越多的小型MCN机构崛起。克劳锐《2023中国内容机构（MCN）行业发展研究白皮书》数据显示，2022年，中国MCN机构数量达24000家以上，其中，50人以下小型机构占比达42%，相比2021年的36%增长了6个百分点。其中，专注快手平台的MCN机构"直翼"，专注于西藏、青海和云南地区的网红孵化业务的"糖豆MCN"均有较好的经营表现。

当然，小型MCN机构只是数字营销行业"小而美"代表之一，有更多小型机构正在凭借独特的资源优势、业务能力、技术能力等进入数字营销行业。例如，专长于文案呈现与视频创造的"此刻有风"、致力于品牌社交创新传播的"无限猴子"、背靠悦普集团社会化媒体营销能力2022年刚刚成立的"阿海德Ahead"等，均已经在数字营销领域有突出表现。另外，一批凭借技术优势崛起的工具类小型数字营销公司也在快速发展。例如，2015年成立的夺冠互动旗下短视频营销推广工具"小魔推"、垂直营销短视频创作和交易平台"快小圈"等。

未来，随着数字营销行业发展愈加成熟，各个垂直领域的营销机会将会被深度挖掘，会有越来越多的"小而美"机构进入数字营销市场，寻找适合的商业机会，数字营销行业生态会越来越多维。

4. 广告主强化 in-house 团队建设

在媒体平台、营销服务商角色越来越丰富的数字营销生态格局中，有一类特殊角色也不容忽视，那就是品牌方的 in-house 团队（或 in-house agency）。Wunderman Inside 总经理 James Sanderson 曾表示："只有外部合作、电视时代建立的传统广告代理关系，已经过时了。"数字营销时代，品牌所掌握的营销资源越来越多，对数字营销的认知也越来越深刻，也越来越期望能掌握数字营销的话语权，实现营销成本和营销实践的可控。因此，有能力的广告主正在积极筹建 in-house 团队，实现部分数字营销能力的内化，如联合利华、宝洁、红牛、万豪、可口可乐等。其中，联合利华的内部团队 U-Studio 曾帮助品牌预算代理费节省了 30% 的营销成本。美国广告主协会（Association of National Advertisers，ANA）发布的《内部代理的持续崛起（2023版）》（The Continued Rise of the In-House Agency: 2023 Edition）报告显示，协会内 82% 的品牌拥有自己的营销部门，这个数字高于 2018 年的 78%。在过去的 3 年中，65% 的受访品牌将过去由外部代理的现有业务转移到了他们的内部代理，其中就包括了社交媒体、搜索等数字媒体创意服务。

同样，在中国，广告主也非常重视 in-house 团队的建设，尤其集中在直播电商、私域运营、内容营销等几个数字营销领域。CTR《2023 中国广告主营销趋势调查报告》显示，广告主正在通过以下几种方式实现各项能力快速融合内化：一是新建专职部门，如某品牌表示："现在我们公司的私域业务是由销售渠道部门的专门的一个 team 去做，叫用户运营部。"二是吸纳、培养专业人才，如某品牌表示："我们的直播业务部实施市场化运营，会逐渐培养、建立自己的主播团队，支持我们各渠道自播。"三是设定考核指标，如某品牌表示："我们建立了渠道商、经销商直播矩阵，并设定了一定的有效互动 ROI 效果指标，调动销售顾问的主动性和积极性。"四是加强与其他业务的协同，如某品牌表示："Core content 我们基本上是由 in-house 来完成。因为它涉及很多表述层、专业性的文字，需要我们的技术和产品团队联合确认和验证。"

可以说，广告主在 in-house 能力建设方面已经颇有经验。特别是 AIGC 技术的崛起，为广告主提升内容创意能力和效率提供了支撑。目前，诸如飞猪、美团、伊利、钟薛高等品牌均已经开始使用 AIGC 技术进行内容创意生产，服务数字营销实践落地。未来，在"降本增效"的持续推动下，广告主将会愈加重视数字营销能力的内化，不断增强对数字营销的"掌控感"。

（二）寡头与长尾机构生存空间拓展

数字营销广泛普及的同时，流量碎片化程度也在加剧。各种数字化终端设备、媒体平台的发展不断分散着用户注意力、切割着用户行为轨迹，加大了数字营销流量获取的难度。流量碎片化加剧给数字营销生态格局中的各经营实体提出了挑战。结合目前数字营销行业各经营实体发展现状，未来，多样化的数字营销生态格局中有两个发展趋势将尤为显著。

1. 流量寡头依靠规模性的平台矩阵体系，建立起竞争壁垒，引导数字营销发展

存量竞争时代，流量碎片化的加剧并未影响流量寡头的市场地位，甚至夯实了其市场地位。单从互联网广告市场来看，《2022年中国互联网广告数据报告》显示，2022年，中国市场互联网广告总体收入为5088亿元，其中，阿里巴巴、字节跳动、腾讯、百度四家公司的互联网广告收入占比高达78%。2023年，流量寡头占据数字营销"半壁江山"的情况依然存在。这种趋势短期内并不会有太大改变，且随着流量寡头内部资源经营体系的优化，未来会有进一步加剧态势。

未来，流量寡头的平台矩阵体系将进一步完善，提升平台流量黏性的同时，继续夯实内部流量池建设。目前，几大流量寡头旗下均有丰富的平台矩阵体系，且有部分平台占据流量核心地位，隐约形成"1+N"的流量互联局面。如字节跳动旗下的抖音、腾讯旗下的微信、阿里巴巴旗下的淘宝等。另外，流量寡头也在持续深耕、优化核心流量平台的服务功能，提升流量黏性，如微信推出"小绿书"等。流量寡头持续"攻城略地"，稳固数字营销市场地位的同时，也在持续挖掘流量价值，加强内部流量池建设。其中，较为关键性的举措是，各流量寡头正在积极推动旗下各平台流量打通状况。例如，字节跳动基于增长平台推动技术研发、数据工作统一，将抖音、西瓜视频、今日头条等平台打通，建立规模庞大的流量池。

这种打通工作的持续推进，将会助力流量寡头把握更为全面、精准、优质的流量，优化其数字营销服务体系，助力其把控更大的市场话语权地位，形成竞争壁垒。具体表现在，未来流量寡头将会把控更大的平台规则话语权，玩转数字营销的"游戏规则"。立足平台流量优势，流量寡头掌控了数字营销资源的开发权、定价权、管控权，能够把控数字营销资源的交易程序，决定流量和资源流向。这就导

致依附在流量寡头平台生态的用户、内容、广告主以及其他服务商均会受到流量寡头平台规则的制约。CTR《2023中国广告主营销趋势调查报告》中，某品牌曾直言道："我们会关注天猫、京东、抖音等头部大平台的新变化，他们的变化就是流量的变化，然后我们去跟他们做贴合。因为单纯靠自己做一些营销的玩法，其实是很难获得很巨大的销量增长的。"广告主根据流量寡头平台规则变化进行数字营销策略调整的同时，营销服务商也会同步调整其服务体系。如今，基于流量寡头平台流量生态形成的 MCN、短视频数据监测、直播电商等依附性产业已经成为数字营销领域的重要组成部分，深受流量寡头的规则影响而调整发展路线。

未来的数字营销市场，流量寡头不仅仅是流量持有方，更会成为数字营销市场秩序的维护者，成为市场调节机制的重要组成部分，在符合国家监管政策的基础上，对推动数字营销进化发挥引导性作用。

2. "小而美"工具或机构深耕长尾流量，凭借高纵深性与高灵活性丰富数字营销市场

2004年10月，美国《连线》杂志主编克里斯·安德森（Chris Anderson）第一次提出了长尾理论，认为商业和文化的未来不在传统需求曲线上那个代表"畅销商品"的头部产品里，而是那条代表"冷门商品"经常为人遗忘的长尾[1]。他发现了互联网时代丰饶经济学中的新市场机遇，并认为未来的长尾事物将被集合起来，以字节的方式高效存储，直到消费环节才会实体化，重新回归原子形式。这种未来畅想的实现过程中，数字营销扮演了重要角色。

流量寡头分割数字营销市场的同时，长尾理论正在快速崛起。毕竟在存量竞争时代，头部优质流量的价格正在逐渐攀升，在"降本增效"的数字营销诉求下，挖掘长尾流量价值正在成为数字营销未来发展的重要趋势。特别是作为数字营销链条核心的广告主已经颇为认同长尾流量的价值。以表现最为典型的红人营销为例，红人营销专家基梅科·麦考伊（Kimeko McCoy）曾写文章称："越来越多的 DTC 品牌正在围绕低量级网红制定营销战略，在其独特的口碑、个人推荐式营销中寻找价值。"[2] 尾部达人甚至 KOC 的合作也越来越成为广告主制订数字营销的重要策略方案。CTR《2023中国广告主营销趋势调查报告》中，某品牌就将尾部达人作为

---

[1] 克里斯·安德森：《长尾理论》，中信出版社，2015年。
[2] Kimeko McCoy：《DTC 品牌和中长尾红人营销该如何结合？》，https://mp.weixin.qq.com/s/IcWxNReEWcNbeIhEVKhslw. 访问日期：2022年1月7日。

KOL 组合投放中的重要组成部分，占比达 40%。微播易创始人、CEO 徐扬也曾对外公开表示，红人营销的长尾化是个大趋势，2022 年，旗下 KOCC（KOC Center）事业部品牌在 KOC 营销上的投放金额同比增长了超 300%。同样，《2022 年抖音达人生态洞察》报告数据显示，2022 年，合作小达人和尾部达人的品牌数量同比增长率分别达到 27.3% 和 34.3%。

广告主对长尾流量的认同，正在给基于长尾流量发展起来的"小而美"的工具或机构充分的发展空间。相比"卷入"高竞价、高竞争的头部流量市场，部分机构已经开始尝试挖掘长尾流量的营销价值，提供纵深性、个性化的数字营销服务。例如，将短视频电商作为新增长引擎的乐享集团是长尾理论的忠实拥趸，已经对接了超过百万个中长尾流量短视频营销点位，通过数据模型进行商品匹配；深耕国际化智能营销的易点天下旗下数字化广告平台 Yeahmobi 为解决品牌全球化过程中的本地化营销难题，已对接了海量包括中长尾流量在内的线上和线下媒体流量资源等；如涵文化打造新型业务平台"爱种草"，整合中长尾 KOC 资源实现近一年服务品牌超过 200 家。同时，撮合广告主与长尾服务机构的新型中介平台也在发展。例如，大数据服务商热巢搭建撮合平台，为中小企业提供对接中长尾广告公司的服务。

存量时代，这些"小而美"的工具或机构将会在长尾流量价值充分释放的未来实现进一步的发展，凭借高纵深性和高灵活性获得更多发展空间。

（三）共赢诉求下的话语权变动

数字营销市场成熟度逐步提升，行业各方对数字营销的理解也逐渐深刻，行业合作模式也开始发生调整。未来，数字营销行业更为强调共创共赢，营销话语权分配也会进一步发生变化。

1. 数字营销走向共创共赢

数字营销合作中，广告主、媒体、服务商以及用户是四个关键主体。其中，广告主是核心角色，其营销观念的调整影响着其与其他主体之间的合作模式。随着广告主对数字营销的认知理解逐渐深入，他们在数字营销领域开始搭建适配自己的方法论体系，组建自己的营销团队，获取更多数字营销的话语权。但是广告主与媒体、服务商的合作并没有结束。

目前，大多数品牌仍然在使用代理商模式。受中国数字平台经济影响，代理商合作关系正在不可逆地被重塑，中国市场的品牌倾向于与各类专项代理商合作，数字代理商的作用越来越大。

除代理商之外，广告主与媒体之间的数字营销合作模式也趋向于共创、共赢，尤其集中在内容营销层面。CTR《2023中国广告主营销趋势调查报告》中，某品牌就表示："现在我们做内容的时候，主要是跟平台方去共创一些东西，将品牌理念与节目内容进行深度绑定。"同时，广告主与媒体平台共同举办的数据营销活动也趋于多样化和丰富性。例如，伊利牵手抖音生活服务平台发起早餐场景营销活动、比亚迪与B站合作推出"迪迪UP共创大会"等。数字营销合作不再单纯围绕媒体方的资源开展，而是由品牌方和媒体方共同发起、共同执行。在这个过程中，用户也成为数字营销共创的重要一环。CTR《2023中国广告主营销趋势调查报告》中，某品牌谈到："我们刚上市的一款入门级的产品，针对的是年轻消费者，所以我们会选择年轻人习惯用的平台，如B站，通过产出内容以及吸引消费者参与共创形式，将我们的信息传递给消费者。"

未来，随着广告主对数字营销的认知理解加深，广告主与媒体、服务商以及用户之间的数字营销合作将会愈加深入，共创、共赢将会成为数字营销未来的主要合作模式，集合各方力量推动行业发展。

2. 合作主体之间的话语权分配变动

尽管未来数字营销合作模式向共创共赢的方向发展，但这并不代表合作主体之间话语权分配是绝对平衡的，手握资金、流量、资源等"筹码"的数字营销参与主体仍在未来数字营销合作模式中占据一定的话语权优势地位。特别是快速发展的流量寡头，依靠着平台规则把控优势，在存量竞争时代掌握了绝大部分的营销话语权，甚至主导着数字营销发展。CTR《2023中国广告主营销趋势调查报告》中，某品牌表示："抖音现在的效果广告投放模式其实是改变了特别多的东西，整个流量采买变得非常直接，也缩减了我们渠道上的一些过程。"同样，某品牌也表示："天猫2023年的大变化是倾向于做内容，对我们而言变化的是链路，因此我们跟达人谈一些内容合作的时候，要求内容能够再做二次传播，符合天猫本身平台的趋势。"这意味着，各方在与大平台进行数字营销合作时，会尽量符合大平台的营销调性，随着大平台营销规则的改变调整营销策略。

但是正如上文提到，数字营销生态格局逐渐多样化，大平台虽拥有流量寡头的行业地位，但也仅是数字营销生态的一个部分。数字营销生态中，各种主体之间的合作多样，不同主体之间的话语权分配也不同。除了大平台，大广告主凭借资金优势也掌握着数字营销合作中的话语权，特别是诸如宝洁、联合利华等大广告主在in-house能力建设方面投入颇多，重塑与营销服务商和媒体平台的合作模式，掌握更多营销话语权。同样，中小广告主、中小平台作为数字营销中长尾力量的重要组成部分，在各自的数字营销合作中也在努力获取更多话语权。但是，从整个数字营销市场来看，大平台与大广告主对未来数字营销发展的引导性依然很强。目前，大平台也正在积极引导中小广告主在数字营销市场的活跃度。例如，微信视频号推出了一系列中小微企业扶持政策，支持中小微企业在微信视频号的内容运营和直播电商等业务的发展。另外，广告主与媒体方的双向夹击，营销服务商的话语权优势也受到了影响，如何在新的行业生态结构中获得业务发展空间成为其未来需要考虑的问题。

因此，短期来看，数字营销生态格局中，"强者愈强"的马太效应仍将会持续较长时间，甚至可能会在短期的未来有所加剧。但是从长期来看，数字营销话语权分配不平衡的状况应该需要调整改善，如何寻找更为有效的营销合作方式平衡各方话语权将是未来数字营销行业需要面对的难题之一。

（四）营销业务部门中心化

数字营销深入发展，营销策略逐渐细化。为了更好地推动数字营销实践落地，传统的、综合式的营销业务部门正在被拆解，"中心化"的营销业务部门将成为未来数字营销的主要"操盘手"。在此趋势下，新型数字营销人才培养将成为未来数字营销发展的重要诉求。

1. 营销业务部门拆解，从"综合化"走向"中心化""垂直化"

数字营销发展经历了从资源匮乏到资源丰富、从零散投放到整合投放、从展示式营销到闭环式营销等多个发展过程。期间，无论是广告主还是服务商的数字营销部门都在随着数字营销实践路径的变化而进行调整。目前，数字营销深入发展，流量寡头以平台为核心构建起竞争壁垒的同时，广告主的数字营销诉求愈加细化，数字营销效果考量也备受重视。因此，传统营销业务部门也在发生调整，支持未来数字营销落地执行更有针对性、灵活性。

一方面，广告主大市场部将以平台为核心进行拆解，适配各大平台的营销玩法，形成多个中心阵地。传统意义上，品牌的大市场部经常由公关部门、市场运营部门等多个部门组成，各部门职责不同，费用开支各自负责，绩效考核各有标准。同时，多个业务部门联合，一套整合式营销方案落地，以内容为核心快速实现用户心智渗透的营销方式也难以取得较好的效果。存量竞争时代，流量寡头"攻城略地"，平台生态全闭环发展，各项数字营销指标都更加深入细化，传统的大市场部的分工与各平台流量生态不能精准匹配。对此，广告主必须调整数字营销思维，从传统的以供给端为核心的信息输出，到以用户为中心的精准营销，并同步进行用户流量私域沉淀，积累用户资产。因此，未来的大市场部将会以各个流量平台为核心进行"拆墙"，以"平台、核心用户"为中心调整部门管理方式以及数字营销落地执行方式，如抖音营销中心、小红书营销中心等，理解研究每个流量平台的营销产品、用户模型、投放逻辑等，实现大市场部能力的洗牌与重塑。

另一方面，服务商的营销服务业务部门也会随着数字营销逻辑向更为灵活性、垂直化的方向调整。曾经，全媒体整合营销的诉求驱动服务商进行内部业务部门的合并，以支持整合营销方案的输出与执行。例如，奥美中国将广告、公关、互动等业务部门统统整合为"一个奥美"。而目前，基于数字营销实践逻辑的调整，服务商正在积极推动内部服务的纵深化、灵活化。例如，结合"一个阳狮"策略，阳狮完善在巨量云图的业务布局，专设 SP（媒介策划）、BUYING（投放）和 EDGE（数据分析）三个数字化先锋团队与巨量云图团队进行方法论共建。除了内部业务部门调整，更为灵活的新型组织方式也在发展。例如，为调动团队积极性，为广告主提供更为灵活的服务，环时互动将内部事业部转化为多元化的子公司，成为多个团队厂牌的集合平台。同时，创意热店 HOK 也进化成了协作共赢的独立创意厂牌联合网络，旗下包括"有点意思""喜喜喜"等多家专注不同方向的独立厂牌，满足广告主不同阶段、不同层次的传播需求。

2. 新型数字营销人才培养颇为关键

数字营销的快速发展提出了更高的新型数字营销人才需求。人力资源和社会保障部（简称"人社部"）预测数据显示，到 2025 年，互联网营销人才需求缺口将扩大到 4000 万。根据目前数字营销发展状况，未来相关人才需求将主要集中在两个方面：一是专业垂类营销人才，深耕内容营销、私域运营、新媒体运营、直播电商等某一垂直领域，掌握核心渠道、资源，拥有排他性的方法论优势和变现能力。二是复合型营销人才，掌握媒体投放、用户洞察、产品创新等数字营销各环节的底层逻辑，熟知各个平台营销规则，能够在顶层设计层面进行营销组合和组织管理，提升数字营销投资回报率。实际上，早在 2020 年，人社部发布的九大新互联网职业中，就设置了"互联网营销师"这一职业，并下设了"直播销售员""视频创推员"等细分方向。同时，人社部制定了详细的《互联网营销师国家职业技能标准》，对职业条件、技能要求等进行了规范。可以说，国家层面已经意识到培养新型数字营销人才的重要性。

目前，已经有部分官方部门或行业机构开始制定相关人才培养机制。例如，工信部教育与考试中心开展的"工业和信息化人才培养工程"中，"数字营销工程师"是其中重要的培养项目。学员可通过相关课程学习与考核，掌握数据分析的手段和技能，解决目前数字营销中遇到的问题。同样，中国信息协会也举办了"数字营销师"人才培训班等。巨量引擎已经搭建了颇成体系且受认可的数字营销人才认证体系。具体来看，巨量引擎与由职业标准专家、产业专家、人才发展专家等共同制定了巨量认证人才培育标准，配合该标准构建了"职业能力测评—定制课程学习—考前模拟练习—职业认证考试—就业双选服务"一体化的培育认证模式，同时，深化校企合作，并积极配合各省人社厅开展"互联网营销师"职业技能等级认定等工作。巨量引擎发布的《2023数字营销产业人才发展风向标》报告显示，2022年，已有近6万余人参与技能培育与认证，年增长达30%。越来越多的机构正在参与到新型数字营销人才的培养中来。

但是不可否认的是，目前，新型数字营销人才培养体系还不够完善，主要体现在职业划分不够充分、培养机制不够全面、认证体系还有待优化等各个方面。特别是国家层面公认的新型数字营销人才培养体系还未建立，容易导致行业人才培养体系鱼龙混杂、各执一词等情况。因此，未来，在新型数字营销人才培养需求十分急迫的情况下，相关培养机制也应该趋于完备，才能支持未来数字营销的进一步发展。

［本节撰写单位为央视市场研究股份有限公司（CTR）］

三、数字营销实践风向

在"高质量发展"与"降本增效"的行业诉求下,未来,数字营销实践将会往更深度的用户理解、更细致的营销链条拆解以及更有效果的营销方式等方向倾斜。

(一)用户导向下的圈层细分、人群模型研发与体验管理

存量时代,数字营销"以用户为中心"的落地实践逻辑在未来仍是重点。为了把握新的增量机会和实现更好的营销 ROI,未来,数字营销行业各方将着力实现更为深入的用户理解。

1. 用户圈层细分程度加深,寻找更多增量机会

未来,互联网增长红利失去,流量饱和成为常态,存量竞争将加剧。因此,如何挖掘存量价值空间,寻找新的增长机会将成为数字营销实践面临的核心问题。流量市场将会被切割得更为细致,各元素被重新分类、聚集,聚焦更为小众化、垂直化、纵深化的用户人群,形成多维且丰富的用户圈层体系。

首先,常规意义上的按年龄、兴趣、地域、职业等进行用户圈层划分的方式将会在维度体系上更为纵深化,同时,复合型维度的用户圈层细分方法也将会成为常态。以兴趣维度为例,用户兴趣多样化趋势愈加显著,各种小众兴趣圈层崛起。青年志曾以个体的文化身份为核心定义青年文化圈层,认为圈层需要包括文化载体、表达体系、交流场域、权力体系四大必备要素,并总结出涵盖泛二次元、追星及同人文化、游戏、运动、音乐、艺术、文化生活方式及身份认同在内,共 8 大类、32 小类、约 169 个青年文化圈层。同时,每个青年文化圈层也可以再度进行细分,聚焦更为垂类的青年人群。由此来看,未来数字营销进行用户圈层划分时,单一维度的划分指标将更为垂直纵深,以圈定更为精准的目标用户。同时,复合型维度指标也将会被充分利用,不同指标相互结合,更为精准地描绘用户画像,如年轻精致妈妈、都市银发一族等。

其次,未来,数字营销行业各方将会更为重视适配自身品牌、产品、服务的用户圈层体系的搭建,而并非统一成常规的用户圈层划分方法。用户圈层划分对数字

营销的意义是进行用户价值区隔，从而支持对不同价值意义的用户圈层进行针对性筛选或运营。CTR《2023中国广告主营销趋势调查报告》中，某品牌表示："我们基于消费特征对用户进行了重新划分，细分为13个不同客群。"同时，用户的各项行为指标也会被详细拆解，用作圈层区隔的重要依据，如会员用户群体、复购用户群体等。行业各方对用户行为的理解愈加精细化，就愈加能够精准聚焦最具价值性的目标群体，构建最为适合自身业务经营发展的用户圈层体系。

2. 多元人群模型兴起，指导科学营销链路建设

行业各方在用户深度理解的基础上，不断沉淀用户资产。特别是数字媒体方，凭借平台和内容等资源优势获取了海量的用户流量，可以深度把握用户态度和行为变迁规律。基于这些用户资产，行业各方尤其是以数字媒体平台为代表，正在尝试搭建适配自身平台特色的人群模型。

目前，市场上多个数字媒体平台已经推出了丰富的人群模型。例如，阿里巴巴推出了三大营销模型：AIPL、FAST以及GROW。其中，AIPL模型实现品牌人群资产定量化、链路化运营，包括品牌认知人群（Awareness）、品牌兴趣人群（Interest）、品牌购买人群（Purchase）、品牌忠诚人群（Loyalty），拆解营销链路，针对链路中具体问题采用对应的解决策略。FAST模型则是区别于AIPL模型，是从数量和质量上衡量品牌用户运营健康度的模型，包括数量维度上的全网可运营人群（Fertility）、质量维度上的人群转化率（Advancing）以及高价值会员总量（Superiority）和会员活跃率（Thriving）四个核心指标。而GROW模型则是主要指导大快消行业品类有的放矢的增长模型，以消费者行为表现和品牌发展状况总结出了渗透力（Gain）、复购力（Retain）、价格力（Boost）、延展力（Widen）四个影响品类增长的"决策因子"。除阿里巴巴外，字节跳动旗下"巨量云图"也通过用户行为类别进行了时间窗验证、行为频次验证等总结出了5A人群模型，包括感知（Aware）、吸引（Appeal）、询问（Ask）、行动（Act）、用户（Advocate）。另外，腾讯推出了STAR模型、B站推出了MATES人群模型等。

数字媒体平台的人群模型为品牌营销提供了科学的方法论，指导着科学营销链路的建设。品牌可以基于自身在平台上的用户资产状态，科学评判营销问题，并基于模型方法论制订适配自身情况的优化策略。CTR《2023中国广告主营销趋势调查报告》中，某品牌表示："通过字节系的5A人群营销分析工具，我们可以快速看到后台数据，并根据反馈来做快速调整。并且，我们后续还会根据用户的内容接受习惯来再做优化。"基于人群模型，各个数字媒体平台正在构建其独属于自己的营销

方法论壁垒。未来，随着平台掌握更为丰富的用户资产，人群模型的搭建将会愈加深入，协助科学营销链路的搭建。同时，未来，品牌也会逐渐强化自有用户资产建设，尝试搭建更适配自身品牌发展的人群模型。

3. 以用户为中心的客户体验管理（CEM）兴起

提供良好的用户体验是数字营销发展过程中持续贯彻的目标之一，是存量竞争时代下数字营销走向体验经济时代的重要表现。其中，深度了解用户体验情况，洞察哪些环节影响企业经营效益尤为关键。这正在推动 CEM（Customer Experience Management）客户体验管理的快速发展。伯尼尔·H. 施密特（Bernd H. Schmitt）在《客户体验管理》一书中定义 CEM 为"战略性地管理客户对产品或公司全面体验的过程"，其旨在贯穿客户全旅程的各线上及线下触点，集成与客户相关的 X-Data（体验数据）及 O-Data（行为数据），做到与客户的全方位实时情感交互。通过 CEM，企业可以分析客户在产品或服务使用过程中的真实感受，帮助企业进行用户体验管理优化，同时沉淀用户资产，盘活用户数据，优化企业经营。

如今，CEM 行业正在快速发展，《Fortune》研究数据指出，预计到 2026 年，全球 CEM 市场规模将达到 239.1 亿美元，在预测期内的年均符合增长率为 18.5%。其中，中国 CEM 市场正在步入快速发展轨道。根据 IDC、QY Research 等机构数据，2022 年，国内 CEM 市场规模为 118 亿元。目前，国内有多家企业已经开始着手布局实施客户体验管理的数字化转型，加强数据采集、数据整合与数据分析应用，深度分析客户体验状况。艾瑞调研数据显示，仅 5% 的企业表示完全不了解 CEM，有 30% 的企业尚未使用 CEM 及相关数字化产品。与此同时，国内相关服务商不断优化其工具、提供 CEM 服务产品。例如，数字 100 推出"体验宝"客户体验管理平台，提供客户旅行地图（X-Journey）、用户调研、企业体验洞察决策等服务，并在监测客户体验状况时，可以支持对异常数据的预警、跟踪等。另外，量暂 CEM、云听 CEM、Cusmate、观山科技等均推出相关服务产品，提供不同行业的客户体验管理优化方案。可以说，未来数字营销市场发展过程中，CEM 将是一片发展蓝海。

（二）从"品效"到"品心效销"

多元数字营销实践落地还呈现出一个明显的营销趋势，即数字营销链条正在被详细拆解，每个链条都分支出各种细枝末节的营销方式与考量指标。以往强调的"品效"策略被拆解出"心""销"等各种新的链路，具体体现为种草营销、直播电商等营销方式。但是，未来数字营销行业发展愈加成熟，局限于"效"或"销"并不能实现长远发展，回归"品"才是关键。

1. 营销转化价值凸显，新兴转化渠道快速发展，平台加速建设全链路营销生态

数字营销的价值性之一就是能够提供更为敏捷的数据反馈，满足广告主及时的营销效果考量诉求，展现营销收益。旗下拥有Crack、Cheezburger和Know Your Meme的字面媒体公司首席执行官奥伦·卡泽夫曾表示："广告商对虚荣的度量游戏越来越感兴趣了。"目前，这种"度量游戏"不仅仅局限在营销传播的广度、精准度等方面，而是更聚焦于实际的转化价值。奥美北亚地区首席交付官纪维佳在接受媒体采访时曾表示，2023年上半年品牌的营销预算在往social上挪，去中心化很明显，特别注重品牌如何实效转化。同样，科特勒咨询《数字化活动营销白皮书》也表示，营销的战略目标从品牌认知转移到获取并推动销售线索转化，助力业务增长。

实际上，当市场发展充满不确定性的时候，品牌就越希望能够在数字营销中获取更为确定性的效果。CTR《2023中国广告主营销趋势调查报告》显示，2022年，广告主在效果广告方面的投入首次超过品牌广告，占比达51%。深访中，某品牌表示："我们越来越注重广告投放给我们带来的实实在在的用户，所以我们现在在策略选择上，可能以效果为核心来做，兼顾着品牌类的推广，按比例来看大概是二八比例。"可以说，广告主在营销实践中越来越重视营销的转化价值。因此，在数字营销实践过程中，转化链条的接入将成为重要的一环。

在这个过程中，新兴的转化渠道获得了充分的发展，各大平台方加速闭环链条建设，去建设全链路营销体系。一是兴趣电商的快速崛起，抖音、小红书等内容平台均在加速布局，在已有的营销矩阵体系中，补足转化链条。例如，2023年4月，小红书重启笔记带货，商家可以和达人达成合作，点击关联商品，就能跳转至平台内店铺完成转化购买。二是即时零售的快速发展，抖音、美团等加强布局，实现线上与线下营销体系的加速融合。例如，抖音2022年8月开始首次试水"小时达"服务，2023年扩大了全国试点范围。

未来，数字营销价值持续升级，行业各方对营销转化价值的考量也会逐渐趋于细致化。这将会给新兴转化渠道的发展带来巨大的发展空间。各个媒体平台抢占转化渠道布局先机，也是期望能在未来构建起更为完善的全链路营销生态体系。在这种行业倾向下，数字营销将会越来越重视全链路营销落地，重视对营销转化效果的评估。

2. 种草风起，真实体验推动情感信赖，触动用户心智

数字营销步入存量时代，获取用户存量已难能可贵。并且，随着用户曝光在数字营销环境中的时间延长，他们对数字营销的辨识能力不断提升，对部分营销手段也存在一定的心理防御性。因此，如何有效触动用户成为数字营销是未来面临的主要问题，"品效"链条之间被拆解出"心"这一环节，引导数字营销未来发展风向。这为种草营销的发展提供了良好发展空间。

小红书曾经这样概括产品种草："通过口碑沟通产品的价值，让真实的用户将产品说清楚，在其他用户心里产生情绪的共鸣，产生对品牌的好感度和购买的意愿。"[1] 相比其他营销方式，种草营销更为注重的是真实体验的传递，能够帮助将产品"种"到用户心智中，并进一步推动用户搜索与购买，日常为交易"蓄水"，为品牌"蓄能"。CTR《2023中国广告主营销趋势调查报告》中，某品牌表示："'种草'营销我们有单独的预算，因为'种草'可以直接拆出来看单个达人带来的流量以及转化的效率。"品牌对种草营销的认同，也在积极推动媒体平台方优化相关营销服务。例如，2023年小红书首次推出了"种草值 TrueInterest"，通过量化小红书用户的行为，解决种草营销中可衡量、可优化两大难题。同样，"巨量云图"开启年度种草大会，发起首个聚焦"达人种草"的营销 IP 项目，并后续更新了"种草通""门店种草价值"等工具。

种草营销的价值正在被深度挖掘，同其他营销方式一样，未来随着越来越多的品牌、媒体平台以及营销服务商加入种草营销行列，以及用户对种草营销的辨识能力增强，种草营销可能会陷入一个饱和或者存量竞争的状态中。CTR《2023中国广告主营销趋势调查报告》中，某品牌谈道："现在所有的品牌都在做种草，消费者一看博主就知道在卖广告。所以问题就变成了要怎么样能做出让消费者更加信任的东西。"未来，种草营销应该往更为真实的体验方向发展。这个过程中，腰、尾部的 KOL 达人、KOC 以及普通用户将成为关键力量，支持真实种草内容的传播，通过真实体验增强用户的情感信赖，实现较好的种草效果。

3. 回归长期主义，品牌建设才是未来发展根基

数字营销对转化价值的重视其实也深受近几年"黑天鹅"事件带来的影响。但对品牌发展而言，仅关注销售转化效益并不是长远发展之道。未来，整体市场复苏进

---

[1] 山佳：《小红书种草，如何走向科学？》，https://mp.weixin.qq.com/s/YISZ0sd0it0gazdK-97kYQ. 访问日期：202年2月23日。

程加快，数字营销也应该从对"效"和"销"的重点关注中回归品牌建设。凯度集团大中华区 CEO 王幸曾表示："中国已经从流量型增长进入到品牌型增长阶段。"凯度对全球 1000 家大型企业的研究数据显示，品牌中长期销售额中有 70% 是由品牌资产拉动的，短期促销仅占 30%。可以说，品牌资产带来的效益要比短期转化效益更有价值。

因此，品牌主提出了"效中求品，长效看品"的需求。CTR《2023 中国广告主营销趋势调查报告》显示，谋求生存，重视销售数据的小微企业和新锐品牌预计在 2023 年会加大品牌广告的投入，相比 2022 年，2023 年预期品牌广告投入占比提升 1 个百分点。同时，有 66% 的广告主认可"当下效果广告遇到了流量见顶、成本居高的瓶颈，品牌广告价值也有回归之势"。另外，在被问及"品牌广告和效果广告的影响各持续多长时间比较符合预期"时，除长短极值外，被访广告主选择品牌广告和效果广告能持续 1 个月、持续几个月、持续 1 年的比例趋于相当。这表明，广告主的品效决策受到价值升级的影响，对二者都提出了更高要求，他们期待品牌广告能在更短时间内起效，效果广告的影响时间拉长。

	持续1天	持续1周	持续1个月	持续几个月	持续1年	持续几年
广告主对品牌广告的影响持续时间的预期	0.3	10	21	37	15	16
广告主对效果广告的影响持续时间的预期	0.3	22	30	31	12	5

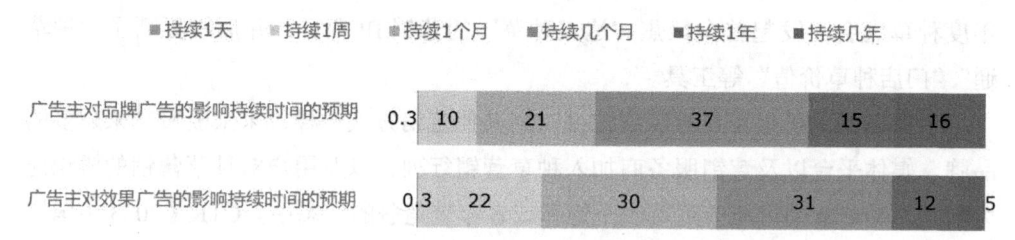

图 5-2　广告主对品效广告的影响持续时间的预期（%）

数据来源：CTR：《2023 中国广告主营销趋势调查报告》

因此，未来数字营销不仅仅要重视转化的价值，更要回归长期主义，重视品牌建设。这为具备品牌塑造价值的数字媒体提供了更好的发展空间。其中，主流媒体建设的融媒体将发挥重要作用。CTR《2023 中国广告主营销趋势调查报告》中，某品牌表示："'品牌强国工程'依托于总台全媒体的传播矩阵，树立主流品牌价值观，助力培育新时代品牌，为企业提供强有力的品牌赋能。"融媒体依托主流媒体强大的传播力、引导力、影响力、公信力价值，在未来数字营销中将发挥重要的品牌建设作用。从长远发展来讲，数字营销的未来并不仅仅是聚焦于"效"与"销"两个维度，而是构建其"品心效销"全链路，营销体系更为完善。

（三）直播电商市场趋向精细化运营

数字营销实践中，直播电商是"炙手可热"的营销方式。R3 和 SCOPEN 的第九期《中国营销趋势研究》中提到，68.8% 的中国广告主将电商视为营销传播的重点。在经历高速发展的几年后，未来，各方对直播电商的理解程度会逐步加深，推动直播电商市场成熟度进一步提升，精细化运营将成为重点。

1. 品牌侧，重视且擅长总结方法，搭建以盈利为目标的"决策公式"

如今，越来越多的品牌参与到直播电商中来，推动了直播电商市场的高速发展。CTR《2023 中国广告主营销趋势调查报告》显示，直播渗透率正在不断提升，从 2021 年的 78%，上升至 2023 年预期的 92%。广告主颇为重视直播电商业务，并在持续加大布局。一方面，广告主的各项直播电商投入正在提升。广告主的直播营销预算主要流向三种方式，即短视频/直播平台的广告投放、KOL/红人投放以及品牌官方账号运营。CTR 调查数据显示，选择增加上述三种方式投入的广告主均超过五成。其中，62% 的广告主选择增加在短视频/直播平台的广告投放，56% 的广告主选择增加 KOL/红人投放与品牌官方账号运营投入。另一方面，广告主还专设直播部门，推动直播营销专业化。深访中，某品牌表示："这两年很明显在加大直播电商投入。另外就是这两三年公司内部成立了专门的直播电商数字营销部门，目前更多与天猫等电商平台合作。"品牌对直播电商的重点布局也收获了较好的效益。CTR 调查数据显示，如今，直播已经成为广告主推动销量的重要渠道，2023 年，直播 GMV 占整体销售额的比例预期达到 15%，高于 2021 年 4 个百分点。

短期内，广告主迅速对直播营销建立了更为清晰的认知体系，逐渐放下"唯 GMV 论"的执着。广告主开始围绕"如何让生意健康持续？"这一问题不断完善。"直播决策公式"谋取利润，对各个关键指标的影响要素进行详细拆解，结合自身情况考虑每一个细节要素。可以说，广告主在持续实践中，摸索和掌握了直播电商"方法论"。CTR 调查发现，品牌会依据产品利润情况，灵活配比达人代播和自播。例如，某品牌毛利低，物流费高，在直播电商营销中颇为重视成本精细计算。该品牌表示："我们测了很多达人带货，因为有坑位费、15%～20% 的分成等，如果再加上 10% 的物流成本，大部分是不挣钱的。一般情况，如果产品成本控制在 30%～40%，去直播间卖货可能还是赚钱的，但是如果成本占一半以上，基本就是赔钱赚吆喝。"同样，某品牌毛利低，重视自播，会在重要节点选用达人代播。该品牌表示："我们自播是 always on，每天几乎都在播，因为自播不需要额外的花费。另外，达人代播也会有合作，主要在一些重要的节点，比如'6·18'、'双十一'

或者开学季，但是也会综合考虑预算、项目、主推机型和价格政策等因素。"

因此，未来品牌对直播电商加大布局，会逐渐掌握直播电商营销规则和玩法，总结出更适合自己的一套方法论体系，玩转直播电商。

2. 平台侧，优化直播电商服务体系，深度融合内容生态

随着数字营销实践落地愈发重视转化价值，各个平台也在重视全营销链路搭建，直播电商则是其中重要的一环。为了更好地提供直播电商服务，满足广告主的转化需求，各个平台均在不断完善直播电商服务体系。一方面，各个平台方均在强化内部直播电商业务团队建设。例如，小红书在 2023 年 3 月提升直播业务为独立部门，统一管理直播内容与直播电商等业务。另一方面，各个平台也在不断优化工具、服务矩阵体系，解决广告主在直播电商实践过程中遇到的各种问题。例如，抖音电商推出优质直播间扶持政策，为优质直播间提供运营建议指导、内容创作指导、平台流量扶持、传播共创与品牌选品撮合等多方面的支持；小红书推出"时尚星火计划"，将为时尚商家和主播提供百亿流量扶持，以及货盘选品、营销工具、平台服务等扶持政策等。平台越来越细化各种直播电商营销服务体系，包揽从直播间搭建、选品、红人对接、推流、商品货架、物流以及售后等全流程服务。

与此同时，平台也不仅仅聚焦于直播电商业务的深耕，而是在着力推动直播电商业务与内容生态的融合，完善全营销链路。直播电商的未来发展，不再仅围绕"人、货、场"，而是与内容生态进行紧密捆绑。例如，2023 年东方甄选依靠董宇辉的知识科普性直播带货快速发展，用户聚集在董宇辉的直播间并不仅是因为货品需求，更是很大程度上的求知欲望。未来，随着直播电商迈入深水区，且竞争愈发激烈，内容生态将成为直播电商最佳的引流手段。因此，平台方也在积极推动内容业务与直播电商业务的打通。抖音电商总裁魏雯雯曾表示："内容和货架不是冲突和割裂的，我们会把二者融合起来做，为商家提供比较完整的方案。"为此，抖音提出了"全域兴趣电商"的概念，加强建设全域互联、互通机制，例如，投入建设了产品链路，让用户不一定有明显的感知，就能平滑地在内容场景和货架场景切换，沉浸地浏览消费。直播电商作为其中重要的组成部分，将能有效获得抖音内容生态的引流，提高直播电商效益。

对平台方而言，直播电商是未来重点布局的业务范畴，各种营销资源和服务工具开发将会持续深入。同时，平台方也会更为重视直播电商与内容生态的深度融合，打造更为完善的直播电商生态。

3. 红人侧，头部主播分流趋势明显，主播生态百花齐放

网络红人是直播电商市场上的重要参与角色，是串联起用户和商品的"链接器"。早期，诸如薇娅、李佳琦等一批抓住直播电商发展风口的头部主播快速崛起，占据了绝大部分市场份额。《中国直播电商产业发展报告》数据显示，截至 2020 年 12 月，头部主播的数量占比仅为 2.16%，但占据了近 80% 的市场份额。

然而，在接下来的几年，由于政策监管的逐步完善以及直播电商市场的逐渐成熟，头部主播所占据的市场优势正在逐渐被蚕食，去中心化的矩阵式直播模式正在成为直播带货行业的重要方向。部分机构正在重新盘整旗下主播矩阵，培养新的主播。例如，凭借董宇辉在直播电商市场快速发展的东方甄选，在 2023 年进行了主播团队的调整与培养，与董宇辉同时期走红的顿顿、YoYo、明明、七七等主播开始扛起直播大旗，新主播也在加紧孵化，主播团队持续扩充。再如，以李佳琦为代表的超级或头部主播团队正在有意培养助播的独立带货能力。目前，李佳琦已经成功向直播前台推出了其助播旺旺。越来越多的机构已经逐渐意识到，只有一个或两个头部主播 IP，在目前监管政策完善、日益成熟的直播电商市场环境中已经不再可取。

在头部主播分流的同时，诸如商家主播团队、素人主播等中长尾主播群体正在快速发展。例如，在品牌自播方面颇具优势的太平鸟女装，已经将主播团队打造成了"PB 女团"，支持多账号、多时间节点的直播。除了品牌官方自建主播团队，品牌门店、渠道商等内部素人员工也参与到直播中来，丰富了品牌的主播体系。而随着数字技术的迭代升级，数字人主播也在快速发展。据燃次元工作室资料，头部企业硅基智能已生产了近 150 万个数字人，和 4 万多个电商带货直播间达成合作，其中，AIGC 数字人每天直播数量可达三四万场，生成数百万条短视频。同时，平台方也在积极优化 AI 主播服务体系，例如，京东推出"言犀虚拟主播"产品，百度则上线了"慧播星"等。

相信未来，直播电商市场的主播生态将越来越丰富，越来越专业化。

（四）内容营销回归本质

早期投资人、SOSV 执行合伙人兼 Orbit Startups 董事总经理 William Bao Bean 曾表示，内容驱动营销是亚洲在线营销领域中增长最快的一部分。同样，在中国数字营销市场中，内容营销是重要的组成部分，支持着数字营销的快速发展。未来，随着数字营销转向高质量发展，内容营销也必将回归内容，寻求高质量发展之路。

1. 内容营销概念延展，视频化内容是趋势

内容营销发展多年，各种营销形态层出不穷，行业各方对内容营销的理解也愈加深入。CTR《2023中国广告主营销趋势调查报告》显示，内容营销渗透率已经从2019年的61%，攀升至2023年预期的99%，内容营销广泛普及。特别是广告主对内容营销的理解逐渐泛化。CTR深访调研中，某品牌表示："我们把内容营销定义得比较宽泛，如产品详情页的制作、卖点的视频、种草的视频、纪录片的形式或者媒体报道的形式。"只要拥有内容产出，都可以划归为内容营销的一种形式。这是数字营销时代"处处皆信息，处处皆传播"所带来的现实特征。由此，内容与广告的边界也越来越趋于模糊化，广告主希望能通过内容撬动业务增长，越来越重视内容的价值。深访中，某品牌表示："我们品牌所有的东西都是通过内容去传达给消费者的，我们所做的媒介，它是一个渠道，但是内容才是我们的核心。"这将会在未来进一步加大内容营销概念泛化的趋势。

其中，视频化内容将是未来内容营销发展的重中之重。相比图文内容，视频化内容具备强视觉冲击力和感官能力，能短时间内触动用户心智，留下记忆点。特别是短视频内容的崛起，给碎片化、个性化的用户提供了可满足兴趣偏好的灵活视听体验，成为内容营销的重要阵地。CTR《2023中国广告主营销趋势调查报告》显示，在所有内容营销广告投放类型中，广告主更倾向于投放KOL/KOC短视频植入和KOL/KOC软文植入类，其次是电视综艺、公益类项目、体育赛事植入等类型。正如腾讯高级副总裁、微信事业群总裁张小龙表示的："视频化表达会成为内容领域下一个十年的主题。"随着未来大数据、云计算、物联网等数字基础设施的持续更迭，视频数据流动规模和速率将大幅提升，视频化内容将成为未来内容营销发展的核心支柱。

2. 从"卷流量"走向"卷内容"，提高内容效率成焦点

内容营销趋于泛化，市场呈现出明显的渠道多元化、流量碎片化、竞价白热化态势，流量红利逐渐逝去，以往追求标题党、高曝光、一招鲜等的高流量营销模式已经不再适用，必须回归内容本质，去生产高质量、有深度、引共鸣的好内容，才有可能在激烈竞争的内容营销市场"出圈"。CTR《2023中国广告主营销趋势调查报告》中，某品牌表示："对我们来说，内容是1，渠道是0。如果内容不好，后面再多的渠道、再多的扩散，其实意义是不大的。"这其实就揭示了内容营销正在从"卷流量"走向"卷内容"。因此，未来，内容营销的实践重点将要落实到回归内容本质，提高内容效率方面。具体来说，有四项举措值得注意。

一是把握核心。未来，内容营销不能过度追求形式新颖，而是要聚焦内容的核心价值是否与品牌、产品等进行紧密结合。CTR 深访调研中，某品牌表示："内容营销的重点是核心内容，要聚焦于对产品卖点的梳理和产出，让用户信服，且传达产品价值。"

二是高效生产。未来，内容营销的落地实施要有相关内容生产体系来支持多元产品内容产出和多元渠道内容分发，提高生产效率。CTR 深访调研中，某品牌就表示："我们可能每年上 400 到 500 个 SKU，头部评级为 S 级或 A 级的有 20 个左右，如果把整体的内容全部制作好，其实是非常巨大的一个工作量。这就涉及内容生产效率的问题。"

三是专业背书。未来，内容营销应加强与具有背书价值的平台、KOL 进行合作，提高说服力。CTR 深访中，某品牌表示："行业内有品牌曾与央视频强强联合，找了很多不同领域 TOP 级的专家，做了很有专业深度的内容。"

四是资源复用。未来，内容营销的分发价值并不是单次的，优质内容营销资源的复用将成为降本增效主基调下内容营销发展的重要方向。CTR 深访调研中，某品牌表示："央视内容产出的质量是足够高的，我们希望以它为内容原点，实现在社交圈层的更多转发和分享。"

因此，未来，内容营销必定要回归内容本质，如何在"降本增效"的核心诉求下实现内容核心、内容生产、内容分发与内容复用的优化，提高内容营销效率。

3. AIGC 将成为内容营销的有力辅助

2023 年，内容营销的发展迎来了新的发展机遇，AIGC 作为新型技术驱动力量颠覆了内容生态。文心一言、通义千问等各种大模型先后被推出，支持 AIGC 创作内容风起，飞猪、伊利已经开始将 AIGC 技术深入营销体系。CTR《2023 中国广告主营销趋势调查报告》显示，AIGC 已经掀起新一轮 AI 普及应用浪潮，36% 的广告主已经开始在营销活动中使用 AIGC 新技术。其中，28% 的广告主旧 AI 技术和 AIGC 新技术都有使用，而 8% 的广告主没使用过旧有 AI 技术但使用了 AIGC 新技术。整体来看，广告主对 AIGC 技术的应用持较为积极的态度。调查数据显示，8% 的广告主表示会毫不犹豫，第一时间投入技术研发，属于"技术狂热者"；54% 的广告主表示"一旦发现了应用场景，就会积极尝试"。根据硅谷战略与创新咨询专家杰弗里·摩尔在《跨越鸿沟》一书中对技术采用生命周期的划分，广告主在 AIGC 技术采用方面已经"跨越鸿沟"。

- 毫不犹豫，第一时间投入技术研发
- 等有了成熟工具或方法后，用现成的
- 怀疑担忧，完全排斥
- 一旦发现了应用场景，就会积极尝试
- 等成为大多数人使用的行业惯例之后，再应用

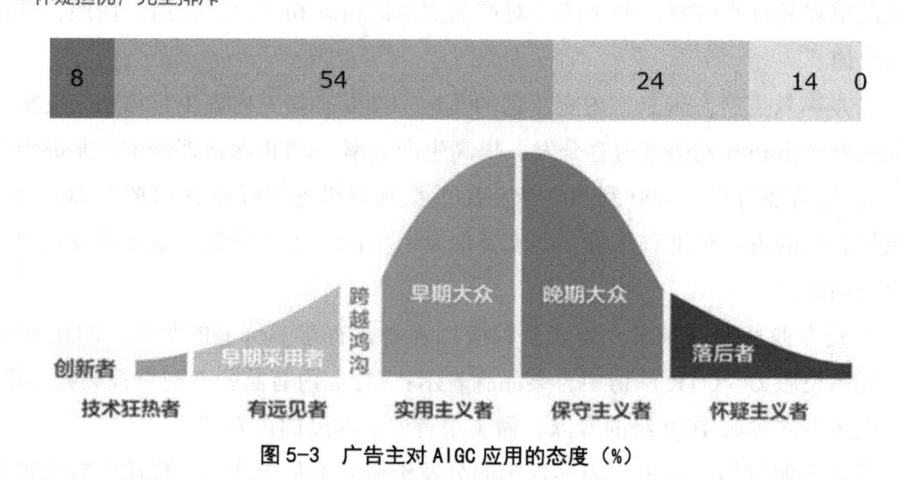

| 8 | 54 | 24 | 14 | 0 |

创新者 / 早期采用者 / 跨越鸿沟 / 早期大众 / 晚期大众 / 落后者
技术狂热者 / 有远见者 / 实用主义者 / 保守主义者 / 怀疑主义者

图 5-3　广告主对 AIGC 应用的态度（%）

注：技术采用生命周期。该图引自杰弗里·摩尔《跨越鸿沟》一书。
图片来源：CTR：《2023 中国广告主营销趋势调查报告》

广告主认同 AIGC 技术未来会较大影响公司营销活动，它既不是可有可无，也不会决定成败。调查数据显示，62% 的广告主认为未来 1～3 年，AIGC 技术在企业的营销活动中是有力辅助。其中，内容营销是关键性辅助领域。超八成广告主选择了提高创意设计、内容生产效率以及辅助数据分析。同时，CTR 深访调研中，部分品牌已经开始借助 AIGC 技术辅助优化内容营销。例如，某品牌表示："目前 AIGC 主要应用在营销事件和广告图文的创意头脑风暴和优化。"同时，部分媒体、服务商业也积极接入 AIGC 技术，加持创意孵化、内容生产，为广告主提供更为精准、快捷的内容营销服务。例如，百度就与手机品牌一加合作，基于旗下数字人度晓晓 AIGC 生产、分析能力，打造了国内首个数字人 3C 测评视频，激发用户购买意愿。

未来，随着 AIGC 技术的迭代升级，技术监管体系愈加完善，AIGC 将会愈加深入到内容营销的方方面面，成为行业各方进行内容营销的有力辅助。

（五）社媒营销深层次聚焦兴趣

从微博、微信到抖音、小红书，社交媒体几经更迭却依然在数字营销市场占据重要地位，是由于其强社交属性聚拢了规模庞大的不同兴趣人群，是营销方展开用户情感沟通互动的重要媒体平台。由于此独特优势，社交媒体营销依然是未来数字

营销发展中的重要组成部分。但不同的是，未来的社交媒体营销，将会在存量竞争时代，趋往更为精细的营销价值挖掘。其中，有两个趋势尤为显著。

1. 红人营销愈发精细化运营

红人是社交媒体营销的关键要素。随着社交媒体平台的快速发展，红人体系逐渐丰富化，为数字营销提供多元化合作选择。在这个过程中，行业各方对红人的界定也逐渐丰富起来，不仅仅局限于具备高流量的头部 KOL，而是基于不同身份催生出了新的概念，例如，关键意见消费者（Key Opinion Consumer，KOC）、关键意见传播者（Key Opinion Spreader，KOS），以及关键意见专业人（Key Opinion Professional，KOP）等。不同红人具备不同的营销价值，满足数字营销的多方位需求。例如，KOC 以真实体验分享为核心，增强说服力，实现种草；KOP 则是以专业知识传递为核心，强化价值背书。与此同时，持续深耕垂直领域的红人持续发展，为整个红人生态提供更多维的层次划分依据。

红人规模的壮大进一步加剧了流量竞争态势，给红人营销带来了难题。一方面，用户广告辨识能力与回避意识的增强，给红人的内容产出能力提出了更高的要求，如何在巩固已有粉丝基础的前提下，实现流量拉新是未来需要解决的问题。另一方面，品牌方对红人营销的转化要求逐步提升，但流量紧缩趋势下获取较好的转化效率变得尤为困难。在市场趋于成熟的发展状况下，红人营销的流量红利正在逐渐褪去。美妆 KOL 梁笑笑基于自己的业务经验，曾列举了三个她感受到的变化：一是粉丝对视频要求更高了。二是粉丝愈加想要参与到内容制作中。三是品牌对博主的转化要求更高了，要求保证 ROI[①]。

红人的生存压力逐渐攀升，也反向推动了红人营销运营的精细化升级。一方面，品牌与红人的相互匹配更为精准化、精细化。存量时代，秉持"降本增效"的广告主并没有被丰富的红人体系扰乱营销思路，而是愈发擅于在复杂的红人矩阵中精准找到适配性的红人落实营销战略。同时，红人也逐渐构建起独有的品牌筛选体系，与更为适配的品牌展开营销合作。另一方面，红人营销的内容产出也更为精细化。以往流水线式、形式化的内容已经较难出圈，失去流量红利的红人营销越来越重视对内容质量的把控，同时注重与品牌、用户的双向互动，让品牌、用户参与到内容产出过程中，满足各方需求。另外，红人营销的效果考量体系也趋于细化，在

---

① August：《品牌与 KOL 共话行业流量焦虑问题，探求实现"双向奔赴"的最佳方式》，https://mp.weixin.qq.com/s/qJVhLeaorPl3O67xIfQ7Fw. 访问日期：2023 年 4 月 29 日。

已有的阅读量、购买量等指标体系上增添种草力等新的转化指标，不再过度追求销售量。由此来看，未来，红人营销将会进一步走向精细化，无论是品牌还是红人，都会以强化营销效果为目标，细致把控各项营销细节，努力实现合作共赢。

2. 社交搜索营销成为价值新"洼地"

社交媒体的营销价值不仅仅体现在"社交"层面，其所具备的"搜索"功能更是不容小觑，成为社交媒体营销不容错过的战略级红利。目前，用户流量正在从传统搜索引擎向社交搜索转移。HubSpot和Brandwatch的全球调查数据显示，87%的社交媒体营销人员认为，消费者将更频繁地通过社交媒体搜索品牌，而不是通过搜索引擎。从社交平台数据来看，小红书数据显示，其日均搜索查询量达3亿次，用户主动深度搜索达45%，日均用户搜索占比60%，搜索后24小时回到浏览占70%以上；抖音数据显示，抖音搜索流量月活用户已超5.5亿，抖音日均搜索超过70亿次，抖音电商搜索GMV同比增长159%。由此可见，社交搜索正在展现出巨大的营销价值。

社交搜索营销与传统搜索引擎营销有很大的不同。一方面，用户需求不同。传统搜索引擎营销中，用户有明确的问题点，希望通过搜索获取硬知识解答。而社交搜索营销中，用户从生活场景出发，希望通过搜索获取生活经验攻略。同时，在社交搜索营销中，用户的搜索行为有很强的被引导性，能够实现"边看边搜"。另一方面，搜索结果不同。传统搜索引擎营销以关键词算法匹配，搜索结果以网站为主，广告痕迹明显。但社交搜索营销同样以关键词算法匹配，但搜索结果以UGC产出的内容为主，广告痕迹隐蔽。由此可见，对比传统搜索引擎营销，社交搜索更为"软性"，满足用户搜索需求的同时，营销痕迹也有很大的隐蔽性。

因此，社交搜索成为社交媒体营销新的价值"洼地"。CTR《2023中国广告主营销趋势调查报告》显示，2023年，75%的广告主未下调搜索广告营销预算，比2022年高出6个百分点。同时，社交平台开始加强搜索营销服务建设。除了基本的搜索框、热搜榜单服务，还增设了其他相关服务。例如，小红书、抖音均在搜索框下设了"猜你想搜"一栏，通过算法匹配用户浏览记录提供搜索提示，引导搜索；抖音电商基于满足"让更多人搜"和"更好承接转化"这两大条件，上线了"搜索诊断"功能，综合诊断品牌搜索表现，为品牌提供成熟的搜索增长路径指引。

由此可见，未来数字营销发展过程中，社交搜索将成为社交媒体营销中的价值"洼地"，将会有越来越多的行业参与方把握好这一战略级红利，实现营销新增长。

（六）私域营销备受重视且工具丰富

前文提到，广告主颇为重视 in-house 能力建设，其中，私域团队建设是重要一环。特别是在公域流量增长"触顶"的趋势下，深耕私域营销价值成为广告主数字营销战略中的关键举措，也成为未来数字营销发展的关键一环。

1. 品牌方重视私域营销建设，服务商推出各项产品工具

品牌方正在积极挖掘私域价值。CTR《2023 中国广告主营销趋势调查报告》显示，2023 年，有将近半数的广告主会加大私域运营方面的推广费用。其中，56%的广告主会加大品牌官方账号营销投入。广告主非常认同私域营销的价值，CTR深访调研中，某品牌表示："相对于传统的单向卖货逻辑来说，私域其实更像是通过一个场域形成可相互交流互通的体系。"同样，也有品牌表示："私域是一个非常重要的展示产品以及和目标用户建立连接的基础渠道。"广告主期望增强私域汇聚公域流量的能力，从而获取新增量。CTR 深访调研中，某品牌表示："我们加大了私域流量的运营，慢慢积累自己的数字资产。目前，我们在抖音、淘宝、京东这些主流渠道上，都在做一些投放，希望能积累成自己的私域流量。"同时，也有品牌表示，私域营销对其销量作出了很大贡献。CTR 深访调研中，某品牌就表示："私域营销对于整体销售上的贡献挺大的，它占到我们总体销售额的 40%，比例相当高了。"

但是，品牌方也不仅仅是依靠自己的力量开展私域营销，而是加强与相关服务商的合作。CTR 调研数据显示，2023 年，近七成广告主与私域营销服务公司有合作，其中，36% 的广告主将加大与其的合作态势。私域营销服务公司有多样化的私域营销产品和工具，能够提供给广告主较为合适的数据指导和专业建议。弯弓研究院调研数据显示，超 100 家私域服务商中，有 85% 的业务模式是"SaaS 工具 + 代运营"（即以 SaaS 服务为主，在此基础上扩展代运营服务）。其中，有 52.38 % 的服务商供应的是 SCRM（Social Customer Relationship Management）产品，覆盖获客、运营、转化、裂变、复盘等各个阶段，提供全方位服务。另外，有 21.43% 提供小程序（商城）服务，19.05% 提供数据分析服务等。例如，珍岛集团融合旗下CDP 数据平台、MAP 营销自动化平台推出珍客 SCRM 产品，并与企业微信等私域平台打通，为企业提供用户关系管理服务。再如，有赞深耕小程序服务，帮助企业深耕电商、本地生活等私域价值，与用户建立可持续的互动关系。另外，还有观远

数据提供 BI 相关服务，爱设计、易企秀提供内容技术产品等。

服务商深耕不同领域，为品牌推进私域营销提供了多元化的产品工具。未来，随着品牌私域建设愈加深入，服务商也会结合品牌需求持续优化旗下产品工具体系，为品牌提供更为精细化的私域营销服务。

2. 实践方法论总结成重中之重，从重运营模式转向"AI+ 体验"或成未来方向

品牌颇为重视私域建设，但期间困难重重。CTR 深访调研中，有广告主谈及私域运营存在的难点，包括人力资源少，内部协同难；引流成本高，运营压力大；数据未打通，用户识别难等。例如，某品牌表示："存量市场流量越来越贵，也越来越难获取。所以在流量费用继续增长的情况下去进行私域引流，成本就非常高。"因此，品牌也就越期望能够从私域营销实践过程中总结经验方法论，持续探索更适合自己品牌发展的方法论体系。例如，创立于 2012 年的美容护肤品牌兰希黎持续深耕私域用户运营，建立了"护肤顾问团队"，提供一对一的用户服务，并对此设计了一套标准化的用户运营 SOP，将用户运营的流程拆解成了主动关怀、肌肤问题分析、引入改善方案等八个环节，每个环节又逐一细分具体动作，为私域用户运营提供统一指导。同时，私域服务商也在积极总结沉淀共性方法论，为品牌提供更为全面的服务。例如，有赞沉淀了私域运营方法论，包括私域产权力、单客价值度、客户推荐率三个指标，形成"私域三角"增长模型。其中，私域产权力等于"建立连接的客户数量 × 企业信息触达客户的能力"；单客价值度等于"客户的重复购买率 × 单个客户全生命周期的总价值"；顾客推荐率等于"通过老客带来新顾客能力 × 在关联领域对顾客的影响力"。

但是，正如上文所提到的，私域营销对品牌而言并不是简单的营销方式，而是需要大量人力、物力、财力维持运营。CTR 深访调研中，某品牌表示："私域运营的后链路环节，核心指标就是转化率和复购率。在这个环节里，从内容的层面能给予支撑的东西不够，那运营的压力就很重。"另外，也有品牌表示："用户进入粉丝群后，还需要我们再有大量的人力去补上去。"这种重运营模式给品牌进行私域营销带来了不小的压力，而 AI 技术的发展将会有效缓解这种压力。目前，AI 技术已经开始在私域营销中落地，提升营销效率，优化用户体验。例如，社群智能机器人可以 24 小时与私域用户互动，满足用户实时得到反馈的需求；另外，诸如花西子的虚拟代言人"花西子"等数字虚拟人的应用，可以帮助企业突破真人的时间和空间限制，大幅降低运营成本。特别是 AIGC 技术的普及应用，将会助力企业提升在洞察用户需求、提高内容生产效率、优化用户体验等各方面的私域营销能力。因此，随着 AI 技术的广泛普及与应用，私域营销未来的发展方向，将会从重运营模式转向"AI+体验"模式，降低企业私域运营的人力、财力成本，优化用户体验，在企业和用户之间建立更为紧密的关系链条。

（七）沉浸体验、虚实交互成为数字营销新风口

随着数字技术的深入发展，数字基础设施迭代升级，数字空间的营销价值被重新定义。基于数字技术，现实世界可以被解构为"0"与"1"为核心的二进制代码，融入虚拟世界。同时，虚拟世界通过编码被赋予了实体、声音甚至感触，与现实世界进行互动。数字空间被无限延展，营销场景也实现无限开发。因此，数字营销实现了新的跃迁，沉浸体验、虚拟交互成为未来新风口。营销链路中的"人、货、场"被重新塑造，重构数字营销的交互链条。

首先，虚拟空间与现实空间的交融愈加深入，打造更为沉浸式的虚实交互场域。一方面，增强现实技术（Augmented reality，AR）的发展正在让现实营销体验更为丰富化。用户通过手机等终端设备，基于扫码等行为就可以将虚拟信息叠加至现实场景，能对现实信息进行拓展和补充，并进行互动。目前，AR 包装互动、AR 市集互动等营销案例层出不穷，打造更为沉浸式、趣味性、互动性的营销方式。另一方面，虚拟现实技术（Virtual Reality，VR）正在通过可穿戴设备，打造区别于现实世界的多感官新数字空间。在此基础上，元宇宙的风起更是加快了虚拟空间的价值挖掘进度。阿里巴巴集团副总裁高红冰表示："元宇宙正在开辟下一代互联网，即基于 VR 和 AR 眼镜或其他 XR 终端来构建新的互联网体系。"元宇宙营销正成为数字营销发展的新风口。例如，蒙牛打造了"元宇宙解馋公社"，搭建了虚实结合的用户沟通新场景。各方都在积极抢占元宇宙营销风口红利，持续挖掘虚拟空间价值。

其次，实体人与虚拟人的交互愈加深入，现实身份与虚拟身份的"双重性"正在增强数字营销中"人"的复杂性。目前，数字虚拟人在数字营销领域的应用愈加频繁，部分品牌已经将数字虚拟人打造为了独特 IP，并开展了系列营销。如百度旗下度晓晓、老板电器发布数字人 ROKI 先生等。另外，现实中的实体人，基于元宇

宙等相关技术的发展，也可以在虚拟空间创建独属于自己的虚拟身份。由此来看，数字营销中数字虚拟人走向现实世界、实体人走向虚拟世界的趋势正在逐渐加深。数字营销中"人"的身份定位愈加宽泛，让未来数字营销将面对更为复杂的用户群体。

最后，数字藏品延展"货"的价值，赋予数字营销更多可能性。虚实深入结合的数字营销体系中，"货"也不仅仅局限在现实空间，而是延展至虚拟空间。数字藏品是其中的典型代表。例如，蒙牛联合 ODin META 元宇宙平台发售的数字藏品"三只小牛·睡眠自由 BOX"；爱奇艺在《狂飙》大热之时推出"狂飙"3D 数字藏品；奈雪的茶联合百度推出"嫦娥五号探月宝玺""百度航天元宇宙×奈雪的茶 太空能量补给包"两款数字藏品等。未来，随着数字资产交易市场的逐渐完善，数字藏品将成为数字营销行业进行营销规划的重要选择。

"场、人、货"的革新，给数字营销开辟了更大的发展空间。未来，虚实交互程度愈加深刻，沉浸式体验将愈加深入，数字营销将会拥有更多虚实结合的创新实践方式，带给行业各方更多畅想空间。

（八）海外数字营销助力出海企业

近年来，中国企业凭借内需经验积累及全球供应链物流优势，转向海外市场寻求新的增长点，但随着全球消费市场呈现去中心化、碎片化、线上化等特征以及出海企业品牌意识的崛起，出海企业数字化营销的挑战与难度加剧，海外掘金愈发困难。在此背景下，海外数字营销行业呈现出以下四大趋势。

1. 社交媒体营销已成为品牌出海必不可少的手段，能让海外用户迅速认知品牌

出海企业从产品塑造转向品牌塑造，从同质化、价格战、铺货的粗暴模式到精品、品牌、柔性制造的精细化模式转变，但在转型过程中，多数企业还停留在过去粗暴的撒网式营销，对于市场个性化的需求触达滞后且不精准，用数字化技术捕捉市场的能力薄弱。传统的出海模式往往是资源与供给侧导向，且单一类目中的强力竞争者并不多，企业只要拥有足够的商品资源与生产力，再通过媒体渠道进行简单的撒网式推广就可以带来商机。而如今，大多数行业卖家面临的压力来自供给侧过剩，导致整个行业面临着商品同质化和价格战等问题；反观需求侧，消费者的需求往往被 KOL 和社媒流行趋势所引导，供给侧的商品同质化与海外消费者的需求个性化出现严重不匹配。随着社交浪潮席卷全球，越来越多的出海企业意识到社交媒

体已成为品宣和产销的最优选之一，是品牌快速接触本地消费者并与消费者沟通的重要渠道。

以热门出海国家印度尼西亚为例，根据极光 iAPP 数据，2023 年 12 月末安卓免费应用安装榜 Top 10 中有多家社交平台上榜，如 TikTok、WhatsApp、Instagram 等。另外一组数据显示，印度尼西亚热门社交平台中，YouTube 用户覆盖度维持在 95% 以上，MAU 近 6 亿，头部地位稳固。

印度尼西亚应用榜 top 10		菲律宾应用榜 top 10		越南应用榜 top 10	
	CapCut		GCash		Shopee
	Loklok assistant for Dramas		WePlay		VNeID
	TikTok		ReelShort		TikTok
	DANA Dompet Digital Indonesia		Loklok		CapCut
	WhatsApp Messenger		Facebook Lite		Daily Spins
	Instagram		TikTok		Pure Tuber
	GoPay		CapCut		Viettel Money
	Shopee		Messenger		Zalo
	WhatsApp Business		Shopee		Hypic
	Web Proxy Browser		Facebook		WePlay

图 5-4　Android 热门出海国家免费应用安装榜 Top 10

数据来源：2023 年 12 月，极光月狐 iAPP 海外版（Moon Fox iApp）

	覆盖渗透率	MAU
YouTube	96.06%	5.84亿
WhatsApp Messenger	87.53%	3.46亿
Facebook	74.24%	6800万
Instagram	73.89%	2.58亿
TikTok	36.81%	1.87亿

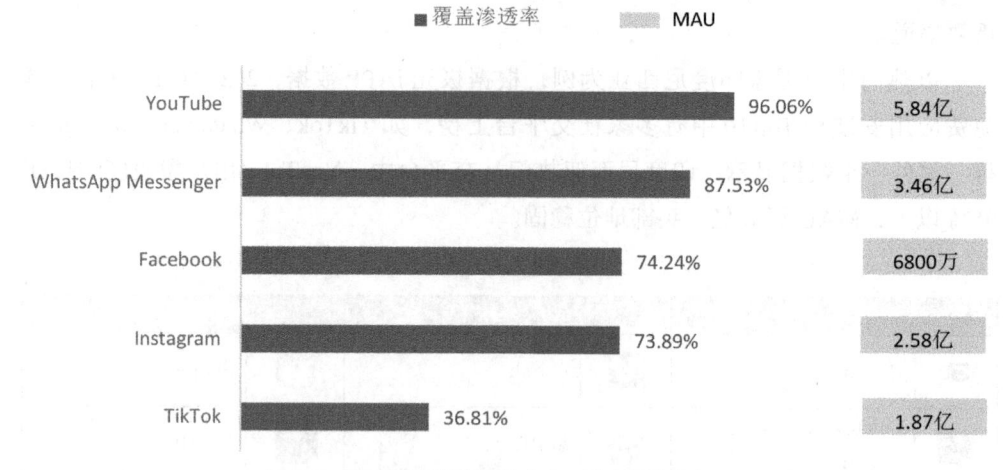

图 5-5　印度尼西亚热门社交 App 用户覆盖率与 MAU

数据来源：2023 年 12 月，极光月狐 iAPP 海外版（Moon Fox iApp）

　　就全球社交媒体而言，极光 iAPP 显示，Meta 旗下的 Instagram 和 Facebook 是全球使用人数与上榜国家最多的平台。相比其他平台，这两大平台的优势在于积累了稳定的用户基础，并且都提供现成的营销工具，如 Instagram 的信息流广告；YouTube 覆盖人口数居第三位，其不仅是社交平台，更是可支持广告的流媒体平台，能够为品牌带来双重的营销效果；"当红炸子鸡" TikTok 覆盖人口数排名第五，凭借其迅速制造病毒式传播效果的优势成功跻身海外热门社交平台，越来越多的品牌在布局 Instagram、Facebook 等头部社媒平台的同时，考虑布局 TikTok，但自 TikTok 掀起短视频浪潮后，越来越多的海外社交媒体应用推出"类 TikTok"的功能，如 Instagram 的 Reels、YouTube 的 Shorts，可能会有越来越多的品牌将内容分发到其他平台上。

表 5-1　主流社交媒体平台覆盖人口数与上榜国家数

主流社媒 App	Instagram	Facebook	YouTube	X(Twitter)	TikTok
覆盖人口数	71.66 亿	71.66 亿	69.80 亿	57.54 亿	43.06 亿
上榜国家数	173	173	161	170	170

数据来源：2024 年 2 月，极光，iAPP 海外版

　　目前，出海企业仍处于流量获取阶段，而社交媒体纵深发展的势头强劲，便捷大众生活的同时，也为跨境品牌发展开辟了一条崭新路径，是品牌实现营销增长

的重要场景。借助社媒平台营销场景，品牌可以在社交媒体上建立自己的阵地，通过不同媒体的场域链接不同圈层的用户，充分利用社交媒体的互动性，直接与消费者互动，拉近消费者与品牌的距离，在此基础上进行宣传推广，以此提高品牌影响力，与粉丝即时互动和沟通中带动营销增长。

值得注意的是，不同的社交媒体平台具有不同的用户规模、功能、内容形式和隐私法规。如 Facebook 更侧重个人，Instagram 主要用于图片和短视频的分享，X(Twitter) 用于实时更新和快速交流，而 TikTok 用于推出纯文本发布功能，出海企业可以纯文本作为营销切入点，通过文字表达品牌理念和传递产品信息，与用户进行更深层次的互动，或为海外营销市场带来全新的机遇与挑战。每个平台都有其独特的功能与用户体验，而出海企业应明确用户在不同社交媒体平台的行为需求，选择与自身战略调性相一致的社交媒体平台，并根据不同的市场灵活调整买量与营销投放侧重。

2. 全球数据隐私政策收紧，品牌减少依赖效果类广告，内容营销价值愈发凸显

在全球数据隐私政策收紧的大背景之下，品牌对信息流、效果类广告的投放预算将会进一步收窄。对品牌而言，打造长期主义的品牌传播策略才是重中之重。流量决定营销效果，出海企业依托社交媒体平台的流量仅为第一步，社媒时代下的消费者，已呈现出触点碎片化、时间节点化、注意力稀缺等特征，而在这样的环境下，唯有优质的内容才能吸引消费者的注意力，进而引导用户心智，最终实现购买行为。优质的内容将决定流量的生命周期，品牌的营销若想长效，应持续向消费者输出优质内容，促进品牌传播与沉淀，进一步打破营销流量封锁。

海量 KOL 与用户共创"千人千面"的本地化原生优质内容，实现内容营销效果最大化。海外红人作为社交媒体的弄潮儿，讲究专业度与内容原创性，注重给粉丝传递自身意见与感受，自带本土化视角与信任背书，可为品牌营销带来更真实与人性化的维度，迅速拉近品牌与目标受众的距离，反哺品牌知名度的提升。品牌根据自身定位与营销目的，寻找关联度与品牌调性相符的 KOL、时尚达人、品牌账号进行合作，联合共创符合所在社交平台特性的内容，并借助海外红人分享相关内容，持续加深用户对品牌的印象，让品牌及品牌理念在各大平台持续传播，实现营销效果最大化。目前，海外红人营销流程与链路机制明确，环节众多，且像欧美、日本等发展较成熟的市场对于 KOL 种草依赖度并不高，且消费较为理性，因此，出海企业应根据目标国家的不同选取合适路径完成品牌本土化的内容营销。此外，品牌针对不同社交媒体平台投放的营销内容，也应有所差异，如 YouTube 适合长视频深度内容讲述品牌故事，TikTok 主打短视频兴趣种草，X（Twitter）适合与 KOC 直接沟通，Instagram 则主打品牌品宣。

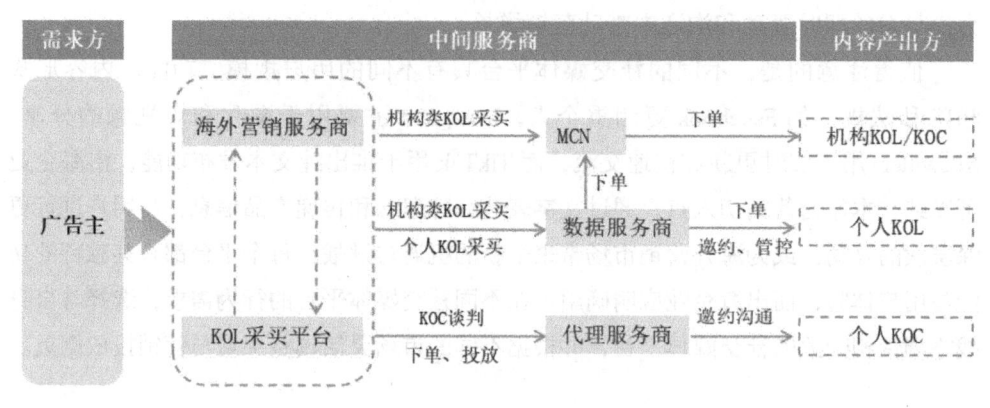

图 5-6 海外红人营销模式

资料来源：公开资料，极光月狐研究院整理

讲好品牌故事，以契合目标用户的品牌调性触达消费者。品牌故事能够赋予品牌以情感、深度和身份认同，不仅是关于产品或服务的故事，更代表品牌的核心使命、价值观。近几年，低频的高质量内容逐渐替代高频的低质量内容，成为品牌在各公域平台的选择，尤其是品牌的互动内容、真实的品牌背后故事以及反映品牌价值的内容，备受用户关注。优质的内容从单纯的产品性价比和质量的视角上，更进一步地为产品和品牌赋予了情感溢价的空间。

3. 搜索引擎仍为关键营销渠道，"独立站"建设风靡驱动 GoogleAds 渠道关注度水涨船高

专业数字广告平台助跨境电商营销推广精准高效触达全球目标用户。2021 年后，独立站模式在跨境电商行业风靡，拥有私域流量的独立站是企业与海外消费者、海外市场直接沟通的工具与平台，品牌可在私域场景获得用户对产品、服务的反馈，对用户进行精准分类，数据采集、数据应用以及新品测试。但独立站建站只是第一步，如何为独立站引流才是关键。多元的用户群体与复杂的网络行为，将增加数据的复杂性与广告效果的衡量难度，同时，用户对于数据隐私保护的意识和诉求日渐增强，如何合规打造第一方数据、灵活使用多元营销手段是国内出海企业必须面临的课题，而谷歌无疑是为品牌独立站引流的重要渠道。

对于出海企业来说，谷歌的关键词搜索、Google play、YouTube 等无疑都是企业出海旅程中的关键工具，而搜索更是用户获取信息的关键渠道。Statista 数据显示，谷歌去年占据了全球搜索广告收入的近 60%，其总额超过 1500 亿美元。极光月狐数据显示，截止 2024 年 2 月，Google 旗下浏览器 Google Chrome 应用已在全球覆盖人口数 71.66 亿，搜索引擎头部地位十分牢固。出海企业借助谷歌搜索及其提供的一系列服务，不仅能够让用户直达品牌独立站，同时也有利于提升独立站在 Google 的主页排名，进而在获得大量曝光的同时带来更多的自然流量，形成一个有效的良性循环。利用更先进的广告产品，提升数字营销和决策效率，是中国出海企业独立站建设过程中强化竞争力的必备技能。在广告隐私愈加重要的当下，GoogleAds 持续提供先进的自动化技术与创新的数据、营销解决方案，助力客户加速走向全球。同时，面对海量数据，谷歌利用机器学习为核心的自动化解决方案降本增效。例如，更先进的自动化产品 Performance Max、最新广告版位 YouTube Shorts，以多元营销手段帮助广告主达成营销目标。

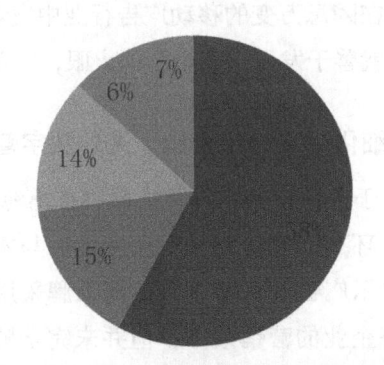

图 5-7　2022 年全球搜索广告收入市场份额占比

数据来源：Statista, Digital Market Insights

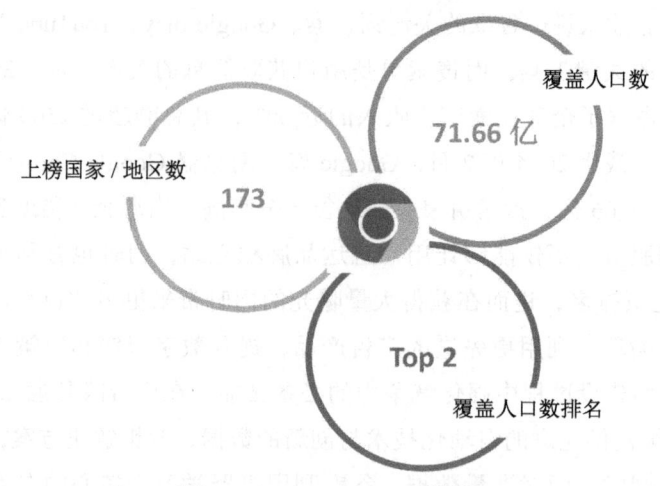

图 5-8 Google Chrome 下载情况

数据来源：2024 年 2 月，极光月狐 iAPP 海外版（Moon Fox iApp）

长期以来，GoogleAds 稳坐移动广告平台头把交椅，但如今，TikTok For Business 等新兴势力快速崛起，不断蚕食 Google 的市场份额，行业正式开启竞争新局面。对于出海广告主而言，需要在瞬息万变的移动广告行业中发现并争取增长机会，在新、旧势力的碰撞中，不断练就善于发现"真金"的火眼，实现更为高效的业务增长。

4. 品牌更加注重精细化、本地化营销，海外数字营销服务商价值释放

出海数字营销服务趋于个性化与精细化。品牌在出海营销过程中，从海外媒体投放到后续品牌运营等各环节的全链路精准营销能力与本土化营销能力十分重要。电子邮件、搜索引擎、展示广告等目前中国出海品牌采用的较为主流的出海方式，在一定程度上可提高出海企业的营销效率，但并未完全解决出海企业本土化挑战、渠道布局能力有限、广告成本上升及品牌信任度等困境。此外，海外消费行为呈现出年轻化、个性化、细分化、渠道多元化的趋势，面对新型的营销变化，传统中小企业还不具备及时响应的营销能力。且如今的出海品牌偏好多种营销方式组合拳，以求全渠道、全触点覆盖消费者信息流，提升品牌影响力，为了适应海外消费者的消费偏好及出海企业的营销需求，加之数字营销手段日益成熟，催生并助长了海外数字营销服务赛道的快速崛起与落地，助力企业提高海外市场曝光度、加大产品宣传力度、挖掘潜在的需求用户，赋能企业迅速渗透海外市场。海外营销服务已成资本角逐的重要领域。在一级市场投资中，部分出海营销企业在创办初期就被相关创投基金相中，据极光不完全统计，2022 年，海外营销服务商获投超 20 起。

表 5-2 2022 年出海营销服务公司投融资情况

时间	公司	金额	轮次	公司定位
2022 月 1 日	店匠 SHOPLAZZA	1.5 亿美元	C 轮	独立站建站 SaaS
2022 月 2 日	钛动科技	数亿元	B+ 轮	出海营销
2022 月 2 日	ShopBase	700 万美元	A 轮	跨境电商独立站
2022 月 2 日	博鼎国际	数百万美元	天使轮	出海营销 SaaS 平台
2022 月 3 日	渡河之众	数千万元	种子轮	跨境电商 SaaS 平台
2022 月 3 日	星盘跨境	数千万美元	A 轮	出海全链路解决方案提供商
2022 月 3 日	店小秘	1 亿美元	C 轮	跨境电商 SaaS 平台
2022 月 3 日	赛文思	数百万美金	Pre-A	出海"一站式"整合营销
2022 月 3 日	FunPinPin	未披露	A+ 轮	独立站建站 SaaS 服务平台
2022 月 4 日	数派跨境	近千万元	天使轮	跨境电商一站式数智化运营系统
2022 月 4 日	卧兔网络	数千万元	A 轮	网红出海营销平台
2022 月 5 日	Brandgogo	1000 万元	天使轮	跨境营销
2022 月 6 日	三墨科技	数百万	天使轮	专注 TikTok 的内容社交电商服务商
2022 月 6 日	QuickCEP	数千万元	Pre-A 轮	"一站式"SaaS 营销
2022 月 6 日	OgCloud	数千万元	A 轮	跨境出海 SaaS 服务商
2022 月 8 日	奥创爱思	5000 万元	A 轮	跨境电商运营服务
2022 月 8 日	中盈跨境	2000 万元	Pre-A 轮	跨境电商综合服务
2022 月 8 日	店小秘	1.1 亿美元	D 轮	跨境电商 SaaS 平台
2022 月 8 日	Jet Commerce	超 6000 万美元	B 轮	跨境电商综合服务商
2022 月 8 日	积加	1.32 亿元	A+ 轮	跨境电商 SaaS 服务商
2022 月 8 日	EasyYa 易芽	数亿元	B 轮	跨境供应链服务商
2022 月 8 日	来赞宝集团	数千万元	B 轮	东南亚电商综合服务商
2022 月 9 日	博鼎国际	数百万元	Pre-A 轮	出海营销 SaaS 平台
2022 月 10 日	Voghion	千万美元	A/A+ 轮	跨境电商服务平台

数据来源：公开资料，极光月狐研究院整理

　　海外数字营销服务商 SaaS 化，为出海企业解锁海外营销新机会。除了为广告主直接提供专业营销服务，SaaS 平台及解决方案的价值日益凸显，"平台标准化＋服务定制化"的自主营销模式，协助商户去集中化完成数字化升级，有效节约营销成本并提升业务效率。此外，独特的购物体验及量身定制的服务，更符合海外消费者的消费偏好，SaaS 解决方案能够让跨境电商企业在其专属定制的跨境营销平台上，以多元运营模式建立起更好、更稳健的品牌形象，以此迎合海外消费者的消费习惯，真正做到本地化营销。2022年，拿到融资的海外营销服务商大部分是SaaS型服务商，跨境电商的复杂性使跨境卖家对运营管理工具的依赖性较强，跨境电商SaaS不仅采用成本相对较低，而且简洁易用等一系列特点让其受到跨境卖家的青睐。但跨境电商SaaS赛道愈发拥挤，尽管欧税通、店小秘、渡河之众、豆沙包、FunPinPin均为SaaS跨境电商服务商，但各自细分赛道并不相同，各海外SaaS服务商应持续打造差异化特色赢取竞争优势。

AI赋能出海营销服务商"提质增效"。AIGC也将会带来一场颠覆性的技术变革，大语言模型的应用为出海营销行业带来颠覆性的技术变革，将改变企业和客户的服务交互模式和内容生产方式，效率提升驱动行业新增长，推动整个营销行业打破行业天花板的限制。

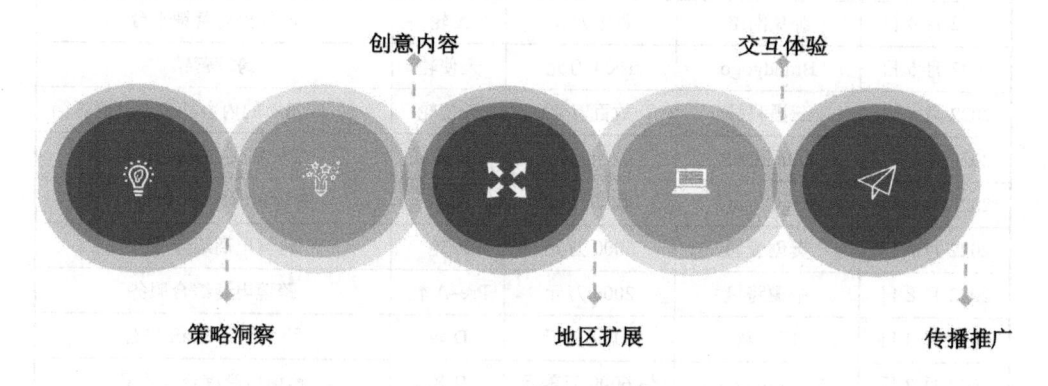

图5-9 AI赋能出海营销

资料来源：极光月狐研究院整理

[本节撰写单位为央视市场研究股份有限公司（CTR），部分观点由深圳市和讯华谷信息技术有限公司（极光）提供]

附　录

名词界定

数字营销：数字营销（Digital Marketing）主要是通过应用数字技术推广产品和服务，以实现明确的营销目标。其与传统营销主要有两方面差异：首先，就工具和手段而言，数字营销更侧重于利用互联网、社交媒体、电子邮件和搜索引擎等电子渠道。其次，在营销过程中，数字营销更注重与目标受众的个性化互动和沟通。其渠道包括但不限于社交媒体、搜索引擎、电子邮件、网站和移动应用，主要载体包括互联网电脑、手机、互联网电视、AR/VR 设备等。

数字经济：数字经济（Digital Economy）是指以使用数字化的知识和信息作为关键生产要素、以现代信息网络作为重要载体、以信息通信技术的有效使用作为效率提升和经济结构优化的重要推动力的一系列经济活动。[①]

电子商务：电子商务（Electronic Commerce，e-commerce）是指通过互联网和其他数字化技术渠道进行商品和服务的买卖、交换、传递的商业活动过程。这种商业活动可以涵盖在线零售、电子支付、电子市场、在线拍卖、数字产品交付、电子供应链管理等各种在线业务交易形式，其目标是为消费者、企业和政府提供便利、高效、安全和经济实惠的商业交易方式。

社交媒体：社交媒体（Social Media）是一种允许用户在在线社交环境中创建、分享、交流和互动的互联网应用或平台。社交媒体使个人、组织和团体能够建立个人资料、分享文字、图片、音频和视频内容，以及与其他用户互动，如评论、点赞、分享和私信。社交媒体与传统媒体最大的区别有两点，一个是以用户生成的内容为核心，另一个是双向传播带来的自主控制社交关系。

[①] G20：《二十国集团数字经济发展与合作倡议》，http://www.g20chn.org/hywj/dncgwj/201609/ t20160920_3474. html，访问日期：2016 年 9 月 20 日。

短视频：短视频（Short Video）是一种相对较短的视频内容，通常持续时间在几秒到几分钟。这种视频内容通常被设计成紧凑、生动、易于消化的形式，适合迅速吸引用户的注意力和分享在社交媒体平台上。

长视频：长视频（Long Video）定义主要区别于短视频，指较长时间的视频内容，通常持续时间在数分钟至几小时不等。这种视频内容通常包括电影、电视节目、纪录片、教育性视频、网络系列剧等，它们通常需要更多时间来观看和理解。

融媒体：融媒体（Convergent Media）是一种媒体发展趋势和理念，指的是不同媒体平台、媒体格式和媒体形式之间的整合和交互，使观众能够以更丰富、多样化和综合的方式访问和参与媒体内容。

智能终端：智能终端（Smart Terminal）是一种具备计算能力和互联网连接功能的电子设备，通常用于执行各种任务、提供服务、获取信息和与其他设备或网络进行通信。这些设备通过嵌入式处理器、传感器、通信技术和用户界面组件，能够智能地感知环境、处理数据，并响应用户的指令或需求。

LBS：LBS（Location-Based Service）是指利用 GPS、Wi-Fi、IP 地址等各类型的定位技术来获取移动设备（如智能手机、平板电脑等）当前所在地理位置数据，并通过移动互联网向定位移动设备提供信息资源和基础服务。

OTT：OTT（Over The Top）是指通过开放互联网获得各类资源，基于公共互联网传送，包含视频、音频、图形、文字和数据等，以电视机、机顶盒等终端形态，向观众提供多媒体视听业务的设备。OTT 有别于传统的数字电视通过卫星或电缆传输以及 IPTV 通过电信运营商的专网传输，而是采用开放的互联网来传输数据，具有资源丰富、可交互性强等优点。

电商营销：电商营销（E-commerce Marketing）是一种专门针对电商平台及其用户行为进行量身定制的数字营销策略。这种营销方式聚焦于通过分析消费者在电商平台的浏览、搜索、购买等多种行为来优化产品展示、推广活动和客户互动。电商营销的目的不仅在于促进即时的购买行为，还旨在构建持久的客户关系和提高客户生命周期价值。

内容营销：内容营销（Content Marketing）是一种数字营销策略，旨在通过创建、发布和分享有价值、有吸引力的内容，吸引、保留和与目标受众建立联系。内容营销的目标不是直接推销产品或服务，而是提供信息、教育、娱乐或解决问题，从而建立信任、塑造品牌形象，最终引导潜在客户进行购买决策。内容可以采用各种形式，包括文章、博客帖子、视频、社交媒体帖子、电子书、漫画、图片和音频等多种形式的媒体内容，通过多种渠道传递有价值、有娱乐性的产品或品牌信息，以引发顾客参与，并在互动过程中建立和完善品牌的一种营销战略。[①]

互联网广告：互联网广告（Internet Advertising）是指通过网站、网页、互联网应用程序等互联网媒介，以文字、图片、音频、视频或者其他形式，直接或者间接地推销商品或者提供服务的商业广告。

社媒营销：社媒营销（Social Media Marketing）也称社交媒体营销，或者社会化媒体营销。顾名思义，就是指应用社会化媒体平台（如在线社区、社交网络、博客、论坛等）进行的品牌营销活动。[②]

跨屏营销：跨屏营销（Cross-screen Marketing）通常是指通过整合多种渠道终端，向广告主的目标受众投放广告信息，通过与消费者的信息互动，达到品牌市场营销目的的行为。该营销方式主要考虑用户在不同屏幕（如移动端、电视端、PC端和户外广告）之间的转换行为，旨在提供连贯和一致的用户体验。

创新营销：创新营销（Innovative Marketing）是一种注重创意和创新的营销策略，旨在以创新和独特的方式推广产品、服务或品牌，以满足不断演变的市场需求和吸引目标受众的兴趣。创新营销涉及创造性地应用新思维、新技术、新媒体或新方法，以区别于竞争对手，建立品牌识别度，以及创造积极的客户体验。

---

① 周懿瑾、陈嘉卉：《社会化媒体时代的内容营销：概念初探与研究展望》，《外国经济与管理》，2013年第6期，第61-72页。
② 朱明洋、张永强：《社会化媒体营销研究：概念与实施》，《北京工商大学学报（社会科学版）》，2017年第32卷第6期，第45-55页。

后 记

历时 3 个月，《中国数字营销年度报告》终于完成，过程顺利，辛苦与快乐并存。

这是一部极具责任感的报告，在数字营销已经成熟发展的今天，对行业作出审视与评估是每一个从业者的责任；这也是一部颇具前瞻性的报告，报告尝试从经济的整体高度理解数字营销行业，力求说明数字营销未来对经济所起到的巨大作用；这更是一部汇集了行业智慧的报告，总共 11 家专业数据机构给出了对数字营销多种角度的深度观察。

今后，《中国数字营销年度报告》每年都会出版，对当年的数字营销给出最新、最完整的观察，以利于行业和社会。对此，我们极具信心，因为我们和行业在一起，我们成就于行业，也回报于行业。

在此，我们要感谢每一位参与报告的撰写单位与人员。

诚挚感谢：

报告的学术指导单位中国传媒大学广告学院，以及央视市场研究股份有限公司（CTR）、中国广视索福瑞媒介研究有限责任公司（CSM）、Wavemaker 蔚迈中国、秒针信息技术有限公司、北京贵士信息科技有限公司（QuestMobile）、北京勾正数据科技有限公司、北京艺恩世纪数据科技股份有限公司、北京数字一百信息技术有限公司、上海通察网络科技有限公司、北京微播易科技股份有限公司、深圳市和讯华谷信息技术有限公司（极光）等 11 家参与报告撰写的专业数据公司。

中国商务广告协会数字营销专业委员会
2023 年 10 月 20 日